ジャン・スタロバンスキー

ルソー　透明と障害

山路昭訳

みすず書房

JEAN-JACQUES ROUSSEAU

la transparence et l'obstacle

by

Jean Starobinski

Librairie Plon, Paris, 1957

目次

序文

I
『学問芸術論』……4
「外観がわたしを罰したのだ」……9
分割された時間と透明の神話……16
歴史的知識と詩的幻想……20
グラウコス神……22
人間と神を弁明する弁神論……30

II
社会批判……36
本源的な純潔……40
労働、省察、自尊心……42
革命による止揚……47
教育による止揚……50

III
孤独……56
「いまや自己の意見を定めよう」……74
しかし統一は自然のものであろうか……77
内面の矛盾……86
魔術……93

IV
ヴェールに被われた像……104
キリスト……109
ガラテアの像……113
真実暴露《デヴォアルマン》の理論……116

V
ラ・ヌーヴェル・エロイーズ……130
音楽と透明……142
哀切《エレジアック》の感情……145
祭り……148
平等……156
経済……167

神格化……178
ジュリーの死……181

VI
誤解……196
回帰……203
「ただ一言もいうことができずに」……220
徴候《シーニュ》の力……224
愛の交流……269
エグジビショニスム……273
家庭教師……284

VII
自伝の問題……290
いかにして自分を描きうるのか……300
すべてを語ること……304

VIII
病……324
省察の有罪性……330
障害……350
沈黙……358
無為……368
植物的友情……376

IX
終身の禁錮……384
実現された志向……386
二つの法廷……403

X
水晶の透明……410
審判……420
「こうしてわたしは地上でただひとりになってしまった」……428
註……431
あとがき……455

序文

この書は、その全体的な構想において、ルソーのさまざまな姿勢と思想の年代的な展開を尊重しようと努めてはいるが、たんなる伝記ではない。さらにこの書ではジュネーヴの市民の哲学の基本的な諸問題が一貫した立場によって検討の対象とされてはいるが、かれの哲学の体系的な論述を意図したものではない。その是非はともかくとして、ルソーはかれの思想と個性、そしてかれの理論と個人的運命を分離することを認めなかった。かれは存在と理念の融合と混淆のなかにみずからをゆだねていると考えなければならない。したがってジャン＝ジャックの文学的創造は想像的行為を表わすものとして、そしてかれの行動は体験的虚構を構成するものとして分析されることになる。

冒険家、夢想家、作者、政治思想家、音楽家、被迫害者、ジャン＝ジャックはそれらのすべてであった。こうした営為はいかに多様なものであろうとも、それらのいかなる側面をも拒否しないような眼によってそれを見わたし、認知することができると思われる。すなわち、それらの営為は十分に豊富なものであり、ルソーの諸傾向の分散とかれの意図の一貫性の両者のなかに営為を把握することを可能にするテーマとモチーフをそれ自体で示唆している。営為に素朴に注意を向け、あまりにも早急にその有罪、無罪を判定することをしないならば、ジャン＝ジャックの行動を支配し、そしてほとんど恒常的にかれの活動を導いている、さまざまなイメージ、偏執的欲望、郷愁などに出会うであろう。

可能なかぎり、ジャン＝ジャック・ルソーの固有の世界に属している構造の観察と記述にわたしの努力はしぼられている。外側から価値と秩序とあらかじめ設定された分類を押しつける拘束的な批評よりも、対象とするテキストの内的な秩序と無秩序、そして作家の思想がそれによって成立っている象徴と観念を単純に見出そうと努力する読み方のほうが好ましいのである。

しかしながら、この研究はいわゆる「内的分析」を越えたものである。なぜならばルソーの作品を、それが対立している世界を考慮することなしに解釈することができないことは明らかなことなのである。内的経験がその特権的な機能を獲得するのは受容しがたい社会との闘争を通してなのである。同様にして、内的生活の固有の領域は、外的現実とのあらゆる充足した関係の挫折によってのみその範囲を定められることが明らかにされるであろう。ルソーは心情の交流と透明性を欲しながらも、その期待を裏切られる。そして反対の道を選ぶことによって、かれは障害を受容し——そしてそれを惹起する——そしてその障害がかれに受動的な諦念と自己の無実《イノサンス》への確信のなかに沈潜することを可能にしているのである。

I

『学問芸術論』

『学問芸術論』はまず文化にたいする讃辞から誇張して書き出されている。高潔な文章が展開され、要約して知識の進歩の全歴史が述べられる。しかし突如として方向転換が行われ、存在と外見との不調和が明らかにされる。「学問、文学、芸術……は人間が縛られている鉄鎖の上に花飾りを拡げている」＊のだ。レトリックのすばらしい効果である。魔法の杖の一撃によって価値は転倒され、ルソーがわれわれの眼前に提出していた輝やかしいイメージは、もはやたんなる虚偽の装飾にすぎない——真実であるためにはあまりにも美しすぎるのである。

もし外面的な態度がつねに心情の状態を映し出すものであるならば、われわれのあいだに生きることは、なんと快適なことであろう。（『学問芸術論』＊＊）

空白がいつわりの表面の背後に深くよこたわっている。すべてのわれわれの不幸が、ここから始まろうとしている。なぜならば、この亀裂は「外面的な態度」が「心情の状態」に照応することを妨げ、悪を世界に導き入れるからである。知識の恩恵は外観の虚偽から生まれる無数の悪徳によって相殺され、ほとんど無効にされる。情熱的な雄弁が芸術と学問の輝かしい上昇を描き出したのであったが、つづいて、その第二の声がわれわれをいまや反対の方向に導き、「習俗の腐敗」のあらゆる拡がりをわれわれに示す。人間の精神は勝ち誇っているのだが、人間は失われたのである。対立は激しい、なぜならば、賭けられているものは、たんに存在と外見についての抽象的な観念だけではない、否認された無実《イノサンス》とまさに確かなものになった喪失とのあいだに分裂している人間の運命なのであり、外見と悪はひとつのものにすぎないのである。

外観の虚偽というテーマは、一七四八年においては、まったく独創的なものではない。演劇においても、教会においても、小説や新聞のなかにおいても、各人がそれぞれのやり方で、見せかけ、因襲、偽善、仮面などを告発している。さらに論争や諷刺文学などの言葉においても、ヴェールを取りのける、仮面をはぐという語ほどしばしば繰返されているものはないのである。『タルチュフ』は繰返し読まれていた。裏切者、「下劣な追従者」、まやかしの悪党などは、あらゆる喜劇と悲劇につきものなのである。うまく導かれた陰謀の結末には、あっと驚くような裏切者が必要なのである。（ジャン＝バチスト）・ルソーは次のように書いたことによって人々の記憶に留められるであろう。

仮面が落ち、人間が残る
そして英雄は消え失せる。（『幸運へのオード』*）

このテーマは、十分に普及され、大衆化され、機械的なものとなっているものであり、初めての人でも、それを取り上げ、思考の大きな努力なしにいくつかの変化を付け加えることができるのである。したがって存在＝外見というアンチテーゼは、月並の小辞典に見出されるものであり、すでに言いふるされていた観念であった。

しかしながら、ルソーがヴァンセンヌへの路上で真理のめくるめくような感動に出会い、眠られぬ夜を徹して、論文の文章を「ねりにねっている*」とき、この陳腐な言葉が生きかえったのである、すなわち、それは燃焼し、白熱的になるのだ。存在と外見の対立は悲壮なほどに生気を帯び、論文にドラマチックな緊張を与える。それは修辞学の字引から借りられた、同じアンチテーゼではあっても、苦悩と断腸の悲しみを表わしている。論文のあらゆる誇張にもかかわらず、分裂についての真実の感情が強くこめられ、伝えられている。存在と外見との相剋は、拡がっていくこだまのように、他のいくつかの矛盾を生みだすのである。すなわち、善と悪（善人と悪人）、自然と社会、人間とその神々、人間とかれ自身のあいだの相剋なのである。そして全歴史は前と後に分割される。かつては祖国と市民が存在していたのだが、いまでは、もはや存在しない。ローマは一度ならずその実例を提供している。すなわち外観の輝かしさによって魅了された、有徳の共和国は、その奢侈と征服によって失われたのであった。「無分別な人々よ、汝らはなにをなしたのか**。」

世論の惑わしに対抗し、雄弁家にゆだねられたローマの失墜を嘆きながらも、その美文調の文章は雄弁術のすべての規則にしたがっている。アカデミーの懸賞論文として必要なものは、頓呼法《アポストローフ》、活喩法《プロソポペ》、漸層法《グラダシオン》などなにひとつ欠けているものはない。「われらは正しと見ゆるものに欺かる***」(*Decipimur specie recti*) という銘句にいたるまでまさしく文学的伝統の存在を示していないものはないのである。そして一挙に基本的な主題がローマの格言の裏付けのもとに提示される。しかし、その引用句は適切なものである。それが示しているのは、われわれは善の幻想にならされ、外観に束縛され、正義の誤った姿に魅惑されているということである。われわれの誤謬は知識の領域においてではなく、道徳の領域において清算される。善を行っていると信じながらも、間違いをおかすことは、罪ある者となることである。われわれの意志にもかかわらず、知らぬままに、われわれは悪に向って導かれている。幻想はたんにわれわれの認識をみだすものであるだけではなく、真実にヴェールをかけるものであり、すべてのわれわれの行為を誤らせ、生を悪へと転落させるのである。

このようなレトリックは、人間的交流の不可能性という観念に強迫されている悲劇的な思想を伝達する役割を果している。ルソーは、その迫害の年月においてあきることなく繰返すことになる非難を、すでに『学問芸術論』においてきかせるのだ。すなわち、魂は見えないものであり、友情はありえないものであり、信頼はけっして永続することなく、いかなる確実な徴候も心の状態を認知することをゆるさないのである。

ひとはもはや自分をあるがままに表わすことを敢てしない。そこで、この不断の拘束のうちにあって、社会と呼ばれるこの集団を形成している人間は、同じ状況に置かれ、いっそう力強い動機によって左右されないならば、みな同じことをするであろう。そこで、その友を識るためには、非常の場合を待たねばならぬ、すなわち、すでに万事終った時を待たねばならぬであろう。というのは、そういう場合こそ友を識るに肝要な時であったからである。

なんという悪徳の行列がこの不安に伴って生ずるのではなかろうか。もはや真率な友情もない、真実の尊敬もない、強固な信頼もない。疑心、暗鬼、恐怖、冷淡、遠慮、憎悪、裏切が、礼譲という、一様な、卑劣なヴェールの下に潜み、われわれの世紀の明知の賜であるとして自負している都会的洗練の下にたえず潜んでいるだろう。（『学問芸術論』*）

存在と外見が二つのものであること、そして一枚の「ヴェール」が真実の感情を被い隠していること、それこそ、ルソーがつきあたったまず第一の不正であり、かれがその説明と原因を探ろうとする、受容しがたい事実であり、かれがそこから解放されることを願っている不幸なのである。

この主題は豊饒である。それはつきることのない発展の可能性を開いている。ルソーの証言そのものからでも、虚偽の不正がかれの理論的考察を促していたことは明らかである。『学問芸術論』からはるか後年になって、自己の作品をふりかえり、解釈して、「自己の思想の歴史」をつくろうとして、ルソーは次のように語るのだ。

> わたしが人間を観察するようになるやいなや、わたしは人間がなしていることを眺め、人間が話していることを聞いてきました。そして、人間の行動がかれらの議論とあい似ていないことを知り、わたしはこのような相違の理由を探しました。そしてわたしは、かれらにとって存在と外見は、行動することと話すことがそうであるように、まったく異った二つの事柄であり、この後者の相違が前者の原因であることを見出しました……(『ボーモンへの手紙*』)

この言葉を正しいものと認めたうえで、いくつかの問題を提出してみたい。

「わたしが人間を観察するようになるやいなや」という意味では、ルソーは自己に観察者の役割を与えており、そして、その観察を概念に導き、帰納的に理性と第一原因にさかのぼろうとする自然主義的哲学者の姿勢に自己をおいている。このような公平無私な分析趣味をみずからに与えることによって、ルソーは、はるかに混乱した情緒と、はるかに利己的な感情を「合理化」しなかっただろうか。さらにかれは、まったく個人的なある種の失望とある種の挫折感を償い、そしてそれらを隠蔽しようとする、おおかれすくなかれ意識的な意図によって、抽象的な知識のような口調を選んだのではないだろうか。ルソー自身がわれわれにこれらの疑問を提出することを認めているのだ。現代心理学が感情の根源や思惟の無意識な深部構造にわれわれの注意を導くはるか以前に、『告白』のルソーは、情緒的経験のなかにかれ固有の理論の原点を探求することをわれわれに勧めているのであり、さらに『孤独なる散歩者の夢想』のルソーは、その夢想の経験のなかに、とさえ言うだろう。「わたしの一生は長い夢想でしかなかった」[*]からである。

存在と外見の不調和がまず最初にルソーを驚愕させたのであろうか。かれが『クリストフ・ボーモンへの手紙』のなかで、この発見がかれの思想に覚醒をあたえたと断言するとき、われわれはそのことを信ずべきなのであろうか。むろんわれわれはそれを疑ってみようとすることはできるであろう。外見というテーマが当時の知識人の語彙のなかで通貨のような位置を占めていたことを理解するならば、ルソーの考察が、そこに、真正の出発点と原衝動を見出したということを認めることにためらいを感じるのである。そして、もしこのような考え方をその源流と原点において把握することが可能であるとすれば、最初の感動とより内在的な動機をもとめて、はるかに深い心理のレベルまでさかのぼる必要があるのではないだろうか。

「外観がわたしを罰したのだ」

『告白』の第一章では「わたしはわたしがそうあったままの姿を示した」[**]（かれがそうであったと信ずるままに、そしてそうであったことを願うままに）と書かれている。かれは自己の理念の歴史を辿ろうなどとは考えてもいないで、感情的な想い出に自分をゆだねているのだ。すなわち、ルソーにとっては生は思想のつながりとして構成されているものではなく、感情のつながり、「他人にはわからない感情のつながり」[***]と考えられている。もし、虚偽の外見というテーマが、たんに知的な上部構造にすぎないとすれば、『告白』においてとりあげられなかったはずである。ところが、真実はまったく反対なのである。

「五、六歳のときまで、なにをしたか、わたしは覚えていない。どんなふうにして読み方を覚えたかもわからない。ただ最初に読んだ本のことと、それがわたしに与えた影響のことしか思い出せないのだ。わたしが自意識というものを中断なしにたどりうるのは、この時からである。わたしの母は小説類をのこしておいた……」*。ジャン＝ジャックにとって、自意識が「文学」との出会いからはじまることは、たしかに重要なことである。自我との出会いは想像力との出会いと一致している。両者は同じ事実の発見を意味している。その原点からして、自我の意識は他者になりうる可能性と密接に結びついている。(「わたしは伝記で読んだ人物になりきっていた」**のだ。) しかしながら、ルソーがこのような教育の方法を危険きわまりないものと考えているとしても、――それは、理性をもつ以前に感情を、そして実際の事物を知る前に、想像力の認識をよびさますものである――その場合に外見は呪わしい影響力として押しつけられてはいない。読書によってよびおこされる感傷的な幻想は、たしかに危険を含んでいるのだが、その危険はその特殊なケースにおいては、貴重な特権をともなっている。つまり、ジャン＝ジャックは、それぞれ異った存在として形成されるのである。「こういう漠とした情緒をつぎつぎ味わっていったけれども、まだ理性をもたなかったから、理性がおかされることはなかった。しかし、こういう情緒はわたしの理性に別の性質を与えてしまった……」***ジャン＝ジャックの特異性はロマネスクな幻想から生まれた魅惑的な幻影にその源を発している。この点にこそ、「わたしは自分の見た人々のだれとも同じようにつくられていない」****という冒頭の宣言を確認する第一の伝記的与件があるのだ。ジャン＝ジャックはかれの他者との相違を願い、かつそのことを嘆いている。そして、そのことが同時に不幸であり、誇りの動機なのである。虚構の感動と想像的な高揚が、かれを他人と異ったものにしたとき、かれはそのことにたいし、あいまいな断罪しか下さない。なぜならば、これらの小説は亡き母親の忘れがたみなのである。

しかし、われわれは、外見との出会いをおそろしい変動として描いた幼年時代の想い出にやがて遭遇するだろう。かれは存在と外見の不調和を観察することからはじめたのではない。かれはそれを苦しむことからはじめたのである。なぜならば、実際に回想は外観の不法行為についての根源的な経験にさかのぼるのである。「このとき以来、わたしは純粋な幸福は味わえなくなった」*と、かれが決定的な重要性を与えている「衝撃的」な啓示をそのことからルソーはたどってみせる。その瞬間に、幼少時代の幸福の純粋性をこわす破局、（失墜）が起きるのである。この時以来、不正が実在し、不幸は、現実のもの、もしくは起こりうるものとなる。この想い出は、不当な告発との出会いであり、ひとつの原型としての価値をもっている。ジャン＝ジャックは現実的にはそうではないにもかかわらず、外見的には罪ある者となる。かれは誠実であるにもかかわらず、虚言者となる。かれを罰する人々は、正義の言葉を語りながら、不当に行動している。そしてこの場合においては、体罰はそれまでランベルシェ嬢によって加えられていた折檻のような意味をもたなくなるであろう。ジャン＝ジャックはそこにかれの肉体と快楽をもはや見出さず、むしろかれの孤独と離脱を発見するのである。

> ある日、わたしは台所につづいた部屋でひとり学課を勉強していた。それよりさきに、女中がランベルシェ嬢の櫛を壁のくぼみのところに乾かしておいた。女中が取りにもどってくると、その櫛の一つが片側すっかり歯が折れていた。だれがこわしたのだろう。わたしのほかに部屋に入ったものはなかった。わたしが尋問された。わたしは櫛などさわらないという。ランベルシェ兄妹は二人して、わたしをいさめ、白状を促し、脅した。わたしは頑強だった。わたしがこんなに図々しく嘘をつくのは、見初めだとは思ったものの、みんなはわたしのしわざと信じきっているから、いくら抗弁してもきいてくれない。事は重大化した。それも当然だ。いじわる、嘘、強情どれもみな一様に罰せられていいことだと考えられた……

この出来事から五十年ちかくたつ。そして今日わたしはそのことで、もう一度罰せられる恐れはない。よろしい、わたしは天に向って、公言しよう、わたしは無罪であった……

当時のわたしは、外面的な事情から有罪だとされたりすることを、しかたがないと感じたり、他人の立場に身をおいてみたりするだけの理性は十分もっていなかった。わたしはあくまで自分の立場だけに立っていた。わたしの感じたすべては、犯しもしない罪にたいして加えられた懲罰のむごさということだった。（『告白』*）

ルソーはここでは被告の位置にいる。（『学問芸術論』では、かれは告発者の役割を演じているが、矛盾に直面するようになると、被告の位置にいる自分をふたたび見出す。）上に述べられている体験は抽象的に現実と外観の観念を対照していないのであるが、無実《イノサン》な存在と罪ある外観の動顛するような対立なのである。「どんなに考えがひっくり返ってしまったか！　どんなに感情が混乱したか！　どんな変動が起ったことか……」** ここでは存在と外見の存在論的な分裂が混沌として示されていると同時に不正の秘密がゆるせないこととして、この子供に感じられている。かれは無実についての内心の確信が、過ちについての表面的な証拠にたいして無力であることを理解したのであった。かれは、人間の意識はそれぞれ離されたものであり、ひとが自分自身のなかに感じている、もっとも直接的な、明白な事実を伝達することはできないということを理解したのであった。そしてこのときから、楽園は失われる。なぜならば、楽園とは相互の意識の透明と全体的な信頼すべき交流を意味したからである。世界そのものが様相を変え、暗黒なものとなったのである。そして、ルソーがこわれた櫛の事件の結果を描くのに用いている言葉は、ひとが「もはや己れをあるがままに示すことを敢てしなくなって」以来、そこに氾濫している「悪徳の行列」を描いている『学問芸術論』の言葉と、奇妙にもよく似ている。この二つの文章において、ルソーは信頼の消失について語り、つづいて、ヴェールが中間におかれることを喚起しているのだ。

わたしたちは、なおそれから数ヵ月はボセーにいた。ちょうど地上の楽園の幸福をうしなったアダムが、なお楽園にとどまっていたようなものだ。外見は同じ境遇だが、実際はすっかり別のあり方なのだ。愛着や尊敬や親密さや信頼が教え子を先生に結びつけることはなくなった。わたしたちは、もうあの人々を自分の心をくまなく読んでくれる神々のようには考えなくなった。悪いことをするのを以前ほど恥じなくなり、非難されることをいよいよ恐れた。隠しだてしたり、すねたり、うそをついたりしはじめた。わたしたちの年ごろのあらゆる悪徳が純真さをそこない、遊戯までみにくくした。田園そのものも、あの心にしみる穏やかさ、単純さの魅力をうしなったようで、今では荒涼として暗い景色に見えた。何かしらヴェールでおおわれて、美しさはかくされてしまったようだ。（『告白』*）

もはや、人々の魂が結ばれることはなく、それを隠すことが喜びとなる。すべてが混乱し、罰せられた子供は、『学問芸術論』で「だれと接触すべきなのかまったくわからない」とルソーがそのことを嘆息するように、他者の認識の不確実性を発見する。破局がジャン＝ジャックにとって大きければ、大きいほど、「まさに自分がもっとも愛し、尊敬する人々から**」、かれは離される。決裂は原罪となるのだが、その負わされた罪が苛酷であればあるほど、ジャン＝ジャックはそのことにたいして責任がないのである。

事実、櫛の事件の物語では、だれも悪と分裂の最初の侵入について責任を負わされていないことに注目すべきである。それは状況の不幸な一致であり、たんなる誤解なのである。いかなる個所においても、ルソーは、ランベルシェ家の人々が悪意のある、正しくない人間であるとは、言っていない。反対に、かれらのことを、「やさしい」、「きわめて道理をわきまえた」そして「正しい厳格さ」をそなえた人間として描いている。ただ、かれらは思い違いをしたのであり、（『学問芸術論』の巻頭の銘句にしたがうならば）見かけの正義によってだまされたのである。不正は個人とは無関係な、運命の結果として生まれたのである。「外観」がルソーに敵対したのである。そして「確信はあまりにも強すぎた」のであった。したがって、どこにも罪ある者はいないのであり、ただたんに罪を背負わすことだけがあるのであり、偶然の結果として、ひとりの見せかけの罪ある者が現われ、自動的に罰を受けたのであった。すべての人々は無実なのであるが、かれらの関係は外見と不正によってゆがめられたのである。

外観の呪術と相互の意識の相剋が幼少の世界の幸福な統一性に終止符をうつのである。それから統一はふたたび獲得され、見出されなければならない。分裂した人々は和解しなければならない。楽園を追われた意識は、至福の世界にたち戻るまでに、長い旅に出立しなければならない。そして意識は、まったく異った、別の幸福を困難にも求めなければならない。だがその時こそ意識の原初の状態は完全に復元されるであろう。

外観の虚偽についてのこのような啓示は、精神に傷跡を残すのである。ルソーは外見の犠牲となった外見を発見する。かれが自己の主観性の限界を知った瞬間に、かれはそれを中傷された主観性として負わされる。他者はかれを認めないのである。ということは、自我がその外観を正義の否認として黙認することであり、なおそのような否認をルソーは愛されたいと望んでいた人々によって加えられるのである。

したがって世界の「現象的」な構造が間接的にのみ問題とされているのである。ここでは、外見の発見は知覚された現実が含んでいる錯覚の考察の結果ではない。ジャン＝ジャックは、外界の光景を分析し、それを感覚の誤った仲介によって変形された外観をもつものとして異議を唱える哲学的な「主体」ではない。ジャン＝ジャックは他者が、かれの真実、無実、誠実に結びつかないことを発見するのであり、それ故にこそ、田園は暗黒となり、ヴェールに被われる。世界との隔りを感じるより前に、自我は他者との隔りの経験に苦しめられたのである。外観の呪術は世界の形象を変える前に、かれの存在そのものを傷つける。「自然の光景の生命は人間の心のなかにある」*のだ。人間の心が透明でなくなったとき、自然の光景は光彩を失い、混濁する。世界のイメージは意識と意識の関係にかかわっているのであり、それによって変質する。ボセーのエピソードは心の透明を破壊することによって終るのであり、それと同時に、自然の輝しさとの別離でもあるのだ。「心のなかを読む」ことのほとんど神のような可能性はもはや存在せず、田園はヴェールを被り、世界の光は失われ、暗黒となるのである。

　このようにして「ヴェール」は自我とわたし自身とのあいだを被ったのである。それは、わたしから、わたしの原初の本性、わたしの純潔《イノサンス》を隠したのであった。そして、たしかにそのときわたしは悪を行いはじめ、（わたしたちは悪いことをするのを以前ほど恥じなくなり……隠しだてしはじめた……」）**のだが、わたしは悪の、世界への登場について責任はないのであり、もしわたしが自分を隠しはじめたとすれば、それは、まず真実が隠されたためなのである。わたしの歴史は、それ以前には異った道を歩みはじめていたのであり、幼少時代は、完全な信頼と透明の時代であった。そして、追憶はなおわたしをその時代へとつれもどし、より明晰な世界の明澄さのなかにわたしを導きいれることができるのである。だがしかし、わたしは、それが失われたものであり、すべてが暗黒におおわれていると思わざるをえないのである。

　われわれは他人の魂を知らない、なぜならば、それは隠されているものであり、さらにまた、自分の魂をも知らない、なぜならばわれわれは知能の鏡をもたないからである。（『道徳書簡』***）

われわれは不透明な世界に生きなければならないのである。****

分割された時間と透明の神話

このような危機の契機——分裂の「ヴェール」がたれさがり、世界が光彩を失い、相互の意識が不透明となり、不信が永久に友情を不可能なものにする——はひとつの歴史的な事実なのであり、ジャン＝ジャックの幼少時代の幸福の混濁のはじまりを示している。そのとき、新しい時代、意識の別の年代がはじまったのである。そして、この新しい年代は、はじめて意識が過去をもったという本質的な発見によって定義づけられる。だがしかし、意識はこのような発見によって豊かになりながら、同時にある本質的な貧困と欠如をも発見する。というのは、現在の瞬間の背後に刻まれている時間の拡がりは、それが奪われ、拒否されているという事実によってのみ、知覚できるものとなったのである。意識はより以前の世界へと向い、そこに属しているものと、それが永久に失ったもののすべてを認める。幼少の幸福が逃れ去ったとき、意識は、この禁じられた幸福の無限の価を認知する。もはやそのときには、過ぎ去った時代の神話を詩的につくりあげることしか残されていないのである。かつて、ヴェールが世界とわれわれのあいだに介在しなかったときには、「われわれの心のなかまで読みとる神々」が存在し、いかなるものも魂の透明と明証性をそこなったりはしなかった。そしてわれわれは真実とともに存在したのである。個人的な伝記においても、かつまた人間の歴史においても、このような時代は起源に近い、ほぼその誕生期に位置している。ルソーは、追放と回帰についてのプラトン的神話を神の国の方へではなく、幼少時代の方へ向って、とらえなおそうとした最初の文学者（詩人というべきであろう）のひとりである。

透明の時代を喚起しようとして、『学問芸術論』は、『告白』の物語に見出されるイメージと奇妙なほどに相似したイメージを展開している。ボセーのエピソードの場合と同様に、ルソーは「神々」が近くに現存することを語るのである。それは、神性をそなえた証人が人間たちのあいだにあって、かれらの心のなかまで読みとる時代であり、人間の意識が、わずかに一瞥を交しあうことによって、相互に理解しあうような世界である。

それは自然の手によってのみ装われた美しい岸辺であって、人は絶えずその方へ眼を回らせて、そこから遠ざかって行くことを感じつつ、別れを惜しむのである。汚れを知らぬ有徳な人々がかれらの行為の証人として神々をもつことを好んだとき、神と人とはともに同じ茅屋の下に住んでいた。しかし、やがて邪悪となった人々は、それらの厄介な観覧者に気疲れした……（『学問芸術論*』）

技巧がわれらの作法を捏ね上げ、われらの情念に気取った言語を語ることを教える前には、われらの風俗は粗野であったが、また自然であった。そして挙措の相違は、一見して直ちに、性格の相違を表わしていた。人間の本性は、根柢においては、さほどよいものではなかった。だが人々は互いに深く心を知りあうことの容易さのなかにかれらの保証を見出していた。（『学問芸術論**』）

自然状態に関するすべての理論と仮説の以前に、不当な告発を経験する前の幼少時代に比較しうるような、ひとつの時代についての直観（もしくは想像）があるのだ。そこでは、人類は、平穏に自己の幸福を生きることだけに専念している。おかしがたい平衡が存在と外見を調整している。人間はあるがままの姿を示し、見せている。外観は障害ではなく、人々の意識が出会い、一致しあう忠実な鏡なのである。

悔恨が「過ぎ去った生活」に向けられる。しかし、われわれは、それによって「現在の」世界から解き放されるとしても、なお、人間の世界や地上の風景から離別されることはない。過ぎ去った幸福の地平には、今日、われわれを取り巻いている同じ自然と草木が存在している。そして、われわれが切り取ってもなお、深くわけいることができる、手を触れられていない拡がりの残された森が存在している。誘惑する悪魔や誘惑されたイヴのごとき超自然的干渉を援用する必要なしに、われわれの堕落の起源は、人間的な理性によって説明することが可能なのである。なぜならば、人間は完全なものとなりうるのであり、たえず人間の発明を自然の与えたものに付け加えてきたのであった。そして、そのとき以来、世界の歴史は、われわれの技巧と傲慢のたえまなく増大する重みに喘ぎながら、腐敗のなかを加速度的な没落の歩みを続けている。すなわち、われわれは恐怖をもって仮面と滅びさるべき幻影の世界に眼を開くのであり、観察者（あるいは告発者）もまたそのような一般的な病からまぬがれることを、なにものによっても保証されていない。

したがって、没落の神話は地上の存在に先行してはいない。ルソーは宗教的な神話を歴史自体のなかへ移行し、それを二つの年代に分つのである。すなわち、第一は、純潔の安定した時代、純粋な自然の平穏な時代であり、第二は、生成の歴史、罪ある活動、人間による自然の否定の時代である。

ところで、没落がわれわれのつくりだしたものであり、人間の歴史の偶然の出来事であるならば、人間は、不信と暗黒とそれらに付随する悪徳のなかで生きることを、むろん強制されることはないはずである。そういった悪こそ人間と社会のつくりだしたものであり、したがってわれわれが失われた透明な世界を見出すために歴史をつくりなおしたり、解体したりすることを妨げるものは、なにもない。そしてどのような超自然的な禁止もそのことを妨げはしない。人間の本質が危険にさらされているのではなく、ただ歴史的状況だけがそうなのである。「多分、おまえはもう一度過去に帰れたらばと望むことだろう」*と語っているように、問題は未解決なのであるが、なにはともあれ、われわれに失われた楽園に近づくことを禁止する燃える剣はないのだ。（はるか彼方の岸辺にいる）そしてそこからまだ出ていない人々にとっては、おそらく、そこになお「とどまっている」**時代なのかもしれない。そして、たとえ悪が、純粋に人間的な運命によって不可逆なものであるにせよ、そして「悪徳の人民は決して徳にたちもどらない」ことを容認しなければならないとしても、歴史はわれわれに抵抗と拒絶の努力を提起しているのである。もしわれわれが、「もはや善良でなくなっているものたちを善にたちかえらせる」ことができないならば、われわれがなしうる最低のことは、「なおそうした幸福をもっている人々をそのままの状態に保つ」[*]ことなのである。なぜならば悪の出現は歴史的な事実であり、悪にたいする闘争もまた歴史における人間のものなのである。

　ひとつの行動が可能であること、そして、ひとつの自由な決定が、ヴェールに被われた真実のために自己を捧げうること、それらのことをルソーは疑っていない。しかし、これらの決定と行動の性格については、かれはいくつかの呼びかけを聴きいれ、順次に（あるいは同時に）作品のなかでそれを表明するのである。個人的な道徳革命、（真理に捧げられた生活 *vitam impendere vero*）個人の教育（『エミール』）集団の政治的育成、（『政治経済論』『社会契約論』）などである。これらに加えて、ジャン゠ジャックには、ある躊躇があり、そのために、かれの欲求は、あるときは、時間的な逆行の方へ、そしてまたあるときは、自足している意識の逃避の場であるもっとも近い現在の方へ、さらに、まれには未来への超越の方へ向けられるのである。交互に、かれは原始的な森への回帰という「桃源境的な」夢想にふけったり、そうでなければ、魂と社会が、それらにとってなお残されている純粋で無垢なものを保護しているような、保守的な安定を主張する。あるいは、かれは「人類の未来の幸福についての理念」[**]を描いてみせたり、時間を越えた、有徳の都市《シテ》や理想的な政体を組み立てる。このような構想がいかに異ったものであり、完全に満足のいくようなやりかたで、一致点を見出すことがきわめて困難であるにせよ、それらがもっている唯一の共通点、すなわち危機にさらされている透明性の保全と復元を目的としている、意図の一貫性に注目しなければならない。ルソーが同時代人たちに呼びかけた情熱的な要請のなかには、善意と良識をそなえた道徳の陶冶への勧誘いがいのなにものもありえないのであるが、同時にまた、有効な政治的行動による社会の変革への勧誘をも読みとることができるのである。そしてこのような曖昧さが問題を困難なものとしているのだが、ルソーは曖昧でない方法でまずわれわれのために、そしてわれわれの生活のなかに透明性の回帰を望んで、うったえているのだ。強力であると同時に単一な、この欲求に関しては、疑問をはさむ余地はない。この欲求が具体的な努力や問題を含んだ状況と対決しようとするときに、誤解がはじまるのである。なぜならば、透明への欲求とそれを所有することへの移行は瞬間的なものではなくそしてその道は直接的なものではないからである。もし虚偽から解放されようとするならば、手段（さまざまな、矛盾した）と行動についての問題を、おそかれはやかれ避けて通るわけにはいかないのであり、そして、そのような行動は、成功と同時に失敗の可能性をもっており、われわれをふたたび虚偽と不透明の世界におとしこむ危険をふくんでいるのである。

歴史的知識と詩的幻想

だが、われわれは失われた透明性からどれだけ離れているのだろうか。どのような厚みがわれわれをそこから隔てているのだろうか。それをふたたび見出すために越えなければならない空間とは、どのようなものであるのだろうか。

『人間不平等起源論』において、ルソーはそのことについて「無数の世紀」を考えているのであるが、事実、その隔りは無限であり、原初の幸福の光は、年月の隔りのなかに消え失せたように思われるのである。どのようにしてかくも遠く過ぎ去った時代について知ることができるのだろうか。透明の時代は、真実に存在したのであろうか、あるいはそれは起源にさかのぼった歴史を観念的に再構成するために考案された仮構にすぎないのではなかろうかと、理性はそのことを疑ってみないわけにはいかないのである。だからこそ、ルソーは、『人間不平等起源論』の一節において、自己の思想を公然と点検しながら、自然状態は「おそらく存在しなかった」と仮定しないわけにはいかないのである。したがって自然状態とは「仮設的な歴史」に与えられた観念的な公理にすぎないのであり、われわれの眼前に提供されているような世界について発生論的な説明をつくりあげることを目的として一連の連続した原因と結果を探求するための演繹法がそれによって成立っている原理なのである。そして、すべての現象の単一かつ必要な源泉にまでさかのぼらないならば、なにも証明したことにはならないと信じていた、当時の、ほとんどすべての学者や哲学者たちはそのように考えていたのであり、そういう意味で、かれらは地球、生命、魂の能力、社会などの起源についての歴史家なのである。そして、かれらは思弁に観察の名を与えることによって、他のいかなる証明をもまぬがれることを望んでいたのである。

実際には、ルソーはかれの「歴史的」虚構を発展すればするほど、それは仮説的な性格を失っていくのである。ある種の確信と陶酔がすべての知的な慎重さを消し去り、なお動物にほとんど近いような、原始の状態についての描写は「生きる場所」についての魅惑にみちた喚起となる。感覚的な平衡と適切な充足をともなった、「健全な」放浪生活の理念のなかに、哀調をおびた郷愁が流れているのだ。そのイメージはあまりにも切実であり、あまりにも深い充足感をともなっていて、ルソーの精神の内部において、厳密な歴史的真実と照応しないわけにはいかない。ある確信が肉づけされ、それは詩的な本質をもつものであるにもかかわらず、その認識を誤るのだ。すなわち、歴史学の言葉を語り、誠実きわまりない学問的考証を用いて立証しようとするのである。しかじかが間違いなく人類の創世期であり、しかじかが人間の最初の相貌であるといって、確信が反駁をゆるさないほどに押しつけられるのである。ルソーは自己の郷愁を正当なものとするために透明の時代についての客観的な歴史をみずからに語っている。ルソーの確信は回想するひとの確信であり、それは接触によって獲得されるものであり、かれの信奉者たちは、ルソーのなかに「仮説的な歴史」の著者をもはやみとめようとはせず、はるか遠い過去のはるかに美しい時代の記憶を保持している見者《ゼーエル》（ヘルダーリンの言葉である）を見出すであろう。題にルソーの名を掲げた未完成のオードのなかでヘルダーリンは次のように書いている。*

　そして、はるかに美しき時代からやってきた光よ
使者たちよ、おまえの心を見出したのだ。

はるかかなたの太陽の光がルソーの頭を照らしているのである。

　おまえにもまた、
はるかかなたの太陽が頭に歓喜をそそぐのだ。

ヘルダーリンは、ルソーを来るべき未来もしくは消え失せた過去からの光に感応することをゆるされた「夢占者」としているのである。

グラウコス神

本来の透明な世界は消失したといえるのであろうか。それは記憶のなかにふたたび見出され、記憶自体のもつ透明性のなかで生き返り、記憶を通して救われないのであろうか。それはわれわれをすっかり見棄てさったのであろうか、それともわれわれはなおそれと隣接しあっているのであろうか。ルソーはこの二つの矛盾した解答のあいだで躊躇している。ある契機が与えられると、神話は二つの解釈に分れる。第一

の解釈によれば、人間の魂は堕落し、歪められ、ほとんど全体的な変質をこうむり、けっして最初の美しさを見出しえないのである。第二の解釈は、魂が歪曲されることを否定し、ある意味で魂は掩蔽されると考える。すなわち、原始的な本性は存続しているが、それは隠され、その上にかぶされたヴェールに囲まれ、人為的な手段のもとに埋没しており、それゆえにこそ、つねに原形をとどめているのである。起源神話はこのように厭世的な解釈と楽天的な解釈をもっているのであるが、ルソーはこの二つの解釈を交互に主張し、時には同時に両者を主張するのだ。かれは、人間は取り返しのつかないほどに本来の自己同一性《イダンテイテ》を破壊したといいながら、同時に本源的な魂は破壊されえないものであり、それを被っている外的な堆積物にまもられて、永久に自己の同一性を失わないと主張するのだ。

ルソーは自己の見解にしたがってグラウコスの像についてのプラトン神話を取りあげる。

> 時と海とあらしとがすっかり歪めてしまったために、神様によりもむしろ猛獣に似るようになったグラウコスの像と同じように、人間の魂は、社会のうちで、後から後からと生れてくる無数の原因により、多数の知識と誤謬とをえたことにより、身体の構成がさまざまな変化をこうむったことにより、また感情のたえまない激動によって、いわばその外観がほとんど見わけられないほどに変ってしまっている。(『不平等論』*)

しかしながら、この文章では、いわばとほとんどという言葉がすべての希望をつないでいるのだ。ルソーの文脈のなかでは、グラウコス像のイメージはなにか謎めいたものを留めている。その相貌は時によって蝕まれ、毀損されたのであろうか、あるいは、彫刻家の手から生まれたままの形を永久に失ったのであろうか。それとも、塩と海藻の殻に被われ、崇高な像はいかなる実質をも失うことなしに、本来の姿を保持しているのだろうか。さらにその本来の相貌は、人間の現在の状態を解釈しようとする人々のための理想的な規範としてつくられた虚構にすぎないのであろうか。

> 人間の現在の性質のなかに、根源的なものと人為的なものとを識別し、そして、もはや存在せず、おそらくは存在したことがなく、たぶんこれからも存在しそうにもないひとつの状態、――しかもそれについての正しい考えをもつことが、われわれの現在の状態をよく判断するうえに必要である。
> （『不平等論』*）

そうあった状態にとどまること、そして変化によって変質されるままになること、この二つのことはルソーにとって、喪失と救済という神学的な範疇と等価値なものであった。これらの問題に触れてみるならば、ルソーは地獄を信じてはいないが、その代りに、相似性の喪失が本質的な不幸であり、自己と同一なものにとどまることが人間の生を救済することであり、あるいはすくなくとも、救済を約束することであると信じている。歴史的な時間は、ルソーにとっては、有機的発展の観念を排除しないと同時に、つねに罪を負わされたものなのである。したがって、歴史の運動は暗黒化であり、質的な進歩にたいするよりもむしろ歪曲にたいする責任を負っている。ルソーは変化を腐敗としておそれ、時**の流れのなかで人間は歪められ、堕落すると考えている。しかも、それはたんに外観だけではなく、本質さえもが見分けられないものとなるのだ。ルソーはこのような起源神話の峻厳な（いってみればカルヴァン的な）解釈を、かれの作品のさまざまな場合に提出している。そしてこのような考え方の根源には、償いえないものについての感情によってかきたてられた、きわめて現実的な不安が見出されるのである。だからこそルソーは繰返して、悪は取り返しのつかないものであり、ひとたび一定の宿命的な限界を超えるならば魂は失われ、その喪失を受容する以外にはいかなる有効な手段もないと主張するのだ。「圧殺された天性はけっして戻ってはこない。人は破壊したものと、つくりあげたものを同時に失う」[*]とかれは語るのである。

不幸な人々よ。わたしたちはどうなったのでしょう。どうしてわたしたちは、かつてのわたしたちのようにあることをやめたのでしょうか。（『ヌーヴェル・エロイーズ』[**]）

それは、もはや本来の姿がなにも存続しないと思われるような歪曲である。かれ自身がそれに襲われ、脅迫されるのを感じるのだ。

以前の上品な遊戯はすっかり忘れはて、ごく下品な趣味、もっとも低級な悪ふざけがとってかわった。非常にいい教育を受けたにもかかわらず、わたしはたいへん堕落しやすい傾向をもっていたにちがいない。じつに早く、やすやすと、そうなったからである。こんなに早熟なセザールが、またこんなに急にラリドンになりさがったためしはあるまい。（『告白』[***]）

ボセーのエピソードに続いて語られているこの文章に、ルソーが生涯の終りに記した一行を附け加えることができるのだ。それは、かれが自己にたいして終生変ることなく忠実であろうと断言しつづけていた時代にさかのぼっているだけにきわめて意味ある証言である。

おそらく、わたし自身とても、それに気づくことなしに、必要以上に変ったことだろう。どんな天性であろうとも、わたしと同じような環境にあったならば、変質しないで抵抗することはありえなかったろうに？（『夢想』[****]）

かれはこの疑問にたいして、せきたてられるように否定で答えるのだ。なぜならば、すべてがかれにとっては変化し、自分は夢想のなかに生きていると考えるとき、ルソーは自己の全力をあげて、精神の変質の不安に対決し、自己の同一性を護るために戦うのである。なにかが変化しても、かれの魂は変らないのだ。かれは変質の責任を外部へ転嫁する。もっとも驚くべき変容をこうむったのは他者であり、そして、かれら自身もまた見分けられないほど変っている、その他者がルソーのイメージと作品を歪めるのである。そして、かれ自身はかつてそうあったような自分にとどまっているのだ。そしてかれの感情はもはや外界の現実が同じでないが故にこそ、変化したのである。

> わたしの不幸がはじまるやいなや……局面は一変したのだ。このとき以来、わたしは前の時代とは似もつかぬ、新しい時代のなかで生きるようになった。そして、他人にたいするわたし自身の感情は、わたしが他人の感情のなかに見出した変化になやまされたのであった。このような、まったく異った二つの時代のなかに、わたしが相ついで見た同じ人々は、いってみれば、どちらの時代にも相ついで同化したのであった。(『夢想』*)
>
> わたしは同じ人間であったし、いまでも同じ人間なのだ。(『夢想』**)

他者が外側から顔に強制している仮面の下で、ジャン＝ジャックはたえずジャン＝ジャックであろうとしている。もっとも陰鬱に迫害に責めさいなまれているときにも、自分自身に起源神話の楽天的な解釈を語りかけることによってかれは反撃にでるのだ。すなわち、失われたものはなにもないのであり、時は本質を変えず、たんに表面だけを蝕んだにすぎないのであり、悪は外部からきて、外部にとどまっているのだ。グラウコスの相貌は海の泡によって歪められたとしても、その下にあって本来の姿をとどめている。

そして、ジャン＝ジャックは、一般的な人間についてかれがかつて設けた観念をかれ自身に（かれ一人のために）適用するのだ。それは失われた自然という概念に隠された自然という概念を対立させる考え方であり、後者の場合は自然な仮面を被ることはあっても、けっして破壊されることはない。この自然は、われわれが変形したり、抑圧したりするのには、あまりに強力であり、そしておそらくあまりにも崇高であり、われわれの冒瀆的な企図を欺いて、深奥の場に難を避けるのであるが、そこでも自然はたんに外的な装いのもとに隠されているにすぎない。自然は忘れ去られることはあっても、実際に失われることはない。われわれが記憶をとおして過去の奥底に自然をかいまみるとき、われわれは自然をそのヴェールから解放しわれわれ自身のなかに現存し、生きているものとして見出そうとしているのである。

魂の苦しみは……不滅にして単純な存在の一時的かつ外面的な変質であって、いつとはなしに消失し、その存在だけが、なにものによっても変化させられない根源的な形態として残されるのです。
（『ヌーヴェル・エロイーズ』*）

ルソーは「なにものも破壊しない自然」を確信をもってもちだし、ヴェールを取りのけられた永久不変の存在をうたう詩人となるのだ。かれは自己のなかに根源的な透明に近い状態を発見する。かれは、自己が時代のはるか過ぎ去ったかなたに探し求めてきた「自然の人間」の「原初の特徴」を自我の深部にいまや見出すのである。自己にたち帰ることを知った者は、水中に没していた神の顔が、それを被っている「錆」を取り除かれ、ふたたび光をはなつのを見ることができるのである。

今日ではあんなに歪曲され、中傷されている自然の画家で自然の弁護人は、自分の心のなかからでなかったらどこからそのモデルを引き出すことができたのでしょうか。かれは自分が感じるように自然を描いたのです。かれが屈しなかった偏見、犠牲とならなかった人工の情念は、他人の眼と同じようにかれの眼にはあまねく忘れ去られるか誤解されているあの原初の特徴を蔽い隠すことはできなかったのです。われわれにとってあまりにも新しく、真実なこの特徴は、ひとたび描き出されると、ふたたびわれわれの心の底にその正しさの証明を見出させるのでしょうが、自然の歴史家がその特徴を隠している錆を取り除きはじめなかったならば、その特徴はひとりでに戻ってはこなかったでしょう。隠遁した孤独な生活、夢想や観想への強い好み、自己のなかへと帰り、そうして情念を静めて、大多数の人々のあいだでは消え去っているあの原初の特徴を求める習慣がかれにそうした特徴を発見させたのです。要するに、あのようにわれわれに原初の人間を示すためには、自分を描くことが必要だったのです。(『対話』*)

自我の認識は潜在的記憶《レミニッサンス》に等しいものであるが、ルソーが過去の世界に属しているこれらの「原初の特徴」を見出すのは、記憶の努力によるものではない。自然の人間を発見し、その歴史家となるためには、ルソーは時代のはじめまでさかのぼる必要はなかった。かれにとっては自分自身を描き、受動的かつ能動的な動きのなかで自己の固有の内奥と本性に自己を一致させようとし、自己自身を探求し、夢想にみずからをゆだねることで十分であった。内在性にたよることは同じ現実に到達することであり、もっとも遠い過去の探索と同じ絶対的な規範を理解することである。このようにして、歴史的時間の秩序において原初に存在したものは、ジャン＝ジャックの現在の経験においてもっとも深奥に存在するものとして見出される。歴史的距離はもはや内的な距離以外のなにものでもなくなり、自己のうちに目覚める感情に完全にみずからをゆだねることができる者にとっては、このような距離はやがて越えられるものである。そのときから、自然は(聖アウグスチヌスにとって神の現存がそうであるように**)、われわれのはるか背後に存在するものであることをやめ、われわれの内部のもっとも中心にあるものとして提出される。このようにして、規範はもはや超越的なものではなくなり、自己に内在的なものとなる。そして誠実であること、自己自身であることだけで十分なのであり、自然の人間はもはやわたしがそれに準拠する、遠い原型ではなく、わたしの固有の現存、そしてわたしの存在そのものと一致する。過去の透明は神々の注視のもとにあった人間の素朴な存在から生まれたものであったが、新しい透明は自我との内的な関係であり、自己の自己に対する関係なのである。それは、ジャン＝ジャックにあるがままの姿を描くことを可能にした自己自身への明澄な注視によって実現される。その時、ひとつのイメージが現われるのだ。(ルソーは確言しているのだが)、それは全人類の真正の歴史に相当し、失われた過去を復活させ自然の永遠の現在として示す。人間は共通の相似性をもっていることの確信をそこにふたたび見出すのである。(「すべての人間は自己のなかに人間の条件のあらゆる形態をもっている」とモンテーニュは語っているのだ。)ジャン＝ジャックは自己自身に没頭することを知ったのであり、だからこそすべての人間もまたかれら自身で相互に認めあうであろう。かれらは、かれらの誤った真実の背後に忘れられた現存、ヴェールに被われて原形を留めている形態を見出し、そして忘却から解放されるのである……

したがって、実際の起源までさかのぼる必要なしに、歴史の再構成という冒険をおかすことなしに、人間の原初の本性を把握することができるのである。ルソーはそのことを『人間不平等起源論』においてきわめて明晰な方法で述べており、そのなかでかれは仮説によって事物の自然を明らかにする権利を留保するために「真の起源」についていっさいの主張をかんたんに放棄しているのである。

われわれがこの主題に関していかなる研究にはいりこもうとも、それは歴史的真理ではなく、ただ臆説的で条件的な推理だと思わなければならない。そうした推理は、事物の真の起源を示すよりも事物の自然を示すのにいっそう適切なのである……（『不平等論』*）

しかし、おそらく人間の本性は人間の歴史とは独立に把えられることができるのだろうか。ルソーは躊躇している。事実かれは本質的な人間の本性の観念にふれないわけにはいかないとすれば、歴史的生成という観念を放棄することができない。後者は人類が幸福であった起源から遠ざかることによってこうむった変質にもっともな説明を与えることを可能にしているからである。ルソーは、社会が責任を負っている頽廃を告発する可能性を保留すること、そして原初の善性の永久不変を宣言すること、この両者をともに望んでいたのである。これには相互に矛盾したと考えられる二つの断定が含まれているのであり、ジャン＝ジャックはそのことを当然非難されたのであった。なぜならば、社会は人間のつくったものであるというかぎりにおいて、人間は罪あるものであり、人間は自分自身でつくりだしたすべての悪の責任を負っていることを認めなければならないからである。しかし、他方では人間が自然の子供であることをやめないかぎりにおいて、人間はおかすことのできない純潔《イノサンス》を保っている。「人間は生まれつき善である」という断定と「すべては人間の手で堕落している」というもう一つの断定をどのようにして両立させるのであろうか。

人間と神を弁明する弁神論

カッシラーは、ルソーの公理が、悪の起源を神にも、罪ある人間にも負わせることなしに、弁神論の問題を解決していることを明らかにしている。**

人間の邪悪の起源と進展を跡づけるならば、人間をその本性から邪悪であると考える必要はないのです。このような考察は、社会状態における人間の精神についての新しい研究へわたしを導きました。そこでわたしは知識と悪徳の発展が同じ理由によってなされてきたことを見出しました。その場合に、わたしがつねに注意深く区別してきたことは、そのような発展は個人のなかではなく、民衆のなかでなされてきたということであり、わたしを攻撃してきたいかなる人々もけっしてそのことを考えてみたことはなかったのです。(『ボーモンへの手紙*』)

悪は人間の本質を変えることなく歴史と社会によって生みだされる。社会の罪は本質的な人間の罪ではなく、関係における人間の罪なのである。したがって、本質的な人間と関係における人間を解離させ、社会性と人間の本性を分離させるという条件において、悪と歴史的変質に、根源的な自然の中心的永久不変性と比較して、周辺的なひとつの位置を付与することができる。そのときから、悪は、人間にとって外的なもの、外部にあるもの、すなわち権勢、外見、物質的財産の所有などにたいする人間の情熱と混同されるようになる。悪は外在的なものであり、外側の情熱である。たとえば人間が自己のすべてを珍奇な財宝の誘惑にゆだねるとすれば、人間はそのすべてを悪の支配に服従させることになるであろう。しかしながら自己にたちかえることは、人間にとっていつでも救済の有効な手段と言えよう。したがってルソーは、ほとんどすべてのモラリストたちがしたように、外在性を証明することだけでは満足しえない。かれは悪の定義そのもののなかでそれを糾弾する。このような断罪は人間の内的な本質の救済——決定的な——を要求する弁明の裏返しにすぎない。存在の周辺に投げ出され、そして関係の世界に投げ出された悪は人間の「自然の善性」と同じ意味での存在論的な規定をもはやもたない。悪はヴェールであり、ヴェールを被せることであり、仮面であり、人工物の密接な部分なのである。そして、もし人間が人為の手段によって自然の所与を否定する危険な自由をもたないならば、悪は存在しないはずである。すべてのものが堕落するのは人間の手のなかなのであって、心のなかではないのだ。人間の手は労働し、自然を変化し、歴史をつくり、外界を改良し、そして長い間に時代と時代の相違、人間と人間との闘争、「個人と個人」のあいだの不平等等を生みだすのである。

同じ文章のなかで（『ナルシス序文』）ルソーは「人間はどこでも同じものである」と主張している「誤った哲学」に抗議するのであるが、*かれは現今の世界の悪徳は「人間に属しているのではなく、誤って統治されている人間に属している」と述べるのである。しかしこれは重大な矛盾なのだ。なんとなれば、ルソーは本質的な純潔の永久不変性を断言すると同時に、歴史の運動は変質、道徳的腐敗、政治的堕落そのものであり、人間相互の衝突と不正を促進すると断言しているのである。

それよりも後年になって、提起される進歩の理論においても、同じような仮設が取りいれられている。それは、やはり人間の本性の永久不変という公理と集団的変化の観念を両立させようとするものである。ゲーテは後に「人間はつねに同じものであり、人類はつねに進歩する」と語るのであるが、『人間不平等起源論』の歴史的ペシミズムの有効性は否認され、はるかに積極的にゲーテの楽天的なテーゼが一般には容認されている。しかしながら、哲学的な視点にたつならば、問題は同一なのである。前者においても後者においても人間の本性の安定性と歴史の現実的発展の流動性を両立させることが必要なのであり、なぜ人間は（個人として）「同一なもの」としてとどまる特権を所有し、一方人類は（集団として）変化に従属させられているのかを説明しなければならないのである。

しかしながら、ルソーは悪の説明をするため以外には歴史を必要としない。その体系に歴史的次元を与えるのは悪の観念である。生成はそれによって人類が罪あるものとなる運動である。人間は本来的には邪悪なものでなく、人間はそうなったのである。善への回帰はだからこそ歴史にたいする反抗、とりわけ現在の歴史的状況にたいする反抗と一致する。もし、ルソーの思想が革命的であることが真実であるとすれば、それは歴史的進歩の名においてではなく、永遠の人間の本性の名においてであることを、ただちに付け加えなければならない。（そのなかに十八世紀の政治的進歩の決定的要因をみようとするためには、ルソーの作品を脚色しなければなるまい。）世界と「あるがままの人間」とに対決する必要を自覚したかれの社会思想は、とりわけ直接性の主権、すなわち持続性が力をもたない、ひとつの価値の支配の樹立もしくは復興を目的としているということを考えていきたい。

II

社会批判

ルソーはかれの世紀においては君主制社会の価値および構造に異議を申立てている文学者のなかに位置を占めている。これらの文学者たちがたとえどのように相異っていたにせよ、異議の申立がかれらのあいだにある相似性をつくりだし、かれらにある友愛感を与えている。すなわち、かれら各人はなんらかの資格において来るべき大革命の担い手あるいは告知者としてみなすことができよう。であるからして、ルソーとヴォルテールの死後の和解、両者にたいする共通の礼讃、双面の神もしくは一対の守護神の地位へのかれらの昇進が理解されるのである。手に神火をかざし、前方に光をかかげ、反逆の光彩を放つ神火護持の神々の姿に描いた通俗的な銅版画がかれらをおたがいに不滅のものとしているのである。

ルソーは悪の原理を把握しようと願っている。かれは社会と社会の秩序を総体的に告発する。ルソーの場合には、かれの批判的な努力は分散されるのではなく、悪の多様な表明のひとつひとつと対決することを目的としてはいない。かれは一般的な原因へさかのぼるのであり、そのことが、個別的な誤謬、簒奪、欺瞞などを分離して攻撃することをかれにまぬかれさせている。(それになお、不正の矯正者の役割を果すためには、かれはあまりにも自己中心的でありすぎる。ヴォルテールには、カラス事件があり、その他にも十指にあまる同様の事件がある。しかしルソーはルソーの事件だけで忙殺されている。)

ルソーは自己の思想の歴史をつくるのだ。かれは人間の行為と言葉の不一致を観察したのであり、このような相違は他の相違、すなわち存在と外見の相違によって説明されるのであるが、かれはなおその原因を探究しなければならない。ルソーはそのことを次のように述べている。

わたしはそれ〔原因〕をわれわれの社会の秩序のなかに見出しました。社会の秩序こそいかなるものによっても破壊されない自然にまったく相反するものであり、たえまなく自然を虐げ、そしてたえまなく自然にその権利を要求させているのです。わたしはこのような矛盾を徹底的に追求し、それによってのみすべての人間の悪徳と社会の悪が説明されることを知りました。(『ボーモンへの手紙』*)

『学問芸術論』と『人間不平等起源論』の趣旨をきわめてはっきりと要約しているこの文章において、ルソーはもっとも明晰なやり方でかれの社会批判の対象と範囲を規定している。すなわち、自然に反するものとしての社会についての異議申立なのである。しかしこのような自然の(自然の秩序の)否定者である社会が自然を抹殺することはない。社会は自然と恒久的な闘争を続けるのであり、そこから、人間が苦しんでいるもろもろの悪と悪徳が生まれる。ルソーの批判はしたがって「否定の否定」をめざしている。それは社会との関係において否定性を基本的な特質としている文明を告発している。文化は自然を否定するというのが、『学問芸術論』、『人間不平等起源論』そして『エミール』の悲壮な断定である。文明の「虚偽の光」は人間的な世界を照らすことなく、自然の透明性にヴェールを被せ、人間を相互に分離し、利害関係を個別的なものとし、相互信頼のすべての可能性を破壊し、精神の本質的な交流を表面的かつ人工的な交流の型式に置換えている。そのようにして各人が利己心のなかに孤立し、虚偽の外観に護られている社会が構成される。それは人間相互の経済的関係がより緊密にみえる世界から、実際には、不透明な、虚偽と偽善の世界がつくられるという独自の逆説なのである。

わたしは、哲学が相互の尊敬と好意によって形成されている社会の結合を弛めていることをなげかわしく思っている。そしてなお、学問、芸術、およびその他すべての交りの対象が個人的な利害によるる社会の結合を緊密なものとしていることをなげかわしく思うのである。事実、このような結合のひとつを緊密にすることは、それだけもうひとつの結合を弛めることになるのである。したがってこの場合には矛盾は存在しないのである。(『ナルシス序文』*)

ここでは、ルソーは透明と不透明のように対立している関係の二つの型を有意義な方法で対照している。尊敬と好意はそれによって人間が直接的にふたたび結合される絆を構成している。その場合には意識と意識のあいだには、いかなるものも介在しないのであり、意識は内発的に完全な明証性のもとに現われる。反対に個人的な利害によって補強された絆はこのような直接的な性格を失っている。そしてもはや関係は意識から意識へと直接的に樹立されることはないのであり、関係は事物を通すようになる。その結果として生まれる頽廃は、たんに事物が意識のあいだに介在するという事実からだけではなく、人間が自己の利害を個人の存在に一致させることをやめ、人間の幸福に不可欠なものと信じている介在された物にそれを一致させようとする事実に由来している。社会的人間の自我はもはや自己自身のなかには認知されなくなり、外部の、事物のなかに求められる。そしてかれらの「手段」は目的となるのである。人間全体は物、もしくは物の奴隷となる……ルソーの批判はこのような疎外を告発し、目標として直接性への回帰を提案しているのである。

文明化された社会は、つねに自然への対立を増大させながら、意識と意識の直接的な関係を不明瞭なものにしている。本源的な透明性の喪失が人間の疎外と並んで物質の世界の内部で進行する。この点に関するルソーの分析はヘーゲル、マルクスなどの分析を先取りしているのであり、それが人類の歴史的生成の記述に根拠を求めているということにおいて、かれらと共通している。事実、『人間不平等起源論』は、自然の所与の否定の進行、それに対応する本源的な純潔の堕落の進行としての文明の歴史である。そして技術の歴史が人間の精神の歴史との密接な関連のもとに展開されている。しかし、十九世紀の哲学的な業績とは異り、またかれの同時代の実証主義的な主張とは対照的に、ルソーは人類学的な知識を樹立することよりも、むしろ歴史に関する道徳的判断を確立することを求めている。かれはモラリストとして道徳の歴史を書いているのである。かれの論証の曖昧な様相はそのことからきている。人間が通過してきた諸段階および現に到達している状態がまず事実として定立されなければならない。そして、それらの事実が一度定立されたならば、つぎには受容されなければならない。人類は避けることのできない変容をこうむってきたのであり、そのために人類は宿命的に現在の状態に到達しているのであり、だからこそ、そのことに異議を申立ることができないのである。しかしながら、事実の有効性はわれわれに権利について予断することをゆるさない。歴史的事実はなにごとをも正当化しないし、歴史は道徳的な正当性をもたない。そこでルソーは躊躇することなく、永遠の価値の名のもとに、かれがその必要性を呈示し、道徳的価値それ自体のために拡大してみせた歴史のメカニズムを断罪するのである。

文化の発展を辿り、それを自然の否定として規定したルソーは、文化にたいして拒否を対立させるのであるが、それは、道徳的な判断の結果であり、倫理的絶対者によって要請される、あらたな否定なのである。ルソー（かれ自身は「自然」人である）の、社会（歴史的創造として）に対する怒りはこのような闘争の悲壮な表現である。かれは反自然にたいして否《ノン》を叫ぶために発言するのだ。奢侈と貧困をともなった現在の状況は、歴史的には正当に理由づけられると同時に道徳的には受容しがたいものである。ルソーはかれの時代の社会を理解しているのであるが、人々を顰蹙させるような非難をそれに投げかけるのである。ルソーの思想はそこにとどまることができない。なぜならば、不透明な社会を理解することは透明性を再発見し、再興することではないからである。ルソーにとっては理解は、知的な同意を意味するものではなく、やがて「権利」を事実に対立させるためにのみ「事実」を定立するのである。かれはグロチウスの方法に抗議して、「かれの推理の仕方はつねに事実によって権利をうち立てることである」*と語るのだ。ルソーは、かれがその歴史的必然性を証明している事実を権利の名において判断し、断罪する。そして、透明性の理想を実現するために事実が権利と一致している世界を必要とするが故に、ある時は歴史のこちら側の、人間を堕落させる進歩がいまだ存在しない、「古き時代」に、またある時は歴史のあちら側の、現在の混乱がより完全な秩序によって克服されるであろう、抽象的な未来にこのような世界を求めるのである。

本源的な純潔

芸術や知識が普及する以前には、人為の事実はいまだ表明されていなかった権利に対立するほど発達してはいなかった。原始人は「善良」であり、かれらは悪を行うほど活動的ではなかったのである。モラリストの回顧的な判断がこのような善性を決定しているのだ。自然人は、道徳とは無関係な、もしくは道徳以前の世界で「ありのままに」生きている。善と悪の相違はかれらの限られた意識にとっては存在しない。したがって、事実と権利の一致も真実には存在しないのであり、両者の衝突もまだ起きてはいなかった。自然状態の限られた地平のなかで、人間は世界にも自己自身にも対立しない平衡の生活を送っている。人間は、（自然に人間を対立させることになる）労働も、（自己と同胞にかれらを対立させることになる）省察も知らない。

かれの欲望はその肉体的欲求を越えない……かれの想像力はかれになにものをも描き出さない。かれの心情はかれになにものをも要求しない。かれのささやかな必需品はきわめて容易に手近に見出され、しかもかれはもっと高い知識をえようと望むために必要な知識の程度からは非常に遠いので、かれは先見の明や好奇心をもつことができない……かれの心はなにものにも動かされず、ひたすら目前の自己の生存についての考えにのみ没頭している。（『不平等論』*）

このような完全な充足のなかでは、人間は自己の欲求を満足させるために世界を変容する必要をもたない。これは自給自足についてのストア的理想の「動物的」かつ「感覚的」な異説である。人間は自己自身からも、そして現在の瞬間からも逸脱することがない。一言にしていうならば、人間は直接性のなかで生きている。そして、人間にとって、ひとつひとつの感覚が新しいものであるとすれば、このような見かけの不連続は直接性の連続を生きる方法にすぎない。なにものもかれの「限られた欲望」とその対象のあいだに介在せず、言語の介入もほとんど必要ではない。感覚は直接的に世界に向って開き、人間は自己の周囲にあるものをほとんど区別しようとはしない。そして人間は誤謬によっていまだ混乱されていない、事物との明澄な接触を認識する。すなわち、判断や省察によって汚されていない、それ自身に限定された感覚はいかなる歪みをもこうむっていない。ルソーは道徳以前の状況に善性という道徳的な資格を回顧的に与えるとともに、かれが完全に受動的なものと仮定している省察以前の経験にも、同じく回顧的に真理の価値を付与している。人間が真実と虚偽の区別以前のなかで生きていたと推測されるこのような状態に、ルソーは真理の直接的な所有という特権を認めている。ルソーの言葉そのものによれば、それは幼少の状態なのであり、今日の子供でさえ、幼くして「堕落」させられることがなければ、なおそうした状態を生きることが可能なのである。エミールは「かれの現在の状態に全力をつくすだけで、かれの外側に拡がろうとしている生命の完全な充足を享受しているのであり……。かれのまだ純粋な感覚は幻想からまぬがれている」*のである。

ルソーが「感覚の真理」について語っている方法は、コンディアックの哲学が提言している方法と異っていない。すなわち、誤謬はわれわれが感覚的所与に判断をくだすときにおいて、はじめてはじまる。

> われわれの内部において起きることのなかにも、そしてわれわれが外部において形成している関係のなかにも、いかなる誤謬、不明瞭、混乱は存在しない……もし誤謬が起きるとすれば、われわれが判断をくだす場合だけである。（コンディアック『人間認識起源論』**）

感覚はつねに正しいが、感覚はみずからが正しいことを知らない***。

労働、省察、自尊心

子供は成長することによって、感覚の世界を離れ、「道徳の世界」へはいり、それから社交の世界へはいるのと同様に、原始人は漸次にかつ不可逆的に、純粋な感性の楽園を失う。この過程においては、ルソーは自然の障害にたいする闘争に重大な役割を付与している。心理的変化は道具の使用がはじまって後に、はじめて起きる。年代的には、労働と道具の使用は判断と省察の発展に先だっている。

生まれたばかりの人間の状態とは、このようなものであった。最初、純粋な感覚に限られていて、自然が与える恩恵をほとんど利用せず、いわんや自然からいかなるものをも奪いとろうとは思わない、ひとつの動物の生活とは、このようなものであった。しかし、さまざまな困難がやがて現われてきた。それを征服することを学ばなければならなかった……樹の枝や石などの、自然の武器がやがて手近に見出された。かれは自然の障害を克服したり、必要に応じては他の動物と闘ったり、同じ人間たちと生活物資を争ったり、あるいは強者に譲らなければならなかったものをほかで償ったりすることを学んだ。(『不平等論*』)

新しい障害が、枝や石よりも「自然」でない、さまざまな新しい道具を配置することを人間によぎなくさせる。そのようにして自然と人間との距離は増大する。それは、人間が自己の環境をよりよく支配するために訴えようとする「人為の手段」によってつくられた距離なのである。

すべてを消耗しつくすような凶作の年々、長い、厳しい冬、そして燃えるような夏が、かれらに新しい技術を要求した。海や川の沿岸では、かれらは糸と針を発明し、漁夫となり、魚食者となった。森の中では、かれらは弓と矢をつくった……(『不平等論**』)

人間が世界にたいして積極的に挑むこのような闘争から、人間の心理的な進化が生まれる。比較する能力が人間に初歩的な省察を可能にする。すなわち、人間は事物のあいだの相違を認めたり、動物と異っていることを知ったり、優越感をもって自己を見たりするようになり、そしてすでにひとつの悪徳、すなわち自尊心が生まれるのである。

このような、さまざまな存在を人間自身に、またかれら相互に繰返し適用した結果は、おのずと人間の精神のなかに、いくつかの関係についての知覚を生じさせずにはおかなかった。……このような関係は、ついには人間のなかに、或る種の省察を生みだした。

このような発展に由来する新しい知識が、他の動物にたいする人間の優越を人間に知らせることによって、その優越を増大させた……。かくして人間が自己自身に向けた最初の眼が、人間のなかに最初の自尊心の動きを生みだした。（『不平等論*』）

ルソーは、人間が自己の完成能力の働きによって順次に通過する、相互に制約しあっている、一連の「契機」をこのようにしてつなぎ合わせるのだ。労働は自然の障害に対立するものであり、しかるがゆえに、省察の誕生を誘発するのであり、省察は「自尊心の最初の動き」を生みだすのである。

省察とともに自然の人間は終り、「人間の人間」がはじまる。人間の没落は省察の獲得から発している。省察によって感覚的存在の平衡は破れ、人間は自己自身との内発的かつ瞬間的な一致をもった存在であることをやめる。もし自然が「われわれを健康であるように運命づけたのなら、わたしはほとんどこう断言してもよい、省察の状態は自然に反する状態であり、瞑想する人間は堕落した動物であると**」。その時から自我と他者との積極的な分裂がはじまろうとする。利己心《アムール・プロプル》が純粋な自己愛を堕落させ、悪徳が生じ、社会が構成される。そして、理性が完成される一方、所有と不平等が人間のあいだに導入され、わたしのものとおまえのものとがつねにまず分離される。そして存在と外見との相剋は、その時から「人工物」の勝利をさし示すようになり、たんに外的な自然からのみならず、われわれの内的本質《ナチユール》からわれわれを遠ざけているへだたりはますます増大するのである。

各人は他人に注目し、みずからも注目されることを望みはじめる。（『不平等論』[*]）自分の利益のために実際とはちがったように見せることが必要であった。存在と外見は全く異った二つの事柄となった、そしてこの区別から、荘厳な威儀と虚偽の策略とそれらに随行するすべての悪徳が出てきた。（『不平等論』[**]）

人間はその外観によって疎外されている。ルソーは外見を経済的諸変化の結果ならびに原因として提出している。事実、ルソーは道徳的問題と経済的問題を深く結びつけている。もはやその存在が自律的なものではなく、相対的なものである社会人は、自己自身によって充足されえない新しい欲求をたえまなくつくりだしている。かれにとっては富と権勢が必要なのであり、かれは物を所有し、意識を支配することを望んでいる。社会人は、他者がかれを「注目し」、かれの財産と外観のためにかれを尊敬する場合にのみ、自己自身であることを信じている。あらゆる種類の具体的な悪の源でありうる、抽象的な範疇としての外見は、文明化された人間の内的分裂と奴隷状態ならびにかれらの欲求の無制限な特質を説明している。それは、原始人が直接性に自己をゆだねることによって体験していた幸福からもっとも遠ざかった状態である。外見的な人間にとっては、もはや手段以外にはなにものもないのであり、自己自身がひとつの手段に還元されてしまっている。かれのいかなる欲望も直接的に満足されることはできず、そのためには、想像力と人工物を通さなければならない。他人の意見と他人の労働がかれにとっては不可欠なのである。人間がもはや自己の「真実の欲求」を満足させることを求めず、かれらの虚栄心がつくりだした欲求だけを満足させることを求めようとするならば、かれらはたえず自己自身の外側にあり、自己自身とは無縁なものとなり、相互に奴隷となるであろう。ルソーの言葉は、かれが社会状態の疎外を告発するとき、まさにさまざまな点でストア派的なモラリストの口調をとどめながら、*カントおよびヘーゲルをまさしく先取りしている。歴史についての近代的な諸哲学の先取りのようになり響いているもののなかに、古代の叡知がかつてその論説において展開したすべての主題が見出されるのである。

以前には自由であり、独立であった人間が、いまや、無数の新しい欲望のために、いわばあらゆる自然に、ことにその同胞に服従しており、かれはその同胞の主人となりながら、ある意味においてその奴隷となっているのである。すなわち、富める者は同胞の奉仕を必要とし、貧しき者はその救援を必要としている。さらに中産者もまた同胞なしではすまされない。そこで人間はたえずその同胞を自分の運命に関心をもたせ、そして事実上または外観上、かれの利益のために働くことが自分たちの利益であると思わせるように努めなければならない。その結果かれはある者にたいしてはずるく、作為的に、他の者にたいしては横柄に苛酷になる。(『不平等論』**)

人間が同時にかれの同胞とかれ自身の欲求の奴隷であるような、一般的隷属状態の極限的な形態として、専制主義が押しつけられることになる。専制主義によって踏みにじられた人間は、圧制と無力のなかに新しい種類の平等を見出すのである。「ここで、すべての個人はふたたび平等になる。なぜならば、いまやかれらは無なのだ……***」ひとつの円環が完結される。社会以前の独立状態における平等な集団であったわれわれは、専制的な社会の、完全に奴隷的な平等に到達する。人間は、知的および技術的進化に平行する道徳的堕落をこうむりながら、人間そのものとして現われるという過程が展開されたのである。そして人間は、自然に対抗する闘争を廃止することなく、自己を人工的な存在につくりあげてきたのである。

革命による止揚

このような状況は袋小路なのであろうか。それを乗り越える可能性なしにわれわれは放置されるのであろうか。たとえばエンゲルス*は『人間不平等起源論』を解釈するにあたって、ルソーのテキストの結末の部分に重点をおいている。すなわち、専制君主の残虐な暴力に隷属し、屈従している人間は、自己を解放し、暴君を打倒するためにかれらの側から暴力に訴えるのだ。

専制君主は最強者である間だけしか支配者ではない。かれを追放することができるようになればたちまち、かれは暴力に抗議する権利を失うのである。サルタンを殺し、または退位させるような暴動も、かれが前日その臣下の生命や財産を自由に処理した行為と同様に法律的な行為である。ただ力だけがかれを支えているのであり、ただ力だけがかれを転覆させるのだ。すべての事物はこのように自然の秩序にしたがって運行するのである。(『不平等論**』)

人間がその「自然状態」から離れつつあるこの歴史のなかには、ひとつの「自然の秩序」が存在しているのだ。エンゲルスにしたがえば、不平等は究極には平等に変質するが、究極的な革命が実現するものは、言語を欠いた原始人の、古い自然の平等ではなくて、社会契約による、より高度な平等である。圧制者は圧迫され、過去の関係は保持されると同時に止揚される。そして人間は否定の否定を達成する。このようなヘーゲルおよびマルクス的な解釈は『社会契約論』を『人間不平等起源論』の延長として、さらに結論として読むことが可能であることを前提としている。

ルソーの作品にこのような展望を与えることは、たしかに魅力的である。それは、ルソーの思想の連続性と整合性という仮説が承認されるという条件で有効である。(こうした整合性については、ルソーは『対話』の著名な一節のなかでそのことを断言している。*)エンゲルスの解釈の功績は、ルソーの「矛盾」につねに向けられている常套的な批難を越えているという事実にある。それは、ルソーの政治思想に全体的な統一を付与することによって、それを解明することを可能にするものであり、しかもその統一は相対立する諸概念を借りることによって矛盾の止揚に到達する弁証法的統一である。ルソーによって悲壮にも提出された第一の反措定が合理的な解決を見出しうることが望ましいとするならば、エンゲルスの解釈はいずれにせよ従うべきひとつの方向をさし示しているのである。

『人間不平等起源論』のみをきり離して検討するならば、歴史の極限において到来する革命的な状況とは、いかなる決定的な変化をも誘発するものではないとする反論が当然あるはずである。なぜならば、このような状況とは不毛なものであって、自然状態を特徴づけていた純潔における非活動性とは対極にある、悪における非活動性の端緒となるにすぎない。そして専制君主にたいするこのような革命はあらたな正義を復興するのではなく、自然の独立状態における平等を失った人間は、いまや奴隷状態における平等を知ったのである。ルソーは希望に道をあけてはいないし、いかにして人間はかれらの運命を克服し、市民の自由における平等を獲得しうるのであるかを語ってはいない。(それは『社会契約論』の問題である。)かれは「短期間の、たびたび繰返される革命」、つまり恒常的な無政府状態《アナルシー》のみを期待しているのである。人類は、その道徳的堕落の最終段階において暴力の混乱をのがれることは不可能なのである。われわれは歴史の終末とはいえ、渾沌とした終末に立ちあっているのであり、悪はもはや決定的なものである。社会状態は全体にたいする全体の闘いによって成就されることを示しながら、ルソーはみずからを意識的にホッブスの反対者の位置においているのであり、もはや『レヴァイアサン』の諸理論の見事な裏返しを想像することはできない。歴史の終末におかれた恒常的な暴力状態は、ホッブスによって提出された歴史的図式とはまったく正反対のものである。

また一方において、『社会契約論』のみをひき離して考察するならば、自由は革命的手段によって獲得されるべきであることを断定するものはなにもない。契約の仮設は自然状態の出口にある、社会生活のはじめに置かれている。平等な自由をうち立てるために不完全な社会を破壊することは、そこでは問題ではない。このようにルソーはひとつのすでにある社会から完全に公正な社会への移行についての実践的な問題を避けている。（この問題については、ポーランド人に勧告を与えようとするときになって、かれはよりり誠実に立ち向うことになる。）中間的な段階を通ることなしに、一挙に、ルソーはわれわれを一般意志と正当な法の支配を根拠づける決定に近づける。この決定は端緒としての性格はあっても、革命的な特質はもっていない。ルソーは立法者の問題を明瞭に提出はしても、かれの法律的な仮説を人類の具体的な歴史の限定された局面においてはいない。かれはその実現を可能なものとするであろう行動の様式を明確にはしていない。社会契約は『人間不平等起源論』によって描かれた歴史的進化の軸において達成されるのではなく、純粋に仮説的な、そしていかなる人間のイニシァチヴによっても現在の無秩序と腐敗の状態からは生みだされることができない、他のもうひとつの歴史において達成される。それは政治的理想の実現の条件を問いかけることなしに、始りから、すなわち虚無から ex nihilo 再出発することである。このようにしてふたたびはじめられる歴史は、「これはおれのものである」という所有の宣言によってはじめられるかわりに、全体の意志をすべての人々の手に譲渡することによって正当にはじめられる。かくしてこのような社会は、必然的かつ運命的な連鎖によって、現実の人類に堕落と腐敗を不可逆的によぎなくさせた歴史的不運をただちにまぬがれさせるであろう。

両者を分離して考えるならば、『人間不平等起源論』は社会の厭世的な批判であり、『社会契約論』は抽象的なユートピアである。後者においてルソーは首尾の一貫しない夢想家にすぎない。(ジュール・ルメートル、エミール・ファゲをはじめ、その他多くの人々がそのことを証明しようと努力している。)しかしながら両者を並べ、比較してみるならば、この二つの著作は相互に補完しあっている。ひとつの社会変革の企図がその全体性とさらにその運動の原理にもとづいて考察された人間の歴史の解釈の延長上に記述されている。だからこそたとえルソーがその変革の手段を具体的に規定しなかったとしても、さして問題ではないのだ。また、だからこそ、ルソーは正統派の識者たちが今日にいたるまでたえず告発しつづけるような危険な夢想家となっているのである。しかしながら、一七八九年のフランス人はその点を誤ることはなかった。『社会契約論』に描かれた社会の有効なる現実化はジャン＝ジャックの否定にもかかわらず革命を誘発したのであった。*

教育による止揚

エンゲルスの解釈は、革命の観念(「否定の否定」)を通すことによって『社会契約論』を『不平等起源論』に結びつけている。カントおよび最近ではカッシラーもまた同様にルソーの理論的思考を一貫性のあるものと考えている。かれらはそこに同じ弁証法と同じ思考の三元的なリズムを見出している。しかしながら、かれらは相対立する概念の和解に到達するために革命の観念を通すのではなく、教育に決定的な重要性を与えている。究極の契機は同じであって、自然を再発見し、文明の不正を超越するような社会においての自然と文化の和解なのである。二つの解釈が基本的に異っているのは、『人間不平等起源論』から『社会契約論』への移行に関する点である。ルソーはこのような移行を明白にしておらず、おそらくこの問題を考えてもいなかったわけであるから、註解者は、たまたま見出すことができ、しかしながらそのいずれもが決定的なものではない手掛りをたよりにしてそれを組立てなければならない。おそらく、その場合にいくらかの専断は避けがたい。なぜならばかれが断定したことを越えてルソーの思想を考える必要があるからである。エンゲルスは、ルソーが平等の回復と奴隷の反抗を喚起している『人間不平等起源論』の最後の二、三ページを借りることを選んでいる。カントとカッシラーは『人間不平等起源論』の分析と『社会契約論』の具体的な構成のあいだに必然的な関係をうち立てるために、『エミール』とルソーの教育理論を挿入することを選んでいる。革命か教育か、それが、ルソーの理論的思考の総体的な解釈の必要性については一致した見解に立っていた「マルクス主義的」な解釈と「観念的」な解釈との主要な対立点である。

カントは、ルソーの思考が合理的な企図にしたがっていることを認めた最初の一人であって、ルソーの矛盾を非難する人々はかれの思考を理解していないのである。カントにしたがえば、*ルソーはたんに文化と自然の相剋を告発しただけではなく、その解決を追求したのであった。ルソーは、「道徳的な種属《ジットリッヘ・ガッツング》としてその固有《ゲヘーリッヒ》の運命《ベスティンムンク》に逆らうことなく、自然の種属《ナチュルリッヒ・ガッツング》として人類自身に反抗している矛盾を克服するような方法で人類の素質《アンラーゲン》を発展させることを人類に可能にする」文化の進歩についての諸条件を考えようと努めたのであった。人為と文化がより高度な完成に到達するとき、自然はふたたび見出されるのであり、「完成された人為はふたたび自然となる」のである。カントが人為と名づけているものは、法律的制度であり、人間がその存在を一致させることを決定している自由かつ正当な秩序である。両者のいずれもが人間的な自由に基づく、教育と法律の最高の機能は、自然が文化のなかで開花することを可能にする。その時、(カッシラーにしたがえば)** 人間はかつて自然の生活において享受していた直接性をふたたび見出す。*** そしてかれらがいまや発見するものは、たんなる感覚と感情の原初的な直接性ではなく、自律的な意志と正当な意識の直接性である。

なお、ルソーは、『学問芸術論』の結末から和解の可能性をほのめかせている。すなわち、人間、とりわけ君主はそれを望むならば、分裂は克服され、真実の共同体が再建されうるであろう……。悪は本質的には知識や芸術（あるいは技術）のなかにあるのではなく、社会的統一の崩壊のなかにある。そして現在の状況においては、芸術・学問はこのような崩壊をたすけ、増大させていることは確かなのである。しかしながら、芸術・学問がさまざまな異った目的に奉仕することはなにものによっても妨げられない。したがって、ルソーの意図もまた芸術・学問を無条件に追放することではなく、必要な凝集力をつくりだすことが可能な、唯一のものである徳の命令に訴えることによって、社会の全体性を復興することなのである。

……その時こそはじめて人々は、高貴な競争心に動かされ、人類の幸福のために一致して尽力する、徳、学問、権威がなにをなしうるかを知るであろう。しかし、一方には権力のみが、そして他方には文明と知恵のみが存するかぎり、学者はまれに偉大な事業をおもい、君主はさらにまれに立派な事業を行い、そして人民は依然として、卑しく、堕落し、不幸でありつづけるであろう。（『学問芸術論』*）

ルソーがここで嘆いていることは、政治権力と文化はそれぞれ一致しない目的に向っているということである。かれは、文化が調和する全体性の不可欠の部分となり、人間に個別的な利益や快楽を求めさせたりはしないという条件において、文化を赦そうとしている。したがって学問を抹殺することが問題なのではなく、反対にそれを保持することが問題なのであり、そのためには現在、「権力」と「文明」を対立させている矛盾を排除することが必要なのである。ルソーはそのことを君主とアカデミーに訴えているのだ。（たぶんディジョンのアカデミーにたいする礼儀から）。しかしながら、形式的な美辞麗句の背後に、統一への復帰、信頼の復活、回復された交流への希望が明らかに認められるのである。そのとき、人間が思考し、考案したいかなるものも斥けられることはなく、すべてのものが、和解された生の幸福のなかで回復されるはずなのである。

III

孤独

解釈が矛盾しているのは、ルソーが失われた統一を再建する止揚の可能性のエスキスを描いているにすぎないからである。このような可能性は、分離した光線がまじわるかりそめの焦点のように、きわめて漠然とした地平のうえに予測されている。ルソーは不平等の起源の問題を歴史的に考えても、人間の歴史における不平等の終焉の「終末論的」問題を解決することを考えていたのではない。『社会契約論』は、歴史的指標をもたないひとつの公理であり、自然の独立の、すべての人々によって同意される譲渡から生まれるであろう市民的自由の必要を提示している。厳密に考えるならば、哲学的な省察は、人類全体に関係する止揚の諸条件について問いかけることをルソーに要求したはずであった。そして、そのためには、社会が自由のなかで開花する完全な契機を夢想するだけではなく、そこへ近づくことを可能にする具体的な行動手段を定めなければならなかったはずである。しかしながら、統一への復帰の歴史的条件を忍耐強く考えるためには、ルソーが自己を忘れうることが必要であった。にもかかわらず、自己を離れることが可能なルソーとは、もはやジャン＝ジャック・ルソーではない。かれは、歴史が現在の時点においてかれに保証しえない幸福に到達することをあまりにも急いでいる。かれがある過去の、もしくはある遠い未来の時点にかいまみることのできた、このような和解は、ただかれひとりのために、かれの生きている現在においてさえ、生まれえないものなのであろうか。すべては、あたかもジャン＝ジャックの焦燥が、問題をかれ自身の生活の水準に移行させ、そこでひとつの直接的な解決を求めようとしているかのように思われる。ルソーは、世界と世界の歴史に関する思想をうち立てるために努力した後では、かれが歴史的および社会的関係において提出した問題のもっている緊急性そのものによって、内面的な世界へと押し返され、主観の世界へと後退する。時代はまだこのような問題を解く準備はなく、ジャン＝ジャックは自己を離れ、行動の世界へ出ていくことを欲してはいない。なすべきことがあるとすれば、外界に関することではなく、自我に関する努力なのである。

ルソーは歴史の次元において問題を提出しながら、個人の実存の次元においてそれを生きることになる。歴史の哲学としてはじめられた営為は実存の「体験」として完成される。それは同時にヘーゲルとその反対者であるキェルケゴールを予告している。近代思想の二つの流れである、歴史における理性の進歩と個人的救済の探求の悲劇である。

『人間不平等起源論』の著者は、わたしはわたしの生活をいかになすべきであろうかと問いかけている。かれがかくも激しく対決した反措定を解決する新しい文学作品を人々が自分に期待しているとはかれには思われない。かれに要請されていることは、かれの存在がひとつの模範となることであり、かれの原理がかれの生活そのものによって目に見えるものとなることだと考える。まずかれにとって必要なことは、自然と、そして文明が危険にさらしている原初の統一とはなにかを示すことである。そうなれば、決定はただかれひとりだけに関するものであり、そしてかれだけを拘束するものであって、かれがかくもあざやかにその進化を分析してきた人間集団ではない。

この点について、ルソーの歴史理論は個人的選択を正当化するための構築でないのではなかろうかという疑問がもたれるであろう。かれにとっては、自己の原理にしたがって生きることが問題なのであろうか。

あるいはまったく反対に、かれの奇妙な生活、臆病、不器用、一定しない気質、かれがともに家庭をいとなんだ粗野なテレーズなどを弁明し、正当化しようとする、ただひとつの目的をもって、さまざまな歴史的原理や説明を捏造したのであろうか。ジャン゠ジャックが歴史において告発した矛盾は本来的には個人的矛盾ではないのであろうか。これらの疑問に答えることは容易なことではない。必要なことは、疑義を確認し、解釈の便宜のためにそれを避けたりしないことである。

ルソーはただひとりである。かれが出会う人物はすべて仮面を被っている。「すべての人々はかれらの存在を外見に隠している。*」かれは孤独にも人間の集団的運命を瞑想している。しかしながら、かれの瞑想は公平無私なものではない。それによってかれは自己の個人生活の過ちを歴史と社会のせいにしてしまうのだ。かれはただひとりの、独自の存在であることの正当性をあかそうとする。しかし、かれはかれの態度の根拠を証明しようとして、かれの体系の真実であることを証明しようとはしない。じょじょに個人的弁明が「抽象的」な思想にとってかわろうとする……

かれが社会の諸悪を攻撃するとき、かれは自分の側に味方をひとりももっていないし、いかなる同盟者をも望んではいない。かれはより普遍的な抗議をかかげれば、かかげるほど、孤独になる。(他の見解にしたがうならば、かれはみずから孤独を望んでいるのであり、そのことがかれにより普遍的な抗議をかかげることをよぎなくさせているのだ。)根源的な悪の否定である、かれの批判は、「哲学者たち」がかれらの側から誤った制度にたいして向けている批判といかなる共通点をもつことをも望んではいない。なぜならば、哲学者たちの批判は、ルソーの眼にとっては、社会的な悪の表現にすぎないからである。それは悪の敵であることからは離れた、むしろ悪のもっとも精巧な、そしてもっとも毒された産物であり、積極的に悪のために働いている。「哲学者たち」は万人共通の虚栄および腐敗の例外となるものではなく、かれらは、それ自体の破壊に向いつつある、この悪しき世界から利益をひきだしている。かれらの影響は意識と意識の分離と公民的な統一の分割を増大させているにすぎない。(後になって、ルソーは同じ観念を偏執的な形態のもとにふたたびとりあげる。かれは哲学者たちと公の権力が同時に加盟した迫害同盟を想像することになる。つまり百科全書家《アンシクロペディスト》とショワズールは悪の共犯者であり、かれらは相互に戦うことをしないで、援助しあうのである。)

　哲学者たちは、さらにかれらが批判する世界の一部なのである。ルソーはかれらすべてを堕落した制度の保全に関係し、真実の社会関係の破壊者であるとして断罪することができるのである。解体しつつある社会の寄生虫であるかれらは、人間をより公正な秩序の内部に結合すべき観念に嘲笑を投げかけている。「かれらは祖国とか宗教とかの旧い言葉を侮蔑的に冷笑している」*のだ。しかし、そのようなことは、かれらにあっては「自己の名声を高めようとする熱望」の表われにすぎないのであり、祖国であることをみずからやめ、固有の宗教を嘲笑するような社会における社会的成功のひとつの手段なのである。外観と世論が勝ちほこっているサロンにおいて、人はすべてを言うことができても、そのことをだれも信じてはいない。すなわち哲学者たちの抗議は社交的な饒舌の一部なのであり、真正でない世界についての真正でない口説である。

　このような口説家のさいたる存在にならないために、ルソーは離反し、例外となろうとする。かれの拒否が制度の専制、絶対権力の不正、いくつかの慣習および悪弊の不合理などに向けられたのならば、なにもかれを決定的に百科全書家《アンシクロペディスト》から遠ざけたのではなく、またかれの孤独をかれの思想の必要な補足手段としたわけではない。もしそうだとするならば、かれは気質から、病気から、そしてナルシスムから孤独であったにすぎず、たんなる伝記的な細部にすぎないような、かれの孤独はわれわれにとってほとんど興味のないものであったであろう。そしてルソーの孤独と思想のあいだには、いかなる深い関係も介在しないはずである。

しかるに、同時代の社会の本質そのものに向けられた、ルソーの抗議は、みずからが社会から排除された、ひとりの人間の言葉であるからこそ、有効性をたもつことができるようなひろがりをもっている。かれは虚偽の社会の外側に——ただひとりですべての人々に反対して——立つことによってのみ、かれの告発の価値を保証することができる。悪は社会とともに共存し、拡がるものであり、虚像と偽善は社会が拡大していくかぎり、優位を占めつづける。だからこそ、どのようにしても社会から脱出することが必要なのであり、美しき魂となることが必要なのである。

かれの批判の激烈さと絶対性がルソーを孤独に導く。（他の意見にしたがうならば、かれはただひとりであることを望んでその弁明のために共同の生活を堕落させている根源的な悪を引合いに出していることになる。）もしかれが誠実であるとみなされることを願うならば、かれは抵抗の文学者よりも、はるかにそれ以上の存在にならなければならない。かれは生きた抵抗そのものとなることをよぎなくされる。かれの批判はかれの全生活が典型的な対決となる場合にのみ真に認められることになるのである。

社会の虚偽を告発するために文学者となる者は逆説的なひとつの状況に自分を置いている。作家となることによって、そしてとりわけかれがその経歴をアカデミーの懸賞論文の受賞からはじめるとき、かれは世論、成功、流行などの社会的回路にはいる。したがって、かれは最初から二重性を疑われており、かれが攻撃する罪によって汚されている。かれの孤独が絶対的なものになればなるほど、ルソーはかれの文学的なデビューは、「この瞬間からわたしは失われた」*という呪いのはじまりであるという観念をますます確実なものにしていく。可能な唯一の救済は離別の行為を公開することにある。分裂は必然のこととなり、果しない自由の追求が弁明の役割をはたすことになる。わたしはあなたがたに話しているのだが、わたしはあなたがたのひとりではない。わたしは他の世界、他の祖国に属している。あなたがたは祖国とはなにであるかをもはや知らないし、わたしはジュネーヴの市民なのである。否、ジュネーヴ人はもはやかつてのジュネーヴ人でないが故に、わたしはジュネーヴの市民ですらない。あなたがたのヴォルテールはかれらを堕落させるために来たのだ。わたしはたんに市民*なのである。……文学者となった告発者は、書く行為を続けるかぎり、その内部に存続する悪との妥協を十分に赦されることはないであろう。赦しを乞うこと自体が、公のものであるかぎり、世論の世界につながれているのであり、その罪を消さない。なしうるかぎりにおいては、沈黙し、他者にとって無となるべきであろう。しかしながら、ルソーは沈黙することはできないし、無になろうとする意志を書くこと以外にはいかなることもなしえない……

したがってルソーに提出されている問題はかれの生活と原理のあいだにたえず再生されてくる距りを取除くことにあるのだ。すべてのかれの行動は、かれが告発し、そしてなおかれがあまりにも深く参加している堕落した社会の人工物に敵対しなければならない。かれはかれの抗議が文学の通常の言葉とみなされないように行動しなければならない。かれは危険にも美辞麗句を用いて、雄弁を非難する真理を告知し、沈黙の叡知の美徳を宣言するのである。

社会は自然に反しているという命題の、直接的な帰結は、わたしは社会に対立しているである。わたしがその責任において、自然の否定である社会を拒否する任務を負うのだ。否定の否定はそうして基本的にひとつの生活態度となる。(歴史的過程としてかもしくは、すくなくとも歴史的行動の草案として介入するかわりに。) 社会は集団として自然の否定であり、ジャン＝ジャックは、孤独なものとしてかつ個人として社会の否定となる。かくしてルソーの歴史理論からジャン＝ジャック個人へと問題は移される。それは人間進化の思弁的分析から存在の内的問題への移行であり、客観的な知識の試行から主観的な経験へという異った範疇への非論理的な移行である。しかし、行為と言葉の一致を欲する道徳の論理にしたがうならば、このような移行ほどより論理的につながっているものはありえない。ジャン＝ジャックはかれの個人的救済を、かれが告発している集団の喪失という根拠のうえに描きだすことになるのである。

これまでルソーの個人主義の「近代的」もしくは「ロマン的」な特質が強調されてきた。このような点についての古代的な、そしてとりわけストア的な起源を示すことは容易なことであろう。自己および自然との一致において生きること、それが、ルソーがセネカあるいはモンテーニュにおいて見出すことができた戒律である。かれは情熱の特異な燃焼のうちにきわめて古い、道徳の陳腐な言い方を生きかえらせたにすぎない。

> わたしは世論の鎖を絶ち、他人の判断をいささかも気にかけずに、ただ自分によしと思われることだけを敢然と行うことに、魂の全力をそそいだ。（『告白』*）

ルソーはたんなる口舌の徒とか詭弁家とみなされることを望んではいない。かれは行為を言葉に一致させようとし、他人の判断に影響されることなしにかれの真理を生きようとする。このようにして、かれは正当化された孤独のなかに入りこもうとする。ただかれひとりだけがすべての他者に対立して正当な存在となろうとする。かれは自己の孤独を正当に評価し、それを普遍的な諸価値のうえにすえることが可能となる。しかしながら、このような決定はルソーに古代の叡知が約束している内的満足――アタラクシア――をもたらさない。それはかれを矛盾と分裂にゆだねる。事実、かれが考えているように他者との交際において激しい緊張や不断の誤解なしに生きることはルソーにとってほとんど不可能なのである。徳を守って生きようとするかれの決意は不幸を故意に追求することに等しい。すべての人間に対立して、ひとつの普遍的真理をどのように生きるべきか。孤独への沈潜と普遍への呼びかけとのあいだには根源的な矛盾がないだろうか。わたしが「他人の判断をいささかも気にかけない」ことを決意するとき、わたしはそれでもなお普遍によって正当化されるのであろうか。

　ルソーは虚偽のこの世界を赦すことも、完全に離れることもできない。かれはそこから遠ざかるが、告発するためにふたたびそこへ戻る。その時から、かれはいかにしても公衆の眼に有徳である自分を示さざるをえない役割に縛られる。かれは世論とのいっさいの関係を断ちきったと言うことができる最後の絆だけを残している。自己回復の運動、ルソーが自由を取戻そうとする特異な行為はジャン＝ジャックを明らかにするためのものであり、(同時にかれが選んだ真理を明らかにしている)。したがって孤独への選択は完全に行われてはいなくて、ルソーは自己のエグジビショニスムによって社会の手になおとどめられている。かれはみずからそのことを知っており、それに悩み、たえずみずからを罰する。しかしながら、かれの理論的な思考に体験的生活の証明を与えるためには、かれは証人なしではいられない。すなわち、かれの生き方は、まずかれの思想をそうしたように、公にされなければならない。かれがそれによって世論の奴隷であることから解放されたいと願う自己革命は、「わたしの決心は評判になった……」*と言うように、世論を感動させることによってしか、完全には目的に到達しないことになる。そしてかれの敵対者は、ルソーは自己の奇矯な言行を売物にするためにかれの体系をつくりあげたにすぎないと言うことになる。

　わたしは次のような二つの観点を認めたい。ルソーはかれの生活を自己の理論的思考の要求に一致させている。しかし、逆にかれはかれの体系を「感性」の要求、つまり、感情的満足の欲求に適応させている。かれがとる「奇矯な振舞」には、自尊心の動きと他人の目をひきつけようとする態度がふくまれている。そのことについて批評家はかならずかれをきびしく非難してきたのであるが、ルソーこそそれを認めた最初の人物であり、そして、もっとも厳しい、そしてもっとも皮肉な批判はルソー自身から発せられている。

われわれがかれを警戒することを知るのはかれ自身によってなのだ。徳の要請にしたがった英雄的な献身とみえるものが時として心情のソフィスムにすぎない。そうした告発は『告白』の記述そのもののなかにも見えている。* ルソーこそそのような不誠実についての非難を提起した最初の人物である。かれはまさしく自己の理性を告訴しているのにすぎないのであり、理性から訣別するのである。すなわち、たまたまかれは「冷い理性」の論法を用いてさまざまな弁護をしているのであるが、その最終の目的は合理的な真理への奉仕ではなく、晦冥な生の興味もしくは病理的な「リビドー」の満足であった。

ルソーの情熱的な語り方や省察にたいするもっともな非難などのなかには、理性の正しい行使を歪める陶酔が認められるが、また体験のもっている晦冥な部分を真に至高の理性の光にあててみようとする欲求をも認めなければならない。ルソーにおけるパトスとロゴスの混乱は二つの解釈を可能にしている。すなわち、パトスがロゴスを歪めているように思われる場合でも、ロゴスの清澄な世界——「情念の平静のうちに」** ——に近づくためにパトスから自己を引き離したいという意識の働き（けっして完全に成功することのない）を認めなければならない。ルソーが情熱から自己を引き離そうとする運動そのものはなお情熱の激しい動きである。かれは内的な混乱の感情にあまりにもたえず圧倒されていて、理性の明晰な世界に近づきたいという欲求をもたないわけにはいかない。しかしながら、かれが要求している理性は、知的な信念の根源である、理論家の理性ではない。かれは自己の存在の正当性をよりよく見出すためにかれの思想を明晰にすることを欲しているにすぎない。言行の奇矯さが容認されないままの生活は、絶対的に不合理なもの、すなわち無意味なものであることをよぎなくされる。したがって重要なことは、そのような無意味から逃れることであり、ジャン＝ジャックはその代りに、他の人々が賞讃しているような共通の理性に自己を置くことをしりぞける。なぜならば、かれはかれの孤独を犠牲にすることを望まず、それを救うことを望んでいるのであり、そのためにこそ理性に「聖なる」力を与えるのである。***

「自己革命」の記述における、傲慢とイロニーの奇妙な混淆はあまり注目されてはいない。かれは高らかにかれの試みの偉大さを主張し、そしてたちまち欺瞞行為としてそれを嘲笑している。それは勇気の前代未聞の行為であり、熱狂と「愚かな自尊心」の発作である。ルソーはこのようなかれの「革命」の二つの解釈をゆるしている。ある意味では、かれが社会に投げかけた孤独な挑戦は、それを自己の最高の名誉とするために、その不適応性をできるだけうまく利用することを願うひとりの臆病な、病者のイデオロギーとして解釈することができる。かれは他人のあいだで生きられないのであろうか。たしかに、かれの離脱と当惑した様子は、すくなくとも徳への情熱的な回心を示す意味をもつべきなのである。なぜならば、かれは社交界においては居心地がよくないのであり、センセーショナルにそこから離れることによって、人々の注目の的となるからである。ミラボーはかれに「あなたは他人の意見のなかで十分に生きてきた」*と書いている。しかし、他の意味では、文学者としての生き方を英雄的な運命に変えることが問題なのであった。すなわち、かれの生活を文学的な冒険の外へ解放し、体験的な行為を徳の理想にきびしく一致させ、――このような理想とはまず最初にその美的価値によってのみ定められ、ついで生活を通して獲得された真理によって強化されたものである――文学の拒否を逆説的なテーマとするような書かれた思想を展開することが問題なのであった。そして「わたしが企てたこの仕事は絶対的な隠遁生活においてのみ実行することができた」**のである。文学の「実存的な」超克の問題が、はじめて、伝統的な宗教精神によって示された方向を離れて提出されるのである。世俗の虚栄の放棄、「別の道徳的世界」***への回心はルソーを教会の方へではなく、森と放浪生活の方へ向わせる。

教会に避難する人々は沈黙をまもることができるのであるが（なぜならば教会はその場合にかれらの沈黙を正しいものとするために、かれらの名のもとに聖人、学者などの口を通して語るのである）、しかし自己以外には正当であることの根拠をもたないルソーはけっして沈黙の世界に入ることはできないであろう。かれの孤独の真実の意味をけっして説明しおわることはないが故に、かれは語り続けることをけっしてやめないであろう。事実、かれは孤独が悪人の、そして傲慢な人間の孤独として解釈されうることを知っている。「ひとりでいるのは悪人だけだ」＊とディドロは言っている。この言葉が自分を目標にしていることを感じとったルソーは、残された全生涯を通してかれに答えることになる。ルソーにとっては、曖昧なことはたえられないからである。

ルソーにとって自分を奇矯な存在に見せ、かれの相違を示すことだけが問題であったならば、戦いはかくも悲劇的ではなかったはずである。かれはたんに別人の役割（アルメニア人の服装をして）を演じなければならないだけではなく、悪しき社会に向い合って、根源的に悪とは別であるものを示さなければならない。つまり人々の眼前にかれらが見おとしている善を出現させなければならない。ルソーにおける悲劇的緊張は、分離と相剋そのものに由来するのではない。それはかれの孤独をつねに本質的な善と真理に一致させる必要、しかもかれがそれらを深い内面において認めているにもかかわらず、すべての人々によって承認されるような本質的な善と真理に一致させる必要に由来している。したがってわれわれは、対立者として置かれることを主張する意識の非理性的な要求に向い合っているわけではなく、ルソーの主観性が特権を求めているのであり、しかもそれはたんに他者によって完全に承認されるためだけではなく、（そのことは、錯乱気味のジュネーヴの職人の息子がフランスの元帥や徴税請負人たちのなかに迷いこんでいるということですでに十分である）、さらにどうすることもできないような奇矯さを世間の人々にわざわざ見せびらかすためだけではなく、他の人々が忘れさっていた真理の正当な解説者として受容されるためなのである。ルソーはかれの孤独な言葉に否定的な挑戦と予言の意味を与えようとしている。他者に対立することによって、ルソーはたんに奇矯なかれの自我を押しつけようとしているのではなく、自由、徳、真理、自然などの普遍的な価値に一致しようとする英雄的な努力を行っているのである。

ルソーは普遍の名のもとに正当性をもって語ることができるために孤独のなかに自己を置いている。かれは都会を離れ、「自称の友人たち」と絶交する。かれは「神秘」もしくは主観的な存在の「精神の深奥」に逃避しようとするのだろうか。絶対にそうではない。ルソーにかれがはるかに遠くから先取りしているにすぎないロマンチシズムを付与してはならない。ルソーにおける主観的な直観は、たとえデカルトやマルブランシュにおいてそれがもっていた知的特質をもたないにせよ、普遍に通じようとするものであり、そしてさらにこのような普遍は本質的に非理性的なものでも超理性的なものでもないという点で、かれらと相通じている。自己自身にかえること、それは確実によりいっそう高い理性的明晰さと直接的な感覚的明証に、社会を支配している無意味に対立することによって近づくことなのである。理性が直接的でないやり方で、すなわち、つみ重ねられた議論や、一連のもしくは推理の「鎖」によって真理を把握しようとする場合にのみ、ルソーにとっては危険なものと思われていることを認めるならば、理性の価値についてのルソーの疑点は明らかなものとなるのである。ルソーが理性を非難する場合は、とりわけ推理する理性を攻撃している。かれは、直接的な照明が可能である、直観的な理性にたよりうる場合には、たちまち理性論者にたちもどるのである。本質的な選択は、理性と感情のあいだでなされるのではなく、間接的な手段と直接的な道とのあいだでなされるのである。ルソーは直接性を選ぶのであり、非理性を選ぶのではない。直接的な確信がそれぞれ感情、感覚、理性のものとなることができるのである。直接性が保たれるかぎり、ルソーは「感覚的直接性」と「理性的直接性」のあいだに優劣をおいたりはしない[*]。反対に理性と感情はその場合には完全に両立しうるものである。ルソーは「人間の無分別な判断[**]」をまねく推理する理性（カントが悟性とよぶもの）のみを攻撃する。この誤った理性は人間を世論と幻想の混乱した主観性のなかに閉じこめる。ルソーはこのような理性の不条理を告発するのであり、より深遠な理性の眼からみれば、一般におこなわれている推理の明晰さは偽りのものであり、したがって無意味なものである。

たえずかれを非難してきた逆説によるならば、ルソーは人間を相互に異邦人たらしめている疎外の支配に抗議するためにみずからを異邦人としている。不在の真理に身を捧げようとするかれの決定が亡命者の運命をかれに負わせることになるのだ。そしてかれが失われた（もしくは見すごされた）透明性の擁護者となる運動は、同じくかれをして放浪者たらしめる運動でもある。しかし、亡命者、放浪者であることは、疎外の世界との関係においてであり、そしてそのような世界を非難するためなのである。実際、かれはおのれの考えを「定め」、「残された生のために心の内部を整理した」と主張している。かれは真理の世界に住居をうち立てたのであり、そのために人間の本源的な自然にヴェールを被せ、意識と意識のあいだのすべての交流を歪めてしまった社会の周辺を、隠れ家から隠れ家へ、逃亡生活から逃亡生活へと逃げまわる、家なき民となろうとしている。かれは全体的な透明性と直接的な交流を夢想するが故に、不安におびえる影、仮面に被われた顔、不透明な眼などが横行する混乱した社会にかれを結びつけるすべての絆を断ちきらなければならないのである。

自然の上に落されたヴェール、ボセーの風景を塗りつぶした暗黒は、ルソーが孤独をかちとったとき、消え失せるはずである。そして失われた幸福はかれに戻されるであろう。しかしながらもしかれが風景と自然の輝きをふたたび見出すとすれば、同胞とのより決定的な決裂という代価によってであるが故に、部分的な真実にすぎない。ルソーの孤独は、社会との隔りを保つかぎりにおいて、透明へのひとつの回帰なのである。

利己心の霧と世間の喧噪が眼にうつる木立のすがすがしさを曇らせ、隠遁生活の平和を乱した。わたしは森の奥に逃げても無駄であった。うるさい群衆がいたるところについてきて、わたしにたいしてすべての自然にヴェールを被せるのだった。わたしは社会の煩悩とそれらの悲しい行列から脱れて、初めて自然をそのすべての美しさとともに見出したのである。(『夢想』*)

ひとたび、社会が忘却され、すべての思い出と他者の意見についてのすべて懸念が追いやられると、風景はジャン＝ジャックの眼にとって本源的で原初的な景色の特徴を取戻す。それはまさに見出された美しさであり、真実の歓喜なのである。その時、ルソーは、いかなる異物も介在することなしに、すなわち、いかなる人間の労働の不適当な足跡もなく、いかなる歴史や文明の傷痕もなしに、直接的なやり方で自然と出会うことができるのである。

そこでわたしはより平静な足取りで森の中のどこか原始的な場所を探しに行きました。それは、いかなるものも人間の手を示していなく、隷属と支配を物語っていないような人里を離れた場所であり、そこでわたしが原初の世界に深く入り込むことができたと思うことができ、さらにいかなるうるさい第三者も自然とわたしのあいだに介在しにこないような隠れ場所なのです。

(『マルゼルブへの第三の手紙』**)

そして暗黒の呪いから救われ、直接的に感じられるものとなった自然のなかで、ルソーは隠された真理を告げる予言者の役割をふたたびになおうとする。

森のなかにわけ入って、わたしはそこに原初の時代の面影を求め、見出し、誇りをもってその歴史を辿った。人間のちっぽけな虚偽をことごとく粉砕した。赤裸々に人間の本性《ナチュール》のヴェールを脱がせ、その本性を歪めてきた時代と事物の進歩の跡を辿った……(『告白』***)

しかしながら、ルソーは、純粋に自然と合一することを願っている人としては、かれが世間のむなしい快楽から遠ざかっていることを宣言するのに喜びを表わしすぎている。すでにそのことに注目したように、忘却は完全なものでなく、離脱も総体的なものではない。かれは世間をなつかしんではいないとしても、非難するために思い出している。森のなかにわけ入り、根本的な真理に身をひそめる場合にも、拒絶している人為の世界、蔑視している「ちっぽけな虚偽」を見失わない。かれは道具と間接的な関係の世界に激しい批難を投げつけることによってのみ、直接性を享受している。したがって、他人の誤謬を忘れるほどには、遠ざかっていないのであり、たとえ《社会の煩悩》がかれをとりこにすることはもはやないとしても、なお腐敗した社会にたいする敵対者としてとどまっている。たとえそれがどのように逆説的であろうとも、孤立のもっとも深いところで、かれは反抗と反社会的情熱によって社会に依然として結ばれている。攻撃的であることは執着なのである。

ジャン＝ジャックにとって、脅威をもたらしている暗黒を祓いのける唯一の方法は、かれ自身が透明になることであり、暗黒の囚人である他者の眼に見えるものとして、自己をさらけだすことによって、透明な世界を生きることである。そのとき、普遍的な真理を現わす行為と、自我を示す行為が、唯一の同じヴェールを取りのぞく行為となる。真理は、それが明らかにされるためには、「証人」によって体験されることを必要としている。（キェルケゴールは書いている。「実存として理想に一致することはけっしてありえない。なぜならば、このような実存とは真理の証人の実存なのである」と*。）したがって証人は二重の関係を生きている。すなわち真理との関係と、かれがそれにたいして証言する社会と証人を結ぶ関係である、証人はけっしてこれらの二つの関係を清算しおわることはないであろう。かれはどこから自己を証人とする権利を入手するのだろうか。そして、社会が虚偽であるとすれば、なぜそのような疑わしいつながりを保っているのだろうか。

したがって、かれはこのような挑戦を投げつける権利をもっている人間として現実に存在していることを証明しなければならない*。なおかれにとっては真理との本質的な関係についての確信を獲得すること、すなわち、個人の存在を真理の本質そのものに合一することが必要であり、そして自由、徳などの永遠の諸価値が明らかなものとなる普遍的な透明性のなかに消えさるためにのみ、自我が肯定されるような言葉をつくりだすことが必要なのである。真理についての主観的経験のもつ仮定のもの、推測によるものにルソーは満足することはできない。かれはどうしてもそれを絶対なものにしようとする。なぜならば絶対者の保護のもとに置かれないかぎり、罪ある者としての不安と恐怖を克服することはできないのだ。そのためには、徳高き言葉、浄化のための決裂、悲痛な拒絶だけでは不十分である。さらに、時計を売り、剣と上質の下着類を捨てさり、都会を逃げることでも十分ではない。なお別の証明を与え、別の犠牲を受容し、もろもろの不幸、迫害、もっとも恐しい「嵐」の試練に抵抗しなければならない。「真理の証人」は自分がそうであるということ、そして人間にもたらすと主張している真理についての決定的な確信をけっして獲得しないであろう。さらにまた人がかれに期待している証明《あかし》を免除されることもないであろう。ルソーにとってありうるのは、不幸についての痛ましい訴えである。なぜならば不幸とは祝聖なのである。真理の証人はその使命の至高の証明《あかし》として殉教者となることを待っているのである。

わたしがいかなる人間であったかを、わたしが苦悩することを知っていたということによって、いつの日か判断されることを願っています。……たしかに、わたしは真理のために苦悩することほど、かくも偉大で、かくも美しいことを知りません。わたしは殉教者の栄光を心から望んでいます。

（『書簡』**）

殉教の観念にとりつかれていたキェルケゴールもまた奇妙なほど同じような言葉を語っている。「結局、真理につかえるためになすべきことは唯一つしかない。真理のために苦悩することである。*」

社会への批判はこのように個人的な意識の顕現に転倒される。しかし、個人的存在に集団的存在により優越する価値を原則として与えようとするものではない。社会は、人間が共同して生活しているが故に悪いのではなく、人間を結びつけている動機が本源的な透明性とは、取りかえしのつかないほど無縁なものに人間をしているのである。ルソーが非難しているのは虚偽と世論の不透明であって、社会そのものではない。つまり、かれは孤独そのものを求めているのではない（少くともかれは否認している）のであり、孤独は理性、自由、自然などに近づくことを可能にするが故に、必要なのである。社会が透明のなかに築かれること、すべての精神が相互に開かれることに同意すること、そして精神は秘密の、「個人の」意志を放棄することを仮定するならば——それが『社会契約論』の仮説である——その場合には個人を社会に優越させることをゆるすものはなにもないのである。まさしく反対なのである。意識の交流を容易にする社会組織、「一般意志」に基づく調和のなかでは、個人の自己および個人意志への後退ほど危険なものはないはずである。かれは、自己自身の利害を先行させることによって、社会の調和にある欠陥を導入している。その欠陥の責任は個人の抵抗にあって、集団の法にはないはずである。伝統的な批判は『社会契約論』とルソーの他の著作とのあいだに不可解な亀裂を見ようとしてきた。すなわち、ルソーは他のいたるところで個人の意志を賞揚しているにもかかわらず、前者においてはそれを踏みにじっているとする批判である。しかし、実際にはルソーは透明の原理にこのうえもなくつねに忠実なのである。透明性が一般意志において実現されるならば、社会を選ばなければならないし、孤独な生活においてしか達成されないものであれば、孤独な生活を選ばなければならない。ルソーの躊躇と「振子運動」は透明性がかれに戻されるであろう場所、時、条件にのみかかっている。かれはパリの社会に絶望し、レルミタージュに逃亡する。ということは決定的に個人の存在の方を選択したのであろうか。そうではないのだ。かれはたちまち『ポーランドの政体』について夢想しはじめている。孤独の透明は断片的な透明にとどまっており、ルソーは総体的な透明であることを願っているのである。

ここで、ジャン＝ジャックの意図には関係がなく、かれにとって予測できなかった、かれの思想と生活の結果について付け加えておきたい。かれの本質的な関心は、歴史と社会の哲学から遠ざかり、ほとんど全存在を個的な感性の要求に照合することであった。しかしながら、奇矯な生活への沈潜はルソーのもつ歴史的な影響力を弱めることなく、反対にそれを強めたことを認めざるをえないのである。もしルソーが歴史を（たんに文学だけではなく）、変えたとするならば、そのような変動はたんにかれの政治理論ならびに歴史観の影響のもとに行われたのではない。はるかに重要だと思われる部分については、それが、かれの例外的な存在をめぐってつくりあげられた神話に起因しているということである。たしかに、かれは誠実に世間から遠ざかり、他人にたいして無になることを願ったのであるが、世間から遠ざかろうとするかれの方法が世界を変えたのであった。その生涯の末期においては、ルソーはもはや国民の未来を案じたりはせず、かれらのあいだでの自己の死後の名誉についてのみ案じていたことは周知のことである。しかしかれは完全に名誉を回復したのであろうか。後に現われた世代はかれの無実を認めたのであろうか。『対話』と『夢想』の作者にとって重要だと思われる唯一つのことは、未来の人類が法を改革するということではなく、ジャン＝ジャックにたいする態度を変えることである。後世の人々がかれを承認するであろうという希望さえもやがてかれのなかから消えてしまう。そしてかれはそのことをかれの良心と神にのみ求めるのだ。だがしかし、歴史に関与しないこうした人間が、そのことによってむしろより深い影響を歴史におよぼしているのである。

「いまや自己の意見を定めよう」*

真理の先駆者となることによって、ジャン＝ジャックは、自己をその努力に結びつけ、そうすることによって、自己本来の役柄をやむをえず安定させようと願う。ジャン＝ジャックを文学活動に投げこんだ精神の躍動を描いた『告白』の物語は、その動機を知的確信よりは、むしろ心情の欲求に求めている。この欲求は多様なものであって、かれが求めているものは真理であり、そしてまた英雄的な緊張の陶酔であり、このようなヒロイズムに与えられる栄光でもある。しかしながら、本質的な欲求はあらゆる試練に耐えるようなある自己同一性《イダンティテ》のなかにみずからを安住させたいという欲求のように思われる。徳の擁護者の役割を引受けたルソーは、自己の統一を実現することを課せられるのであるが、かれはそれを徳の単一性そのものから引き出さなければならない。統一の欲求は真理への躍動と誇り高き要求のなかにひそんでいる。ルソーはかれの生を定着することを望んでいるのであり、その根拠としてより不変のもの――真理、自然――を生に与えなければならない。そして今後、自己に忠実であることを確かなものにするために、高らかにおのれの決意を宣言し、全世界を証人としなければならない。たしかに、かれは誠実に真理を求めているのであり、かれの魂は自尊心にあふれている。かれは、ジャン＝ジャック・ルソーとなり、市民となり、自然人となることよりほかには、かれの自己同一性を獲得できないのである。

したがって真理にたいする情熱は「無私な」ものではない。それは世界についての知識のなかに具現されるものではなく、ジャン＝ジャックにとって強固な意志と確固たる確信の時代を開くことになる。それは、きわめて長期にわたってかれを支配していた不安定に終止符をうつひとつの方法である。かれは三十八年にわたって迷い続けてきたのである。このような放浪生活と姑息な虚偽と姑息な臆病を終らせる時が来たのである。かれはおぼつかない成功とともに、家庭教師、音楽家、家令、外交官など多くの役柄を演じたのであった。かれはあやしげな師匠たちに煽動され、あまりにも影響をこうむりすぎてきた。かれはありのままの自己でありながら、みずからの根源と徳の根源を合一した「市民」そして異邦人にたちかえろうとする。かれは「みずからに責任を引受け」ようとしており、たんに労働によって生きる民衆の一人であろうとする。そしてやむをえず、社会（上流社会、貴族、高級ブルジョアジー）を異様な光景によって驚かすことになるのだ。すなわち働くことによってパンを得る人間、しかもその成功が財産と年金を考えることを可能にした、まさにその瞬間において恥さらしにも職人的な生活を選んだ人間に驚かされるのである。かれは有閑階級の贈与を拒絶し、「一ページいくらで」暮しをたてることを固執することによって、かれらをはずかしめることになるのである。

社会の虚偽に抗議することによって、ルソーは自己固有の不変性を現実のものとすることを求める。しかし、このような努力を達成するために、ルソーは自己固有の力を信頼していないことが、たちまち明らかになる。かれは自己の外側に支持を求めるのだ。最善の決心を裏切って、すでにいくたび「偏向をおかした*」ことであろうか。そしていくたび自己の道をそれたことであろうか。今回におよんで、かれは普遍に訴えている。普遍の最高の諸価値に呼びかけ、全人類に証人となることを求めている。このようにして、かれは自己の安全を護っているのだ。たとえかれがその企図を放棄したいと望んだとしても、それはゆるされないであろう。自己の意志のみに訴えるかわりに、かれは、いかなる弱さをもゆるさないような超越的な強制に自己をゆだねる。徳がそれを欲するが故に、かれは真直に進まなければならない。一歩でもあやまれば人々の嘲笑の的となるであろう。

すべての橋を断ちきったことがかれを大きく助けている。かれの抗議の行き過ぎ、徳の誇張はもはや絶対的な価値以外のいかなるものとの結合をもかれにゆるさず、すべての妥協を不可能なものにしている。かれはあまりにもはっきりと社会から離脱しているが故に、堕落することのない真理以外には自己を護るものをもたない。かれに襲いかかる（あるいはかれが誘発する）運命と不幸が、連続的な自己同一性をかれに保証し、迫害される正義の人という役割にかれの役柄を決定するという意味において、最終的に有利な結果をもたらすのだ。そういうわけでジャン＝ジャックは――意志的というよりもむしろ自己放棄的な運動によって――唯一の動機のためにのみ生きることをよぎなくされる。そしてこの唯一の動機をかれの固有の統一性の根拠とすることになる。自己の弱さを償うために、かれは外部の力の共犯を求める。すなわちこのような力によって、かれは冷酷な運命の重圧を忍従することを強いられるのであるが、そのことにしばしばはっきりとした歓喜さえ示している。そしてかれは自己にたちかえることというアウグスチヌス的命令を繰返すのだ。しかし、このような内的回心を達成し、自己の固有性を完全に享受するためには、かれの決定が外部の敵意によって強制されることが必要なのである。ルソーが運命と「あれらの紳士たち」の悪意を非難するようになるまでは、病気がしばしばこうした役割を演じている。かれはもはや自己の場所を選ぶ必要はないのであり、選択をまえにして躊躇するおそれはない。人々がかれのために選択したのであり、かれに残されていることは自己の運命に一体となった姿を示すことだけである。そして自己自身に充足することが可能であることを人々に明らかにするだろう。かれはすべてから排除され、あらゆる所から追放され、自己と対話することだけをよぎなくされている。かれはそれを利用するだけなのだ。したがって迫害は救済のひとつの手段なのである。ルソーがそのことをたえず繰返しているのは、たんに慰めを見出しているというだけではなく、おそらく外部の敵意を利用しようという隠された意図の告白でもあるのだ。

迫害はわたしの魂を高めた。真理への愛がわたしがそのために費したものによって高価なものとなったことを感じている。最初わたしにとって、おそらく方式でしかなかったものが、今では、わたしを支配する情熱となっている。（『告白草稿』*）

迫害によって真理の抽象的な理想は体験的な価値となり、ジャン＝ジャックの「加虐的超自我」はかれに確固たる勇気を暗示する。たえず不吉な災難にさらされていることが代償として戦いの不撓不屈性をかれにもたらしている。したがって迫害は意識がそれ自体において確立されることを可能にするような救済手段として期待されていたように思われるのである。このうえもなく矛盾した誘惑とそしてこのうえもなく不調和な躍動に狂おしいほどに身をゆだねた人間が、運命の重さを訴え、取返しのつかない不幸への忍従のなかで、かれに欠如している重心を求めるために終身の禁錮をみずからすすんで懇願するのである。

しかし統一は自然のものであろうか

しかしながらルソーは後年になってかれが統一に身を捧げた「熱烈な感動」を批判することになる。かれは自己の内発的な本質《ナチュール》を犯したのであろうか。抽象的かつ普遍的な真理への飛躍のなかで、かれの個人的な真実に不忠実となったのであろうか。かれが克服することを願っていた弱さ、移り気、不安定のなかにこそ個人的な真実はあったのであろうか。自然の公の使命がジャン＝ジャックをかれの固有の本質との矛盾においこんだのではなかろうか。かれは存在の統一を確立しようとするとき、内的な緊張と逆説のとりことなるのである。

エピクテトス（ルソーが実践した）は舞台の役を演ずるようにわれわれの人生を演ずることを説いている。*だがその役割を選んだのはわれわれではない。われわれは与えられたものに繫がれているのだ。ストア派の道徳にしたがえば、人間は自己自身であることを願わなければならないが、運命もしくは神が欲するようにそれを願わなければならない。賢者が自己の役柄を演ずる仮構の努力は、あらかじめ課せられた役割を受けいれるという謙譲の行為と結びついている。賢者は恣意に自己を考えたりはせず、ひたすら自己の役割に一体となり、事件や顚末を変えることのできないコメディア・デラルテのよき俳優であろうと努力する。その演技はもっぱら様式の問題なのである。ある役割を自然に、崇高に、そして自由にさえ演じることがその本分であり、勝手にその役割を選んだり、修正することはできない。したがってストア的な徳とは、必然的なものにたいする全的な服従と課せられた状況において「あざやかな姿を演じ」ようとする演劇的才能との驚嘆すべき均衡を必要とするが故に、ある種の技巧の極致となるのである。しかしこのような均衡が実現される瞬間は捕捉できるのであろうか。演技が少しでも過剰な場合には、賢者の不撓不屈性は虚偽となり、空虚な見せびらかしとなる。また演劇的な品位が少しでも足りない場合には、運命の受容は緊張の足りないものとなるのである。ジャン＝ジャックは、自己革命の時点においてこのような均衡を実現することをたしかに信じていたことであろう。かれは演技していることを知っていたし、さらにそのことを隠しはしなかった。かれは真実の役割を演じ、かれの真実の役柄に入りこむことを確信していたのだ。ジャン＝ジャックの革命はもっとも表面的なもの、もっともよく見えるものからはじめられたのではなかっただろうか。「わたしは自己革命をまず服装からはじめた。金ぴかの服や白の長靴下を脱ぎすて、かつらは円いものにし、剣もはずした。そして時計も売ってしまった……」**最初の身振りからしてまったくの見せびらかしなのである。かれは文明の生活に演劇的な様相を与えているものを演劇的に拒否している。しかしながら、こうした俳優の身振りは、「つねに自分自身であろうと思うなら、どこであろうと、自分の選んだ生活にふさわしい服装をするのを恥ずべきではない」*とする自己に忠実であろうとする意志に照応しているのである。

しかしながら、ルソーは、『告白』を書いていた時点においては、自己革命をある種の陶酔の結果だとしている。もちろん、張りつめた叡知の均衡でもなければ、存在と外見の完璧な照応を示す技巧の極致でもない。その第一の衝動は外部からもたらされている。ヴァンセンヌでの会話では、ディドロが禁断の実を味わわせようと誘惑する蛇の役割を演じている。実際のところ、『告白』の記述ではルソーは文学者としての出発をめぐっての周囲の状況について奇妙なアンビヴァランスを表明している。一方では、すべてが内的な啓示と変容によって説明されるように思われる。(「これを読んだ瞬間、わたしは別の世界を見、別の人間になったのである。**」)しかし他方では、ルソーは心弱くも譲歩してしまった異質の影響、不吉な示唆などを非難する。(ディドロは「わたしの考えを発展させ、懸賞に応募するようにすすめた。わたしはそれに従った。そしてこの瞬間からわたしは破滅してしまったのである。これ以後のわたしの生涯とさまざまの不幸は、すでにこの錯乱の瞬間の必然的な結果なのだ。***」したがってこの事件は二つの側面をもっている。第一には、ルソーは「真に天来の火ともいうべきもの****」にみまわれたように感じたのであり、『告白』の記述は、すべてが真理の光そのものによって照らしだされたという追憶に燃えあがっている。しかしこの同じ事実が、ウットンやモンカンで追体験され、再考されると、突如として暗黒と喪失の一面を明らかにするのである。すなわち、かれが「真理と自由と徳の陶酔」に自己をゆだねたとき、そうとは知らずに生の影の部分に入りこんだのであり、不吉な運命によって捕えられたのであった。『告白』はこのような過去の二面的解釈を共存させている。数行の間隔をあけて、同じ事件が一方では至高の啓示による行為として、そして他方では仮借なき運命の鏈環《くさりわ》として示されているのである。

たとえかれが天の啓示を与えられたにせよ、悪意ある友人たちによって悪しき助言を受けたとしても、こうした説明は両者ともにある種の疎外を物語っている。ある外的な力（かれを迫害するものであろうと啓示を与えるものであろうと）がルソーに自己自身に不忠実であることを強制したのであった。邪悪な人人の犠牲であれ、善への陶酔によって啓示を与えられたにせよ、そのどちらの場合にもルソーは自己自身ではなかった。だからこそ距離をおいて見た場合に、このような興奮と熱狂的な活動の数年間は少くともそんなふうに思われたのであった。

展望の曖昧なことは驚くべきである。『告白』は世論と他人の判断による疎外から自己を引き離すために、ジャン＝ジャックが企てた英雄的な努力を語っている。しかし「自己革命」を弁明する物語もまたある疎外感をそれに与えている。陶酔、狂気、天来の火、悪しき運命、などということは、かれが自己の統一をふたたび見出し、確立したと主張している躍動そのものによって、かれが自己自身の外側に押しだされたのであった。ある種の無制御な行き過ぎが意に反しながらもかれを文学者の生涯へと導いたのであった。統一のこのような探求はジャン＝ジャックにとっては真実の「本性《ナチュール》」からはずれた偏向であった。かれの本性は休息、閑居、無頓着、矛盾する欲望に自由に身をまかせることなどを願っているのだ。かれはそれ以外のことのために生まれてはいなかった。真理への情熱がかれを恐しいほどに異質の世界へと駆りたてたのであった。かれは一体どんな不毛の場所へ向って前進したのであろうか。自己から遠ざかり、さらに他者から離れていかなる人間になったのであろうか。『告白』のルソーは、こうした狂熱の数年間にたち戻りながら、もはや事態を理解できないように思われるし、いかなる判断をくだすべきかわからない。ただかれは自己の勇気を賞讃し、幻想を皮肉に慨嘆し、自己とは別の存在となったことに怯えている。それは聖なるものと深く結ばれた時代であり、そしてまたもっとも恐しい不義と誤謬の時代でもあった。

『皮肉屋』（「自己革命」に先だつ作品）において、ルソーは自己の姿を移り気で、変りやすく、不安定で、一定のかたちにとどまっていることはできない人間として描いている。

ボワローが人間について一般的に述べながら、人間とは白から黒へとまったく変るものであるといっているのは、個人としてのわたしの姿をわずか二つの言葉で描きだしたのであった。そしてもしかれが中間的なニュアンスをもったすべての他の色を付け加えたとすれば、もっと正確に描きだせたはずである。わたし自身ほどわたしに似ていないものはないのである。だからこそ、この奇妙な変りやすさということ以外にわたしを定義づけようとすることは無意味なのだ。わたしの精神はきわめて変りやすく、そして時々感情までもがそうなのである。ある時には、わたしは冷酷で残忍な人間嫌いであり、またある時には、社交界の魅力と愛の快楽のまっただなかで恍惚とした気分になるのだ。時としては、わたしは厳格で敬虔であり、わたしの魂の善のためにあらゆる努力をかたむけ、このような聖なる心の傾向を永続きするものにしようとするが、たちまち自由奔放な無信仰家になってしまう。そして、わたしの理性よりもはるかに感覚にとらわれるので、こうした時にはいつでも書くことを断念してしまう……一言でいうならば、プロテウスのような男やカメレオンや女のほうがわたしよりもまだ変りやすくはないのである。だからいつの日か性格からわたしを知ろうとするような好奇心のある人には、最初からすべての希望が奪われてしまう。つまりかれらはその時々においてしかわたしのものでないような、特有の姿でわたしを見出すことになる。そしてまた、かれらはこうした変化を通してわたしを知ろうとすることさえできない。なぜならば、変化には一定の周期はないのであって、時にはある瞬間から瞬間へと一瞬にして変化することがあり、またある場合には、数ヵ月もの間にわたって同じ状態にとどまっていることもあるのだ。このような不規則性そのものがわたしの構造の基礎をなしているのである。(『皮肉屋』*)

予見し難い存在、しかも他人にとって謎の存在であることを自負しているのだ。かれにとっては理解されない存在であることが好ましいのである。（後になって誤解されていることを慨嘆することになるにもかかわらず。）かれはなににもまして変化の人間であり、完全に不規則の人間なのである……。しかし、たちまちルソーはかれの断言を否定する。すぐ後の文章で、ある内的なリズム、はるかに規則的かつ恒常的な変化が存在していることを明かしている。したがってかれの変化とは「一定の周期」を完全に欠いたものではない。かれはある種の循環法則を認め、そうした循環現象そのものの底におおかれすくなかれ仮面に被われた「狂気」が永続的に存在していることを、冗談のような調子でほのめかしている。

　これらのことと並んで、自分を検討することにより、わたしはもっとも注意深い観察者、一言にしていうならばわたし自身以外のすべての人々にとっては、認めることが困難な、いくつかの主要な傾向とほとんど周期的な反復運動をわたしのなかに見出さないわけにはいかなかった。それはあたかも大気の変移や異常にわずらわされることなく、船乗りや農夫が、そのなかに年間の状況やなんらかの現象を見定めて、それを規範としていくつかの季節の天候をほぼ正確に予知するようなものである。例えば、わたしはほぼきまって一週間ごとに変化して、そのために週間の魂と名付けている、二つの主要な傾向に支配されている。第一の傾向に従うならば、わたしは賢明に狂気であり、第二の傾向によれば、狂気のように賢明である。しかしながら、狂気はそのいずれの場合においても叡知に勝利をしめるのであり、とりわけ賢明であると称している週において明らかに優位にたっている。ということはすなわち、わたしが取扱うすべての問題の本質は、たとえそれ自体においては道理にかなったものであるとしても、わたしがつねに狂気を包み隠そうとしている軽薄な、常軌を逸した言動にほとんどすっかり吸収されているのだ。わたしの狂熱した魂の場合には、それははるかにいっそう賢明なものである。なぜならば、それはつねにその固有の資質から議論の主題をひきだし、その推理と証明に方法と秩序と力を与えるので、このように被い隠された狂気は、ほとんどまったく叡知と異らないのである。（『皮肉屋』*）

『皮肉屋』のあらゆる変化の背後に、かれが狂気と呼んでいる、秘密の常数がある。かれは、狂気に連続性を嘲笑的に与えようとして、不連続性と変化の原理をも遊離させている。たしかに、ここでルソーは読者を前にしてとんぼ返りをうっているのだ。かれは、身近にはディドロの、そして遠く離れてはモンテーニュの影響のもとで、そう長くはその調子を維持できそうもない自由奔放さに身をまかせている。しかし、『対話』（二十年後に書かれた）のなかには、『皮肉屋』のそれと類似していなくはない自画像が見出される。そこでは、ルソーはあらためてかれの変り易さ、かれの気分を変えさせる理由と動機の軽薄さを強調している。

かれは真実の計画をたてるためには、その考えにあまりにも一貫した連続を欠いている。ある物事を長く瞑想していて燃え立ち、時には室のなかで強い、急な決心をするのだが、通りに出る前に忘れてしまうか、捨て去ってしまう。かれの意志の活力は決心をするだけで尽きてしまい、実行するだんにはもう残っていないのだ。あらゆるものがかれにあっては最初の無分別な行為の結果である。かれを構成している諸要素が示すのと同じ対立が、かれの傾向や品性や行動のなかにも見うけられる。かれは活動的で、熱烈で、勤勉で、疲れを知らない。そしてまた不精で、怠惰で、活力に欠けている。かれは一方では誇り高く、大胆で、無鉄砲であり、他方ではおどおどして、臆病で、気遅れしがちである。さらにかれは冷淡で、侮蔑的で、冷酷なまでにすげなく、同様に優しく、情愛深く、欠点となるほどに気が弱く、もっとも気にいらないことをしたり、耐えたりもできない。一言にしていうならば、かれはひとつの極端から他の極端へと信じられないほどの速さで移り、その移動に気がつきもしなければ、一瞬前に自分がどうであったかを思い出しもしないのである……（『対話』*）

だが、この場合においてもやはり変り易さは、不変の理由によって、すなわちルソーが感性もしくは情熱と称している、恒久的な資質によって説明されている。だからこそ極端な動揺変化が「変化のない、単純な、機械的な生活」**のなかに吸収されてしまうのである。すべての不規則な行為は、「熱烈な本性」の動揺の表われであって、きわめて多様な行動のなかにその共通した痕跡がとどめられている。ジャン＝ジャックは、かれのなかに深く隠された統一があり、それが気分の動きや変化のもつ偶発性のなかに表われていることをたえず断言している。したがって、われわれは、共感にたよってこのような性格の統一性を読みとらなければならないと同時に、かれの作品のなかにもある一貫した企図が貫ぬかれていることを知らなければならない。事実、ルソーは移り気のうちにある統一性を読者に理解させようとして、『対話』第二部のはじめの部分で、『皮肉屋』で用いた大気の変化の周期性という隠喩をふたたびとりあげている。***

わたしは、かれのもっとも変らない存在のあり方のなかで、つまり静かな晴れた日の空気や風のもっとも軽い変化にもおとらず平穏な個人生活のなかでおそらく避けられない、そしてわたしにとって役立つような些細な変化のなかでかれを追求したのであった。（『対話』****）

かれは『皮肉屋』と『対話』の両者においてこのように自分を描いているのだが、第一の場合は、書くことの高揚にめくらめくほどに自己をゆだねる以前であり、第二の場合は、文学者となることによって身をゆだねることになった「悲しい運命」と束縛から逃れようと努力している時であった。かつて、かれは自由に放浪し、さまよい、かれの役柄を決定し、公衆の前に現われ、栄光のもとに住居をうちたてる偉大な機会を待っていたのであった。しかし、それから六年後に（あるいは十年後）、「天来の火」が訪れ、栄光がかれをして見知らぬ住居（高貴な貴族やフランス国元帥の城そして徴税請負人の隠宅）に住むことをよぎなくさせたとき、ジャン＝ジャックはあらためて、さまよえる人、放浪する人となるのだ。そしてこの場合には、もはや期待と成功を求める冒険の放浪ではなく、逃亡の放浪である。かれは獲得した栄光の呪いから逃れようとして逃亡し、脱出を試みる。おそらく、その当初においては栄光からの逃亡は絶対的なほどに真摯なものではなかったかもしれない。そして、おそらく隠れ家を転々としながら、かれの背後で噂が高まっていくことを楽しんでいたかもしれない。しかし、噂はかれに追いつき、かれの家に襲いかかる石のつぶてとなるのだ。それだけではない。栄光は住居とはなりえず、ジャン＝ジャックから住居を奪う。かれは、忘れさられ、かれの欲望の矛盾した衝動に静かに身をゆだね、真実の本性を満足させることができるような島を、いまやむなしくも求めている。ただ、純粋な放浪生活、そして若き日の無分別な不安定性を見出すことがゆるされるのであろうか。ただ呪いをたちきり、弱さと怠惰にしたがって気ままに生きることが可能なのであろうか……プラトリエール街の隠れ家で、かれはこうした気楽な状態をふたたびつくりあげようと試みる（迫害と中傷の懸念がかれにつきまとっているにもかかわらず）。その時、かれは『皮肉屋』で描いたように、変りやすく、感じやすく、自己に矛盾することなく、晴天の日の大気の変化のような、ひそかなリズムに従順に従っている自分を描きだす。この場合には、もちろんどのようにして運命を払いのけるかが問題なのである。ルソーはよりいっそうの具体性を与え、自分にのしかかっていると感じている脅威に対抗するために、このような幸福と内面の平和を高らかに表明するのだ。そしてかれの青春の思い出を再構成するにあたって、快楽にみちた夢想と純潔な感動の時代につくりあげる。ということは、多くの記録がそれを教えているように、かれの青春時代は、『告白』が認めようとしているよりもずっとはるかにしばしば、心配と不安に悩まされていたものであるにもかかわらず、ルソーは安全な隠れ場所であるような過去をもつことを欲しているのである。かれは自己の存在の神話を構成するために現実を曲げている。つまりかれの青春の自由な夢想は外部の呪いによって中断され、かれは幸福からひき裂かれたのであったが、いまや自己自身にたち戻ったのである。混濁した水はようやくにして澄んだ水に戻ったにもかかわらず、以前にもまして輝きを失っており、その透明性はいっそう空虚で、冷いのだ……

内面の矛盾

極端な変り易さは、意識が矛盾していることを想定しているわけではない。『皮肉屋』のプロテウスのごときルソーも、『対話』の限りなく変化するジャン＝ジャックも相互に継起する相異った瞬間を生きているのだが、その各々の瞬間において、それがたんに自我の新しい様相が現われたと感じる瞬間にすぎないとしても、かれらは自己自身と一体化している。かれらはこのような変化を自分に課せられた掟として受けいれている。したがってかれらはみずからの変身の主人公ではない。かれらは天が変化するように変っている。（そして時としては、天が変化する故に、変る。）かれらは、抗うこともなく、変身に立ち会うことに満足している。それ故に自己自身に矛盾することはないと言うことができるのである。

この生活の同一性とかれがそこに見出している心地よさは、かれの魂が平和であることを示している。(『対話』*)

変り易さが同一性と平和に還元され、逆説的な外観だけが存在している。もっとも相矛盾した運動が、順次に体験され、自我が完全にそれに同意するならば、いかなる内面の戦いもそこには含まれない。このような運動は、それを外面から判断しようとする意識にとってのみ、すなわち完全な首尾一貫性を求めようとする厳格な観客にとってのみ、相矛盾するものである。しかしながら、抵抗なしに変化を受けいれている、同意する意識はそれ自体で完全に調和しているのであり、もろもろの瞬間がたとえ相異っているとしても意識の一致を逸脱しない。そして意識が矛盾を感知するためには、外側から首尾一貫した統一を要求している、非妥協的な審判官の眼をもたなければならないであろう。だが意識はその掟を受けいれることを欲していない外部の証人の権威にたいして異議を申立てることをなにものによっても妨げられない。もし意識の行為が維持されうるならば、意識はいつまでも矛盾状態を避けられたであろう。意識は、それ自体にたいしても、かつまた意識が忌避している外部の眼にたいしても戦うことはなかったはずである。意識はその矛盾に苦しむことなく矛盾のなかで生き続けたことであろう。そして固有の変り易さに内面的に対立することもなくそれ自体と相違したものでありえたはずである。

ところが自己革命は、ジャン＝ジャックにとって、かれのすべての生活の支離滅裂な性格を意識し、そうした支離滅裂さにたいしてつとめて抵抗しようとする契機である。自由な変り易さはかれにとって、突然いかにしても排除しなければならない矛盾として現われる。かれの行為、言葉、感情などが同一不変の原理によって支配されていないことが、にわかにゆるしがたいこととなる。かれは自己にたいして、きびしい審判官の眼を投げかける。自己にすべての人間が注意を向けることを呼びかけ、かれらの前で自己の統一を実現し、思想を決定することを約束する。そのようにしてかれはそれまで無縁であった、ある誠実さを目的としてみずからに与え、高潔な態度を堅持するのだ。しかし、その時から、矛盾が現われ、激化していく。なぜならば、ジャン＝ジャックはそれにもかかわらず、かれの動きやすい、一定しない「本性」を破壊せず、それを抑制する義務を自分に課したのであるが、つねに本性は現存している。爾来、かれは戦うこと、有徳の魂にとっては不可欠の力を完全に生みだすこと、かれの軽薄な、あるいは無気力な過去とは根源的に異っている自己を示すことが必要となっていく。衝動的な移り気はもはや内面の平和とは両立しえない。すべての変化は過誤であり、すべての変移は動揺の意味をおび、悔恨を引き起すことになる。瞬間の衝動はもはやそれ自体では正当化されず、首尾一貫したシーケンスの一部となる場合にのみ、正当なものとなる。なぜならば、それは有徳の行為の連続と両立しないかぎり、罰せられるべき弱さを表わすからである。このようにして、意識はみずからのなかに不調和の危険を認め、それが直面している矛盾と危機から生じた深淵が開かれていることを知る。（だがしかし、このことは意識が目的としている超越的なものの名で、意識の相互に継起する各瞬間とありのままに一致することを受けいれなくなる時点から、はじめて目覚める精神の要求を明示している。）

したがって、ルソーが社交界の虚偽に抵抗することを企図した時点において、かれは自分にたいして抵抗する必要性にとらえられる。かれがその名目において崩解しつつある社会に対立している、徳の一貫した要求がかれのなかに内的分裂と統一性の欠如の意識をうみだす。かれは、直接的な衝動の安易さと徳高き努力の緊張とのあいだにある相違を確認することをよぎなくされるであろう。（ルソーはたちまちそのことを告白するのだ。すなわち、かれにはこのような努力を達成することは不可能であり、ジャン＝ジャックは有徳ではなく、感覚の奴隷であり、直接的内発性の無実のうちに生きていて、自己に対立する力をもたないのである。）かれが内面の統一を実現しようと願った自己革命は、自我の統一がいかに疑わしいものであるかを、かれに発見させる機会となる。かれは放浪生活と不確実な自己に終止符をうち、かれの思想と行動を定着することができると信じていたのであった。しかしながら誤謬を排除するべき決定は、事実においては、真理を疑わしいものとする困難な冒険のはじまりなのである。すべてを解決するはずであった行為はなにごとも解決してはいない。その激しさそのものによって、新しい緊張と迷妄を生みだすのである。統一に向けられた意志の命令は、むしろそれを危険にさらしている内面の弱さをいっそう明らかに、はっきりとさせる。ルソーは、より高い価値によって保証されるような、堅固な安定性を獲得することを願っていたにもかかわらず、自分が傷つけられやすく、危険をよびこんでいることに少しずつ気づくことになる。なぜならば、かれにとって絶対的な正当化にたよることから生まれるものは安全ではなく、失敗の危険なのである。

危険は二重である。一方では、すでに見たように、ルソーは社交界の虚偽にたいしてかれの反対を表明するためには、その腐敗した武器、すなわち言葉─文学をかりる以外には不可能なのである。そして他方では、かれが自己の存在を確立しようと願っている厳格な諸価値は、不安定、弱さ、直接的な享受への誘惑などによって内面的に脅かされている。かれの生の自然なあり方であった、このような散漫さが、打破すべき強力な敵となるのであるが、それはけっして克服されることはないであろう。

『告白』の第九章を書きながら、ルソーは「真理の証人」となることを願った高揚の数年間を否定している。

わたしの本性とは正反対の状態を考えていただきたい。それがこの当時の状態だ。わたしが別人となり、わたし自身であることをやめた、わたしの生涯の短い期間のひとつを思いおこしていただきたい。そういう状態が、いま話しているこの時期にふたたび現われてきたのだ。それも、六日とか六週間とかではなく、ほぼ六年間も続いたのだ。特別の事情がおこってこれを停止し、超越したいと思っていた自然へわたしをつれ戻さなければ、この時期はもっと続いたかもしれない。(『告白』*)

ジャン＝ジャックの革命は、かれの突然の変化のひとつにすぎないのであるが、すべての変化に終止符をうつように運命づけられているのであり、かれにもっとも激しい矛盾を導入するのである。ルソーは世界の虚偽にたいして戦いをはじめるのであり、かれが自己の生と言葉に与えようとする方向はかれの真実の「本性」の曲折した、変り易いあり方と一致しない。かれはこのような最初の不連続な本性にそれを超越しようという、より重大な矛盾を付け加えるのである。かれは、ばらばらの各瞬間を濫費しながら生きるかわりに、緊張と不満足の状態を生きることになる。内面の変り易さ、気分の思いがけない、急激な動きに悩みつづけながら、そのことが本質的な分裂のモチーフとなる。なぜならば、かれは直接的な経験の不安定な所与を拒否するわけにもいかず、またそれを一貫した道徳的な要求のなかにくみいれるわけにもいかない。(ルソーはこのような和解を『感覚的道徳』の試案のなかで試みるのだが、不成功に終っている。それらのことはやがて明らかにされるであろう。)

自然と道徳の抽象的な概念を擁護し、さらに自己の理想の「実存的」な実現を求めながら、ルソーは自己の固有な経験的本性との矛盾におちいる。かれの生来の弱さ、そして気分の急変のひとつひとつが、かれの高潔な弁護の誠実さと、かれが世間に示そうとしている実例の真正さにとって不利な証拠となる。かれは自己の意識の矛盾した多様さから逃れることはできない。それはかれのなかで敵対する脅威としてあくまでも存在しつづけようとし、かれが首尾一貫した統一の要求を対立させようとしても、けっして充足されることはないのである。その時から、すべてが脅威にさらされ、危機に瀕する。緊張をはらんでいる対立した諸関係がそれぞれ問いなおされる。首尾一貫した統一の追求は、直接的な体験のもつ内発性にとっては脅威なのであり、後者はその真正の発現をおびやかされているとはいえ、なお強力なものとして存在し、「反本性的」な統一の追求を挫折させ、それを無意味なものにしてしまう。休息はもはや不可能なのである。このような緊張はもはや停止することのできない運動を生みだす。もしルソーが究極的にはかれの変り易い本性に戻ることを願っているとしても、そして感覚と直接的な感情の支配に自己をゆだねることを願っているとしても、もはやそのことを純粋に享受することはできないであろう。つまりかれは自分を正当化し、説明しなければならないであろう。だからこそ、書かなければならないし、言葉と文学の媒介を通過しなければならないであろう。たとえそれが自己の誤謬を告発するためであるにせよ、さらにいっそう深く誤謬のなかに入りこむよりほかにはどうすることもできないであろう。本性《ナチュール》への回帰そのものが、反対の努力を特徴づけていた極端さによってしかなされないであろう。ジャン＝ジャックは、かれの気質の予測しがたい振動から自分を解放する統一を欲したがために、極端な振子運動をはじめたのであり、その振幅が許容の限界の彼方にかれを連れ去るであろう。ジャン＝ジャックを反対の方向へ押し流している「革命」はかれにもはや安定をもたらさないであろう。とはいうものの、かれは他の方法でそれを手に入れようとすることはできなかったのである。精神の抗しがたい振子運動にゆだねられたかれは、相対的な平静と、文学的使命にひきずられる以前にはかれのものであったより振幅の小さい振子運動をふたたび見出すことはできないであろう。

もし革命がわたしを自分に立ちもどらせ、そこにとどめておくというだけですんだのなら、万事好都合だったのである。ところが不幸なことに、この革命は行きすぎて、急速にわたしを別の極端に押し流した。以来、わたしの魂は振子のように静止線の右左を揺れ動くことしか知らず、たえずくりかえされる動揺は、魂が静止線にとどまることを許さなかったのである。（『告白』*）

この場合に、本性《ナチュール》の観念そのものが一定の意味をもっているかどうか疑わしい。この振子運動は休息も自然の状態への安定した復帰もゆるさない。自然の状態そのものの存在さえもが疑問なのだ。もし存在するとしても、振動の両極から中間にある仮想の場にすぎないであろう。その場所では運動は停止しないのである。わたし自身とは、移動の速さのためにはっきりせず、消えてなくなりそうな、つかのまの像にほかならない。それ以来、わたしは、欠如しているもの、たえず逃れようとしているものとしてしか、わたし自身を考えることはできない。わたしは、いつもわたしの外にあり、安定した自己同一性の休息の外にある……さもなければ、わたしを休息させせない運動そのものに本性（あるいは真理、本質）の名を与えることができるような根源的な、意味上の変化を加えることであろう。そうすれば、振子運動はそれが欠けていると思われている有効性を見出すのである。わたし自身は、けっして到達できない休息ではなくなり、反対にわたしはわたしに休息を禁じている不安として存在する。そしてわたしの真実は、「真実の自己」を見出したと信じていた原始の所与（与えられると即座に取り戻された）からわたしを引き離そうとすることによって明らかにされる。その時から、すべてのわたしの振舞、過失、仮構、虚偽は、わたしの本性を示しているのであり、わたしはつねにわたしが駆りたてられ、そしてつねに拒否されている調和の世界にたいして真正の意味で不忠実な存在となる。（「すべての運動がわれわれをむきだしにする」とモンテーニュは言っている。）総体としての自我のなかに吸収されないような狂気や錯乱はないのであり、そうした自我の総体のあらゆる側面は同じように異議申立の対象であり、かつまた非合法なものであり、そしてその全体が、自我の確固たる価値と合法性の基盤となっている。だからこそ、唯一無比の存在が、もっとも完全な分散の状態から明らかにされるためにはすべてが語られ、告白され、暴露されなければならないであろう。

ルソーが、かれの徳への陶酔を「おろかな自尊心」のあらわれであり、「かれの本性とは正反対の状態」であると述べている『告白』の同じ文章において、「この陶酔は頭のなかでは前からきざしていた。が、今はわたしの心情へと移ったのだ。根こそぎにされた虚栄心の残骸の上に、世にも高貴な自尊心が芽ばえた。わたしは演技をしていたのではない。実際わたしは見かけどおりの人間になったのである。*」とも断言している。

おろかしい自尊心なのかそれとも高貴な自尊心なのであろうか。本性に反する状態なのか誠実な変容なのであろうか。ルソーは、その点については、過去を批判しながらなお曖昧さを残している。かれは「真実の本性」に不忠実ではあったが、偽ったこともなく、仮面を被ったこともなく、無条件に、表裏なしにほんとうに見かけどおりの人間になったのであった。ルソーがここで示唆しているのは、内面の二重性というよりは、「正常な」人格の欠如ともいうべきものである。かれは——なにはともあれ一定の長い期間にわたって——「つくりだされた」人格と同一化するにいたったのである。ルソーはかれのすべての手段、すべてのエネルギーをこの仮構の人格のために用いている。かれが演技していることはけっして責められないであろう。かれは自己の役割と、その役割がかれに甘受することをよぎなくさせる運命にすべてを捧げているからである。ここで仮構を特徴づけているものは、ルソーが役割に十分に自分をうちこんでいないということではなく、むしろかれが時として想像できないような極端さで、あまりにもそのことに没頭しすぎているということである。仮面をつけた人間は完全にはその役割と連帯しないはずであり、自分の内部にイロニーと無関心な部分を護持しているはずである。そして自己を解放する永遠の力を維持し、必要に応じて仮面を変える権利をみずからに与えようとするはずである。しかし、ルソーは反対にかれの役柄に自分を完全に一致させることをあまりに願いすぎている。かれは徳の宿命からもはや逃れることができないほどに有徳であることを願っている。かれの内部に無関心な、遊びの自由の部分を保とうとせず、反対の極端におもむいているのであり、いっさいの運動の自由、可能な隠れ家、異った選択を自分に拒否している。かれは有徳であろうとし、ただひたすらにそれだけなのである……

ルソーはかれの徳への陶酔を説明するために、「かれが別の人間となっていた青春の時期」と比較している。かれが自己を定着し、有徳の自己同一性にあくまでも忠実であろうとする決断は、かれが空想的な夢想と仮名の生活に投げこまれていた虚構症《ミトマニー》の発作に似ている。かれはいまや真理に身を捧げ、ジュネーヴの市民、ジャン＝ジャック・ルソーであることを願いながら、ヴィルヌーヴ・ド・ヴォーソールや英国人ダッディングとなったような「狂気」の発作を繰返すのである。かれは依然として誠実でもあり、「錯乱」してもいるのである。

仮名のもとに行われる冒険と真実の名前をありのままに生きようとする緊張のあいだにかくも完全に同じ価値をルソーが認めていることは奇妙なことである。しかしながらルソーが仮名の冒険を語っている文章にあたってみるならば、それらの物語が隠蔽の心理によって説明できないことが理解される。きわめてまれな例外を除けば、かれにとっては真実の身分《イダンテイテ》を隠すことはけっして問題ではなく、反対に、かれが永久に一体となることができるような新しい身分を獲得することが問題なのであった。かれは他人を欺くために仮面を被ったのではなく、かれ自身の生を変えるためであった。ルソーが虚をつくときには、その虚を信じている。たとえばかれが『解放されたイェルサレム』を読みながら、タッソーになったように思い、『プルターク』を読んでいるとローマ人になってしまうようにである。ルソーは、放棄している古い「現実」とかれを魅惑している虚構のあいだに距離を残さないほどに自己の仮構に没頭している。かれは自分の新しい役柄のなかに入りこむために人格を失い、変身はいかなる残滓も残さずに達成される。かれは、ちょうど後になって「心臓に茸腫《ポリープ》」ができたと確信したように、またヒステリー患者が足が麻痺したと信じるように、ヴォーソールであることを確信している。かれは仮装していることを知らないし、知ることを望まない。ルソーが作曲家ヴォーソール・ド・ヴィルヌーヴとしてふるまったエピソードを解釈して、マルセル・レイモンは「もし欺いているとすれば、それはかれ自身をである」*と書いている。かれはヴォーソールのふりをすることに満足しないのであり、真にヴォーソールであることを欲し、その才能と音楽的な手腕を自分のものにしたいと考えている。そして完全にヴォーソールとなり、破局を招くことになる演奏会を催し、そのことを急いで直接的に実証しようとする。ペテン師は証明しなければならないことを恐れるはずであるが、正反対にルソーは楽しんで実験にのぞもうとしている。かれは新しい身分を生きようとし、かれの新しい自我を行動させようとしているからである。ジャン＝ジャックはすべてをあげてかれの役割に熱中しているだけではなく、その役割がかれを導いていくもの、すなわちかれに有効な振舞と言葉を命令し、音楽を理解させ、オーケストラを指揮することを期待している。ルソーはかれの役割にみずからを任せ、ゆだねている。他者になるこうした方法においては、ある意志の力が確実に見出されるのであるが、この意志の力は眩惑された受身の態度によって倍加される。意志の行為としてはじめられたものが、ある種の催眠状態として継続され、その場合には、ヴォーソールが命ずるがままに任せることだけが問題なのである。これはいわば魔術的行動といえよう。なぜならば魔術は、まさしく人をその支配のままに任せるような力を呼び起すことから成り立っているからである。こうした力はそれ自身で働きかけ、われわれの支配の外にあり、ひとたび誘発されると、われわれの行為を意図したり、導いたりする必要からわれわれを解放する。その時には、われわれにとってはそこで起きることに同意するだけで十分なのである。魔術的行為は、われわれによってはじめられ、われわれなしで達成されるのだ。

こうしたことがジャン＝ジャックの魔術的変身である。かれは最初の力によって虚構の身分に自分をゆだねるのだが、かれにとっては、その虚構を甘受することだけが残されている。そのようにしてかれは意志的な行為の領域から宿命の領域へと移行し、(かれの狂気がかれに確信を与えるのだが)、才能、栄光、幸福がすばらしい代償として到来することになる。ここで注目しておきたいことは、魔術にたよることは、ルソーにとっては正常な手段をつくすことなく目的に到達するための方法となっていることである。つまりかれは障害との接触を避け、すべての中間的な段階を省略する瞬間的な飛躍によって目的に到達する。魔術は直接的な行為の王国であり、労働と学問の勤勉な媒介を無益なものとする。マルセル・レイモンはそのことを強調して、ルソーの欲望は、人間の条件がかれに課している困難を受容することなく実現されることを求めていると述べている。*かれは欲望の緊張そのものが生みだす内在的な自由潤達さによって、それを習得する必要なしに一瞬のうちに作曲家、音楽家となることを願っているのである。

ローザンヌの音楽会は失敗である。しかし『村の占者』は成功し、『学問芸術論』、『人間不平等起源論』、『新エロイーズ』は感じ易い魂を魅惑することになる……魔術に訴えることによって、真実の言葉と力がルソーのなかに目覚める。かれの役割にとりつかれることによってすべてのことがうまく進行するのだ。今回は、ローザンヌの場合にそうであったように、自分の役柄にもはや欺かれたりはしない。かれは完全にみずからをゆだねることができる。かれはヴォーソールの仮構からは逃れられたが、ジャン＝ジャック・ルソーの仮構からは逃れられないであろう。そしてかれを栄光へと導くこの役割はまた不幸へと押し流すことになるであろう……

徳への湧きたつような興奮をともなう陶酔そのものがその魔術的な本質を明らかにしている。断固たる選択としてはじめられたことが受身の享受に変化している。意志的な飛躍の絶頂において、ルソーはもはや自分の高揚を支配することなく、めくるめくような大波に圧倒されている。力をともなわない徳は存在しないということをまさしく知っているかれは、有徳の陶酔の逆説に自分をゆだね、武装を解除された意志をそこに埋没させる。かれはみずからの徳に命じられるがままにしておけばよい。しかしこのような陶酔によって与えられた徳は魅惑的な夢想にすぎないのであり、魂の力はこうした魅惑の眩暈によってすっかり奪われてしまう。そして徳の支配は、明澄な意志の上に築かれるかわりに、それ自体で尽きはててしまうような高揚の不安定さのなかで消失するのである。

それでもなお残されていることとは、こうした高揚は孤独を要求し、犠牲とそしておそらくは殉教の方へ突進するということである。ジャン＝ジャックはそこにもはやかれの固有の欲求の相貌を見出さず、運命の避けられない命令を認めている。プロテウスのごとき変身に満足し、ヴォーソール、ダッディングなどの名前のもとに旅路を駆けめぐった冒険家であったとその同じ人間、同じルソーがいまや逮捕令状を出され、モンモランシーを逃げだし、おのれの自由を賭けながらも、真実の名前を隠すべきすべを知らないのだ。偽の署名をしようとする瞬間に、かれの手は慄えている。かれは徳に従わない権利をもたず、偽りもせず、危険にさらされ、みずからの運命を甘受するであろう。

けれどもわたしがあなたに申しあげなければならないことといえば、ディジョンを通るときに名前を明らかにしなければなりませんでした。それで、わたしの母の名前をかわりに書くつもりでペンをとったのですが、それをうまくやりおおせることは不可能でした。手があまりひどく慄えて、二度もペンを置いてしまわなければならなかったのです。そしてわたしが書くことのできた唯一の名前はルソーという名前だけでした。わたしにできた偽名といえば、ジャン＝ジャックのうちから一つだけJの字を取りさることだったのです。（『書簡』*）

これはまさに勇気と挑戦の行為であるが、ルソーは魔術にかけられたように振舞っている。この不自然な真面目さのなかには、ルソーが「別の人間」となり、その役割に導かれるままになっていた錯乱の時点において見出されるような同一の「強制された」誇張、意志の麻痺、魔術の呪縛がある。

一方では「自己革命」がジャン＝ジャックの魂に矛盾と衝突を導きいれたことを見てきたが、他方ではまた、かれがそう見せかけたいと願っている役柄にほとんど完全に同一化し、かつ実際にはかれの精神の幻想にすぎないそうした役割を真実に生きようとするかれのなかにある特異な能力を確認したのであった。たしかに自己革命の叙述の全般を通して、ルソーは読者を混乱させる危険を冒しながらこうした二つの説明を交互に繰返している。すなわち、「自己の本性に反対の努力」を行うことによって自己自身から遠ざかるのであるが、反対にそのことはまた、出発点においては恣意的に選ばれた原理にすぎなかったものが、真摯な情熱に生成し、徳への気取りが真実の陶酔に変容したのであった。観念が感情に先行しているのであるが、感情は長くは先んじられるままではない。急速にそのおくれを取り戻そうとし、自我のすべてのエネルギーがはじめは仮構にすぎなかったそうした超自我に奉仕することになる。すでに見てきたいくつかの文章を読みなおしてみるならば、ある真正性が疑わしい二重人格化を出発点として形成される過程がきわめて明確に表わされていることがわかるであろう。その時、自我はみずからがその創造者である真理であり、みずからの内部にあらかじめ存在していたのではない自己同一性のなかに入りこむのである。

わたしの感情はおどろくほどの速さで、わたしの思想とおなじ高さまで高揚した。(『対話』*)

ルソーの気質のすべてがここに語られているような速さに集約されており、さらにそれは想像力の高みに生きることを願っている魂の烈しさを示している。別の文章でも次のようにルソーは語っている。

わたしは、真理への愛がわたしに払わせた犠牲によって高価なものとなったことを感じている。おそらく最初はわたしにとってひとつの方式でしかなかったものが、いまではわたしを支配する情熱なのである。(『告白草稿*』)

最初は知的な方式でしかなかったものが、情熱となり、イデオロギーが体験となるのは、たんに道徳が原理にしたがって生きることを要求しているということだけではなく、感情がより高度なものによって正当化されることを約束している思想と同一化することを願っているからである。

『告白』はこうした自我の変容の挫折と真実を同時に告げている。まずはじめは、徳への気取りにすぎなかったものが、真実の高貴と真実の徳の性格を順次もつようになるのであるが、このような努力の極限においては、ジャン＝ジャックはもはや自己自身と一致しているとは感じられなくなるという事実だけが残されるのである。

わたしは社交界とはどんなものかを知らず、またそれと調子を合わせることも、それに従うこともできないままに、心ならずもそこに押し出されたのであった。そこでわたしはあえてそのことにはとらわれないような、自分の流儀でやっていこうとした。そして礼儀作法にそむきはせぬかと心配すればこそ、おろかで陰気なこの臆病さも克服できないのであるから、礼儀作法などふみにじって、もっと大胆にふるまってやろうと決心した。羞恥心から、わたしは辛辣な皮肉屋になった。自分で実行できない礼儀は軽視するようなふりをした。なるほど、こうしたとげとげしさは、わたしの新しい原理に合っていたから、わたしの魂のなかでは高貴さをおび、道徳的勇気に似たものとなった。そしてあえていうが、こうしたいかめしい基礎の上に立っておればこそ、このとげとげしい態度も予想以上にしっかりと、かつ長い間維持されたのである。そうでなかったら、わたしの本性にこれほど反する努力が長つづきしたはずがない。しかしながら、わたしの外観やうまい皮肉のおかげでわたしは人間嫌いという評判を社交界で得たのだが、個人生活においては、わたしはそうした自分の役柄をうまく維持していなかったことは確かである。（『告白』*）

これらの言葉は、魂がその基礎を獲得する運動が同時にまた、魂にその分裂を感じさせる運動でもあることを明らかにしている。これらの文章は、存在がそのすべてを存在の仮構のなかに集中しようとしてどのようにみずからをつくりだしていくかということを示している。（わたしはあえて自分の流儀でやっていこうとした……）という勝手な自由奔放さがこのうえもなく高貴な感情に道を開いている。しかしながら、存在がその基礎の上に確立されるにいたるやいなや、矛盾のなかで見失われる。（文章と記述全体の変化がこの矛盾を描きだしている。）文明化された人間の存在と外見の不一致をかくも辛辣に批判した人物が、いまや自分自身のなかに外観と本性を対立させている相違を認めるのだ。かれは自分が否定している弱者であると感じている。社交界において非難してきた不正がかれの生活に移されたのであり、外部にたいして熱烈に告発してきた悪が内在的なものとなったのである。有徳であることを決意することは、したがって存在と外見の不一致に終止符をうったのではなく、そうすることによって、たんに問題がわたしの問題となっただけである。わたしがみずからに与えた基礎は、足もとから崩れさり、すべてが問いなおされる。

理論においては、問題は、はるかにみごとに解決されているのだ。ソフィーへの手紙の一通でルソーは次のように書いている。

あるがままの姿を示す勇気をもっている者はだれでも、おそかれはやかれ、あるべき人間となるでしょう。（『書簡*』）

これは、自我の自然の恒久性と道徳的義務に命令された自己変革という二つの観念をみごとに一致させているおなじ公式なのである。誠実であること、すなわち、自然のままの存在を単純、かつ透明に肯定することは、結果としてそのような存在を変容し、あるべき姿に転化させるのである。すなわちあるがままの自分を告白することによって、別の人間となり、新しい顔をもつことになる。告白の類語反復《トートロジー》は、生成と変身の原理である。もっと正確にいうならば誠実であることが魂を救い、変貌させるといえよう。この場合、おそらくルソーは、まったく世俗的な道徳をうちたてているのであるが、それは宗教的な規範を参照することによってはじめて理解されるのである。あるがままの姿を示すという意志的な行為は、信者の魂を生まれかわらせる媒介者であるキリストの神学的役割を演じている。ルソーにとっては、あるがままの姿を示すことは、たんに自分を変容する直接的な行為であって、自分を変えるために明からさまに自我に働きかける必要もなく、自分の外側にある神や恩寵に訴える必要もない。そしてわたしを変貌させる恩寵は、わたしの意識に内在するものである。わたしはあるべきわたしになるために、わたしから脱けだすわけにはいかない。

誠実の問題についてはまた後で取りあげなければならないが、ここではジャン＝ジャックの生きた状況全体のなかで位置づけておくことで十分であろう。

誠実とは自己自身との和解である。つまり内面の分裂からのひとつの脱出口である。しかし、こうした内面の分裂は本源的なものではなく、ジャン＝ジャックが受容しがたい社会に対決する反抗の内在化された反響にすぎない。純粋に「実存的」（社会学的でもマルクス主義的でもない）であろうとする分析にとってさえも、反抗の問題は、いうならば誠実の問題よりも優先権をもっている。誠実にたいする関心は、ジャン＝ジャックにおいては、当初から自我を越えた、一七五〇年代の社会との関係についての状況にたいする部分的な——自我の水準における、そしてそれ以外のなにものでもない——解答なのである。しかしながら、誠実であるということは、個人的な矛盾に没頭しようとして、社会の生活から意識をそらせることをよぎなくさせるとともに、他人がそのことに注意を払うことを期待している。したがって内部の問題に向いながらも、間接的には外部をめざしている。絆を断ちきった社会においてもなお理解を示すことのできる人間が存在するが故に、自己を誠実に描きだしてみせるだけの価値はあるのである。誠実は、政治的行動の面においてではなく、人間的な理解という面においての、社会関係の復興を示唆している。その点に関していうならば、真摯な心情の吐露は革命を先どりした精神の表明であり、——しかるが故に、自己自身の陶酔にのみ満足している「美しい魂」にとっては、真実の行動を奪いさる危険な動きなのである。

IV

ヴェールに被われた像

『寓意断章』* は哲学的な夢想によって成立っているのであるが、その伝統的な象徴主義は、(原型はスキピオとポリフィロスである) 真正の「夢の想像力」の所産として、明確に現われてはいない。ロマン主義者たちがそのことをはるかに巧妙に行うことになるのだ。それでもなおこの作品は第一級の価値をもっている。すなわち、『寓意断章』のイメージが、たとえいかに素朴なものであり、ほとんど独創的なものでないにせよ、それはきわめて明晰に、——おそらくはあまりにも明晰に——真理の到来の継起する瞬間を描きだしている。断章は完成されず、ルソーはおそらくそれを公表することを予定していなかった。だがしかし、一見したところでは信じられないほどにかれと密接な関係にある、ひとつの神話をそこでつくりあげていることを明らかにしていきたい。

ひとりの哲学者が宇宙を凝視し、神の存在について瞑想し、眠りについた。すると夢によってかれは、「七つの巨大な彫像に支えられためくるめくような穹窿をいただく広大な建物」に導かれたのであった。

これらの彫像のどれもが、近くから眺めると、恐しい、醜いかたちのものであったが、建物の中央から見ると、巧妙な遠近法の技術によって、そのひとつひとつが姿を変え、美しい形となって眼にうつるのであった。(『寓意断章』)

『学問芸術論』の場合と同じような、幻想と欺むかれた外観というテーマに突如として出会うのである。外見の不吉な魅惑が支配するこの場所は寺院であり、それは人間の住む場所である。舞台は荘厳な、人間が聖なるものに結ばれている背景の場に移される。そして異教の儀式が描きだされる。中央には祭壇があって、その上に「寺院全体が奉献されている第八の彫像」が立っている。しかしながら、この彫像は、「浸透できないヴェールにつねに囲まれた」ままである。『百科全書』の扉に掲げられた、かろうじてまとった薄物のヴェールの下から美しい肉体が透けて見えるような、若々しい神の像とは、いかなる類似点ももっていない。『百科全書』のヴェールをまとった女像は、生まれでる太陽の光とともに前進し、コシァンの描いたさし絵の上部にある、大きな、悪意のない、渦巻模様が表している闇の世界を前方に追い散らしている。しかし、ルソーの夢の冒頭においては、依然としてわれわれは誤謬と不当な世論に支配されているのだ。啓蒙の時は、はるか後に訪れるのであり、ヴェールに被われた巨大な彫像の足下から、不条理な祭祀の濃い煙がたちこめている。

それは永久に人民によって奉仕され、けっして人民から眺められることはなかった。崇拝者たちの想像力が、かれらの性格と情熱にしたがってその姿を描きだしたのであり、崇拝者たちのひとりひとりは、想像力が豊かであればあるほど、その信仰の対象に強く結びつけられ、神秘的なヴェールの下に、自分の心の偶像だけをおくのであった。(同上)

この異教の像のまわりに光はない。それは暗黒の夜気のなかに屹立している悪魔なのである。夢みる哲学者は漠然と恐怖にみちた情景をかいまみ、はてしないソドムの犯罪行為に立ち会う。

寺院の中央に聳えている祭壇は、頭をぼんやりさせ、理性を混乱させるような、濃厚な香の煙に包まれて、さだかには見分けられない。俗人には、刺戟された想像力の妄想しか見えないが、より平静な哲学者はしっかりと状況を見きわめ、自分が識別できないものを判断しようとするのであった。不断の惨劇を表わした装飾がこの恐しい祭壇を囲んでいた。哲学者は恐怖におびえながら殺人と売淫の驚くべき集成を見たのであった。(同上)

ルソーは、悪の雰囲気を「詩的に」喚起するために、ことさらのように、暗黒、虚偽、犯罪的な隠蔽についてのあらゆる古典的な象徴を並べたてている。かれが描いてみせる光景の恐しさは、犯罪そのもののなかにあるのではなく、むしろそれを取り囲んでいる神秘の深みにある。(この点については、後章において検討することになるが、隠されたもの、神秘的なものは、ほとんどつねにルソーにとっては、否定的な価値を負うものであり、かれが書く場合には、とくに『対話』においてそうなのであるが、神秘と悪は、ほとんど同じ意味をもった言葉である。)人間を不当な主観性に隷属させる神像崇拝は、普遍的な罪を形象化したものである。それは、偶像であるヴェールに被われた神像の足下に拡がる薄闇のなかで繰り拡げられる。犠牲者たちは、かれらの幻想に魅了され、死刑執行人である僧侶たちは、かれらの残虐性を「謙虚で、瞑想的な外観の下に」隠しながら、目隠しをすることによって人間を盲目にすることに成功する。そのうえになお、かれらは反抗する犠牲者たちの姿を他人の面前で変形しかれらを罰する権力をもっている。

かれらは、寺院の入口に現われるすべての人間に目隠しをすることからはじめる。それから神殿の一隅に導き入れ、すべての事物がいっせいに眼を魅惑するようになると、はじめて人々の目隠しをとるのであった。もし、その途中で、だれかが目隠しをはずそうとするならば、かれらは間髪をおかず、呪文をかけ、だれでもがぞっとするような、知っている者にはわからない醜怪な姿に変え、たちまち会衆からひどいめにあわされるのであった。(同上)

ここでルソーは、晩年になって悩まされる(とはいえ、青年時代から、かれのなかに存在している)、病的恐怖、すなわち中傷による変身という観念にふりまわされている。かれは化物の仮面を被せられ、それから解放されることができないというかれ自身の恐怖を表明しているのだ。つまり普遍的な制裁が、罪ある者に変装させられた無実の人間を打ち倒そうとするのである。

解放の努力とは、ヴェールに被われた神像の呪いを打破ろうとする、ヴェールを取りのぞく行為であろう。三人の人物が相ついで登場する。各人は単独で行動するのであるが、いずれも人間全体の利害のためである。ルソーは寓意的に解放英雄の冒険を描いている。この場合に、象徴するものは、啓蒙《アウフクレールンク》の象徴と同じものであり、英雄は盲目にされた人間に視力を戻し、ヴェールに被われていたものを見えるようにし、光をもたらすのである。

第一の人物は、おそらく哲学者の分身であって、(「まったく同じ服装をしている」)いく人かの人間に視力を取り戻すが、あえて神像に襲いかかることはしない。かれを待っている運命は、まさしく致命的な中傷である。

重々しい、堂々とした風采のこの男は、自分から祭壇の方へは行かないで、そこへ導かれてくる人の目隠しにたくみに触れて、目だつような混乱をひき起すことなく、眼を見えるようにしてやるのであった。(同上)

すると寺院の僧侶たちはかれを捕えて、盲目にされた会衆の満場一致の賛同によって、即座に「神の生贄にし」ようとする。

この真理の殉教者に続いて、第二の人物が現れる。自分を盲目であると主張してはいるが、実はそうでない老人である。ソクラテスを思わせるが、かれの行為は、はるかに大胆である。かれは神像のヴェールを取りはらおうとするが、真理に勝利を与えることはできない。

軽やかに祭壇の上に跳び上って、かれは片手で大胆にも神像をあらわにし、ヴェールのない姿をすべての人々の視線にさらした。神像の顔には、はげしい恍惚感が現れていた。神像はその足で人類の化身であるかれを押し殺そうとしながら、その眼はやさしく天に向けられていた……。こうした光景は哲学者を戦慄させたが、観衆は反抗することもなく、残酷な感じも抱かずに、神の霊感のみをそこに見て、かれらが姿を知らずにもっていた神像にたいする熱情が、いっそう増すのを感じるのであった。(同上)

寓意の意味を解くことはやさしい。偶像は、天の神を崇敬するようにみせかけながら、人間をその生贄とする狂信にほかならない。それは啓蒙主義の哲学が打倒することを決意した敵である。そしてルソーは、ここでは、詐欺師である僧侶たちと迷信的な盲信を罵倒している哲学者たちと共通の立場に立っている。

しかしながら、ルソーは、悪を暴露することだけでは、悪の幻想と、魅惑の力がそのまますっかり残されているが故に、十分ではないというのである。老人は、「緑の水」を飲まされ、醜悪な神像に思ってもみなかった敬意を表明しながら、死んでいく。悪の現実の顔はあばかれたのだが、それでもなお十分ではない。善の真実を明らかにすることが残されている。本質的な行為はつねに達成されないのである。

キリスト

そこで、「人の子」として告知されて、第三の英雄が現われる。それはもちろんキリストである。真理が明らかにされるためには、かれが姿を見せるだけで十分である。かれは真理である。かれは、すべての心を一瞬にして獲得する真理の明証をもたらすのだ。そして闘争もなく、危険もなしに神像に勝つのである。

> 魂にしみとおるような、やさしい調子で、かれは語りかける。《おお、わが子たちよ。汝らの過ちをあがない、いやすためにわたしは来たのだ。汝らを愛する者を愛し、そこにいる者を知らなければならない。》その瞬間に、かれは神像をとらえ、やすやすと転倒させ、ほとんど平然として台座に上り、他人の場所を奪いとるというよりも、むしろ自分の場所についたように思えた……。確信を得るためには、かれの言葉を一度きくだけで十分なのであった。真理の言葉はかれ自身のなかから発せられたものであるが故に、そのためにかれはなんの犠牲をもはらっていないように思われたのである。（同上）

決定的な瞬間とはこうしたものなのである。突然の逆転が、悪の廃墟の上に善の支配をうちたてる。ルソーは、媒概念もなく、ニュアンスもない、こうした対比をしばしば用いている。絶対的な善と絶対的な悪は唯一の二者選択なのである。しかし、ここで注意すべきことは、ヴェールに被われた物の暗黒支配に続いて、神性を具えた人間が、解放者として現われることである。悪の醜悪な顔を暴露することにとどまることはできなかったのであり、神像は、たとえヴェールをあばかれたにせよ、依然として全能をとどめている。重要なことは、人間と真実の言葉の顕現であり、良心にその根源をもつ真理の表明なのである。

したがって、もっとも重大な瞬間は、悪を暴露する瞬間ではなく、具現された真理が、有効に現存していることを証明しうる瞬間なのである。いまやわれわれにたいして開かれた意識が、その透明性そのものによって、普遍的な真理の根源として告知されるのである。善は、それを透視させる、ひとつの自我を通して世界に現れる。人神（ある場合にはルソー自身がそうであるように）は、自分自身が見られるためではなく、聖なる根源が、語り、留保なしに交流しあうという行為そのものによって認められるために、すべての視線の前に立たされるのである。

このような真理とは、ひどく容易なものである。それを述べる者にとっては、「なんの犠牲もはらわせない」。そして、それを聴く者によって一瞬のうちに理解される。そこには二重の意味での直接性が見出される。人神は直接的に真理を所有し、そして直接的にそれを伝達する。そこには人間の回心は瞬間的である。福音書が語っているような躓きに類するものは、ここにはなにもない。真理は、障害を除去し、すべての努力を無益なものとする、ある種の魔術によって与えられる。通常、お伽話のなかでしか行われないような、こうした魔術には、なにかしら子供じみたものがあることは、たしかであろう……

そして、キリストのこうした像の真実性もまた疑わしいといえよう。かれは、人間の誤りを「あがない」にきたと告知するのだ。しかしながら、ルソーの記述は未完成であり、贖罪の物語の前で、まさしく中断されている。このことはきわめて意味深長である。ルソーは調停の象徴である十字架を必要としない。ルソーにとって、キリスト教の本質とは直接的な真理の宣教にある。だからこそ、かれは、人間にたいして感動的な演説と「心に真直に向けられた」言葉を語りかける、人類の教化者としてのキリストの像を提出するのである。

　ルソーのキリストは調停者ではない。それは偉大な範例にすぎない。キリストがソクラテスよりも偉大であるとすれば、それはキリストが神であるからではなく、より勇気ある人間性をそなえているからである。キリストの死は、神学的次元のいかなる場においても、人間の歴史の中心におかれるべき悪を正す行為として現れることはない。キリストの死は、たんに、すべての民から中傷された正義の人の死の、賞讃すべき原型にすぎない。ソクラテスの死は孤独ではない。一方キリストの栄光は、その孤独に由来している。キリストは、ジャン＝ジャックがそれにたえ、みずから体験することを願っている孤独な運命の、もっとも徳高き範例なのである。

> かれ（ソクラテス）が、徳を定義する以前には、ギリシアは有徳の人間であふれていた。だがイエスは、かれだけがその教訓と模範をあたえた、高い、純粋な道徳を、同国人のだれから学んだのであろうか。もっとも熱狂的な狂信から、もっとも高い叡知が聞えてき、もっとも英雄的な徳のもつ素朴さが、すべての民衆のなかで、もっともいやしい者に名誉をあたえるのだ。静かに友人たちとともに、思索しながら死んでいった、ソクラテスの死は、われわれが願うことのできるもっとも甘美な死である。そして、すべての民衆によって侮辱され、嘲られ、呪われ、責苦に悶絶していった、イエスの死は、考えられるかぎりにおいて、もっとも恐しい死である。（『エミール』*）

ルソーは、いっさいのニュアンスを無視して、反措定を積みあげている。もっともいやしい民衆——もっとも高い叡知、もっとも甘美な死——もっとも恐しい死。最上級の形容詞を対立させている。そして最後の反措定は、人間と神を対立させるのである。

　そうなのだ。もしソクラテスの生と死が、ひとりの人間のものであるならば、イエスの生と死は、神のものである。(『エミール*』)

イエスの死は、英雄的な魂の冒険にすぎない。そして、この神の死は、超自然的な結果を生みださない。ピエール・ビュルジュランは、この点について次のように書いている。「ルソーのキリスト教は、愛の掟を教えるために生まれながらの良き心をかたむけて語りかける、ガレリアの予言神を認める、キリストの福音 *evangelium Christi* であることを願っている。しかしながら、かれは人類を救済するために絶対的な価値を死んだキリストにおこうとしたキリスト者の福音 *evangelium de Christo* を拒否している。**」

事実、『寓意断章』は、キリストを真理の根源をそれ自体にもつ良心(とはいえ、おそらくそれ自体の彼岸から生まれる)として描きだしている。だからこそ、われわれ各人がキリストのように行動することが可能なのである。すなわち自己自身にたちかえり、そこに根源を見出し、「良心の声」を認めることができるのである。その時、各人は、——キリストのように——心を高揚させ、麻痺されている善性を目覚めさせる、人類の教化者となることができるはずであった。ルソーにおいては、キリストのまねびは、孤独な人間的な意識が、真理、もしくは彼岸から生まれる真理の透明性の根源となるような、「神の」行為のまねびである。したがって、キリストは人間の救済に不可欠の調停者ではなく、救済を拒否することを教えており、かれの範例は、「良心の直接的な原理***」を聴くことをすすめている。ルソーは、キリストによる救済を求めず、キリストが行ったように真理を告知することを願っている。キリストとは、本源的な光による良心の啓示の証人にすぎないのであり、各人がそれぞれそうした証人となることができるのである。

「神とわたしのあいだになんと多くの人間がいることだろうか」とサヴォアの助任司祭は語る。ルソーの欲求は神を直接的に知ることである。媒介者が少なければ少ないほど、われわれは神の現存をよりよくとらえるであろう。そして僧侶も教義も介在しない。もしルソーが福音を受容するとすれば、そこでは真理が直接的な方法で感じられるからである。「わたしはそこに神の心を認めます。それはできうるかぎりにおいて、直接的なものです。このような証《あかし》とわたしのあいだにはいかなる人間も存在しないのです*」とかれは語っている。

ガラテアの像

「舞台は彫刻家のアトリエをあらわしている。わきには、大理石の塊、さまざまな群像、未完成の彫像などが見える。奥には、総《ふさ》や花飾りで飾られた、軽い、きらきら光る布でできた帳に被われた、もうひとつの像がある。**」ルソーの作品にはなおもう一度、ヴェールに被われた神像のイメージが現われる。ピグマリオンが自己の欲求のイメージにしたがって彫りあげたガラテアの完全無欠な肉体である。この場合には、像は悪を支配する偶像をかたちどってはいない。生命をもたない石に形象化された理想的な美である。「わたしは自分がつくりあげたもののなかにあるわたしを讃美するのだ」とピグマリオンは叫ぶ。ナルシスのようにみずからの顔を熱愛して、自己の作品のなかにある讃美する自己自身の反映を抱きしめようと願う。かれは二つに分裂しており、かれの精神の一部は、生命のない物に移っている。しかしピグマリオンは、かれが創造したものから分離されることに同意しない。芸術作品が自己とは別のものであり、異ったものとしてあることを受けいれない。もし、みずからの創造物に抱いている愛が、むくいられないものであるならば、ピグマリオンはみじめな生を余儀なくされているように感じる。もはや真実に生きているのではなく、かれは世にも美しい彫像に与えた魂をすべて奪われてしまう。「死の冷たさが大理石の上に残っている。わたしはそこに欠けている生命の過剰のために破滅するのだ……。たしかに、この両者には、事物のもつ完全さが欠けているのだ。」ピグマリオンは、彫像が生命をもつことを、ひたすら願っているのではない。かれはそれによって愛され、承認されることを願っている。したがって自己の作品に費された力を取り戻すことを願っている。なぜならば、かれは貪欲な芸術家であり、創造するもののなかに自己を忘却することもできず、完成された作品そのものである喪失に同意する心をもたないからである。かれが望んでいることは、かれの欲求の、生きた鏡を通しての、完全な反映に他ならない。したがって作品は、自律的な存在として固定されている大理石の冷い物にとどまってはならない。ピグマリオンは、作品の外在性を廃棄し、自己陶酔的な情熱の内在性にとってかえるような奇蹟をこい願う。(夢想が「自己の心情にしたがった被創造物」をつくりだす場合のルソーはまさにそうなのである。) 簡単に注目しておきたいことは、この場合に、芸術作品に欲求の理想像に近づくことを要求するとともに、作品をただちに生きた幸福に変身することをめざす「感傷的」な美学の神話的表現が見られることである。作品は独立した客観性を与えられず、芸術家の被創造物は、創造者の主観に照応しようとする想像的な主観であろう。芸術家は、自己が離脱することを拒否している魂に形態を与えるのであり、詩人は自己の詩に殉ずることを願っている。しかしながら、こうした芸術の成功は、芸術を沈黙させてしまう。もし、すべてが、生きた歓喜のなかで実現されるならば、生は芸術を消滅させる。生あるガラテアは、もはや作品ではなく、意識であろう。幸福なピグマリオンは、制作道具を捨て、ガラテアへの愛がかれを充足させ、もはや彫像を制作することはないであろう……

ゲーテのルソーの『ピグマリオン』にたいする次のような批評は、きわめて意義深い。「こうした問題について、言わなければならないことは多いであろう。なぜならば、この驚嘆すべき制作は、芸術が自然に吸収されることをめざす、謬った熱情によって自然と芸術のあいだを同じく揺れ動いている。そこにいるのは、より完全なものをつくりあげたひとりの芸術家であるが、かれは、みずからの観念を自己の外に投げだし、芸術の法則にしたがってそれを再製し、より高い生を与えようとしながらも、満足を見出してはいない。そうではなくて、かれにとって必要なことは、観念を地上の生の自己の方へともう一度下降させることである。いうならば、精神と行動がはるか高みから生みだしたものを、かれはこのうえもなく低俗な官能の行為によって破壊しようとしている。*」作品は、われわれの「地上の生」とは、いかなる共通点もないより高い生にとどまることが望ましいとゲーテは考えている。精神の欲求そのものの名において芸術家は作品に自己を譲り渡すことを同意しなければならないのだ。

ピグマリオンは、まず彫像にヴェールをかけた。

　わたし自身の作品を讃美することは、仕事にたいして注意が散漫になるのではないかと思ったので、わたしはこうしたヴェールでそれを覆い隠した。(『ピグマリオン』)

しかし、ピグマリオンにとっては、ヴェールを取る瞬間は、苦痛がより強まる機会にすぎないであろう。かれは作品の完璧さを知るとともに、傑作は生命なしに残ることをも知るであろう。ピグマリオンは、彫像のヴェールを取りはらいながら、本質的な欠如を発見する。

　しかし、おまえには魂が欠けている。おまえの姿は、魂なしではありえない。(同上)

神々の奇蹟によって、ガラテアは生に目覚めようとする。コンディアックが空想した像のように、彫像は感覚をもつにいたる。しかし、ガラテアの生存は、外界の認知からはじまるのではない。ガラテアは「バラの香り」にはならない。彼女の最初の感覚の行為は、自己に触れ、瞬間的に「自己意識」となる行為である。彼女は、わたしだと言う。外界は、こうして生まれ出る意識にとっては、第二番目に現われるものでしかない。「ガラテアは二、三歩踏みだし、大理石に触れる。しかし、それはもはや、わたしではない。」それから、彼女はピグマリオンを見つけて、かれに手をかけ、「ああ！　やはり、わたしですわ」と嘆息する。同じ自我の二つの部分がようやく一体化されるのである。芸術家とその創りだしたものを分けていた分裂が除去される。創造の営みは、愛情に富んだ、自我の統一のなかで続けられるためにのみ意味をもつのである。

『寓意断章』と『ピグマリオン』は、両者の意図が、たとえどのように相反するものであるにせよ、驚くべき類似点をそなえている。つまり、冒頭において、両者の彫像はヴェールに被われている。そして、ヴェールを取りはらう瞬間に隠されていた物体が眼前に示される。姿を明らかにした彫像は、「聖なる」魅惑——恐怖もしくは愛——を喚起する。しかし、ヴェールを取ることは、たとえどれほど重要であろうとも、ひとつの段階にすぎず、不完全な真実しか示さない。悲壮な期待は、生きた人物が台座の上に現われるとき、はじめて最終的に解決される。二つの寓話では、ある神秘的な干渉、すなわち、魔術的あるいは神的なある行為が、生なきものから生あるものへの移行を支配している。奇蹟は、物体から意識への置換のなかに存在している。

真実暴露《デヴォアルマン》の理論

これら二つの作品を基にして、真実暴露《デヴォアルマン》〔ヴェールを取りはらうこと〕の理論を構成してみることは、不可能なことではない。真実暴露の行為には、二つの契機があるが、その効力と価値はきわめて異っている。両者のいずれもが、ある真実（あるいはある現実）を明らかにするのであるが、これらの明らかにされた真実は、重要性を異にしている。第一の真実暴露は批判的行為である。すなわち、外観の魅惑的な幻像を破壊する告発的な暴露行為であり、虚偽の外見の不吉な呪縛を終らせる。このような真実暴露は、したがってとりわけ、幻想と呪縛から目覚めさせるための暴露行為である。その効果の本質は、仮面の下に見出される現実にあるのではなく、誤謬を破壊したという事実にある。人間は、かれらが欺かれていたことを確認する。かれらは、依然としてそれ以外のことをなにも知らないが、ある解放が達成されたのである。批判的暴露は、謬りの現実を明らかにするものであり、ヴェールの背後に存在するものに到達する前に、ヴェールがあることを告発する。『寓意断章』においては、この第一の契機は、神像の犠牲者たちに視力を取り戻させる哲学者の介入とヴェールをはぎとるソクラテスの身振りによって表わされている。ルソーは、批判的暴露行為のこのような価値をかれの作品のなかでも、とりわけ初期の『学問芸術論』、『人間不平等起源論』に与えている。

かれの初期の著作では、かれはさらにわれわれの悲惨を生みだす道具にたいする愚かな賞讃をわれわれに抱かせている錯覚の幻像を破壊し、有害な才能をわれわれに讃えさせ、有益な徳を軽蔑させる謬った尊敬を正そうとしている。（『対話』*）

カトリック教徒、新教徒、貴族、下層民、男、女、法律家、兵士、修道僧、聖職者、信心家、医者、哲学者、だれもかれもみんなを、たとえだれであろうと、個人的な遺恨を含んだ言葉を使わずに、どんな党派におもねることもせずに、描きだし、正体を暴露した。（『同上』**）

これらの宣言を読むならば、シラーをしてルソーを、現実と「理想の」要求との不一致を告発する、悲壮な諷刺詩の「感傷」詩人*として規定させたものが理解される。

もしルソーがこうした点にのみとどまっているとすれば、かれの敵である哲学者たちとことさら異るところはないであろう。かれらと同様に、かれは僧侶と教会のもったいぶった虚偽を弾劾している。

宗教は利己心にとって仮面の役目を果し、聖なる祭祀は偽善を擁護する役割を果している。

(『エミール**』)

ここでは哲学者たちの批判とそっくりな口調が示されている。しかしながらルソーは非本質的なものの批判にとどまっていることを欲しないであろう。かれは他人が――哲学者たち――語ることを望まない、本質的な真理を示そうと努力するであろう。ルソーが哲学者たちを非難するのは、『寓意断章』において、狂信的な神像に尊敬の念を捧げながら死んでいく、ソクラテスのように、かれらがヴェールをはいだ虚偽を崇拝していることとなのである。「ドルバック党」は、専制君主や僧侶たちの仮面をはいで、利己心の渋面を発見する。なんと結構なことだろうか。しかし、かれらは自然を解釈するにあたっては、自然を原因と結果の必然的な連続であるとし、人間の道徳もまたその例外ではない。その結果として、人間のなし得る最良のことは、自己の利己心に従うことなのである。もし悪が利己心であるならば、道徳はいかにして「適当な利己心」でありうるのだろうか。ドルバックとその友人たちは、利己心を非難しておいて、すべての権利を利己心に復権させ、平気で社会の悪を受けいれ、苦しむことがない。かれらは、万事うまくいっている世間を快適に思っている貴族かもしくはきわめて裕福なブルジョアなのである。かれらは、すべての価値の不在のなかで、よりよく安住し、かれらの特権と洗練された夜食をより一層安楽に享受するためにのみ、迷妄の価値にたいして異議を申し立てているにすぎない。かれらはすべての良心の不安を一掃するためにのみ仮面をはぎとったにすぎない。なぜならば、かれらが告発した偽の価値——宗教、善と悪についての因襲——は、かれらの快楽にとって拘束となっているからなのである。すべての事物の物質的必然性を主張する機械論者と唯物論者の体系においては、いかなる特権も、いかなる快楽も正当化されえないものではなく、いかなる性向も従われるべきものである。いうならば「現世に自分たちの天国をつくっている、幸福な人間と富裕階級にふさわしい哲学……*」なのである。ルソーの眼から見れば、非人格的な力の彼方にあるものを想像することのできない、敵としての唯物論者たちは、究極的には、かれらの体系と同一化することになるのであり、かれらは「盲目的な必然性」によって動かされる「機械的な存在」に見えることになる。だからこそ、ジャン＝ジャックは、「わたしが正体を暴露した哲学者たちは、なにがなんでもわたしを滅亡させようとし、そして成功するでしょう……**」と、その危険が大きく、かれにとっては高価な代償を払うことになることを知りながらも、真実を暴露していると自称しているこうした連中の正体を暴露しようとするのである。

　真実暴露の第二の契機は、第一の契機の自然の補足かつ連続として現われる。第一の段階が、「幻想のヴェール」の告発であるならば、第二の段階は、われわれに隠されているものの発見であり、描出でなければならない。錯誤がひとたび消失すれば、われわれは確固たる現実に直面することになる。持ちあげられたヴェールの隠喩は、認識についての実在論的表現なのである。すなわち、仮面の背後に真実の顔を見て、「物自体」を把握し、外見と偶然の下に隠蔽されている存在と実体に出会ったと主張する、「素朴な」楽天主義が用いるイメージなのである。しかし、ルソーは、このような真実暴露についての隠喩のもつ実在論的矛盾を認めているのであろうか。

　ルソーの場合には、こうした楽天的実在論は、かれが仮面の下にある人間的事実、ある道徳的な現実をとらえようと願うときにしか見られない。ルソーは、人間的な本性にヴェールを脱がすことを意図しているのであるが、物質的な世界と事物の物質的本質を構成している実体的な現実を発見しようとするような大それた願望をともなった探求を助長することには慎重なのである。マルブランシュおよびロックの経験論の教訓から、かれは「事物のなかに」隠された真理を探求しようとすることは架空の探求であるという結論をひきだしたのであり、われわれにとっては、近づき得る唯一の真理は、われわれの観念、もしくはわれわれの感覚、あるいはわれわれの感情のなかにのみ存在しているのであり、――すなわち意識のなかにあるものなのである。

　神話あるいは寓話の形態のもとでは、このような主観的な真実暴露は、客観的な真実暴露として描くことができるのであり、その場合に、暴露された対象は、見えるものにされた事実という性格と、道徳的な価値という資格を同時にそなえる。すなわち、そのことが二つの彫像の現存、残酷な神像の醜悪さ、ガラテアの理想の完璧さなのである。ここで、きわめて重要なアンチテーゼに注目しなければならない。それは、一方ではわれわれに悪を魅力あるものにしていた、誘惑的な幻像を破壊することによって、悪の現実をむきだしにするような真実暴露＝覚醒があり、そして他方では隠された美あるいは善性の熱狂的な発見があるということである。悪が魅惑的な外観に隠蔽されているとすれば、同様に、不透明な悪の彼方に純粋で無垢なものが、知られることなく存在し続けているはずである。つまり醜悪な神像の神話に対立して、その原初の形態が、海草や貝殻に被われて破損されることなく保たれているグラウコス像の神話があるのである。

　　それらを被っている仮面よりも、はるかに美しい顔がある。（『エミール』*）

したがって、後者の暴露行為は、幻想から目覚めた瞬間の後におとずれる驚嘆ともいえよう。ルソーは悪の告発にたいして、善の啓示の可能性を熱心に対比させている。

わたしが、夢中になって顕現しているこのような具体的な価値は、いかなる実体をもたない。ただ、寓意の必要から、物体の外観が与えられているだけである。グラウコスの像とは、自然の人間であり、自然の人間とは、そのままジャン＝ジャックの自我である。そして自然の人間を示すためには、ジャン＝ジャック自身を示さなければならない。かれの示威行為は、外界の物体を指し示す行為ではなく、自己自身の「表示」である。すなわち、奇矯な自己の姿を認めさせ、同時に自分を普遍的な真理として宣言するために、意識がわれわれに開かれるのである。

ガラテアの像は、なんと奇妙な物体であろうか。彼女が官能をそなえた物体であるということが、まさに躓《つまず》きなのであるが、こうした躓きは究極においては抹消されるであろう。しかし、魂を与えられる以前においてさえも、ガラテアは他の物と同じような物ではない。彼女は想像された完全な美であり、欲望の幻想を形象化している。そして最終的な奇蹟によってもその幻想は破壊されない。反対に幻想が勝利を占めるのである。そしておそらく、幻想の絶頂として、ガラテアは突如として「生命をおびる」。そこには奇蹟を好まずに、心理的な手がかりを提出することを好む、ルソーの考え方が示唆されているのである。

　すばらしき幻想よ……ああ！　わたしの感覚をけっしてみすてないでおくれ。（『ピグマリオン』*）

同時に、われわれは幻想の復権に立ち合っている。悪は世論の幻想のうちに存在したのであったが、ここでは、理想的な美が幻想として規定されている。悪は主観的な外見であったが、善、そして美もまた、まったく同じように主観的なものである。

外界の現実が隠されたままになっているとしても、そのことはほとんど問題ではない。真理はもはや内在的なものとしてわれわれに告知されるのである。ジャン＝ジャックは、（いくつかの文章を読むならば）

外的かつ物質的な現実はヴェールに護られていることを明らかに願っているように思われる。「物自体」の世界は近づきがたいものであるが故に、内的明証性に立ち戻らないような、いっさいの探求は、空虚なものか、呪われたものである。自然のヴェールをはがすことは絶対に断念しなければならない。

永遠の叡知がそのすべての働きを被うのに用いた厚いヴェールは、叡知によってわれわれが空虚な探求に向わないよう定められていることを警告しているように思われる。*(『学問芸術論』)

同じような断言が、『フランキェール氏への手紙』に見出されるが、それは精神の本質の認識に関するものである。人間の能力は、魂と神の明晰な理解にまでは達しない。至高の現実はわれわれにはヴェールに被われたままであることを認めなければならない。

鍛えられ、抑制された悟性をそなえ、道理をわきまえると同時に謙虚な人間は、みずからの限界を感じ、そのなかに自己を閉じこめ、その範囲において自己の魂および存在の創造者の観念を見出し、それらをより明晰なものにするために、そしてそれらの観念とともに自己が純粋な精神であるかどうかを凝視しようとして、限界を越えたりしないのです。その時、畏敬の念から、かれはたちどまり、広大無辺の存在がその下に隠されていることを知ることに満足し、ヴェールに触れたりはしないのです。(『書簡』**)

それは生きている者には禁じられた啓示なのだが、ルソーは、『孤独なる散歩者の夢想』を書いているとき、死後に到達することを願っている。

……わたしの魂は……それを眩ませ、盲目にしている肉体から解放され、ヴェールのない真実を知って……すべての知識の悲惨さと、虚妄の学者たちの空しさを見出すであろう。（『夢想』＊）

ここには、真なるものの姿は、不透明な肉体から解放された精神のためにのみあるとする伝統的なプラトン主義が認められる。しかし、地上の存在に関しては、人間が良心として完全に自己自身に現存しているかぎりにおいて、ルソーはある種のヴェールを明らかによしとしているのである。それは、（魂と神の観念を含めた）、われわれが知りたいと願っている対象を隠しているようなヴェールである。善を行うためには、ヴェールに包み隠された「広大無辺の存在」に近づくことは必要でない。そのことをわれわれに命令しているものは、われわれ自身のなかにある。われわれは、客観的な知識ではない内的な確信に支えられるべきであり、それは絶対的な確信でもある。普遍的な理性であり、内奥の感情でもある、良心の掟が、われわれに確固とした確証を与えるのだ。カントは、実践理性の優位を断定することによって、ルソーの思想に完全な哲学的形式を与えることになるのである。

もし神が人間に神の存在を知ることを義務として与えることを望んでいるならば、それを万人の眼に明らかにするはずであろうと、あなたは反論されるでしょう。こうした反論に答えるということは、神への信仰を救いにとって必要な教義としている人々のすることですし、かれらは啓示によって答えるのです。こうした必要な信仰を信じることなしに神を信じているわたしにとっては、どうして神が、われわれに啓示を与えなければならないのか、わからないのです。わたしは、人はなにを信じているかということで裁かれるべきではなく、なにをなしたかということで裁かれるべきだと考えます。そして、わたしは、ある教義の体系が人間の行為にとって必要なものとはおもいません。なぜならば、良心がその根拠を与えるからです。(『書簡』*)

ということは、ある啓示が存在していることなのだ。しかし、それは神学が提示しているような啓示ではない。考えられる唯一の啓示とは、いかなる教義によっても示されるものではなく、直接的にわれわれの意識に現われるものである。それは、われわれ固有の存在感情と同じように、直接的に、そして否定できないほどに、われわれに与えられるものであって、信仰の対象ではない。われわれは、内面の良心の啓示の命令を実行しないことはできても、その声をたえず聴かないわけにはいかないのである。

　そのときから、外的現実の暴露と同じ価値をもつ、ある光と現存がわれわれのなかに住みこむ。ルソーは、このような等価性をさまざまなイメージに訴えて表現しようとする。ある場合には、内面的な天啓は、象徴的な結果として外面的な風景の魔術的な解明となる。すなわち、不正を発見してからは、田園がヴェールに被われてしまった、ボセーの出来事を裏返してみるならば、意識が道徳的確信に到達するとき、われわれをめぐる大気は、ほとんど透明なものとなる。しかし、またある場合には、人間は自己の内部にとどまり、あたかも同時に外界の現実暴露であるかのような、絶対の現存を享受することができる。そして人間は自然の客観的暴露を断念することができるのである。なぜならば、自己への現存は、事物になにも要求することなく、そして現実に世界との出会いを求めることなく、内面の透明についての陶酔が全体性にたいする透明に変るような、拡がりの感情をともなっているからである。このことは、『マルゼルブ氏への第三の手紙』のよく知られた文章に、はっきりと表わされている。すなわち存在についての「神秘的」体験は、自然の物質的な暴露を無益なものにする。真実を暴露することとは、なおひとつの行動であり、あくまで媒介的な行動なのである。ルソーは、すべての能動的な認識を超越した存在の享受に到達するのであって、かれが甘美に体験するものは、それ自体が真実を暴露している存在の直接的な現存である。わたしは、それを発見したり、認識しようとするべきではなく、ただひたすら、わたしに与えられ、わたしのなかに見出される存在を受け入れるべきである。真実暴露は、わたしから生まれるのではなく、存在から生まれるのである。

たとえ、わたしが自然のすべての神秘を暴露したとしても、こうしためくるめくような陶酔にくらべたら、はるかに歓喜はすくないことでしょう。そのような陶酔とは、なにものにも制止されることなく、わたしの精神が解き放たれ、熱狂的な興奮にかりたてられ、もはやそれ以外のことはなにもいえず、考えることもできずに、いくたびも、おお偉大な存在よ！　おお偉大な存在よ！　と叫んでしまうような陶酔なのです。(『マルゼルブへの第三の手紙*』)

想像力の拡がりは、外界にまでは到達しない。意識は、それ自体の内部から出ることなく、ディオニソス的な陶酔の眩惑のなかで、自己とすべての物への絶対的直接性として所有され、(そして失われる)。「自然の神秘」は神秘としてとどめられる。存在にたいする陶酔が、宇宙の認識の不可能性をまったく取りはらってしまう。ということは、全体性にたいする主観的な感情が、自然およびその法則の客観的な暴露にとってかわるからなのである。自然は、もはや暴露すべき外的な光景ではなく、「内的感覚」に完全に現前するものとなる。このように想像力の拡がりは、陶酔によって絶頂にまで高められ、「事物の普遍的体系」を唯一の自我のなかに解消するのである。

真実の暴露とは、本質的には意識の暴露である。『啓示についての寓意断章』とガラテアの神話が形象化していることは、そういうことである。ひとりの人間が神像のヴェールを取りはらう瞬間と、彫像にかわって、生きた意識が現われる瞬間は、いずれもはっきりと分たれている。ヴェールの後から、ひとたび姿を明らかにした彫像は、より高い真理が現われるために消えなければならない。石は生命をおびるかさもなければ壊されなければならない。ヴェールを取りはらうことによって、誤謬の主観性は除去されたが、最後の瞬間には、それ自体のなかに真理への確信を所有している新しい主観性が現われる。悪しき主観性から幸福なる主観性へ移行したのである。したがって、われわれが物体に出会ったと思いこんでいたときにおいてさえも、意識を捨ててはいない。彫像そのものが精神の所産であり、欲望の象徴である。しかしながら、純粋な主観性、単純な自己確信に到達するために、誤謬によって絶対化された偽りの物体、つまり幻想の世界から、遠ざかったのである。いく人かの観客に物として与えられていた彫像は、かれらの真実として現われる意識によってとってかわられ、観客の意識によって、その瞬間に承認される。そしてもはやいかなる光景も、いかなる観客も存在しない。光景としてあったものが、高揚した交流となり、そのもっとも高い表現として、愛の融合となる。「人の子」は、すべての人々の心を獲得し、ガラテアとピグマリオンは唯一のわたしとなる。すべてが唯一の現存に溶解されるのである。

ガラテアは、ただ一言、わたしという。そして「人の子」は、人類にむかって「自己の内部から生まれる、真理の言葉」を語りかける。この二つの「啓示」は、なんと異っているのだろうか！　そしてなんと類似しているのだろうか！

ガラテアでは、感覚的な生の原初の運動にわれわれは立ち合っている。存在の意識が生まれ、無感覚な石の虚無の世界から解放される。存在感情がこのようにしてより本源的なもののうちに、すなわち、目覚めた自我のうちに把握される。この目覚めは、絶対的に原初のものである。生まれでた意識は、まだ過去を知らず、時間をまったく知らない。それは、ふたたび、見出され、認められるものではない。はじめて見出され、認められるものである。なぜならば、その一瞬前には、石の闇の世界しかなかったのである。

ここで、注目しなければならないことは、ルソーが目覚めの瞬間とりわけ、意識が、自分を認めることもなく、自己の歴史や過去につながれることもなく、なにものも、現在の完全な透明の世界を混乱させないで目覚めるような稀有の状況に与えている特権的な価値である。リヨンの田園において、あるいはヴェニスの劇場において、そして、とりわけメニルモンタンの転倒の後において、ジャン＝ジャックは、「生の誕生」であるような目覚めを経験している。そのとき、かれは虚無から脱出するのだが、依然として時間の外にとどまっている。かれの魂は、感じること、そしてはじめて自分を感じることの、時間に関係のない幸福にすべてを捧げている。アンリエットからの奇妙な手紙のなかで、ルソーが感動するのは、彼女が「力強い戦慄*」を感じたと書いている「悲しく、残酷な目覚め」なのである。かれは「甘美な目覚め」の幸福を彼女に教えたいと願ったことであろう……青春時代から、死の危険に悩まされ、そして、この世に生を享けたことが「かれの不幸の最初」であり、そのために母の生命を失わせたという観念におそらくまた悩まされてきたルソーは、純粋な始まり、感覚的な意識の虚無からの ex nihilo 出現、もしくは道徳的な意識の更生という想像に、「あたかも、生命の終ろうとするのを感じて、その始まりからもう一度とらえなおそうとした**」かのようにルソーは満足しているのである。

　ところで、ガラテアが感覚的な経験の誕生のイメージを提出しているとすれば、「人の子」は、かれ自身のなかにもっている根源から生まれる真理を示している。道徳的な感情の世界のなかではあるにせよ、そのなかに起源と内発的な生成の観念が見出される。両者の場合に、意識は無条件にかつ最初のものとして与えられる、なにものかを受け取っている。すなわち前者においては、特異な存在の自我であり、後者においては、内的感情のなかに生まれる普遍的な真理である。これら二つの寓喩においては、意識はある絶対的な始まり、それに先行し、それ自体はなにものの端緒でもなく、幻想の結末にすぎない真実暴露とは、まったく異った開始の行為として表わされている。

ルソーが高らかに主張しようとしているものは、ガラテアの自我であり、同時に「人の子」によって表明される普遍的な真理である。両者は同時に示されなければならない。この二つの啓示が、唯一の体験された真理としてとらえなおされ、合成されて、ジャン＝ジャックの孤独と堕落した社会との闘争を正当化することになるのである。かれは、ガラテアのように「そうなのだ、わたし、わたしひとりなのだ*」と繰返す。そして人の子のように、「徳よ！ 真理よ！ 真理よ！ 徳よ！ とたえず叫びつづけることでしょう**」と繰返すのである。すでに注目したように、自己革命にさいして、ルソーは根源的な透明のうちに原初の真理と忘れ去られた純潔を明らかにしようとする自我を確認している。かれは、唯一無二の個人である、ジャン＝ジャック・ルソーであるとともに、普遍的な価値である、自然の人間であることを願っている。そして、かれは、たえず、自我の感覚的充足と真理の所有をそして特異な体験の唯一性と普遍的な理性の単一性を同時に欲求しつづけるであろう。ルソーは死後の祝福を夢みながら、『エミール』では「わたしは、いかなる矛盾をももたないわたしとなるだろう***」と書き、『孤独なる散歩者の夢想』では、「わたしは、ヴェールに被われない真実を知るだろう」と書くのである。自己であること、そして真理を知ること、かれはこの二つのことを、しかも同時に獲得することを願っている。

しかしながら、なお後になって考えなければならない問題は、はたしてルソーは、このような特異と普遍、体験的な真正性と理性的な真理の和解を達成することができたかどうかという問題である。

V

ラ・ヌーヴェル・エロイーズ

『ヌーヴェル・エロイーズ』は、混然とした多くのモチーフのなかから、透明とヴェールの問題について展開された夢想をわれわれに提出している。

小説の冒頭から、ヴァレ地方の山岳のよく知られた描写が、ヴェールから解放され、ボセーの挿話では暗闇におおわれていた、輝きを取り戻した風景を描き出している。

数限りない驚くべき光景の多様さ、偉大さ、美しさを想像してください。自分の周囲にはまったく新しい物、不思議な鳥、奇妙な、未知の植物しか見られない喜び、ある意味では別の自然を観察する喜び、そして新しい世界のなかにある喜びを想像してください。こうしたすべてが、なんともいえないように混りあって眼にうつり、そのうえ、色彩を生き生きとしたものにし、線をはっきりさせ、すべての眺望を近くに見せるしみとおるような空気によって、その美しさが増すのです。厚い空気がヴェールで地上を覆っている平野部よりは、距離が近くおもわれ、地平線はとても考えられないほどの物をわれわれの眼に示すのです。つまり、その風景には、なにかしら魔術的な、超自然的なものがあって、精神と感覚を恍惚とさせるのです。人はすべてを忘れ、自分自身を忘れ、自分がどこにいるのかもはやわからなくなるのです。（『ヌーヴェル・エロイーズ』*）

この場合、ルソーは魔術的な空気によって透明がたもたれているある別の世界の風景を描き出している。それは、はるかに広大な世界でありながら、すべてがはるかに近く思われ、事物の距離についての不幸が軽減された世界である。

このことから、ただちに考えられることは、『対話』第一部の冒頭において「恍惚の世界」を描こうとして、ルソーが奇妙なほどによく似た表現を用いていることである。その理想の王国においては、同じような色彩の鮮明と同じような透明がたもたれている。そして、この山についての手紙はヴェールの消滅を語り、『対話』では直接的な享受が喚起される。この両者の言葉は等価値であり、ルソーの寓喩的な表現にしたがうならば、ヴェールの消滅とは、まさしく直接的な享受の同義語なのである。

われわれの世界に似ているにもかかわらず、まったく異った理想の世界を想像してください。そこでは、自然はわれわれの世界と同じです。しかし、自然の調和はもっとよく感じられ、自然の秩序はもっとはっきりしており、自然の景観はもっとすばらしいのです。形態はもっと優美で、色彩はもっと生き生きとして、匂いはもっと心地よく、あらゆる物がさらに大きな興味をそそうのです。すべての自然があまりに美しいので、観想にふけっていると、あまりに感動的な光景のために、魂は愛に燃えたち、この美しい自然の体系に協力しようという欲望とともに、その調和を乱すまいとする恐れを抱くことになります。このことから繊細な感受性が生まれ、そうした感受性をそなえた人々は、同じような観想にふけっても、心が生き生きと動かない人々の知らない、直接的な享受を味わえるのです。（『対話』**）

このような享受とは、ヴァレについての手紙を信ずるならば、観客の精神が高揚し、陶酔のうちに完全に自己を忘れてしまうような享受である。「人はすべてを忘れ、自己自身を忘れる……」のである。そして、風景のこのうえない完全に清明な瞬間は、存在が、自己の個人的な生の限界が消しさられたと感じる瞬間でもある。ヴェールが取りのぞかれ、観客もまた不透明でなくなり、光りのなかに消え、透明となる。そのかわりに色彩と形態のきわだちが、自我の個性を限定していた個人の意志と思考のある種の衰弱を誘発しているように思われる。生は、はるかに広大な空間に拡がり、感覚的存在は充実した充足を味わうが、同時に個的存在は自己の相違と不同を忘れ、「静穏な快楽」のうちに自己を休息させる。「すべての激しすぎる欲望は弱まり、欲望を苦痛なものとする鋭い切先を失い、心の底には軽い、甘美な感動しか残さなくなります。*」自我の苦痛な局所のこうした麻痺は、明らかに逆説的に、はるかにはっきりとした形態と、はるかに生き生きとした色彩の現前によって誘発された知覚過敏と傷口掻破に起因している。ここでルソーは、幸福のすべての瞬間に見出される無感覚と鋭い苦痛のこうした奇妙な結合を描き出している。純粋に感覚的な享受は自己の忘却と一致するが、それはまた自我の拡がりの感情と相容れないものではない。もはやいかなる障害とも対立せず、魂の躍動をそらせたり、自己自身に反映させることを強制されない世界においては、存在は完全に現在の感覚と一致する（と信じている）。存在は自己の固有の歴史を忘れ、否認するが故に、自己を忘れ、過去を投げ捨て、自己のうちにある分裂した意識であったもの、すなわち分裂の意識を失うか、（あるいは失ったという幻想を自分に与える）。しかしながら他方では、現在の感覚が自己の欲望にしたがって空間を拡大するが故に、そして外界は統一され、その中心を自我の純粋な享受のなかに見出すが故に、存在はそれ自身で自己を確認する。そのようにして自己の運命を忘れることによって苦しみを軽減された自我にとっては、究極の限界まで高揚しうるような拡がりが可能となる。個人的な存在の稀薄は、快楽の充実と空間の透明へと神秘的に変質する。すべてのものがわたしを妨げているが、わたしはすべてのものに到達する。わたしはもはや無ではないが、わたしが空間となったが故に、空間を否定するのである。

魂の透明が大気の透明に通じている清澄な空間、それがルソーの願っているすべてであり、かれが自己を支配したり、解放したりすることを人間によって妨げられなかった、いくつかの特権的な時点において知ったことなのである。さらにまた、かれが不幸に悩まされるとき、見出したいと願うことである。ウットンからミラボーに宛てて、かれは次のように書く。

ほんのわずかのものがわたしの願いを充足させるでしょう。もっと少ない肉体的苦痛、もっと温和な気候、もっと晴朗な空、もっと澄みきった空気、そしてとりわけ、もっと開いた心、そういった場合に、わたしの心は開かれ、別の世界にいるように感じられるのです。（『書簡』*）

かれはほとんどなにものをも要求していない、そしてなにものをも所有することを欲してはいない。かれが欲していることは、ただ不透明な空気と、心と心を妨げる障害が消滅することである。ルソーがかれの透明への郷愁を述べる表わし方そのものが、ヴァレについての手紙のなかでサン・プルーの言葉となって示されている。

わたしは雲のなかを散歩してから、もっと晴朗な場所にでました。そこからは、美しい季節には自分の下に雷や嵐が生まれるのが見えるのです……。そこでわたくしを包んでいる清らかな空気のなかで、わたしは自分の気分の変化と、あんなに長いこと失っていたこの内心の平和の回復との真実の原因をはっきりと見抜いたのです。（『ヌーヴェル・エロイーズ*』）

しかしながら、このようなより強烈になった色彩や形態、空気のより清澄な諧調は、山岳の特権でもなく、またどんな風景の特権でもない。それは、眼の特性であり、幸福の神話的形象であり、魂の高揚が、それをとりまく外界に投影することが可能な変容である。山の空気の特性が散歩者の気分を変えるならば、幸福な恋人の魂の状態が空気の特性を変えることもできるのである。その時、渓谷の空もまたはるか山頂の空のように澄みわたり、同じ魔術が眼を幻惑する。心の透明は、失っていた輝きと緊張を自然に取り戻すのである。

わたしは、もっとわらいかけるような田園、もっと新鮮で生き生きとした緑、もっと澄みきった空気、そしてもっと晴朗な空を見出すのです。鳥の歌声は、もっと優しく、楽しそうに思われ、小川のせせらぎは、もっと愛にみちた物憂さをかきたて、花咲く葡萄は、もっと甘美な香りを遠くにはなっています。密かな魅力があらゆる物を美しくし、わたしの感覚を魅惑しています。

（『ヌーヴェル・エロイーズ**』）

サン＝プルーは、ジュリーが彼女の愛を告白した後にこれらの行を書いている。

『ヌーヴェル・エロイーズ』は、全体として、ルソーが現実の世界と人間の社会において、もはや見出しえないものである、より澄みきった空気、より開かれた心、より緊密でより明澄な宇宙などの明澄性の魅力にみずから陶酔している目ざめた夢なのである。

「ジュリーとクレールの心を想像するならば、二人の心はお互いに透明なのです。」* とルソーが書いているように、「二人の愛すべき女友だち」という主題（ルソーのロマネスクな想像力がそこから展開された第一の着想）は、いうならば、その周囲にひとつの「きわめて親密な社交界」が序々に結晶されてくる透明な中心部となっている。このことを示すものとして、冒頭からクレール、クラランなどの象徴的な名前が与えられ、背景に「わたしにはどうしても必要であった」** 湖がとりあげられるのである……

それぞれ、苦しみと克服すべき迷いをもたないわけではない、新しい人物が登場し、こうした最初の透明性を完全なものにし、開かれた魂の小宇宙を拡げようとする。たとえばサン＝プルーは隠すことをまったく知らない。ジュリーはかれに「あなたの心のすべてのわたしたちの秘密は読みとられるでしょう」*** と書いている。だが、ヴォルマールの場合には、観察する情熱、穿鑿的な好奇心が、サン＝プルーの受動的な透明性に対応することになる。「かれは人間の心の奥底を読みとるなにか超自然的な才能をもっている。」**** かれは神のような全知の存在になろうとする。「もし、わたしが自分の存在の本質を変え、生きた眼となることができるならば、わたしはよろこんでそう変りたいのです」***** とかれは願うのである。エミールのように教育されるジュリーの子供たちはといえば、かれらはけっしていかなる秘密も隠さないであろう。

このようにして、わたしたちの子供たちは、自分の心の傾向をなにものによっても偽られたり、歪められたりすることなく、ありのままにそれにしたがっていますので、外部の、人工的な形を受けとることとなく、本来の性質の形を正しくたもっています。そういうわけで、こうした性質は、日々わたしたちの眼前であますところなく繰りひろげられ、わたしたちは自然の動きを、そのもっとも内奥の原理にいたるまで学ぶことができるのです。子供たちは、けっして叱られたり、罰せられたりしないことを確信しているので、嘘をついたり、隠しだてすることを知らず、子供たちのあいだであれ、わたしたちにたいしてであれ、なにをいっても、心の底にあることをすべて遠慮なく見せてしまいます。(『ヌーヴェル・エロイーズ』*)

なんという確信にみちた明白さであろうか。作品が進むにしたがって、秘密は暴露され、信頼は増し、人物は、つねにより完全なやりかたで認識しあう。

サン＝プルーとジュリーの愛は、冒頭から、クレールに告白される。しかし、この愛は当初においては秘密なものであり、ヴェールを必要としている。ジュリーは愛する人に書いている。

それから、この頃の季節では、夜は同じ時刻でもすっかり暗くなっています。夜のヴェールは街路を歩く人々を、容易に人眼から隠すことができるでしょう……(『同上』**)

すぐ後に続く、サン＝プルーが愛人の室で書いた手紙に、ヴェールのテーマは、歌い上げるような応答として、ふたたび現われる。「魅惑的な場所よ、幸多き場所よ……、わたしの幸福の証人であっておくれ。男のなかでもっとも忠実な、もっとも幸福な者の快楽を永遠にヴェールで被っておくれ。***」サン＝プルーの手紙が発見され、ジュリーの母親に娘の罪ある情熱が明らかになったとき、いとこのクレールは「このいまわしい秘密をヴェールのもとに隠すことがたいせつです。……秘密は確実な六人の人々のあいだでしっかりと護られるのです****」と書いている。六名が問題なのだ。最初は三名だったのである。「秘密を打ち明けられた者」の数が増えるかわりに、恋人たちは別離の苦しみを味わう。なぜならば、まさにサン＝プルーの愛が純化するにつれ、そして、かれが肉体的な満足から遠ざかるにつれ、かれは他人の眼に透明になるからである。すなわち、かれは隠されているが故にこそ恥らいなく自己を公表することができるであろう。このような愛が純化されていく超克の過程は、そのヴェールをはぎとり、より多くの証人にそれを明らかにする動きと一致している。徳を獲得することは、信頼を獲得する意味をもつのであり、こうした完全な信頼によって、「美しい魂」の小集団は、無上の悦楽を知ることになる。

われわれが属している社交界の魅力は、すべての感情、すべての考えを共通のものとする開かれた心のうちにあり、そして各人はあるべき自分を感じとりながら、あるがままの自分をすべての人々に示すようでありたいのです。なにか秘密な陰謀や、なにか隠さなければならない関係、そっとしておいたり、極秘にしておくような、なにかの理由のことを考えてください。一瞬にして、お互いを知り合う喜びは消え去り、人々はお互いに遠慮しあい、隠しだてをしようとし、一緒に集まっても、逃げだしたくなるでしょう。(『同上』)*

ひとつの全員一致の世界が形成されるのである。そこでは、『社会契約論』の社会のように、いかなる個人の意志も一般意志から離れることはできない。『ヌーヴェル・エロイーズ』では、限定された小共同体があって、その中心はジュリーである。彼女の魂は周囲のすべての人々と交流する。ひとりの女性によって照らされ、その運営が多分に「母系的な」方法によって行われるであろう、こうした狭い共同体は、おそらく、『社会契約論』の男性的な、平等の共和国にあらゆる点において相似しているというわけではない。しかしながら、これら両者においては、純粋と純潔という特権が、人間相互に魂を開かせる絶対的な信頼の結果によって取り戻されている。人間が心を開きあい、相互にそれを見せあえる存在となるような全体的譲渡は、究極的には、自律した、自由な個人として生きる権利を人間に回復させる。その時から、人間は孤独にも隷属にも苦しまず、そして個人の生は全員一致の好意に基づき、他者の承認によって、正当化され、支持される。人間は互いに自己を見せあいながら生き、ひとつの社会的集団を構成する。そういうわけで『ヌーヴェル・エロイーズ』においては、ジュリーは身近な友人たちを彼女の存在の一部として認めているのである。

> わたしはすべてわたしに関心のある人々にとりかこまれています。ここでは、世界はわたしのためにあります。わたしは友人たちにたいするわたしの愛情と、かれらがわたしに与える愛情、そしてかれら同士がお互いに交しあう愛情を享受しているのです。そしてかれらのお互いの好意は、わたしから生まれるか、あるいはわたしに関係しているのです。わたしの本質を理解しなかったり、またそれを分裂させるような人は、ひとりも見られません。わたしの本質は、わたしをとりかこむすべての人人のなかにあり、わたしを離れたものはなにもないのです。もはやわたしの想像力を働かせるようなものはなにもなく、欲しいものもないのです。感じることと享受することは、わたしにとって同じことなのです。わたしは自分が愛するもののなかで生き、幸福と人生に充足しています。（『同上』*）

なぜならば、ジュリーは真に彼女をとりかこんでいる親密な社会の魂なのであり、ルソーはそのことを口実にして、言葉も表現も明らかに異っているべき、さまざまな人物によって書かれた作中のすべての手紙の文体の一貫性を正当化しようとしている。ルソーは美的な原理に訴えるのではなく、心理的な理由に訴えるのである。すなわち、文体の画一性は芸術的要求の結果ではなく、意識の透明性、ジュリーから発する魔術的な感化力の帰結なのである。ルソーはそのことを『ヌーヴェル・エロイーズ』の『第二の序文』においてきわめて明瞭に断言している。

> わたしは、きわめて親密な交際においては、文体は性格と同じように似かよってくるものであり、

友人たちは、お互いの魂をまじえることによって、お互いの考え方、感じ方、言い方などをもまぜあわせるものだと考えている。このジュリーは、あるがままの人間なのであり、人の心を魅惑する魔力をもった創造物でなければならない。彼女に近づくすべての人は、彼女に似なければならない。そして、すべての人は彼女の周囲ではジュリーにならなければならない。(『同上』*)

ここで、ルソーは美的な理由づけをするかわりに、魂の交流という道徳的原理をもちだしている。(『告白』のなかで、ルソーは自己の小説を説明して、作品の登場人物のひとりひとりのうちに、かれ自身の夢と欲望が内在していることによって文体の画一性を正当化しようとしている。すなわち、かれは作品の統一性を作者の自我に結びつけているのであって、作品の中心人物の発する光彩に結びつけてはいない。究極的には自我の表現という唯一の問題にひき戻らせられるのである**。)

ジュリーの透明さが彼女の周囲に伝わったのである。肉体的な満足の犠牲という代価を払って、彼女の存在は、世俗的であると同時に精神的な共同体を照らしている。官能的な愛は有徳の愛情によって超克されたのであるが、徳高きジュリーはその精神的な進歩の頂点において、「感じることと享受することは、わたしにとって同じことなのです***」と感じることの本質的な喜びを、あらためて見出す。彼女は道徳的感情の高度な統一のもとに感覚の直接的な幸福と和解する。感覚的な生の喜びは、まず最初に完全に味われ、そして壊され、超越される。そのとき、彼女は自己を取り戻したのであり、その回帰のなかで統一の輪が完成される。小説の第五部の終りで、人々の精神は、欲望の充足の障害となっていた制度の不合理と、情熱の無秩序な陶酔を同時に高く越えている。二重の否定が行われ、二重の開放の努力が達成されたのである。デタンジュ氏(嫉妬深い父親)がこのうえもない厳格さで護ろうとしていた伝統的な社会の規範と慣習を、自然の名のもとに愛の情熱が破ったのである。そして次には、たとえそれがどんなに困難なものであったにせよ、高潔な自己放棄が情熱の混乱を克服したのである。二重の否《ノン》が表明されたわけであるが、それは順次に欲望と徳にむかって承諾《ウイ》をあたえることをゆるしたのである。

より高い次元において見出されるものは、新しい社会と新しい愛であり、それらはもはや敵対的なものではない。官能的な要求と秩序の要求は、究極的には調和されている。しかしながら、古い社会的な秩序と古い愛の陶酔は、克服された矛盾が完全に統一されたものとして解決されるような再生の運動によって蘇ることができるためには、それらは致命的なほどに傷つけられたのだった。再生された社会においては、愛の再生された形態である、親切心が支配している。

このように小説は、ひとつの止揚に到達する弁証法の展開を示している。(この止揚は『ヌーヴェル・エロイーズ』の第一の結論とみなしうる第五部において示されており、その後の章ではジュリーの死に到る最後のエピソードが急激に展開されている。)ここで重要なことは、弁証法を動かしている基本的な対立である。ルソーは弁証法を好んで用いる弁証家ではない。反対に、出発点において、かれは同時に与えられるためにはあまりにも両立しえない満足を措定しており、というよりもかれはまさにその同時性を求めているが故にこそ、弁証法がどうしても必要なのである。ルソーが弁証法的止揚への困難な道を突進するのは、(かれはなににもまして直接性を愛しており)、かれが肉体的な享受と徳の高揚を同時に受けいれることを根源的に求めており、しかもそうした同時性は直接的に与えられないが故なのである。ジュリーは「純潔と愛はわたしにともに必要なものでした」と語るが、彼女は「それを一緒に保持する」*ことは不可能であることを知っていた。ところが、彼女が到達するより高い次元では、究極的にその両者を一体化し、一緒に楽しむことが可能なのである。したがって両立しえないものを両立させるためには、弁証法的な進化を考え、媒介状態を通り、超越の努力に訴え、ひとつの生成を運動化しなければならない。『ヌーヴェル・エロイーズ』において、ルソーが時間に重要な役割を演じさせるのは、そのためなのである。すなわち、かれの小説は、なんとしても相当な期間にわたって展開されなければならない。そして、「長い時間」に与えられている重要性は、恍惚の瞬間の詩人であったと文字通り考えられている作者の場合には、意味深長なのである。(しかし、この書の第二の、ということは最後の結末では、時間的なものと、非時間的なものが突如として分離され、ルソーは人間的な生成の時間と反対のものを選ぼうとしていることがやがて明らかになるだろう。)

この作品の弁証法を成功させている幸福な止揚は、葡萄の収穫祭（第五部第七の手紙）によって象徴的にみごとに描かれている。それは、すべてのヴェールが消滅したように思われ、登場人物がこのうえもなく信頼に満ちた親密さを知る時である。ルソーはそのことを秋のさしのぼる朝の太陽になぞらえて語らずにはいられない。この一日に「祭りの風情」をそえるすべてのもののなかで、ルソーが忘れられないのは、「霧のヴェールが、朝、太陽によってさながら劇場の垂幕のように高くかかげられ、美しい光景が眼にあざやかに浮んでくる」ことである。そして、その光景はわれわれに快楽と義務、ディオニソス的な陶酔と秩序づけられた制度の和解を明らかにするであろう。このような祭りの日とは同時に労働の日ではないのであろうか。ほとんどすべてのものが、蓄積された財物を消費した、古代ギリシアの祭りの狂気の浪費と似てはいない。ルソーの描写においては、葡萄の収穫祭は、適当な消費をともなう、富の蓄積の一日である。そして、勤労の行為は享楽の遊びとほとんど異らない。「この祭りが、人間が快適なものを有益なものに結びつけることができた唯一の日であることを想うならば、この日は省察によってはるかにすばらしい日となるのです。」このようにして、「祭りの共通の状態」、「地上に拡がっているように思われる普遍的な歓喜」が生まれようとするのである。

音楽と透明

その一日のはじまりから「葡萄を収穫する女たちの歌声」が聞える。そして祭りは音楽のなかで慎しみ深く完成されていく（仕事は中断されない）。

夕食の後、なお人々は一時間か二時間、大麻の皮をはいで夜なべをします。そこで各人がつぎつぎに自分の歌を歌うのです。時々、農婦たちは一緒になって合唱したり、かわるがわる独唱したり、リフレインをつけたりします。これらの歌の大部分は古い恋歌《ロマンス》ですが、その歌曲は刺激的なものではなく、ゆっくりと胸にしみこんでくるような、なんともいえない古い、甘美なものをもっているのです。その歌詞は素朴で、たいていは悲しいものですが、好ましいものなのです。（『ヌーヴェル・エロイーズ*』）

祭りの朝も夜も、素朴な音楽と詩が現われるほかには、特別なことはなにもない。すでに古くから流布し、そしてなお将来も長く文学の世界にあふれることになる「古い恋歌《ロマンス》」の常套的な表現は、それを想い起してみても、たちまち忘れ去ってしまうであろう。しかしながら、やがて民衆的な詩と歌にたいするきわめて誠実な関心が、（とりわけ、ルソーの偉大な読者であるヘルダーにおいて）目覚めることを忘れてはならない。

女たちの声が合唱し斉唱を歌う。サン＝プルーは、葡萄の収穫祭の手紙のなかで「斉唱ほど心地よいものはありません」と書いている。『音楽辞典』を参照するならば、斉唱は「もっとも自然なハーモニー**」

を表わしている。そして恋歌《ロマンス》に関しては、ルソーは「甘美な、自然の、田園風の、そして歌い方にはかかわりなく、それ自体で効果を生みだすメロディー*」と規定している。したがって、斉唱の恋歌《ロマンス》は、自然のハーモニーに含まれた自然のメロディーであり、歌い手が「芸術家的個性」を主張する必要なしに、歌い手を越えて歌われる自然の勝利である。したがって演奏家が介在する必要はなく、媒介者が存在しないのであり、恋歌《ロマンス》は直接的に感動を与える。演奏者の仲介を必要としないばかりでなく、感覚の仲介をも必要とせず、聴衆の魂に直接的にとどけられる。なぜならば、メロディーが心を直接的に感動させる力をもつているからである。これこそ、ルソーの音楽理論の基本的な考え方であり、かれのメロディーへの偏愛とハーモニーへの不信を裏付けるものである。かれは演奏者をひきたてるためにつくられた音楽を嫌い、感覚の喜びにのみ向けられている音楽を拒否している。なぜだろうか。ルソーには——すくなくともその理論において——演奏者の個性および純粋な感覚的享受のなかに、音楽的な「本質」と聴衆の魂のあいだに介在する障害を見る音楽上のプラトン主義があるからなのである。たしかに歌うだれかがいて、聴く耳がなければならない。しかし、歌い手と耳はさえぎられることなしに伝達されなければならない。ルソーの理論は、歌い手と耳の存在が消えさるか、もしくは瞬間的に忘れられ、存在しているとは思えなくなることを想定している。メロディーの魔術は感覚を超越して、純粋な感情を生みだす力にあるのである。

　ハーモニーの快楽は純粋な感覚の快楽にすぎない。感覚の享受はつねにつかのまのものであり、たちまち飽満と倦怠がやってくる。しかしメロディーと歌曲の快楽は心に語りかける好意と感情の快楽である。(『音楽辞典』**)

　情熱的なアクセントの圧倒的な力はもっぱらメロディーから生まれます。魂にたいする音楽の力はすべてそこから発するものです。(『ヌーヴェル・エロイーズ』***)

たしかに感情にとってそうであるように、感覚にとっても直接的なものがある。事実、ハーモニーを主とした音楽は感覚に直接訴える。こうした音楽は、たとえそれがどんなに複雑で巧妙なものであろうとも、肉体的感覚の素朴な領域を越えるものではない。なぜならば、「感官の直接的な支配領域」を通ってわれわれにとどけられるそうした音楽は、「魂には間接的に、軽くしか」*働きかけない。したがって直接的な幸福は感覚のためにあるのであり、そのために裏切られる魂のためではない。音楽における純粋に感覚的な快楽は深さに欠けているのであり、反響のないものであり、おそらく逆説的にいうならば、人工的なものによってしか維持されない。それに反して、メロディーは「感官の直接的な支配領域を越える道徳的効果」**をもっている。この定式においては、ルソーはメロディーにより内面的な領域に直接的に到達する特権を与えようとしている。その場合には、魂だけが直接的な喜びを味わうのである。***

　したがって「古い恋歌《ロマンス》」のメロディーは、心の透明と障害のない交流を祝福する祭りにはまったくふさわしい。のみならず、素朴なメロディーは道徳の掟の支配のもとで生きる「美しい魂」における自然の支配を語っている。だからこそ、音楽は祭りに深遠な展望をそなえるのである。ただたんに「これらの歌曲がなんともいえない古いものをもっている」だけでなく、それこそ純粋な自然の支配とは、美しい魂が現在の幸福をきずきあげようとしてかれらの歴史的な過去のなかで通り過ぎなければならなかったものであるが故にこそ、音楽は突如として祭りに過去の次元を呼びよせるのである。こうした音楽は、したがってジュリーとサン＝プルーにかれら自身の過去、かれらの情熱が自然の法則にしたがっていた時代のことを語りかけている。そして、そこから、かれらがひき裂かれなければならなかった苦しみを想起させる。透明の幸福を表わしながら、これらの歌曲（歌詞は悲しい）はまた、現在の透明を脅しているもの、そしてそれを不安定にしているものを歌う。そしてもはや蘇ることのできないものへの悔恨を呼びさますのである。『音楽辞典』のなかで、ルソーは音楽とは「記憶の表象」*だと断言している。だからこそ、女たちの声が歌うと、ジュリーとサン＝プルーは不思議なするどさで遠ざかった時代が呼びさまされるのを感じるのである。

こうした歌のなかにわたしたちが、昔、使っていた言回しや表現を見出すと、クレールは笑いだし、ジュリーは赤くなり、わたしはためいきをつかないわけにはいきません。彼女たちの方へ眼を向け、遠ざかった時代を想い起していますと、わたしは戦慄におそわれ、たえがたい重荷が突然、わたしの心に落ちかかり、苦痛なしには消え去らない不吉な印象を残すのです。とはいうものの、わたしはどう説明してもよいかわからないような、ある種の魅力をこうした夜なべに見出します。（『同上』**）

サン＝プルーは想い出をたどり、自分の人生のさまざまな時期を比較する。そこで、祭りの透明のなかにある混濁が起る。それは省察の混濁なのである……

哀切《エレジアック》の感情

過去への凝視、戦慄、魅力、これらのすべては哀切な魂の状態をみごとに定義している。事実、シラーが理解したように***、素朴なものと感傷的なものとの対比のこれほど感動的な描出を見出すことはできないだろう。民衆の歌のもつ素朴さをまえにして、「美しい魂」は哀切な感傷にふけり、悔恨（「微笑する悔恨」）の魔力にみずからをゆだねる。想い出は、魂がとりかえしのつかないほどに過去から離れさったことを明らかにする。かれの過去とは、民衆のメロディーの透明のなかに表わされている、いまだに純潔な自然にほかならない。このメロディーは哀切ではなく、素朴な意味で悲しいにすぎない。しかしながら、自然であり、過去の暴露であり、記憶の表象であるが故に、美しい魂にとっては、失われた自然の表現となり、もはや存在しない世界の現存として示されている。素朴な歌には存在しない、哀切な感情が、その歌との触れ合いから呼びさまされるのである。

こうした哀惜にみちた過去の突然の出現は、祭りの幸福が築かれている内的な緊張を明らかにしている。時間が流れさったことだけではなく、拒絶と超越が介入し、現在と過去のあいだにさかのぼりえない距離がうちたてられたことを明らかにする。哀切な悔恨のうちに、存在は、自己の本質的な一部がもはや存在しないこうした過去に属していることを発見する。かれは自己がかつてそうであったものによって魅惑されるのを感じるが、そのとき、もはや現在も過去も実際の支えを提供することができない。過去は過ぎさったものであり、現在は追放の場所となっている……。事実、サン＝プルーは過去への悔恨から自分を護らなければならず、ジュリーもまたようやくの思いでそこから遠ざかる。しかし、こうした努力は最終的なものではなく、永久に繰返されなければならない。それ故に、たえがたいものとなる危険をはらんだある緊張が生まれる。止揚された幸福は、たしかにはりつめた警戒を含んでおり（過去はなお現存し、つねに抑圧されなければならない）、そしてさらに内省された行動を含んでいる。ところで、ルソーにおいては、行動と努力の理想は、ほとんどいつでも平穏と現状を認めようとする受動性の誘惑に敗れるのである。ジュリーの死は、たんに婦人の読者を泣かせる感動的な破局ではないであろう。死はただひとつの可能な緊張の緩和を表わしている。すなわち、ジュリーは行動の必要から解放され、義務の掟が彼女に課していた努力を遂行する必要のないことを、ある種の喜びをもって見出しながら、幸福に死ぬことになるのである。

こうした緊張、こうした抑制され、意識的に「抑圧された」過去の現存が、ルソーが美しい魂の絶対的な信頼、意識と意識の障害のない交流、あらゆる秘密の不在などについて語るときにおいてさえも、われわれに感じられる。葡萄の収穫祭は全知の眼をもった家長の面前で繰りひろげられる。サン＝プルーは、完璧な透明をたたえながらも、「優しい想い出」にたいして戦うことの必要性を認めている。

わたしは自分の興奮を遠慮なく発散させます。わたしには隠しておかなければならないようなことはなにもありませんし、思慮深いヴォルマールの存在が邪魔になることもなにひとつないのです。かれの鋭い眼がわたしの心の奥底まで読みとることを恐れたりはしないのです。けれども、優しい想い出がわたしの心に蘇ろうとすると、クレールの眼はそれをまぎらせ、ジュリーの眼はわたしを赤面させるのです。（『ヌーヴェル・エロイーズ』*）

もし、田園詩的な幸福を脅すものにたえず向い合っていないならば、（シラーが『ヌーヴェル・エロイーズ』をそう考えたように）、田園詩の純粋な風土のなかにいることになるはずである。しかし、ルソーの芸術は、有徳であることの難しさをたえず示すことにある。すなわち、かれの作中人物にはつねに過ちと罪の意識がつきまとっている。透明は偶発的には出現しない。不透明な世界の拒否にもとづいてその支配は築かれるものであるが、つねに不透明の危険が新しく迫ってくる。ただ、「甘美な幻想」だけがサン＝プルーの精神を聖書的な田園詩の心象へと導くことができる。「ああ、愛と純潔の時代よ。女たちは愛に満ち、謙虚であり、男たちは単純で、充足して生きていたのだ。おお、ラシェルよ。美しく、たえず愛されている娘よ……**」原初の時代の純粋性が発露されているのが感じられるが、それは「幻想」として、悔恨として現われている。『学問芸術論』が喚起した「自然の手によってのみ飾られた、美しい岸辺」のほとりにすっかり戻ったように思われるのである。驚くほどに清澄なこうした風景のなかで、原初の純潔がふたたび見出されたとさえ思われる。しかし、事実は永遠に離されたままなのである。善と悪の認識であり、悪にたいする意志的な勝利である徳は、純潔、すなわち善と悪についての無知、不可分の充足、に過去にさかのぼって、立ちかえることはできない。有徳の魂は、もはや否認することのできない混濁の経験を経てきたのである。「美しい魂」の信頼は透明の支配を復活させても、それがかつて失われ、呼び戻された透明であることを知っている。ふたたび見出された幸福のなかで、かれらは不幸と分裂の時代を忘れることができない。かれらは最初の透明と復興された透明のあいだにかれらの苦悩を持ち続けている。かれらは自己の歴史性を知っているのである。さらに、かれらの現在の幸福はかれらの力と自由な決定の結果であり、したがってかりそめのものであることをも知っている。かれらは意志の力で生きることに疲れはて、不透明な道へふたたび落ちこむこともあるはずである。心が秘密にふたたび閉ざされ、ようやくのことで獲得した透明を危険にさらすためには、自由な努力を挫折させることで十分であろう。かれらはすべてこうしたことを知っており、透明が偶発的に、いかなる努力もなしに、ひとつの瞬間が、その後に続いて来る瞬間を脅すことなしに、実現されていた、純潔の遠い時代を哀惜しないわけにはいかないのである。

祭り

しかしながら、田園の祭りは原初の純潔への回帰をかりそめにおもわせる光景を美しい魂にまさしく提示している。かれらはそれが幻想にすぎないことを知っている。ただ、こうした幻想の効果は田園詩的な純潔のイメージを驚嘆するほどに近づけ、そうすることによって終末が始まりとふたたび一致すると信じさせ、道徳的進化の関係からいうならば、意識が、自己の歴史によって引き離されてしまった非内省的な内発性のなかにあらためて浸ることができると思わせることである。それは仮構であり、象徴的な遊びであって、真実の根源への回帰ではない。

なお、葡萄の収穫祭は、ルソーにおいては、いかなる「儀式的」なものも含まず、いかなる伝統にも結びつけられない。なにごとも慣例によって繰りひろげられない。反対に、祭りはまったく即興的なものとして現われる。黄金時代と聖書的な古代への回帰を象徴すると同時に、それはクランの「きわめて親密な社交界」のみごとな産物として描き出されている。それは過去に設定されたすべての「形式」から解放された、完全な創意であり、自由な創造である。ルソーが魅せられる光景は、義務にかなった行為を履行することによって心のなかに生まれる歓喜にあふれた満足の光景である。こうした満足が祭りにまで高められ、良心そのものが祝福される。（こうしたものが、ヘーゲルにしたがえば、「美しい魂」が祝福する祭祀である。）祭りは原初の時代の純潔のイメージを出現させるが、その意図においては、「記憶を呼びさまし」たり、記念したりするものをなにももっていない。たとえどのようなものであれ、なにかを記念するために催されたのではなく、自分が考えていること、感じていることを隠すことのまったくない、人間的な集団の協力から自然発生的に、突如として生まれるのだ。人間は祭りに招かれたが故に、楽しいのではない。なぜならばそうした祭りは、人間が一緒に集まって感ずる喜びのあからさまな表明にすぎないのである。――そしておもいがけない喜びの行きすぎや過剰が祭りの外見的な行為や、遊びや儀式のなかにあふれているだけなのである……

葡萄の収穫は、ほとんど口実であり、「誘因」にすぎない。祭りの実体、その真実の目的は心と心を開くことである。ひとつの舞台が提供されるのだ。ルソーは晴れあがる霧を芝居の幕明けになぞらえなかっただろうか。しかし、それは、すべての人々がすべての人々にたいし自分を見せるような、特殊な種類の舞台である。こうした、各人の完全な明証性から、歓喜にあふれた陶酔が生まれるであろう。仮面をつけた演技者も、暗闇に身を沈めた観客も存在しない。各人は演技者であると同時に観客であり、そして、各人はひとしく光りを浴びひとしく注目される権利をもっているのである。誇張をおそれることなしに、このような理想の祭りのなかに、ルソーの作品の鍵となっているイメージのひとつを見ることができる。(そして、大革命がつくりあげようとした祭りのことを考えるならば、*それはもっとも感動的なイメージのひとつなのである。)ジャン＝ジャックは「歓喜の涙」を流しながら『ダランベールへの手紙』を書いている。この涙、この「感じやすい感激」が作品の哀切な性格を完全に明らかにしている。なぜならば、『ダランベールへの手紙』は一方では、演劇の害毒にたいする道徳的な批判であるとしても、他方では、いたるところでひとつの理想の舞台のイメージにのっとろうとしていることも明らかなのであり、かれはそのイメージをこのささやかな書物の最後の数頁においてのみ描いている。すなわち、ルソーはかれが幼少の時代に目撃した、ある即興的な祭りの想い出を凝視している。そしてルソーが喜劇と悲劇の「虚偽の」栄光に対決させているのが、郷愁のように心に甦えるこうした想い出であり、共同の歓喜なのである。

わたしは幼少の頃にある光景に感激したことを思い出すのです。それはごく単純な光景なのですが、その印象は時がたち、さまざまなものに接しても、いつまでも残っているのです。サン＝ジェルヴェの連隊が演習を行っていたのでした。そして、かれらは慣習にしたがって中隊ごとに夜食をとっていました。中隊の大部分の者たちは、食事が終るとサン・ジェルヴェ広場に集まり、士官も兵士も一緒になって泉水のまわりで踊りはじめました。太鼓や横笛や松明をもった者たちは泉水の上に並びました。たらふく飲み食いして、陽気に浮かれている人々の踊りなどは、格別に見るほど面白いものはなにもないように思われました。しかしながら、みんなで手を取りあい、調子をあわせ、混乱しないで、うねりくねりながら長い列をつくっている制服姿の五、六百人の男たちの調和、描きだされる千変万化の動き、そして、それを活気づける歌曲の選択、太鼓のひびき、松明の輝き、楽しみのさなかにある、軍隊風の華麗さ、こういったすべてのことが、冷静でいられないほどの、たいへん生き生きとした感動をつくりだしていました。夜もふけて、女たちは床についていましたが、みなふたたび起きだしました。やがて窓という窓は見物の女たちで一杯になり、演技者たちに新しい情熱をあたえました。女たちは窓に長い間じっとしていることができず、戸外におりてきました。主婦たちは自分たちの夫を見にあらわれ、召使の女たちは酒を運びました。騒ぎに目を覚した子供たちさえもが、父親や母親たちのなかへ、服もろくろく着ないで走りこんできました。踊りが中断されると、もはや抱擁、洪笑、乾杯、愛撫のうずなのです。そうしたすべてのものから、全体的な感動が生まれました、わたしにはそれをどう表現してよいのかわかりませんが、共通の歓喜のうちに、われわれにとってこのうえもなく貴重ないっさいのものに囲まれ、ほとんど自然のうちにそれが感じられるのです。わたしの父は、わたしを抱擁しながら、いまでもなおそれを感じ、分ち合っているように思われる震えるような感動にとらえられ、「ジャン＝ジャック、おまえの国を愛するのだ。この善良なジュネーヴ人たちを見たかい。みんなが友だちで、みんなが兄弟なのだ。喜びと和合がかれらのなかにいきわたっている……」（『ダランベールへの手紙』*）

ルソーの描いているような出来事があったかどうかは重要ではない。このようなイメージが、ルソーが他の芝居を判断し、非難する内的な規範となっていることが重要なのである。この夜の場面では、どうでもよいものはなにひとつない。踊りに先立つ食事、その時飲まれる酒、音楽の存在（葡萄の収穫祭と同様な）、軍服姿の歓楽の愛国的な性格、さらに父親の存在、聡明な無礼講の主人と召使のかりそめの平等のどれひとつをとっても関係のないものはない。豊かな意味をもたないものはなにひとつないのである。

『ダランベールへの手紙』のある部分をさらに検討してみるならば、祭りの意味はもっと明らかに現われてくるであろう。注目しなければならないのはルソーが、劇場の閉ざされた舞台と、共通の歓楽である野外の舞台を対比している文章で用いている言葉とイメージである。

少数の人々を暗い穴のなかに陰鬱に閉じこめ、沈黙と無為のうちに不安と釘づけの状態におき、仕切り、鉄の棒、兵士、奴隷状態と不平等の悲しい姿だけを眼前に示すにすぎないような排他的な演劇を正当なものとしてはなりません。あなたがた幸福な民衆にとっては、そんなものは祭りではないのです。野外で、空の下で行われるものにこそ、そこに集まり、あなたがたの幸福の甘美な感情にひたるべきなのです……太陽があなたがたの汚れのない演劇を照すでしょう。あなたがたはそこであなたがた自身をつくりだすのですが、それは太陽によって照しだされるのにもっともふさわしいものなのです。

しかしながら、こうした演劇の対象とはいったいなになのでしょうか。そこでなにを見せるのでしょうか。たとえそうしたくても、見せるものはなにもないのです。自由とともに潤沢さにあふれ、さらに安楽さがみなぎっています。ある広場の中央に花飾りをしたテントを立て、そこに集まればよいのです。そうすれば民衆にとっては、祭りがもてるのです。さらにもっとうまく事を行うには、観客を舞台にあがらせ、かれら自身を演技者にし、各人が他人のなかにいる自分をながめ、そして愛することです。そうすれば、すべての人々がよりいっそう一体となるでしょう。(『同上』*)

演劇と祭りは不透明な世界と透明な世界として対立している。演劇は、その暗さ、鉄の棒、仕切りなどで、寓意的な神像が支配している冷酷な神殿と同じ恐怖をいだかせる。そこでは同じ悪しき魅惑が働いている。なぜならば、演劇の反対者としてのルソーは演劇の誘惑の力をけっして見のがしてはいないからである。ただ、かれにとっては、こうした誘惑（神像のそれのような）は人間を不透明の、呪わしき幻想の、不幸な分裂の領域へと導くように思われるのである。暗い室内で、観客は孤独のなかに閉じこめられている。「芝居ではいっしょに集まっていると人々は信じていますが、各人は孤立しているのです。人々は友人、隣人、近しい者たちを忘れに行っているのです……」*人々は「自分自身を忘れるために」劇場に行くのであり、それは自分自身と他人をまったく完全に忘れさる場所なのである。演劇はわれわれからわれわれの存在を奪いとり、代償としてわれわれになにも返さない、完全な疎外なのである。われわれは遠い架空の世界へ引きよせられる。ということは、もし演劇がわれわれの情念に働きかけるとすれば、距離と隔りの魔術によって働きかけるからである。「劇場において上演されるすべてのものは、われわれに近づけられず、われわれから遠ざけられるのです。」（『同上』**）

　しかしながら、『寓意断章』の陰惨な寺院と同等なものとするほどに演劇のイメージを曇らせながら、共同の祭りへの讃歌が訴えているイメージは、ルソーがヴェールに被われた彫像の神話の結末において出現させたイメージに奇妙なほど似ている。ある種の奇蹟が舞台と観客を分離し、観客と観客を相互に分離することによって深刻なものとなっていた分裂に終りをもたらすのである。客体としての舞台はわれわれから自由を奪い取り、われわれを物のように暗い室内に釘づけにしていたのであり、われわれはメドゥサの視線によって石のように動けなくされていたのであった。しかしながら、いまや、閉ざされた演劇の後に野外の開かれた祭りが続くのと同じように、舞台の不透明な客体の後に続いて、相互に働きかける開かれた意識の共同体が現われる。分裂は意識と意識の相互性によってとってかわられる。「神のような客体」であったガラテアは意識となり、ひとつの同じ自我の平等のもとにピグマリオンと一体となったのであった。そして「人の子」は神像を倒し、人間によって即座に承認された真理を内なる「根源」から宣言したのであった。「排他的な」そして「閉ざされた」演劇が開かれた祭りとなる場合も同様なのである。すべての市民が一体となってみずからのためにその幸福を上演する。すべての人々に開かれた演劇とは、すべての心を開く演劇であり、「純潔な」ものであり、「危険のない」ものであるが、はるかにまた「陶酔的な」ものでもある。共同の祭りの興奮はルソーが夢みた透明の顕現を現実化しているのである。

「公開の悦楽ほど純粋な悦楽はありません。*」こうした悦楽は対象のないものであり、普遍的なものである。どこから純粋性が生まれるのか。共同体が交流の行為そのもののうちに表わされ、悦楽の高揚の主題とされる。意識は純粋であり、隠すものをなにももたないが故に、外に向って開かれる。だが、意識が相互に開かれることができたが故に、純粋なものとなるとも言えるであろう。純粋性はおそらく全体的な悦楽の原因というよりも、むしろその結果なのである。

「そこでなにを見せるのでしょうか。たとえそうしたくても、見せるものはなにもないのです。」もし祭りが意識の透明のこうした自己確認でないとすれば、そして演劇が個的な対象をもつものであるならば、われわれは手段と媒介の領域にとどまることになるだろう。ルソーが主張しているように、劇場とはわたしが絶対の孤独に投げ出される場なのであろうか。そうではないのだ。他の人々の眼が舞台を見つめており、わたしは、われわれすべてが見ている対象によって他の人々と一体となっていることをわたしは知っている。それは間接的な交流のまさに実例なのである。われわれは、わたしの注意が直接的にわたしを結びつけている舞台の演技を仲介として間接的に一体化されている。しかしながら、はっきりいって、劇場の公衆を構成しているこうした間接化された関係は、ジャン＝ジャックにとっていかなる価値ももっていないように思われる。絶対の直接的な要求を満足させないような交流は、交流ではないのであって、それはむしろ孤独と不幸な分散の世界といえる。間接化された交流を認めることがわれわれにとって容易な場合に、ルソーはそこにコミュニケーションの中断を見ている。われわれにとって中間項と考えられるものが、かれには障害と思われている。なにも見せないこと以外には、いかなる救済もないのである。なにも見せないことは、完全に自由な真空の空間を実現することであり、それは透明の視覚的な場であろう。すなわち、意識はなにひとつ相互のあいだに介在することなしに、純粋に意識と意識を提示しあうことができるであろう。なにも見せられないときにこそ、すべての人々が自分を見せ、そして眺めることが可能となる。無（客体としての）は奇妙なことに主観的な全体性の出現にとって必要なのである。

共同の祭りの高揚は『社会契約論』の一般意志と同じ構造をもっている。公開の悦楽についての記述は一般意志の抒情的な側面を明らかにしているのであり、一般意志が日曜の晴着をまとっている様相である。

> 祭りの日にすべての市民が悦楽にひたっているのを見るほどに、そして人生の雲間をあわただしく、しかしいきいきと過ぎ去る快楽の至上の光りに、すべての心が花開くのを見るほどに甘美な楽しみはないではないか。（『夢想』*）

祭りは、『社会契約論』が法理論の場で規定しているすべてを感情機能の「実存的な」場で表わしている。公開の悦楽の陶酔においては、各人は演技者であると同時に観客であり、契約を結んだ市民の二重の条件が容易に認められる。すなわち、市民は「主権者の構成員」であると同時に「国家の構成員」であり、したがって法を要求する者であると同時に法に服従する者でもある。各人が他人のなかにいる自分を見て、そして愛することなのだ。そうすれば、すべての人々がよりいっそう一体となることができるのである。すべての同胞を見つめ、すべての同胞によって見つめられることなのである。この場合に、すべての人々の意志を同時に譲渡し、代償として各人は集団に譲ったすべてのものを受けとるという想定を見出すことは困難なことではない。

そのとき、人々が享受する直接性とは、最初に分裂を前提し、ついで媒介的な行為の絶対の成功によって分裂が克服されるという、第二義的な直接性である。

> 各人は自己をすべての人に与えて、しかも誰にも自己を与えない。そして自分が譲りわたすのと同じ権利を受けとらないような、いかなる構成員も存在しないのだから、人は失うすべてのものと同じ価値のものを手に入れ、また所有しているものを保存するためのより多くの力を手に入れる。
>
> （『社会契約論』*）

『社会契約論』が意志と所有の場で規定していることを、祭りは眼と存在の場で具体化している。各人は他人の眼に「譲渡され」そして普遍的な「承認」によって自己自身にたち返る。絶対的な贈与の行動は転倒され、自己への陶酔的な凝視となる。だが、このようにして凝視された自我は他者の自由、他者の透明と連結した、純粋な自由であり、純粋な透明なのであり、いうならば、「共通の自我」である。その時、空間は踊りに、そして孤独の懸念から解放された肉体の躍動に開かれる。

「楡の木の下で踊ろう。生命をたぎらせるのだ。若い娘たちよ」**と『村の占者』の最後の場面で、こうしたすべてが「素朴な」田園詩の調子ですでに語られていたのであった。

平等

クランの葡萄の収穫祭では、「すべてがこのうえもなく親密であり、すべての人々は平等であり、誰もなおざりにされたりはしない」***のである。全体の歓喜のうちに、原初の平等が回復されたように思われる。『人間不平等起源論』は時代の始まりのこうした平等を描いたのであり、さらに人間の歴史を不平等への転落として叙述したのであった。すべては償われたのだろうか。クラランの住民は原初の時代の幸福を見出したのであろうか。あるいは純潔の代償として与えられたものは、秋の朝の美しさのうちにつかの間の光りが生みだす「甘美な幻想」にすぎないのであろうか。

事実、ふたたび見出された、こうした平等はまったく幻想的なものである。それは祭りの日の陶酔のうちに現われ、陶酔とともに消え失せる。共同の楽しみの付帯現象にすぎない。なぜならば、通常の場合、クラランには、原初の時代の自然の自由も、『社会契約論』に描かれた市民の自由も認められない。主人と使用人は、そうあるかぎりまさに不平等なのである。たしかに使用人は信頼によって主人に結ばれているが（第四部、第十の手紙）、原則的なヴォルマールは、部下にたいしてかれらを善良な使用人にするためにのみ、信頼を求めているにすぎない。つまり、それは平等の連帯性をうちたてることよりも、むしろよりよいサービスを得ることを目標とする訓練の方法である。領地の使用人の組織について述べた手紙の各行に、「家父長論者的」な態度の特質が認められるのである。すなわち、使用人をいっそう従順な道具にするためには、かれらの自由な同意とさらにかれらの愛情を得ることが問題なのである。主人はそれが良いと思うならば、かれらと平等であると感じる特権を保持しているが、この特権は主人にのみ属するものであって、使用人のものではない。したがって平等の感情は、やましさなしに自分たちの財産を享受することをゆるす主人の贅沢にとどまっている。

わたしは、あれほどの優しさとともに、どうしてかくも服従をいきわたらせることができるのか、また彼女とその夫君があれほどしばしば、下りていき、召使たちと同列になりながら、どうしてかれらが二人の言葉を真に受けて、かれらの方から主人と同列になろうとしないのかと、感嘆しました。

アジアの君主であろうとも、この善良な主人夫妻がかれらの家庭ではらわれているよりもより以上の尊敬をもって、その宮殿で奉仕されているとは思えません。わたしはかれらの命令ほど命令的でないものを知りませんし、そしてまた、それほどすみやかに実行されるものを知りません。かれらがものをたのむと、人が飛んできます。かれらが弁解すると、自分が悪いと感じるのです。（『ヌーヴェル・エロイーズ』*）

このような好意的な信頼のうちには、使用人はたんなるお人好しではないという偽善が含まれている。さらにまた、善良な主人の役を演じている「美しい魂」にとっての幸福な欺瞞があるのではないだろうか。美しい魂は自分たちが望んでいる方向を謬っている。かれらは直接的な交流の領域を離れていないという幻想を自分たちに与えている。信頼によって行動することによって、使用人を手段として扱っていないことを確信することができるのである。すなわち道具と道具的な行動の悲しむべき世界に下りなくてすむのだ。美しい魂はかれらのすべての純粋性を保つだけではなく、かれらの本質的な行為はみずからのために純粋性のうちに自己を示すことに帰着する。家が繁栄するために、そして領地が豊饒であるためにはなにをなすべきであろうか。なにもする必要はないのである。ただあるがままの自分を示すことが必要なのだ。そして他人がかれらにたいして実際の労働を負担するのである。

主人がかれらの召使を思いどおりにするためのすぐれた方法は、ありのままの自分を召使たちに示すことです。（『同上』**）

「人間はたんに他人のために道具として使われなければならないためには、あまりにも高貴な存在である」という大原則を裏切ったことを一瞬たりとも非難する必要なしに奉仕させることができるはずなのである。

『社会契約論』の民主主義的理想とクラランの共同体の依然として封建的な構造のあいだにある対立を指摘する批判がなされてきたことは言うまでもない。そこにある相違は重要なものであり、そのために民主的な平等にたいするルソーの執着に関しての問題が提出されるのである。しかし、同じように重要なことは、ルソーはかれが日常的な秩序のなかで受容している不平等を祭りによって償う必要を感じていたことに注目することである。かれは現実の不平等を収穫祭の陶酔のなかにあくまでも解消しようとしている。(適度に飲んだ)酒の助けによって、感情的な平等が新しい人間関係をつくりあげる。『社会契約論』の法律的な公式と感情的に等価なものが、明日のない歓喜のうちにつかの間に実現されているのであり、それは自由な、「仲介的な団体」のない社会である。しかしながら、完全な友愛のこうした短い勝利は、主人の支配と使用人の服従の原理の上に築かれている領地の在来の秩序と経済をけっして脅してはいない。平等の高揚は持続することはできず、いかなる継続の約束もそれには含まれていない。祭りの幸福は祭りの光景が続くかぎりにおいてしか続かない。そこでは、平等はわれわれにきわめて凝集された瞬間として提示されているが、こうしたつかの間の凝集は真実の制度の形態のもとに永続する力をもたないのである。したがって、その想い出と悔恨だけが残るものであることをあらかじめ知りながら、瞬間そのもののうちにそうした凝集を享受しなければならない。「美しい魂」は、このような平等がいつまでも続くようなやり方で世界を改造することを考えてはおらず、時が停止し、瞬間の幸福が繰返されることを見たいという、(自分が完全に空しいと知っている)願望を表明するにとどまっている。

人々は、翌日、そして、その翌日、さらに一生を通じて繰返すことを悔んだりはしないでしょう。(『同上』)*

ジャン＝ジャックは、その具体的な条件を樹立するために戦う必要のない平等の感情的な真髄をかれが見出している、こうしたつかの間の陶酔に満足するような傾向があるのではないかという疑問は当然である。『社会契約論』と祭りの両者の普遍的な譲渡のあいだにある等質性を強調すると同時に、『社会契約論』の一般意志と祭りの一般的な透明性を結びあわせてきたのであるが、いったいジャン＝ジャックはそのどちらを選ぼうとするのであろうか。かれは革命よりも祭りを好もうとしているのではないだろうか。ルソーの最後の政治的著作である『ポーランドの政体についての考察』を読むならば、どのようにして「法を人間の上に置き、どのようにして心情に到達しうるのか」というその第一の問題にたいして、ジャン＝ジャックは祭りと「公共の遊び」という理論によって答えている。かれはポーランド人に次のように提言する。

野外での多くの芝居では、席次は細心に区別されてはいても、すべての民衆は、古代の人々の場合と同じように、平等に参加している。（『ポーランドの政体についての考察』*）

ルソーは祭りのさなかにおいてさえも、社会的条件の不平等を認めているのであって、かれは、全民衆の芝居への参加の主観的な躍動のうちに表明される平等をたんに求めているにすぎない。制度が平等なものであるかどうかは問題ではなく、平等が共通の魂の状態として実現されることで、ルソーにとっては十分なのである。

このことはすでに葡萄の収穫祭についてのサン＝プルーの手紙にまったくはっきりとしたかたちで現われている。すなわち、平等はクラランの社会の具体的な構造に属しているのではなく、「祭りの状態」にのみ結びつけられているのである。サン＝プルーは次のように書いている。

この場所を支配している甘美な平等は、自然の秩序を回復し、ある人々にたいしては教訓を、他の人々にたいしては慰めを、そしてすべての人々にたいして友情の絆をつくっているのです。

（『ヌーヴェル・エロイーズ』*）

自然の秩序が「回復」されたとはいうものの、恵まれない人々はそこにある慰めを獲得しただけであり、社会の秩序においては、現実的にはなにも変化していないのであり、したがって自然の秩序は遊びという方法によってのみ回復されたにすぎないといえよう。ルソーはその同じ頁の下に註を加えて、なおこうした考え方を明確にしようとしている。すなわち、社会的な差異を実際に廃止することなしに、祭りの状態はそれを差異のないものとみなすことを可能にし、そして祭りに実現された平等は、社会の現実的な変革の無益であることを示すものであることを明らかにしている。ブルジョア的な思想が十九世紀全般にわたり、さらにその後においても採用することになる論拠のひとつの典型がそこに認められるのである。

もしそこから、身分の高い人々にとっても低い人々にとっても同様に甘美な、祭りの共通の状態が生じるとするならば、いっさいの身分は、人々が時としてそこから脱け出ることができ、かつそうしたいと願うかぎり、そうした身分そのものが差異のないものであるということにならないであろうか。

（『同上』**）

ジャン＝ジャックが幻想による等質物を感情の教理によって正当化できる場合に、いかにすばやくそれを認めようとしているかを注意しなければならない。ルソーは、すべての人々が平等であると感じるようにすることが、時として可能であるという条件で、仮像の社会的平等が存在しているにすぎない世界を受容しようとしている。すべてがあたかも平等の本質は、平等であるという感情***のうちに存しているかのごとくに思われる。このような「心情のプラトン主義」（ビュルジュランの表現にしたがうならば）は幻想に訴えることを合法化している。さらに他者を欺くことさえも、それがかれらの善のためであるならば、つまりかれらに幸福な幻想をいだかせるためであるならば、きわめてゆるされるべきことなのである。ヴォルマールはかれの使用人たちの信頼を誘いだす権利を僭越にも自分に与えると、かれは「啓蒙的な専制君主」として振舞い、相互性の道徳的要求を無視しようとする。あまつさえ、かれは平等の感情をつくりだすことに成功するのであり、人々はかれを成功させた疑わしい手段を忘れ、ゆるそうという気にさせられる。この点に、ビュルジュランが指摘したように、ルソーの社会理論のまさに「マキアヴェリ的な」側面がある。世論と仮面とヴェールの敵対者が、それにもかかわらず、主人が「どのようにして強制と窮屈によらないで召使や雇人たちを服従させるのでしょうか。主人たるものの方法は、かれらに行わせることをかれらがみずから進んでやるように、喜びと興味のヴェールのもとにこうした窮屈を隠すことなのです」*として、家のなかに秩序と和合をつくりだすために与える強制をいつわることを認めている。この場合に、召使はエミールが家庭教師によって扱われるように扱われている。すなわち、理性の人間が作為的に自分の意志を押しつけ、生徒もしくは使用人に完全なかれらの好みによって自由に振舞っているという感情を与えることによって、かれが加えている暴力を隠蔽している。こうしたことは子供や身分の低い民衆にたいする侮蔑なのであろうか。もちろんそう考えることもできるであろうが、ルソー自身は子供と民衆に自己を同一化することをためらわない。「自然の人間」であるかれは、自分が感じることを隠すことを知らないのであり、そのような者こそ子供であり、民衆なのである。「民衆はありのままの自分を示し……社交界の人間は自分を偽る」**のだ。ヴォルマールの社会的な優越はかれを偽れる人間にするのであるが、エミールの教育家も同じように偽れる人間である。しかしながら、その本質的な相違は、家庭教師はエミールを子供の状態の外へと導くのであるが、ヴォルマールは使用人を道理ある人間に変革することを考えたりはしないということなのである。

クラランは純潔の支配を回復したわけでもなく、平等の支配をつくりあげたわけでもない。ただ、祭りの日に現われる純潔のイメージと平等の感情が感じやすい魂を恍惚とさせるにすぎない。さらにいうならば、クラランは限られた小社会であり、閉鎖的であることを願っているのであるが、そこで魂は普遍の感情にひたっている。葡萄の収穫祭の日の始まりの、サン＝プルーの熱狂を考えてみるがよい。かれは「この瞬間に、地上の表面に拡がっているように思われる全体的な歓喜の愛すべき、感動的な光景*」を前にして心をゆり動かされるのである。

「親密な社会」の理想（『対話』における許された者だけが近づくことのできる「恍惚の世界」の、そして同じく祖国の理想と同様に）は、鎖ざされた生へのきわめて強い嗜好に照応しているように思われる。アミエルがそのことをはっきりと指摘しているように**、ルソーには、島嶼性への願望、自己の生を島に閉じこめたい欲求があるのだ。そして、クラランはまさしく島であり、隠れ家であり、閉ざされた園であり、みずからが生みだした幸福にしっかりともたれかかった小さな共同体である。それは美しい魂の地上の避難所であり、その内部でかれらは世界のその他の人々から排除***されている。とはいうものの、「地上の表面に拡がっているように思われる全体的な歓喜」がわきおこることが必要なのである。このように閉ざされた生への欲求を満足させながら、ルソーはかれの「外向的な魂」を躍動させることをやめない。幻想に満足しなければならないとしながら（そして幻想に充足することを宣言することになる）、ジャン＝ジャックは全体性と普遍性の陶酔を体験することを願っている。閉ざされた共同体の全体的な高揚は、それが主観的な内在性の限界のうちに表われているにもかかわらず、普遍性の象徴となる。祭りの高揚のうちにある、この閉ざされた世界の内在的な透明性は、幸福感と感情的な充足となって溢れ出し、たちまち高貴な魂によって普遍への現前と考えられる。かれらは自己の喜びの充足を閉鎖されていない全体、無限に開かれた世界への参加として意味づける。『マルゼルブへの第三の手紙』のなかで、ルソーはそのようにして人間を避けるのは、瞑想にふけり、そのなかで自分を思想、（もしくは感情）のうえで「事物の普遍的な体系」にまで、そして「全体を包含する不可解な存在」*にまで高めようとするためであると書いている。かれは普遍性と全体性についての内的体験と釣合った意志的な孤立および「島嶼性」の実例を提供している。クラランの集団的な喜びはジャン＝ジャックの孤独な陶酔の重ねあわされたイメージにすぎない。クラランは閉ざされた世界ではあるが、人々は「偉大な存在」への陶酔にみずからをゆだねているのである。

ルソーにおいては、祭りのイメージは二つの相違した「理想の典型」のあいだを揺れ動いていることを付け加えておくことは意味のないことではない。事実、祭りが出現し、組織されるのに二つの相反する方法がある。

第一のイメージは、全集団が共通の魂の状態によって活気づけられる。発議はいたる所から湧き上る。そして集団の祭りは特権的な中心をもたない、そこでは、全員が同じ重要性をもっている。全員が同じ資格で演技者であり、観客である。共同体から発する魂はその各構成員のなかで同じように表現され、高揚する。同じ躍動が各人の意識のなかで内発的に生まれることになる。最初から「社会契約」の仮説はいかなる法の授与者の介入をも仮定しておらず、すべての意志による同時的な決定を考えているのと同様に、そこにはいかなる祭りの立法者も存在しないことになる。

第二のイメージは、祭りの中心にひとりの人物が立っている。だれかが動きを伝えると、すべてがそれに向って集中する。ひとりの支配的人物がその存在を押しつけ、喜びを伝える。その場合、祭りはひとりの造物主から組織され、その影響が周囲のすべての人々に抗いがたく拡がる。外向的なひとつの魂の好意がその周囲に普遍的な喜びを目覚めさすのである。

たしかに、これら二つの理想像はルソーに同じような魅力を感じさせている。祭りがとりわけ集団的な自我の高揚として現われている『ダランベールへの手紙』は、同時に、ルソーが祭りの創造者と分配者の役を演じるという考え方に陶酔している作品でもある。各文節が「わたしは願っているのです……*」という言い方で始まっている長い文章を読んでみるならば、ルソーは文字どおり祭りをさまざまに想像し、自分をその中心においている。

祭りの中心と起源に位置し、自分が呼び起す喜びのうちに自己自身の善性の鏡を見出すこと、そうしたことが「稀有の短い快楽」のひとつであることの想い出をルソーは『孤独な散歩者の夢想』の第九の散歩のなかで語っている。ラ・ミュエットでかれは一団の少女たちに捲煎餅《ウウブリ》を与えたことを次のように書いている。「分け前はほとんど公平になり、喜びは全体的なものとなった……。それでいながら、この祭りでわたしは身代をつぶしたわけではなかった。たかだか三十スウの費用で、百エキュ以上の満足が得られたわけであった。**」この即興的な祭りの物語にすぐ続いてもうひとつの祭りの物語が想起されるが、そこではジャン＝ジャックは全体的な喜びの中心に自分を見出している。もっとはっきり言うならば、ルソーによって与えられるこの祭りはあるきわめて裕福な社交界の偽りの快楽のさなかで突如として起る。

> わたしがシュヴレットにいたときのことで、丁度、家主の誕生日だった。この祝いで一家眷属がことごとく集っていた。景気をつけようと、賑やかな楽しい催し事が行われた。見世物、宴会、花火無いものなしだった。人々は息つく暇もなく、興ずるどころか、呆然としてしまった。（『夢想』***）

ジャン＝ジャックは五、六人のサヴォアの少年にかれらが欲しがっていた「貧弱なりんご」を与える。祭りのなかでこの祭りはジャン＝ジャックにとって高価につくものではない。ほんの僅かな出費で手に入れられた真実の喜びは大人たちの高価なお祭り騒ぎと対照的なものとなる。

こうしてわたしは人間の心をよろこばすことのできる最上の甘美な光景のひとつに接したわけだった。それは、子供っぽい無邪気さと一体になった歓喜がわたしの周囲のすべてに拡がっていく光景である。なぜならば、観客の方でもその歓喜を見ることによってそれを共有したからである。そしてわたしはといえば、きわめて安価にこの歓喜を共有したのであり、かてて加えて、この歓喜は自分のつくったものであると感じる喜びをもったのであった。（『同上』＊）

このことをもっと仔細に眺めるならば、ジャン＝ジャックがこうした同じような状況において感じる幸福は、かれの行動の魔術的性格によって喚起されるのである。事実、ルソーはほとんど費用のかからない行為とそれによって周囲に生まれる強烈な歓喜の不均衡に驚嘆している。もし、かれが自分の周囲に満足を拡げたとすれば、それは金の力ではなくて、好意の魔術によるものである。ということは、真実の祭りはまったく費用のいらないものであり、だからこそ、歓楽が真に直接的なものであるためには、その光景の対象が除去されるだけでなく、すべてが出費なしに、すなわち金という不潔な手段によることなしに、実現されなければならないからである。祭りが集団的な躍動から溢れ出るものであれ、善良な人物を中心としてその周囲に拡がるものであれ、祭りはルソーの場合にはつねに質素なものであろう。それは、きわめて「ブルジョア的な」経済観念とおそらく一致するものであり、ルソーは浪費することを好まないのである。しかしながら、かれにとっては、自分の金をたくわえることよりも、むしろ祭りに金をかけ、純粋性を混濁させたりしないことが問題なのである。祭りが純粋であるためには、意識がそこで内発的に表わされることが必要である。すなわち、意識はそれ自身によってすべてを創造し、それ故に集団的な歓楽は、相互の意識が無償で交流しあうという幸福を生みだす意識の自律的な行為となる。祭りの費用を払う場合にも、（ルソーがサヴォアの少年やラ・ミュエット門の少女たちにそうしているように）、ほとんどなにも使わず、祭りの歓喜はそのために払われた金とは共通の尺度をもっていないということによって、自分を正しいものとすることができるのである。

経済

クラランにおける祭りの平等は、同時的な躍動と調和したすべての人々の心情のうちに同じ瞬間に生まれる歓喜をとおしてつくりだされるように思われる——しかしながら、この祭りの日の輝やかしい中心としてジュリーの姿を必要としないわけにはいかない。彼女の「外向的な魂」は彼女の周囲に普遍的な歓喜をひき起す。葡萄の収穫祭の幸福な興奮を喚起するためにはジュリーが存在することで十分である。そして、小さな社交界の全員が彼女の周囲で静かに活気づくためにはジュリーがいることで十分であるが故に、舞台を賑かにするために金の力をかりる必要はないはずである。質素の理想はふたたび完全に充たされる。

夜食が二つの長いテーブルの上に供されます。祝宴の豪奢さと華麗さはそこにはありませんが、豊かさと喜びがあるのです。(『ヌーヴェル・エロイーズ』*)

実際には、この祭りは労働の一日であり、生産が消費をはるかにうわまわっている。葡萄の収穫祭についてのサン＝プルーの手紙の冒頭の部分からは、喜びそのものに蓄積にたいする詩的な情感がこめられていて、それがこうした田園の繁栄の本質を要約していることが読みとれる。

けれども、善良で聡明な土地の管理人たちがかれらの土地の耕作を自分たちの善行、娯楽、快楽などの手段とし、神の贈物を惜しみなしにつぎこみ、かれらの周囲にいる人間や家畜などすべてのものを、かれらの納屋、酒倉、穀物倉などに溢れている財宝によって豊かにし、かれらの周囲に喜びと豊饒を蓄積し、かれらを富裕にする労働を不断の祭りとしているのを見ることはなんとすばらしい魅力でしょうか。(『同上』*)

しかしながら、なお付け加えなければならないことは、このような蓄積は、自足することを唯一の経済的な目的としている共同体の需要に釣合っているということである。独立したものとなるためにのみ富裕になることが問題なのである。もし祭りが意識の完全な自律を表明しているとすれば、その背景として共同体の完全な物質的自律を可能にする農業の繁栄をもっていたことが認められる。事実、クラランの成功はこうした二つの自律の形態を同時に獲得したことにある。ルソーはつねに意識の諸問題を経済の諸問題に結びつけてきたのであり、かれにしたがえば、経済的な独立によって支えられ、保証されないかぎり、意識の独立はありえない。自我がその充足をひたすら自己自身のなかと、自己のものである財物にのみ求め、けっして外的な援助を求めたりしないことを願うのは、まさしくストア派に発する道徳的な要求である。クラランにおいては、自給自足《アウタルキー》の道徳的理想が、経済の問題に置き換えられて、自己の物質的生活をみずからによって供給している、閉鎖的な社会の形態をとっている。そしてすべての道理にかなった要求は質素に充足されるであろう。しかし、富裕になることはそうした範囲を越えないであろう。ヴォルマール氏にとっては、一瞬のうちに消費にかわらないような利益を実現することは問題ではない。ヴォルマール家の農業の繁栄は資本の蓄積を生みださない。一家はいかなる借財もないかわりに、いかなる余剰の生産物をもたくわえない。かれらは交換しうる富を増大することなく充足して生きることに甘んじている。美しい魂はすべての物質的な負目に抵抗するのであり、かれらは金をつくったりはしない。かれらの経済は赤字でもなく、蓄積されてもいない。こうした小集団はみずからが生産するもの（使用人や百姓たちに生産させるもの）におうじて消費し、そして日常的な消費にささやかな祭りの体裁をととのえられる、わずかな過剰を生産する。これこそ満たされない欲求、ありあまる豊かさに疎外されない充足の完全なイメージなのである。多くの経済的な詳細を述べた記述のなかでは、時としてほんのわずかだけしか金銭については言及されていない。事実、金銭は小共同体の内部の生活には関係ないのであり、できうるかぎり避けようと努力している外側の世界との接触にしか関係をもたないのである。

わたしたちが裕福になるための大きな秘訣は、……金をほとんどもたないこと、そしてわたしたちの財産を使う場合に、生産された物と使用とのあいだの中間的な交換をできるだけ避けることです……。わたしたちの所得はわたしたちのところで使い、他人へ譲渡することを避け、さらに所得を現物で消費して、所得の交換を避けるのです。そして、わたしたちに余っているものをわたしたちに不足しているものにどうしても換えざるをえない場合にも、損害を二重にするような金銭的な売買はせずに、契約の当事者の双方の便宜がお互いに利益となるような物々交換をわたしたちは求めるのです。（『同上』）*

抽象的な媒介物としての金は、みずからが生産するものを直接的に消費し、みずからの労働の糧によって自分を養っている社会においては必要なものではない。たしかに、道具と手段の（その負担は使用人たちにかかっている）不幸な世界におりていかないかぎり、こうした労働はなりたつことができなかったのだが、労働の生産物の直接的な消費は、ある意味では労働の自然の否定という罪を消している。すなわち、富裕であることは意識と意識のあいだの障害となる危険はないのであり、人間は完全に現在の瞬間において自己自身に属することができる。かれらは労働の生産物に、現在の要求に直接的な満足を与える可能性を単に認めるだけなのである。そういうわけで、金も、金を所有するという問題も時間の進行を妨げたりはしない。美しい魂は未来に向けて純粋なままで飛躍することができるのである。

ヴォルマールが中間的な交換について述べている嫌悪はわれわれの注意をひく。そこにはルソーが金にたいしてつねに不安を感じていたことが認められる。しかし、ヴォルマールは『告白』においては好悪の問題として語られていることを高潔に体系化し、経済的な理論に変えている。

わたしの好みはどれもみな金で買えないことばかりだ。わたしに必要なのは純粋な快楽だけで、金はそれを毒する。……それ自体ではなんの役にもたたず、それを享受するには変えることが必要である。(『告白』*)

たしかに、金は直接的に享受することができないものである。金によって得られるいっさいの享受は必ず間接的なものである。金という手段によって獲得された快楽はもはや直接的な純粋性をもたず、毒されている。

しかしながら、『ヌーヴェル・エロイーズ』と『告白』の対比が光りを与えてくれるもうひとつの補足的な問題がある。それは、クラランにおいて、有徳の自給自足的な経済を支えている直接性の原理は、『告白』においては反対にジャン゠ジャックの不道徳な行為を正当化するのに役だっているということである。なぜ、かれは多くのささいな盗みをはたらいたのであろうか。なぜならば、かれは金を媒介とすることを恐れたのであり、欲望が直接に欲しい物に向おうとするからなのである。

金と欲しいものの間には、つねに媒介物があるから、わたしは金には物ほど誘惑されない。物自体とそれを享受することの間には、媒介はない。わたしは物を見ると、それに誘惑される。もしそれを獲得する手段だけを見ても、誘惑されない。だから、わたしは盗みをしたことがあり、今でもつい欲しくなったつまらぬものに手出しをすることが、ときどきある。せびったりするよりも失敬しておくほうがいいとおもうからだ。（『同上』）[*]

つまり、ジャン＝ジャックは、ヴォルマールがかれの領地の生産物を直接、消費するのと同じ理由によって盗みをしている。同じ道徳の二つの側面が問題になっているといってよい。ルソーが自分の盗みを説明するとき、直接性の原理が、純粋に叙述的な意味で心理のメカニズムを解明するために用いられているのであるが、ほとんどその瞬間に、直接性の原理は、正義と不正の通常の規範にくらべて、より高度な判断としてかつより緊急のというよりはむしろより有効な道徳的命令としての価値をもつにいたるのである。

欲望にしたがってそこに提供されてあるものを取ること、それは『人間不平等起源論』の第一部において描かれている自然状態の特権であった。しかしながら、社会はきみのものとわたしのものを区別したのであり、過去に戻ることはできないのであって、盗人は投獄されるのである。自然状態の無為の充足の後に、永久に満たされない欲求の状態が続いて、人間が物と他人の奴隷となるような労働のうちに自己自身を忘れる。とはいえ、労働は人間を人間的にするのであり、人間を動物の状況よりうえに高め、その時から、人間は手段と道具を用いる例外的な存在となり、その手段と道具によって自然を変化させようとして自然に対立する。社会状態の不幸をつくりだしているのは、人間がつねに新しい満足を求めて、手段の世界のなかで自分を失い、それを取戻すことができないからである。人間はつねに自己の快楽の不足という感情によって自己自身から引き裂かれ、なお他の快楽を手にいれようとすることによって、こうした不足を増大させている……。しかし、クラランにおいては、美しい魂が自然と文化をかれら自身のうちに和解させるような止揚の世界があって、自然状態の充足とそれ以後においては不可欠のものとなった労働とが一致しているのが見られるであろう。原始的な独立状態は文明の手段の使用とふたたび矛盾しないものとなっている。人々は自己自身に充足するためには、自然によって与えられた野生の果実を摘みとったりするかわりに、労働の回路を通ることになる。そして、自然の人間の幸福をつくっていた充足の完全な平衡をふたたび見出すのである。いまや、必要なことを定め、過剰なものを取り除き、労働を正当な欲求にかなうものにするのは、理性なのである。そうすることによって理性はすべての人々がつつましい満足のうちに生きていく限界を設定し、世論の支配を排除し、文明状態の利点を除去することなくその悪を消し去るのである。

なにものも世論の犠牲にされず、すべてのものが本当の効用をもっていて、自然の真実の要求にのみ限られている事物の秩序は、理性によって承認された光景を示すだけではなく、人間が、あたかも自己自身にのみ充足しているような、快適な関係のもとにあるものだけをそこに見ることによって、眼と心を満足させるのです。……そこでは、柔和で平和な、少数の人々が、おたがいの要求とおたがいの好意によって結びつけられ、ひとつの共通の目的のためにさまざまな配慮をしながら協力しています。各人は自分の状態に満足するために必要なすべてを見出しており、そこから離脱したいなどとはまったく望まず、一生そこにとどまっているべきであるかのように愛着しており、人々がただひとつもっている願望はかれらの義務を十分に果そうということなのです。命令する人々にはたいへん節度があり、服従する人々にはたいへん熱意があり、あたかも身分の同じ人々が、だれもが自分の分担に不平なしに各人のあいだに同じ仕事を割当てることができるかのようなのです。したがってだれも他人の分担をうらやまず、だれも共同の財産をふやさないかぎり、自分の富をふやすことができるとは思ってもいないのです。主人たち自身も自分の幸福をかれらの周囲の人々の幸福によってしか判断しないのです。そこには有益なものしか見出せず、そして有益なものはすべてそこにありますから、なにを加えるべきかも、なにを取り除くべきかもわからないはずです。したがって、そこにないもので欲しいものはなにひとつありませんし、そこにあるもので、どうしてもっとたくさんないのかなどと言うことのできるようなものは、なにひとつありません。(『ヌーヴェル・エロイーズ』*)

いかなる内部の矛盾も集団の結束を脅かさない。そして、外部のいかなるものもかれらにとっては欲しいものには思われないので、いかなる誘惑も外部からかれらを脅したりはしないであろう。共同体は、各人が自己をそのなかに認めている「共通の利益」を確認することによって共同体そのものを確認すること以外のいかなる目的をももたない。実行されたすべての行動手段は消え、重要な唯一のもの、つまり自律的な意識の幸福が透明に現わされる。労働によって生産されたものは、できるだけ早く、適当な満足に変えられる。実際には、マニファクチュアの労働に似ているものはなにひとつなく、そこでは蓄積された品物は遠方で売られるためのものである。しかし、ルソーはクラランの幸福を想像することによって、労働を直接的に享受に変えることを可能にする理想の条件を思い描いている。経済的な成功は、労働によって生産される物の増加が、透明の地平がくもらされるような販売と交換の問題を提出することなしに、すべての地方的な必要を供給することにある。なぜならば、実際の要求に対応しないような、あるいは共通の満足にたちまち吸収されないような、すべての物質的利益は、自己自身にのみ属することを理想としている意識にとってはたえがたい重荷だと思われるからである。共同体がそれに応じて消費することが可能であるものを超えた富裕は、奴隷状態に等しいものであろう。したがって、労働の生産物は、売る物あるいは蓄積された富という形態においてはけっして自律的な生活にたいしていかなる権利をももたないであろう。すなわち、それぞれの物は人間の手を離れるやいなや、ただちに妥当な使用に捧げられるのであり、そうした使用こそが物を正当化し、人間の物にたいする卓越性を回復するであろう。クラランでは、人間は物をできるだけ早く自己に適応させ、物から解放され、そうすることによって自己を純粋な自由のうちに確認するためにのみ物を生産している。「人は享受するためにしか働かない*」のである。

ルソーの個人的な生活においてもそれは同じである。生きるためには生活の手段をもたなければならない。自由に生きるためには、こうした手段がなにものをも拘束せず、意識がとり返しがつかないほどそれに呑みこまれてしまう危険があってはならない。最良の労働はもっとも無関心な仕事であって、けっしてそれに自己をゆだねようと心をそそられないような仕事であり、反対にそれにによって汚されていない自己をふたたび見出すためにつねに自分を取り戻すことのできるような仕事であろう。

> 独立してやっていきたいとは思っても、食べずにいるわけにはいかない。わたしはじつに簡単な生計の手段を考えだした。一ページいくらで楽譜を写すことである。同じ目的を達するのに、もっと堅実な仕事があったら、そのほうを選んだであろう。だが、この仕事はわたしの好みにあっており、また個人的な束縛をうけずに日々のパンを得られる唯一のものだから、それで我慢した。(『告白**』)

事実、ルソーはクラランの経済的な充足をストアの賢者の充足をモデルにして描いている。しかしながら、賢者が自己のうちに道徳の糧をもっているとしても、クラランの領地がその物質的な糧だけで生きていけないことは明白である。ほとんど閉鎖的でありながら、なおかつ、繁栄する経済という仮説は明らかに承認しがたいものである。それは感傷的な空想であって、そこにはロビンソン・クルソー的な筆致が濃厚にうかがわれるのである。

しかしながら、ルソーはレマン湖のほとりにうちたてられた、閉ざされた共同体が出会うであろう現実的な諸条件を描きだすことをほとんど考慮していない。ルソーは外向的な想像力の躍動のうちに自我の充足の理想を共同体的充足の神話に置き換えている。「かれの心情にしたがった被造物」に囲まれて、かれは叡知による孤独な充足を再生し、それを慰めの夢想による少数者の充足にしようとする。かれはもはやひとりではないが、それにもかかわらず孤独の本質的な特権である自由および自己の外側のいかなるものにも依存していないという感情を保持している。さらにいうならば、かれは自己の独立の欲望に、より絶対的な形態を与えている。事実、生活手段の問題が孤独な個人を必然的に外部に向わせるにもかかわらず、理想の共同体にとっては、もはやそうではない。共同体は、すべての構成員が同じ目的に従っている単一の機関として、そして集合的な自我として考えられ、共同体そのものから外へ出ることなしに仕事を行う。すべての労働は個人を外部の世界にかかり合いにし、個人は部分的にそうした外部の世界に依存することになるのであるが、共同体の労働は純粋に内部のものとしてとどまっている。すなわち、共同体によって使われる手段はいかなる外的なものにも共同体を隷属させない。共同体の活動は瞬間的に内在的なものに再帰される。このような労働集団はその他の世界に結びつけられるようないかなる欲求をも経験せず、結果としていかなる交易をも企てない。閉ざされた共同体は、その完全な自律を確立し、無為にして完全に自由な人格としてその他の世界に対置されている。

クラランでは、すべてが関連している。経済的な充足は社会集団の全員一致を前提としており、こうした全員一致は開かれた心情、相互信頼、透明な意識を前提としている。ルソーはすべてのこのような理想の条件をみずから認め、その完全な融合を断言しているのである。

とりわけ、充足の主題が自然と文化の和解の主題と結合されているような、いくつかの象徴的な創意ほど教訓的なものはないのである。

たとえば、ジュリーのマラガ酒である。充足の原理は外国産物のいっさいの輸入を禁じているのであって、「遠くから来るすべてのものは、かならず偽装され、変造されている」*とヴォルマールは言っている。充足のうちに生きることを決意した者にとっては、外部は虚偽と幻想の領域なのである。現場でつくられたもの、つまりホーム・メードのものだけが本物である。たとえ外部の世界が提供することのできる真実の快楽があるとしても、外に求めることは無益である。クラランは同じようにそれらを手に入れることができるであろう。ジュリーは、その地方の葡萄からマラガ産のような錯覚を与える葡萄酒をつくる製法の秘密を知っている。そのためには、ほんのわずかではあるが自然を強制し、「つましい工夫」の助けをかりて自然を曲げることが必要である。こうしたことは虚偽なのであろうか。それはほとんど虚偽ではない。この模造のマラガ酒は、外国から買わねばならないマラガ酒に比べれば虚偽はより少ないのである。このように技術が自然の避けることのできない限界を補っている。クラランは「二十の風土をただひとつの土地に集め**」、その他の世界を必要としないでいられる世界になる。

次には、ジュリーの楽園《エリゼ》である。労働によって繁栄するものとなった領地の中央に、ジュリーは自分のためにある閉ざされた空間、閉ざされた庭園 *hortus clausus* を留保している。「濃い葉むらがそれを取り囲み、内部まで見透すことをゆるさず、いつも注意深く鍵がかけられている。***」この庭園はなんであろうか。それは原始の自然の幻想を与える人工の作品であり、「人為の無人境」である。サン＝プルーは「そこに人間の仕事は見えない」と素朴に驚嘆する。しかし、真実はその反対であり、人間の仕事が目に見えないほどに完璧なのであった。この聖域のなかにはジュリーが望み、配置しなかったような自然はなにひとつない。「自然がすべてをつくったというのは真実ですが、それはわたしの指導のもとにであり、そこにはわたしが命じなかったものはなにひとつないのです」と彼女は言っている。そして、もしいかなる人跡も認められないとすれば、「それを消すためにたいへんな配慮がなされた」からなのである。さらに、すべてのこうした整備は「十分に単純な工夫の手段」によってなされたのであって、ジュリーは彼女にとってはいかなる費用もかからなかったと断言している。経済的な道徳は保たれている。すなわち、人工の手段は質素であり、その場所はゆたかに樹木が繁っているのであるが、そのゆたかさの責任をみずから負っているのは自然なのである。そういうわけで、文明化された家族の神聖なる聖所 *sanctus sanctorum* は、文明が自然を変容する以前に、そうであったような自然のイメージを提供する場所である。「わたしは自然のもっとも原始の、そしてもっとも孤独な場所を見たと信じました。そしてわたしはかつてこの無人境に分け入った最初の人間のように思われました」とサン＝プルーは書いている。クラランの文明の島の中心に遠いポリネシアの無人島が存在しているのだ。したがって、止揚（社会そのもの）は、いったんそれが止揚したものを保持している。幸福なる幻想によって、楽園《エリゼ》は、時代の始まりと世界の終りにあるものをわれわれのものにする。「ああ、ティニアン！　ああ、ホアン・フェルナンデス！　ジュリーよ。世界の終りがあなたの家のそばにあるのです。」そうなればいったいだれが旅行することを願うであろうか。クラランの充足はティニアンの完璧なイメージまでも再生しようとしているのである。

　このようにして見出される自然はたしかに、原始人がそのなかで生活し、単純な感覚をとおして直接的に接触しているような自然ではない。楽園《エリゼ》は、感覚的生活から道徳的生活へ移行した理性的な人間によって再建された自然である。シラーの言葉をふたたび借りるならば、このような見出された自然は、もはや「素朴な」自然ではなく、失われた自然への「感傷的な」哀惜から生じた自然の幻影であると言えよう。すでに引用したカントの文章を想起するならば、「完成された人為は、あらためて自然となる」のである。人間の技術の産物として獲得される自然より以上に間接的なものはない。ただ完成された人為においてのみ、仕事は消え、獲得された対象は新しい自然なのである。作品は間接的なものであるが、媒介行為は消失し、享受はあらためて直接的なものとなる（かあるいは、直接的であるという幻想が与えられる）。ここには、『ピグマリオン』の美学が同じように見出されるのであり、芸術家によってつくりだされた形態のもっとも美しいものは、「芸術作品」としてとどまらず、あたかも彫刻家の仕事がけっしてなかったかのように、自然の生活へとたち戻らなければならないのである。

神格化

こうした成功は純粋に人間的であり、純粋に地上のものである。それは無神論者ヴォルマールの仕事である。（しかし、キリストの信仰に改宗したジュリーが、友人たちの小グループの魂であることも真実である。）人間的な良心が徳と信頼の努力を達成したが故に、透明性は回復される。この努力の代償として、良心はなにも隠すことをもたない。あらゆる混濁した欲望、あらゆる不純な情熱は告白されるべきものであり、告白の行為そのものがすでに官能的な情念を道徳的な透明に変える抑制なのである。

このようにして、限られた、選ばれた者の小集団が統一の幸福を味わう、ある種の神の王国が設立される。なぜならば、直接的な現存、絶対的な充足、内的な享受、命令する力などは神のもつ特権であり、人間がそれらを自己のものとするのは自己の本質的な矛盾が止揚されるときにおいてのみである。「家長」はそのとき、神と同じ存在となり、かれが所有するすべてのもののうちに現存し、自己自身に充足する。かれにとって、所有することの充足は、存在することの充足とまさしく一致する。かれは、かれが所有するすべてであり、あらゆる、いっさいのものを自己の領地のなかに所有している。かれを取り囲んでいる小世界は、空間がニュートンにとっての神の感覚中枢であるように、かれの感覚中枢なのである。かれにとって欠如しているものはなにひとつなく、したがって、外部のものはなにひとつ存在しない。かれの内部には、存在の欠如である欲望の占める場所はもはやない。もし、かれがなんらかの手段に訴えるとしても、それらの手段はつねにもっとも直接的なものであり、手段が用いられるやいなや、たちまち消失し、直接的な結合に席をゆずる。家長は、金もしくは専制的な暴力の仲介によってかれの部下を支配するのではなく、信頼と尊敬の直接的な結合、意識と意識のあいだの直接的な関係、（さもなければ、少なくとも自由な説得に相当するもの）によって部下たちの協力を獲得する。

自分の家に喜びを感じている家長は、かれがそこでたえず気をつかっている代償として、自然のもっとも甘美な感情をたえず享受しています。あらゆる人間のなかで、ただひとり、かれのみが自分自身の幸福の支配者です。なぜならば、かれが享受しているもの以上にはなにひとつ望まないで、神そのもののように幸福なのですから。かの広大無辺な存在と同じように、かれは自己の所有物を拡張することを思わず、もっとも完全な関係ともっとも巧妙な指導によって所有物を真に自分のものにすることを考えます。かれは新しい取得によって富裕にならなくても、持っているものをよりよく所有することによって富裕になるのです。かつては自分の領地の収益だけを享受していたのですが、今では領地の耕作を指揮し、たえず領地を巡回してさらに領地そのものを享受しています。かつては、召使は他人であったのに、今では召使を自分の財産、自分の子供にしており、すっかり自分のものとしているのです。かつては行為にたいしてしか権利をもたなかったのに、今では意志にたいしても権利を得ているのです。かつては金の力でのみ主人であったのに、今では尊敬と慈愛との聖なる力によって主人となっているのです。（『ヌーヴェル・エロイーズ』*）

ヴォルマールは神を信じてはいないが、自分と自分を取り囲むすべてを所有しているという精神的な満足によって神に似た存在になる。物質的な所有は精神的な所有において完全なものとなり、クラランの領地はあらゆる所でみずからの自己同一性を認めている意識の場である。（すでにヴォルマールは「生きた眼」となる願を表明したとき、神の特権を要求していたのであった。）

ひとりの無神論者が神とかくも同じ存在になることを願うということは、驚くべきことなのであろうか。そこには、「啓蒙哲学」の諸傾向（それが明白にされたものであろうと暗黙のものであろうとも）とあい矛盾するものはなにひとつない。しばしば指摘されてきたように、哲学者たちの偉大な思想は、そのほとんどが世俗化された宗教的な概念である。イヴォン・ブラヴァルが書いているように、あたかも十八世紀の哲学は「神の無限の属性を現世に移し、人間にその道徳的属性を移すことが可能であったかのよう」[*]に思われるのである。

無神論者ヴォルマールが個人的な神を信じることを拒否するのは、そのことによってみずからが地上における神の後継者とならないためにのみである。かれは、完全な充足がそれを享受する者に神性を与えるが故に、自分が神の特権を所有していることを感じている。ルソーにとって、人間を神と同じ存在にするものは、知識の木の実ではなく、充足であり、充足の完全なやすらぎなのであり、たとえそれが、無知にきわめて近いものであろうとも、そしてたとえ意識がきわめて稀薄な形において「存在感情」以外のなにものをも含まないほどに空白なものになるとしてもそうなのである。『孤独なる散歩者の夢想』の第五章において、こうしたもっとも幸福な瞬間のひとつが描かれているが、そこでは、人間は神と接触したり、超越的な存在にみまわれることを感じたりするためではなく、自己の内在的な本質のなかにある自己自身に充足しているが故に、自分を神であると感じ、神との完全に等しい存在となるのである。

このような境地において、人はなにを享受するのだろうか。自分にとって外面的ななにものでもなく、自分以外の、自分の存在以外のなにものでもないのである。この状態が続くかぎり、人は自己自身に充足している、ちょうど、神と同じように。(『夢想*』)

ビエンヌ湖のほとりでの、無為で孤独なジャン＝ジャックが味わう幸福は、ヴォルマールの能動的な幸福とほとんど同じ言葉で述べられている。こうした受動性と能動性のあいだには顕著な相違があるといえるかもしれない。しかしながら、ただひとつ明らかなことは、自我の地平を越えない積極性は無為の独立に等しい価値をもつということであり、充足はヴォルマールの物質的活動に無限のやすらぎという価値を与えているのである。そして、無為のジャン＝ジャックと能動的なヴォルマールは同じ神性に到達するのである。

ジュリーの死

自分を神と同じ存在につくりあげるヴォルマールの人間的な成功にたいし、神と出会おうとするジュリーの行動は対立している。『ヌーヴェル・エロイーズ』の「妥当な」結論になりえたはずの地上の幸福にたいし、ルソーは第二の結論を対立させているが、それは宗教的な次元の結論である。

波瀾はクラランの親密な社交界の田園詩的な幸福のうちにはおさまらない。ジュリーは死ぬ。彼女の死は、長調の旋律に続く短調の旋律のように、すべての意見を同じくする美しい魂たちを悲しみに沈ませようとして付け加えられた悲壮な不慮の事件というよりは、はるかに大きなものである。ジュリーの死と彼女の信仰告白は、クラランの人間的な均衡のうちにその究極を見出したように思われる展望とは、まったく異った「観念的な」展望を開いている。ジュリーの死があらためて問題にしているのは、すべてのこうした人間的な秩序である。さらに、それが指摘し、明らかにしているのは、透明についてのまったく別の発見なのである。

たしかに、作品の悲劇的結末は、小説の前半部を支配していた愛の情熱のクリマへとわれわれを導いていく。情熱は破壊的なものであり、サン＝プルーはしばしばみずからの死を思う。トリスタン物語の原型では、――ルージュモンにしたがえば*、『ヌーヴェル・エロイーズ』はそのブルジョア調の繰返しなのであるが――恋人たちに、かれらが墓場においてふたたび結び合うことによってしか勝利を得られない打ち勝ちがたい障害が課されている。ジュリーは、真実のところ、愛のために死ぬのではなく、彼女の母の義務を遂行したために死ぬのである。すなわち、ルソーは、愛の情熱の神話にしたがうならば、情熱それ自体に固有のものである破壊の意志によって動機づけられるべきであった行為を徳の次元に置換えている。しかしながら、なおあるアンビヴァランスが残されている。ジュリーは徳によって死ぬのであるが、彼女の死は、「彼女は死んではいないのです！」というサン＝プルーの情熱に溢れた哀惜を生みだすのである。

ルソーがよく知られたジュリーとサン＝プルーの湖上の夜の散歩に悲劇的な結末を与えようとある時点で考えていたことは周知のことである。突風がボートを転覆させ、遂げられぬ愛は、二人の恋人が同時に死ぬことによって達成されるはずであった。しかしながら、こうした解決は魂の向上の弁証法へのすべての効果を失わせたであろう。そして小説はもっとも破壊的な形での情熱の勝利に終っていたであろう。そして、情熱の破局は恋の冒険をその出発点にまで後退させていたであろう。すなわち、その唯一の出口は死であり、こうした夜の陶酔のうちにそのもっとも純粋な達成を見るような、愛の絶対的な特質を肯定することであったろう。

ルソーは、かれが越えようとしている情熱を保持するために、それを昇華させようとする。すでに、二人の死は肉体的な情熱の昇華を表わしている。しかし、こうした昇華もまた昇華されるべきであり、愛の情熱は神に向って飛躍するために犠牲にされる。愛の情熱はみずからを否定することによって救われるが、ジュリーの宗教的な死が依然として愛の死であることに変りはない。ジュリーがサン＝プルーに書いている最後の言葉は深い意味をもっている。「いいえ、わたしはあなたを離れません。あなたをお迎えにまいります。地上でわたしたちを別離させた徳が永遠の国においてわたしたちを一体にするでしょう。*」神に向いながらも、ジュリーは愛人から遠ざかってはいない。(夫妻とともに三人で生活するという理想は永遠の世界に移され、神がヴォルマールに代って夫の役割を演じる。)

それでもなお、いくつかの不明瞭な点が残されている。すなわち、情熱と徳という対立する概念は真に和解しあっているのであろうか。情熱は真に超越されるのであろうか。矛盾の止揚は現実に行われたのであろうか。クラランの「社会的」幸福において示された、自然と文化の一致の価値とは究極的にはいかなるものなのであろうか。こうした問題のすべてが問われなければならず、それに答えるための困難さから、すでに粗描してきたようなルソーの思想の「弁証法的」解釈を無条件に受けいれようとする危険が生じるのである。すでに明らかにしてきたクラランにおいて達成されたような自然と文化の綜合について、その追求を示唆しているのはカントである。ルソーはこの二つの対立する命題を対比し、そしてそれを和解させる意図を明白にもっていたのであろうか。かれは、自分の小説は夢想であると断言しているが、弁証法は夢想ではない……。ルソーの自然と思想は二つの極をなしていると言うことはできよう。そして、かれには同じように統一へのかわらない渇望があることも明らかである。こうした双極性と統一への欲求が、単純に共存することによってひとつの弁証法的運動をひきだし、さらにそれをはるかかなたにまで導くことさえ可能にしている。しかしながら、内面の矛盾と統一への渇望は関連づけられてはおらず、整理された「体系」のうちに知的に調整されていない。ルソーは、みずからかれの本性は相矛盾していることを告白しているとはいえ、自己の性格についても、さらに自己の思想についてもそのあらゆる矛盾を知るにはほど遠いのである。したがって統一への意志は完璧な概念的明晰さによって用いられているのではなく、全人としての躍動であって、知的な方法ではない。したがって、かれおよびかれの作品のなかには、かれ自身がそれを知らないような、それ以上の隠された意味が含まれている。こうした事実はすべての文学者にとって真実なのであるが、ルソーの場合には顕著である。エリック・ヴェーユは「ルソーの思想を考えるためにはカントが必要であった*」と書いているが、(ルソーの感情を考えるためにはフロイトが必要であったと付け加えたい)。

統一への渇望はあくまでも渇望にすぎない。それは欲求の方向を指示してはいるが、確実な所有ではない。ジャン＝ジャックが最初の矛盾のなかにふたたび落ちこむことをそれは妨げない。そして、対立する命題はつねに対立のままであり、対立がより高い統一のうちにふたたび現われるのではなく、そのままの状態に静止して続いているような感じがしばしばもたれるのである。われわれは弁証法的な運動に立会っているのではなく、分裂と双極性のなかにとどめられ、敵対するさまざまな力が和解することなく戦いあっている。魂は相矛盾する誘惑に同時に惹きつけられ、ほんろうされながら、昼と夜の呼びかけに、そして現世の秩序への希望と現世を否定する陶酔に答えうることを願っている。ジャン＝ジャックがこのように両極の魅惑にみずからをゆだねるとき、命題と反対命題を提出する思想家としてではなく、アンビヴァランスに悩む不安な魂として現われるのである。

『ヌーヴェル・エロイーズ』は「観念的な」小説である。しかしながら、作品の特権として道徳的な綜合を追求することが情念のアンビヴァランスへのたえざる傾斜を妨げたりはしない。作中での理性的な人物であるヴォルマールの意志的な成功が、ルソー自身がたえず経験しており、サン・プルーとジュリーとがそのロマネスクな代表者であるような、心理的な曖昧さによって脅かされていることは、きわめて大きな意味をもっている。つまり挫折への誘惑が幸福の渇望と拮抗しあい、罰の欲求が弁明の意志と共存しているのである。

ヴェールの主題がふたたび現われる。

クラランの親密な社交界は幸福と相互の信頼のうちに生きているのであり、最後の秘密、最後の不透明の跡が残っていなければ、心情の透明は絶対的なものであろう。しかし、ジュリーの心では、すべてが明晰ではない。喜びに輝くジュリーは「秘密の悲しみ」*に悩まされているのであり、（この場合にルソーは秘密を危険で貴重なものとして一度は具体的な価値を与えている）。

叡知と貞淑のヴェールが彼女の心をいく重にも取巻いていますので、彼女の心を洞察することはもはや人間の眼には、いや彼女自身の眼にも不可能なのです。（『ヌーヴェル・エロイーズ』**）

これらの言葉は――たとえそれが懐疑的なヴォルマールによって語られたものではあれ――全体的な認識はただ神の眼にのみ留保されていることを意味している。したがって、人間の意識と意識の関係においては、神以外の者にとっては近づきがたい、存在の隠された部分を保護している越えることのできない、いくつかの限界に究極的には出会うということを認めねばならない。無限により透明な、そしてより直接的な、人間の意識のあいだではもはやうちたてられない、しかし魂を神に一致させるような、新しい「直接的な交流」の主張がすでに準備されている。

ジュリーはキリスト者である。彼女の「秘密の悲しみ」の原因は、ヴォルマールが神を信じることを拒否していることである。ヴォルマールの前で、ジュリーは彼女の信仰を隠さない。しかし彼女は自分の悲しみを偽ろうと努力するにもかかわらず、それを隠しとおすわけにはいかない。

たとえ彼の妻が、かれにたいして自分の悲しみを偽ろうとしてどのような注意をはらっても、かれはそれを感じ、分ちあうのです。人は透徹した眼を欺けないのです。(『同上』*)

ひとつの隠し立てがもうひとつの隠し立てを呼びかける。ヴォルマールはかれの無神論を民衆の眼から隠すことに同意する。(宗教は賤しい人々に有益な慰めをもたらさないのであろうか。)かれは模範を示そうとして宗教を信じるような行動をすることになる。「かれは寺院に行く……　かれは既成の慣例にしたがい……　醜聞を避けようとする。」そのようにして、「体面は保たれる」**であろう。美しい魂は偽善者となったのである。しかしながら、あらゆる場合に優位にあるべき、絶対の自由の原理にたいするなんという侵犯であろうか。あるメランコリーの前駆症候が夫婦を包みこむ。

感情の対立によってかれらの結合を被っている悲しみのヴェールがなににもましてジュリーのうちかちがたい支配力を証明しているのです。(『同上』***)

結合と離別が同時に行われる。ジュリーの支配力は「うちかちがたい」のであるが、それが負わせるものは「対立」の悲しみである。ヴェールの象徴はジュリーとヴォルマールを離すもののイメージとしてではなく、反対に光をおぼろなものにする霧のようにかれらを結合そのもののうちに包みこむもののイメージとして現われている。

ジャン＝ジャックのアンビヴァランスは、そこに住む者が同時に完全な統一の感情と離別の感情のうちに生きている世界を想像するというかたちに現われている。すなわち、意識の統一であり、離別であり、神との統一であり、離別である。

ヴォルマールが神を信じないということは、「内面の、あるいは感情の確証がかれに欠けている」ということである。* しかし、ジュリーはそうした確証をもっている。のみならず、彼女は超越的な証人に目撃されながら生きたいという欲求をもっている。彼女の義務を達成するために、永久の裁きに訴えることが必要である。彼女にとっては神の現存が必要なのである。それにもかかわらず神の姿は隠されている。神はいたるところに現われていながら、隠されているのが崇高なアンビヴァランスなのである。

「神そのものが自分の顔を隠しているのです。**」ジュリーは「内面の確証」をもっているにもかかわらず、神から離れていると感じている。ここで、ルソーは両立させることの困難な二つの神学的な教義を共存させているように思われる。すなわち一方には、「直接的な能力」が神の命令を認めるために完全に十分であるような人間の意識の内面における神の内在的な啓示があり、他方には、聖書の啓示とキリストの仲介だけがいやしがたい分裂を防いでいる悲劇的な分離を肯定する隠れた神 *Deus absconditus* の神学がある。

ジュリーは直接的な絆によって神に近づくことを願う。しかしそこに到達せず、失敗を告白する。

> わたしが神にまで自分を高めようとすると、自分がどこにいるのかわからないのです。神と自分とのどんな関係も見えなくなり、どこを通って到達すべきなのかわかりません。わたしにはなにも見えず、なにも感じられず、ある種の呆然自失におちいってしまうのです。（『同上』***）

直接的な交流は実現不可能なのである。その時、神との間接的な関係の可能性が残される。ジュリーは「感覚もしくは想像の仲介」を通すことに同意しなければならない。しかしながら、彼女が間接的な道を受けいれるには悲しみ（彼女の言葉そのものにしたがうならば）がともなう。

> わたしは神の尊敬を悲しみとともにいやしめているのです。神とわたしのあいだに感覚的な対象を

置き、神をその本質においてみつめることができず、わずかにその御業《みわざ》のうちにみつめ、その慈悲の行いによって愛しているのです。(『同上』*)

したがって被造物に向いあい、その御業《みわざ》を通して神を愛し、みつめなければならない。しかしながら、ルソーはそのことがある種のやむをえない手段であることを理解させている。われわれにとって直接的に感覚的なもののすべては実際には神とわれわれのあいだの障害(ヴェール)なのである。「自己の起源にまで高く上る」ことを願う者にとっては、感覚と感情が直接的に提供するすべてのものは、もはや直接的な価値をもたず、反対に中間に置かれた仲介物となり、感覚的な明証性の明るい世界は突然不透明な意味をおびることになる。

注目しておくべきことは、ルソーにしたがえば、神を間接的にみつめることは、世界を通すこと、つまり被造物と感覚的な対象を通すことであって、キリストと福音書を通すことではない。その御業《みわざ》によって愛することのできる隠された神はジャンセニスムの神ではなく、ディオニュシオス・アレオパギタ偽書〔五世紀末の神学者。真の著者は不明〕やアッシジの聖フランチェスコの不可知の神により一層似ていると言えよう。かれらは被造物への愛を通して神への愛を招きよせているのである。神はその顔をヴェールで被っているが、世界は顕現しているのである。

間接的関係の理論は精神にとってたとえどれほど満足すべきものであるにせよ、悲しみをもってしか受けいれられない。ということは、ルソーにとって、それは心を和らげるものではなく、かれの個人的要求はつねに直接的なものへと向けられているからである。間接的な交流のすべての形態にたいし、すでに繰り返して明らかにしてきたように、ルソーは不快と不安を感じる。かれはたえず手段と仲介からのがれようとしている。手段と目的の関係をきわめてよく理解することのできるルソーは、手段の世界に留ることができない。したがってかれは、ジュリーが「感覚的な対象」を置くことをよぎなくされている状態を急いでやめさせようとする。死をむかえながら、ジュリーは幸福にも「直接的な交流」に到達するであろう。死にのぞむジュリーは肉体的な生の障害から解放され、神を隠していたヴェールが取除かれることを知る。精神と物質を徹底的に分離する、ほとんどマニ教的な二元論にしたがうならば、死は介在するいっさいの障害の除去であり、いっさいの手段の消失なのである。

かつて地上にあった肉体から自由になった魂がそこへふたたび戻り、さまよい、おそらく自分に親しかったものの周囲にとどまることができると考えることに不合理があるとは思いません。魂はその現存をわれわれに知らせようともしませんし、そのためにいかなる手段をももたないのです。さらに魂はわれわれに働きかけ、その思念を伝えようとはしませんし、そのためにわれわれの脳の器官を揺さぶるような力はないのです。なおまた魂はわれわれが行うことを知ろうともしません。なぜならばそのためには感覚を必要とするのですから。しかしながら、魂はある直接的な交流によってわれわれが考え、そして感じていることをみずから認識しようとするのです。そうした交流とは、神がこの世におけるわれわれの考えを読みとったり、われわれが神と向いあうが故に、神の考えをあの世で相互に読みとるであろうような交流と同じようなものなのです。(『同上』*)

ここでは、こうした信仰告白が含んでいる素朴な唯神論的形而上学のすべてを明らかにするような場合ではない。重要なことは、直接性がそのもっとも絶対的なかたちで勝利を占めていることが見られることである。魂は神の姿を享受し、そうした向い合いのなかで、魂そのものが神性をおび、神と同じ存在になる。なぜならば、魂がそれまで神だけが所有していた特権である、心情を読みとる力を獲得するからである。ヴォルマールがみずからを神と比べているとすれば、ジュリーは、彼女ながらに自分の神格化を告知し、予言している。ということは、彼女は、みずからがつねに祈っていた、そして、それによって最終的に正しいとして認められることを期待している証人としての神と合体するだけではなく、彼女自身が生き残っている人々にたいし超越的な証人となるからである。クレールは「いつもあの方の眼を感じながら生きましょう*」と叫ぶのである。

神は顔をヴェールで被っているが、ジュリーは物質と精神、生と死をへだてているヴェールを克服する。さらに、小説の最後の部分において、ルソーはヴェールに形而上的な意味を与えると同時に、それを物理的な現実ともしている。死せるジュリーの変りはてた顔は、サン＝プルーがインドから持ち帰った「真珠でふちどられた金のヴェール」で被われる。つまり、ジュリーの死は透明への到達であるとともに、ヴェールの勝利をも表わしている。作品の最後の旋律において、二つの対立するテーマ、主題と対立主題がふくれあがり、厳粛に確認しあうのである。

「ヴェールを被せる」という動詞、「ヴェール」という名詞は、それまでは分裂と不透明を象徴するのに用いられる隠喩的な表現にしかすぎなかった。しかし、いまやヴェールは物質的、具体的な存在となったのであり、寓意的な意味を表わす力を失うことなしに、現実の物としての重みをもつにいたる。すでにより小規模な二つの作品の中心部において出会ったヴェールを被った神像は例外として、ルソーの作品のなかでヴェールのイメージが連続した意志的な、熟考された態度で用いられ、著者が通常このイメージを特徴づけている不完全な抽象を放棄している唯一の一節がここにある。いまや、ヴェールは挿話的な、移ろいやすい隠喩《メタフォール》であることをやめ、首尾一貫した諷喩《アレゴリー》となる。ヴェールは分裂と死なのである。そのイメージがこの場合にもっている重要性を確認するならば、その結果として、イメージが常套的なものと思われるような文節においてさえも、その存在はけっして無意味なものではなく、つねにさまざまな意図と象徴的な価値に富むものであることを容易に結論づけることができよう。

ヴェールの隠喩は現実に移行する。しかし、いくつかの連続する段階を通って移行する。なぜならば、ヴェールは具体的な物となる以前には夢の幻影なのである。サン＝プルーの前駆性の夢のなかでそれが現われるのであるが、きわめて伝統的な「ロマネスク」な文体で描かれている。

　わたしは彼女を見ました。顔はヴェールで被われていましたが、彼女であることがわかりました。叫び声を発し、ヴェールをはずそうとして飛びかかろうとするのですが、手が届きませんでした。手を拡げ、身をよじりましたが、なにも触れません。彼女は、弱々しい声であなた静かになさってとわたしに言うのです。すると恐しいヴェールがわたしを覆い、どうしても手でそれを払いのけることができないのです。（『同上』*）

イタリアへの旅を続けていたサン＝プルーがクラランへ戻ってくる。そして夢遊病的な「昏睡状態」のなかで、楽園《エリゼ》で会話を交しているクレールとジュリーの声を外側から聞く。だが、かれはジュリーに再会することなく出立する。ロベール・オスモンが指摘しているように**、ヴェールの象徴は新しい象徴として二重の意味を与えられる。秘密の庭園を取囲む垣根はヴェールのひとつの「形象」なのである。

　わたしはけっしてふたたび会えるとは思っていなかった、生命と健康にあふれたその人を見るためには、一条の垣根をいくつかの茂みを跳び越しさえすればよいのだと想いながら、いつものようにわたしの怖れ、恐怖、妄想をかなぐり捨て、彼女にあうことさえなく、すぐさま出発する決心をしました。（『同上』***）

ルソーは象徴的な趣向をさまざまにめぐらせる。死者の顔を被うヴェールは恋人たちの離別の証《あかし》でもある。サン＝プルーが遠いインドへの追放の時代にそれを手に入れているからである。このようにして、不可能な恋によって強いられた隔離と死の隔離のあいだに深い同一性がうちたてられている。しかしながら、追放が完全な精神的結合の条件であったように、死による離別は絶対的な結合を約束するものである。一方で、解放された精神が長い間、望んでいた恍惚の充足を知るためには、他方では、障害が絶対の優位を占めなければならない。ルソーはヴェールに超自然的な性格を授けるために必要なものをなにひとつ無視したりはしない。クレールの「呪い」、感銘を受けた列席者の態度、ヴェールの高価な材質（金と真珠）と「くずれはじめている」＊顔の肉とのあいだの意図された対照などのすべてが、いささか重々しいまでに執拗に神秘の存在、恐怖、聖なるものの魅惑を示している。

クラランの地上の幸福はヴェールの呪いにたいする勝利として現われていた。しかし、こうした幸福はこわれやすいものであり、透明性は不完全なものにとどめられていた。この幸福を保つためには、徳の緊張、つねに新しく生まれてくる欲望の眩惑にたいする不断の抵抗が必要であり、神のように自己に充足しうるためにはたえまない労働が必要であった。さらに個人の自由と意識と意識の実在的な関係のうえに築かれた「親密な社会」は、時間と運命の脅威にたいし休みなく自己を確認しなければならなかった。（なぜならば、共和国よりも小さく、家族よりも大きいこのような社会は家族的な伝統にも、法律的な制度にもその根拠を求めることはできない。）そのうえ、ジュリーの信仰とヴォルマールの不信心のあいだにある対立が透明の本質そのものにある疑惑を残させているのであった。すなわち、人間的な意識と意識の好意ある交流で十分なのであろうか。どうしても超越的な光明に呼びかける必要があるのではないかという疑いなのである。

ジュリーの死は、彼女の周囲につくられていたあらゆる社会的幸福の破壊に等しい。彼女の友人たちは個人としては生き続けるであろう。しかし、親密な社会はそうではない。ジュリーは個人として神との出会いの陶酔に近づき、彼女だけが「直接的な交流」の歓喜を知ることになる。かつては、このうえもなく密接な共同体のなかで生きることを決意した少数の人間に課せられていた努力であった真実暴露は、いまやただひとり、みずからの審判者の前に現われたひとりの良心に関するものとなる。

このようにルソーの夢想は、まず外向的な運動として「きわめて親密な社交界」の影のない友情に捧げられ、次には孤独な反復運動として魂に自己を正しいものとして認めさせる眼をそなえた超越的な証人への個人的な飛躍に捧げられている。ルソーは交互に信頼の吐露と人間世界との分裂を、そして合理的な綜合と崇高な破局を、徳の努力の実践と模範的な死への委任をみずからに課したのである。そしてまた、生きている者たちの得難い赦し、（たえず新しく獲得し、たえずそれに価しなければならない赦し）と審判者の前に出頭することをみずからに求めたのであった。なおその審判者とは断罪する審判者ではなく、魂を幸福に「定着させ」、存在の充足を与え、決定と努力の不幸から解放し、罪あるものとなることなしに自己に同意することを許すものである。なぜならば、正義を認める審判者の注視のもとでは、透明性が失われることはもはやないからである。

透明への回帰についての二つのイメージが交互にわれわれに提出されているが、どちらを選ぶのであろうか。そして選ぶ必要があるのであろうか。ルソー自身は、ひとつの選択に等しいやりかたで小説を完結している。共同体の絶対性と個人的救済の絶対性の二つから、かれは後者を選んでいるのだ。ジュリーの死がこうした選択を意味している。そして、ジャン＝ジャックがそのことをふたたび問題として自伝的著作のなかでとりあげていることが後で明らかにされるであろう。

VI

誤解

作家になる以前に、ルソーは言葉の力と無力を見出していた。ボセーのランベルシェ家において、かれの無邪気な抗議は、「外観がわたしを罪にした」として、いかなる救いにもならなかった。トリノのヴェルセリス家では、かれはリボンを盗み、哀れなマリオンに罪を負わせ、「悪魔のような破廉恥さ」で嘘をつき、公明正大な裁判官たちはかれの虚言にひっかけられる。「偏見がわたしに味方をした」*のである。言葉はいかなることもなしえないと同時にすべてをなすこともできる。すなわち、言葉は虚偽の「外観」を打破することは不可能であると同時に、真実に打ち勝つような「偏見」を注入することも可能である。いかなる言葉も純潔な内的感情を伝達することはできず、それに反して虚構は不思議な自由自在の力を発揮する。

言語活動はうまくいかないのであり、ジャン＝ジャックは話さなければならないときには、自由に話せない。かれは自己の情念の支配者でないのと同様に、言葉の支配者でもない。かれはほとんど絶対に自分が言っていることと一致しない。かれの言葉はかれから逃げ、かれは自分の話から逃げてしまう。かれが他人に話しかける場合には、かれはけちくさいほどにかれ自身より劣っているか、かれ自身の本性をはるかに跳び越えて雄弁である。かれは自分の話すことがあるときにはおびえるような弱さから不随になったり、またあるときには、「不本意」な行きすぎによって歪められることを感じる。ジャン＝ジャックはある場合にはどぎまぎして、口ごもるのであり、またある場合には、他人の前で確信に満ち、警句を用いて「相手のけちなつまらない言葉」を——「指で虫をひねりつぶしてしまうように」*——やりこめてしまう。しかし、このいずれの場合においても、それはかれではなく、真実のジャン＝ジャックではない。無力なかれも、霊感に溢れたかれも、かれの外側にあって、かれ自身のこちら側かあちら側かにしかいないのである。

自分一人でいるときでさえ、精神を統御しえないわたしが、他人と会話するときにどんなかは、想像にまかせよう。会話でうまく話をするためには一時にしかも即座にそのことを考えなければならない。そのうち少なくともひとつは忘れるにちがいない数々の礼儀上の約束を思っただけでも、けっこう弱気になってしまう。ひとは社交の集まりなどでどうしてしゃべったりできるのか、わたしには想像もできない……差し向いの会話には、いっそうつらい別の工合わるさがある。たえず話していなければならぬからだ。話しかけられると、返事しなければならない。相手が黙っていたら話のはずむようにつとめなければならない……もっとも致命的なことは、話がなければ黙っておればよいものを、そんな時にかぎって負債をなるだけ早く返す気持で、むきになってしゃべりたがることだ。あわてこんで、意味もない言葉をぺらぺらやりだす。その言葉がまったく無意味ですめば幸せなのである。
（『告白』**）

ジャン＝ジャックは社交界では不器用であり、かれは必要な調子も臨機応変さももちあわせない。かれにとって重要なことは、自分の思想を伝えたり、あるいは理念を主張することができないということではなく、自分にふさわしく見せようとするときに感じられる困難なのである。十八世紀の「サークル」においては、各人は他人の意見に示された自分の特質をもっぱら弁護するためにのみ自己の意見を主張するのである。ジャン＝ジャックは口ごもり、恥ずかしく思う。かれの言葉が無意味であるということは人間が無価値であることに等しい。かれが語らなければ、かれは無であり、さらに語る場合にも、あたかも語ることによって自分を罰するために語っているかのように、なにも言わず、ということはすなわち自分を無効にするために語るのである。

したがってジャン＝ジャックが会話についてこうした不安を表明しているとすれば、かれ自身のイメージと他人の視線にさらされた自我にあくまでも忠実であろうとするからである。かれは自分の言葉のひとつひとつに人間としての自分を表わすこと、そして自分にふさわしいものとして認められることを願っていたのだった。なぜならば、かれにとって社交界に生きるということは、言葉ではなく、ありのままの自分に関する暗黙の審判に自己をさらすことなのである。すべての不器用な言葉はジャン＝ジャックを下落させる。そして、もっともどうでもよい談話のなかでさえ、話題にされていることは、そこに自分の体面がかかっているが故に、かれにとってはどうでもよいことではないのである。

ルソーが恐れている誤解は、人が話すことについてではなく、話す人、すなわちかれ自身についての誤解である。かれは心の内部では自分の価値を感じたり、予感したりしているが、それを明らかにすることはできない。ところで、自分の価値にたいする内的感情だけではかれを充足させないのである。（もしそれだけで十分であるとすれば、かれは作家などになったであろうか。）かれの価値とは、それが他人の賞讃によって確められる場合にのみ、かれにとって実在するものとなるであろう。

たしかに、かれは他者が、かれについてつくりあげている意見をけっして受け入れないであろう。そして他者がかれを批判しようとする価値をけっして受け入れないであろう。かれはそのような他者となにも分ち合うことを望まないで、かれらに自分を押しつけ、賞讃すべき、奇矯な存在としてかれらの眼にみずからをさらそうとする。しかしながら、口ごもっているルソーは自分を無力なものとして示しているのであり、その場合かれ自身にたいしても、他人にたいしても、ほんとうに無力な存在である。「わたしの無力に打ち勝とう、または隠そうとして、かえって必ずそれをさらけだしてしまう」*のである。不器用な、当惑した、かれは自分の特質の断片しか述べておらず、かれの感情は、自分はそうした姿よりもはるかにすぐれていることをかれに断言していても、すでに他者がかれを判断し、誤解し、かれが自己自身となり、異った顔を示す権利をかれから奪っている。もしそうする余裕が与えられるならば、かれはまったく別のジャン＝ジャックを明らかにし、まったく別の外観を示すことができるであろう。このように、ジャン＝ジャックは他者の「誤った判断」によって引き裂かれているのであるが、かれらを征服し、かれの例外的な本性と価値をかれらにやむをえず承認させられるような別の言葉をつくりだしたいという希望に引き裂かれてもいる。「わたしは並の人間として見られるよりはあらゆる人間から忘れさられるほうがよいと思う」**のである。

ルソーは他人の意見を忌避するとはいえ、かれらなしで、自分を示すことを断念することはできない。公に承認されないならば、かれは無にすぎないのである。かれを他人の価値のなかに閉じこめたり、あるいは不器用にさらけだした姿のうちに固定してしまう判断にたいしてかれは反抗する。しかし、外部の判断の有効性を否認しながらも、「注目」されていることに執着している。わたしを批判しないでほしい、しかしわたしを注視することはやめないでほしい……のである。

事実、ルソーは誤解されることを願い、そしてそのことを恐れている。かれは理解されることが、いわゆるとらえられることを意味するかぎり、理解されることを願ってはいない。すなわち、世間が従属している「真正でない価値」の体系のなかに、ある既成の場を見出すことを願ってはいない。さらに、言葉の通常の意味にしたがって、たんなる文学者とされることを願ってはいない。ジャン＝ジャックが自己自身についてもっている感情は絶対的に唯一の価値である。他人がかれを認めることを望みながらも、かれらのひとりとして認められることを拒否している。かれは「人がわたしに注目する場合に、それが少しでも区別されたやりかたであるならば、わたしは怒ったりはしない」*として、他人と区別されることを願っている。そして、こうした「少しでも区別されたやりかた」が破廉恥を意味することがあるとしても覚悟の上である。なぜならば、破廉恥は他人にとって問題とならないよりは、はるかにましなのである。失敗は理解されないことではなく、顧みられないままで、全体の無関心の真唯中の空しさのなかに嘲笑的に自己の姿をさらすことであろう。ジャン＝ジャックは無益にも自分をさらけだし、開かれない窓の下でもっとも美しい声で歌うことの失望を何回となく知っていた。『告白』第二巻の冒頭のアヌシへの旅の部分を想起してみればそれは十分であろう。「わたしは右に左に城館を見るたびに、そういう所でわたしを待っているはずの冒険を心に描かぬことはなかった。ひどく臆病だったから、城館に入ることも扉をたたくこともしようとしなかった。が、いちばん外観の立派そうな窓の下に行って歌をうたった。不思議なことに、長い間、声をはりあげてみても、わたしの美しい声や歌の面白さにひきよせられて、現われるはずの貴婦人も姫君もいっこう顔を見せない……」（『同上』**）

他人の面前においてこそ誤解はあるのだ。ジャン＝ジャックは自己の感情がこれが自分であると主張する姿を現わせない。

> 馬鹿でもないわたしが、にもかかわらずしばしば馬鹿だと思われ、判断力のある人たちにさえもそうだったのである。わたしの容貌や眼つきが有望らしく見えるだけに、またそういう期待が裏切られると、いっそう愚しさが強く目立つだけに、よけいに不幸なのだ。（『同上』***）

真実の価値にしたがって自己を実現することを妨げているこうした誤解を、かれはどのようにして克服するのだろうか。即興的な言葉の危険をどのようにして回避するのだろうか。どのような他の交流の方法に訴えるのだろうか。どのような他の手段によって自己を表明するのだろうか。ジャン＝ジャックは不在となり、書くことを選ぶのだ。逆説的にいうならば、かれは自己をよりよく示すために身を隠し、書かれた言葉に自己を託すことになる。

必ず自分に不利なように見られるばかりでなく、自分と似てもつかぬ別人に見られるという心配さえなければ、人なみに社交界は好きなのである。ものを書きそして身を隠すことを決心したのは、まさにわたしにふさわしいことであった。わたしが姿を現わしていたら、世間はわたしの真価を知ってくれなかっただろう。（『同上』*）

この告白は奇妙であり、注意に価する。ジャン＝ジャックは他人との関係を断つのであるが、かれらに書かれた言葉で自分を示すためにである。かれは孤独に護られ、暇にまかせてかれの文章を推敲するであろう。かれは自己の不在にもっとも強力な意味を与えるであろう。すなわち真実はこの社会には不在であり、わたしも同じようにそこでは不在であり、したがって、わたしは不在の真実として存在する。そして、わたしの自我の価値を他者に対立させることにより、わたしはかれらが知らない自然の普遍的な価値をかれらに対立させる。精神の混乱のなかに生きている者の眼にとっては、真実は破廉恥で誘惑的なものであり、だからこそわたしはそうした破廉恥なそして誘惑的な存在となるであろう。

ジャン＝ジャックは、自分の価値を知ってもらうために、遠ざかり、書物を書き、作曲をはじめる……。かれは自己の存在（人格）を別種の外見にゆだねる。それはもはやかれの肉体、顔、具体的な言葉ではなくて、ある不在の悲壮なメッセージである。かれはこのようにしてかれ自身のイメージをつくりあげ、不在の幻惑と書かれた警句の振動によってそれを他人に押しつけようとする。なぜならば、情熱の夢想家であるジャン＝ジャックは、不在のうちに不在を通して与えられる現存ほど魅惑的なものはないという経験を知っているからである。「それ自身によって存在する至高の存在のほかには、存在しないものほど美しいものはないのです」*とかれは書いている。「ものを書き、身を隠す決意」をすることによって、ジャン＝ジャックは、他人の眼から見て、「存在しないもの」の美をかれに与えるような変質を企てようとしているのである。

書くことと身を隠すこと、ルソーがこの二つの行為に同じ重要性を与えていることに驚かされる。しかし、これらの二つの行為は、そのいずれが欠けてもうまくいかない。書くことなしに身を隠すことは、消え失せることであり、身を隠すことなしに書くことは、他人と異っていることを宣言することを放棄することであろう。ジャン＝ジャックは、書きかつ身を隠すことによってしか自分を表現しえないであろう。表現への志向は、二つのいずれの行動のうちにも、すなわち書く決断と孤独への意志のうちに存在している。他者との関係を断つことによって、ルソーはかれの魂が共通の快楽のためにつくられていないことをかれらにわからせようとする。離脱の行動は、書かれた書物と同じように語りかける。（そしてそのことから、ルソーの思想と伝記を同じように考慮しなければならないと思われる必要性が生じるのである。）

しかしながら、書く行為は書かれることのできないある結果、ある文学の外にある目標をめざしている。ルソーの読者はかれと思想について論争を交えようとして、混同をおこし、かれを批判する人々はかれの作家としての資質を論じようとして誤りをおかすのである。かれにとっては、そのようなことが問題なのではなく、「美しい魂」として認められることが問題なのであり、かれが人間として現われた場合に、人人がかれに与えなかった受け入れの心情を吐露させようとすることが問題なのである。そうした受け入れが最初の一瞥において可能であったならば、かれは書くことはおろか、語ることさえもなしにすませたであろう。

回帰

ジャン＝ジャックは身を隠し、ものを書く。しかし、それは受け入れられなかったことにたいする失望を癒すであろう回帰《ルトゥール》の条件をつくりだすためである。したがって決裂はより感動的な回帰を願う場合にのみ起きるであろうし、ジャン＝ジャックは他人の前に自分を表明し、かれらに自己の真実の価値にしたがって受け入れることを要求するためにのみ、「言葉の回路」を通過するであろう。

事実、受け入れと回帰の問題はたんにルソーの作家的使命を決定しているだけではない。かれの作品の内部にさえ見出され、きわめて多くの状況においてかれの個人的な行動を動かしている主題なのである。そして、われわれが向いあっているのは、かれがたえず体験し、かつ想像しているある行動の原型である。すなわち、自発的な受け入れが欠けているが故に、ジャン＝ジャックは誤解を悪化させ、決裂の事態にまでいたらせるのであるが、それはまた相互に許し合いながら、そして許しを求め合いながら友情をかため合うような、感動的な回帰の心情を吐露することによって、こうした決裂を克服するためでもある。このような展望にたつならば、『ヌーヴェル・エロイーズ』の分析を完全なものとすることができるであろう。サン＝プルーは物語がはじまる以前においてすでに受け入れられた異邦人なのである。受け入れの夢想が、かくして作品の根本的な前提となっていて、作品は一連の決裂と回帰によって展開されることになる。いくつかの誤解と正当でない疑惑（とくに、サン＝プルーとエドゥアールのあいだの争いと決闘の申込の挿話を考えればよい）の後には和解と「弁明」が行われる。長途の旅行は、その間に情熱の犠牲が実現されるが、再会の瞬間をよりいっそう驚天動地のものとするであろう。雲を前提とし、それを回帰のめくらめく光りが貫き透すであろう。ジュリーにとって、死ぬことは自己の存在の根源に戻ることである。さらに、神秘的な象徴を強めるかのように、ルソーは女主人公の死を女中ファンションの夫の悔い改めた帰還《ルトウール》と一致させている……。*

『エミール』の第五巻においては、受け入れ、離別、回帰があいついで示されている。『エミール』のその後の部分（『孤独な人々』）は離別をいっそう悲劇的に、回帰をいっそう感動的なものにすることになる。エミールとソフィーの最初の出会いは意味深い。田園で道に迷い、雨に突然襲われたエミールと家庭教師は見知らぬ一軒の家に避難を求める。かれらは模範的な家族によって手厚く迎えられる……。そこでは、受け入れの夢がもっとも素朴な、若々しい形で表明されている。手厚いもてなし、真心のこもった避難所、そこで人々は疲労を回復し、簡素で風味ある食事を与えられ、テレマクを待っている純粋な若い娘の視線に突如として遭遇する。長生の、つつましくはあっても食事の美味な、静かではあっても情熱に溢れた生活を約束しているこの田園の隠居には幸福がある。こうして人生の新しい年代がはじまる。エミールは愛によって生まれかわる。隠居の周囲を二人（あるいは三人）はあちらこちら散歩する。しかし、まもなく短い争いが起き、「甘美な和解」の口実となる。それから、より重大な離別が来る。家庭教師は、エミールが世間とさまざまな国の政治制度を知ることを望むのである。かれらは旅立つことになるが、ソフィーは彼女の田園に残されることになる。涙の別れに立ち会うのである。（家庭教師は自分が流させるこうした涙にひそかな快楽を感じているように思われるが、家庭教師のサディズムを発見するためには『エミール』の第五巻まで待つにはおよばない。）離別が終ると、回帰の「熱狂」**に立ち会うことになる。「ソフィーの家が近くなると、わたしはすでに生まれかわったように思われる」のである。なぜならば、帰還することは、真に生まれかわることなのである。ここで、若者たちは結婚するが、かれらの幸福は永続的なものであろうか。そうではない。ジャン＝ジャックになお時間を与え、かれらの結婚生活を想像させるならば、離別と回帰の繰返しなのである。パリに居をかまえたエミールとソフィーは都会の堕落の影響を受け、二人はお互いに無縁の存在となる。「わたしたちはもはやひとつではなかった*」のであり、ソフィーは不実である。エミールは遠ざかり、みずからの過去のうちに死に、「忘却の水**」を飲む。孤独のなかで、かれは自己自身に生まれかわろうとする。それは、なおもう一度の回帰であるが、自己への回帰であり、過去、未来、他者はもはや存在しないのである。

わたしは、はじめて人生を送るような人間の状態に自分をすっかり置くように努めてきた。実際、われわれが行うことは始めること以外にはなにもないこと、そして、われわれの生においては、その最初の瞬間がつねに行為のうちにあるような現在の瞬間の継起以外にいかなる他の関係もないということを自分に言ってきた。(『エミールとソフィー**』)

しかしながら、自己への回帰は、離別した魂と魂の和解によって補足されないならば、まったく無意味である。やがてエミールはソフィーに再会し、彼女の過失は心ならず犯したものであることを知るであろう。思いがけない出会いと承認が無人の島の天国のような雰囲気のなかで実現されるであろう。この小説は未完であるが、冒頭から、「かつてそうであった状態に、はるか遠くからたち戻ることのできた魂とはなんとたぐいまれな資質をもった魂であろうか***」と回帰の陶酔を語る。長い試錬は感動的な結末をつげ、われわれは一挙に安心させられるのである。

生のなかには、受け入れの問題が存在している。すなわち、自由を譲渡することなく、寛大な主人に依存することなく、どのようにして受け入れの幸福を味わえるのであろうか。どのようにしたら平等に受け入れられるのであろうか。なぜならば、受け入れが純粋であるためには、いかなる物質的な絆をもともなってはならないし、感謝のいかなる義務をも負わせてはならない。受け入れは、相互に例外的なものであることを知り、お互いの類似を認め合っている魂の結合を意味しなければならない。ジャン＝ジャックはリュクサンブール元帥邸に招かれるままになるであろうか。かれは躊躇する。友人の直接の立会いのもとで生活しうるのであろうか。それともあまりにも多くの仲介者に悩まされないのであろうか。

この計画は、たしかにわたしがこのうえもなく長い間、そしてこのうえもない喜びの念をこめて考えめぐらしてきた計画のひとつです。しかしながら、最後にはそれにもかかわらず、よくない計画であると感じなければなりませんでした。わたしは人間の愛情のことだけを考えていて、わたしたちを遠ざけてしまうかもしれない仲介者たちのことを思わなかったのです……（『マルゼルブへの第四の手紙』*）

しかしながら、少なくとも一度は、受け入れの夢は実現されている。ヴァランス夫人がいるのだ。彼女はたしかに好意をもって受け入れたのだが、あまりにも好意的でありすぎる。わずか一瞥と、さしだされた一通の手紙で十分だったのである。彼女は微笑し、ジャン＝ジャックを認め、かれを受け入れたのである。

その日は一七二八年の小枝の日曜日であった。わたしはすぐ彼女の後を追った。姿を見つけ、そばへ行って、声をかけた……あの場所はいつまでも忘れるきづかいがない。その後、たびたびこの場所を涙でうるおし、接吻でおおったものである。この幸福な場所のまわりに黄金の垣をめぐらすことが、なぜできないのだろうか！　地上のあらゆる人々の敬意をここにひきよせることが、なぜできないのだろうか。人間を救ったひとの遺跡を礼拝しに行く人なら、ここへはひざまずいて近よるべきであろう。

それは夫人の家のうしろの小路であった。右手は庭の境に小川が流れており、左手には中庭の壁があり、その小路を行くと忍び戸から聖フランシス派の聖堂に入れる。その戸口をくぐろうとしていたヴァランス夫人は、わたしの声でふりかえった。その人を見たときの驚き！　わたしは気むずかしやの信心家の婆さんを想像していた……いま目の前に見たのは、愛嬌したたるような顔、やさしさをふくんだ美しい青い眼、まぶしいような血色、ほれぼれするような胸のあたりの輪郭。若い改宗者のすばやい眼は何一つ見のがさなかった。改宗者などというのは、この瞬間、わたしはこの人の感化をうけてしまったからだ。こういう伝道者によって説かれる宗教なら、きっと天国へ導いてくれるに相違ないと確信したからだ。わたしがふるえる手でさし出した手紙を、夫人はほほえみながらうけとって、開いて、ポンヴェールさんのをちらりと見てから、わたしの書いたほうを読みはじめた。すっかり読みおわり、もし従僕が早く聖堂へ行かねばと注意しなかったら、また読みかえしたであろう。「まあ、かわいそうに」と、夫人のいう声で、わたしは全身がふるえた。「そんなに年若くて、あちらこちら放浪しているんですって。ほんとに、お気の毒ね。」それからわたしの返事を待たないで、こういった。「うちへ行って待っていらっしゃい。ごはんをたべるんだって、そういいつけてくださいね。わたくし、ミサがすんだら、帰ってお話ししましょう。（『告白』*）

ジャン＝ジャックの追憶のなかで再構成されたこうした情景には、かれの側からのほとんどいかなる言葉も含まれていない。かれは自己を手紙のなかで語っているのであり、したがって話すことの心配から解放され、視線を自由に交すための空間があるのだ。あらゆる説明に先んじる「魂の共感」は自己を表明するためには「最初の会見の一瞥**」を必要とするだけである。ヴァランス夫人はジャン＝ジャックの返答を待つことさえしない。返答のために話すことなどはおそらく必要ではなかったであろう。かれの真実の返答は、ヴァランス夫人の口調と声――あの「若々しい銀の鈴のような声」――によってひきおこされる戦慄のなかにそのすべてが表わされている。

かれは遠ざかり、放浪するのだが、そうした離別の悲しみは奇蹟的な帰還によって償われる。

ヴァランス夫人の家に近づくにつれて、わたしの心臓がどんなに動悸をうったことか！ 足はふるえ、眼はヴェールでおおわれたようで、何も見えず聞こえず、誰の顔を見てもわからないほどだ。何度も立ちどまって息をつき、正気をとりもどさねばならなかった……。ヴァランス夫人の前にあらわれると、すぐ、その様子を見て気が落ちついた。最初の声のひびきに身うちがふるえた。足もとに飛んで行き、なんともいえない強烈な喜びに夢中になって、その手に唇をおしあてた。（『同上』*）

このようにして、ヴェールはたちまち消え失せ、ジャン＝ジャックは、かれにとって透明の回帰を意味する時代に入る。かれはヴァランス夫人に「あたかも神の前であるかのように彼女の前で開かれる」**心情を捧げる。かれはボセーで失ってしまった幸福をふたたび見出したのである。神のごとき人（神格化された）の視線のもとに生き、「まじりけなしに、なんの障害もなしに」***そして生きる手段の心配なしに自己であるような幸福である。

わたしは夫人のそばで味わう快い幸福感にひたりきっていたわけだが、これを支える手段などについて何の不安もなかっただけに、いっそう安心してひたれたのだ。（『同上』****）

『孤独なる散歩者の夢想』の未完で終っている『第十の散歩』の章において、ジャン＝ジャックが、

（アヌシのはじめての会見の五十年後に）最初の帰還の幸福について語っているのは意味深い。

夫人はわたしを遠ざけたのであった。それだのに、あらゆるものがわたしを夫人のもとに呼び戻していた。どうしても帰って行かなければならなかった。この帰って行ったことがわたしの運命を決定することになるのである。（『夢想*』）

それにもかかわらず、ジャン＝ジャックはかれの「行ったり、来たりする欲望」につねに悩まされているのであり、最初のそれを除けば次からの帰還は、はるかに失望的なものとなるであろう。あわれなル・メートル氏を送って行き、置き去りにしたリヨンへの旅の終りに、ジャン＝ジャックは――大急ぎで出発したのだが――帰還の観念に衝迫されている。

なにごともわたしを喜ばせなかった。そしてなにごともわたしの心をひかなかった。ママンのそばへ帰りたい一心だけであった……。だからこそ、事情がゆるすと早速ママンのところへ戻った。わたしは帰路をあまり急いだので、また心があまりうわの空だったから、他のどの旅でもあんなに楽しく思い出すのに、この時ばかりは少しも記憶がない……帰ってきたが、ママンはもはやそこにいない。わたしの驚きと悲しみはどんなであったか察していただきたい！（『告白**』）

しかし、最後の帰還はちがっている。長い憂鬱症の消耗、ラルナージュ夫人、モンペリエなどを経験した後、ジャン＝ジャックは徳に陶酔してシャルメットに戻る。かれはいくつかの決心をしていたのである。もはや旅立ちと逃走の衝動を制御することができるはずであった。かれは生活を一新したのである。さらにもう一度、回帰の観念が新生の観念に結びつけられ、ジャン＝ジャックはママンのそばへ生まれかわりに帰ってくる。「いったん決心すると、わたしは別の人間になった。というよりはむしろかつてのもとのわたしに戻った」のである。すなわち、自己への回帰、ママンへの回帰、「善への回帰」である。しかしながら、そのとき回帰の祭りは行われなかったのである。

わたしはママンとの再会の喜びを十二分に味わいたかったのである。いやそれよりも、再会を少し遅らせて、待たれる喜びを同時に味わいたかったのだ。こうした慎重さはいつも成功していたのだった。わたしの帰りはいつも、ちょっとしたお祭りさわぎで迎えられたものだ。そして、このたびもそれを期待していた。こうした歓迎はわたしをたいへん感激させたので、準備のしがいも十分あるのだった。（『同上』*）

かれの座は髪結い職人の若者ヴィンツェンリードに奪われている。回帰のめくるめく喜びにかわって、世界は暗黒につつまれる。そして、かつて廃墟と化し、暗黒となったボセーの田園を想起したのとまったく同じように、ジャン＝ジャックは、いまやかれの青春の幸福に別れを告げるのである。あたかもかつて幼少時代の幸福に別れを告げたように。

わたしの心、その変ることのない真情、ことにわたしをママンのそばにあのときつれもどした感情については、すでに読者もごぞんじのはずだ。わたしの全存在があっという間に顚倒してしまった！　わたしの身になって考えてほしい。一瞬のうちに、わたしは思い描いていた幸福な未来が永遠に消えうせるのを見たのだ。あんなに愛情をこめていだいていた甘美な思いも、ことごとく消えうせた。そして子供のころから、自分の存在をもっぱら彼女と結びつけて考えてきたこのわたしは、いまはじめて、一人きりの自分を知ったのである。この瞬間はおそろしく、その後につづいた時間も、つねに暗いものであった。わたしはまだ若かった。だが若さを活気づける、あの享楽と希望の甘美な感情は、永久にわたしを見すててしまった。それ以来、わたしのなかの感じやすい人間は、なかば死んでしまった。もはや前途には、味気ない生活のみじめな残骸しかない。ときに幸福の幻影がわたしの欲望をかすかにそそることがあっても、その幸福はもはやわたし自身のものではなく、たとえそれを手に入れたところで、真に幸福にはなれまいと思った。(『同上』*)

ひとつの幸福な回帰がかれの運命を定めたのだが、いまやもうひとつの挫折した回帰が幸福の喪失を永久に決定する。(ルソーが『告白』の全篇を通して表わしているひとつの傾向を考慮しなければならない。すなわち、いくつかの事件に不幸と破局的な呪いの始まりを意味する運命的な価値を与えようとする欲求である。次から次へと見出される「ここからはじまる」という言い方は、そのたびごとに悪の支配する世界への厳粛な登場を意味しているが、あたかもジャン＝ジャックにとって、かれがすでに自分を悪の絶対的な支配に隷属するものとして描いたことを忘れてしまう時間が、その間にあったかのように思われるのである。)たしかに、回帰の欲望は、ジャン＝ジャックとヴァランス夫人との関係においては、隔離と離別への強い意志が同時に存在しているという理由によってのみこのような重要性をもつのである。あまりにも強い親密さはルソーをおびえさせる。かれはなかば不在の状態における現存を願っている。そして回帰の喜びを得るために離別を願っている。離別が長ければ長いほど、和解はより甘美なものとなるであろう。ジャン＝ジャックは、ヴィンツェンリードにその位置を奪われた後に、なお一度、赦しと愛に満ちた、そしてとりわけ自己自身にたいする非難を一杯にこめた心をもって、復帰しようとこころみる。

すぐに徒歩で、あのひとのそばへ戻りたい、そんなはげしい衝動に何度かられたことか。せめてもう一度会えさえすれば、そのまま死んでも満足だったであろう。たとえどんなことをしてもわたしをあのひとのそばへ呼び戻そうとする、このせつない思い出にわたしは抵抗することができなくなった。以前は自分に辛抱がたらず、機嫌のとり方も、愛情のあらわし方も十分でなかった。しかし、さらに努力するなら、もう一度すばらしく甘美な友情のうちに幸福に暮せるのではないだろうか。わたしはこのうえなく美しい計画をたて、その実行に胸を燃やす。いっさいを放棄し、いっさいを断念し、出発する。はじめての青春の感激をそのままに飛んで帰り、あのひとの足下に身を投げだす。ああ、もしもわたしを迎える彼女の態度のうちに、その愛撫のうちに、その胸のうちに、かつてわたしがそこに見出し、いまわたしがいだいている愛情の四分の一でも見出せたら、喜びのあまりわたしはその場で死んでしまったろう。

人生についてのおそるべき錯覚！　彼女はいつものようにすぐれた心でわたしを迎えた。この心は彼女が生きているかぎり変るはずがない。しかしわたしが求めて戻ってきたのは過去であった。それはすでになく、二度とよみがえりえない。わたしは彼女と半時間いっしょにいただけで、わたしの古い幸福が永久に死んでしまったのを感じた。（『同上』*）

ルソーはジュネーヴに戻ろうとするときにも同じような挫折を感じている。このときにも、ママンのそばに復帰するたびに求めていたもの、すなわち「ちょっとした祭り」のような感動を見出そうと願っていた。始まりはそれほど悪くはないのだが、やがて、かれは自分の「座が奪われている」ことをあらためて発見する。髪結い職人のヴィンツェンリードがヴァランス夫人のベッドにいたように、「変節漢のヴォルテール」がジュネーヴに居をかまえているのだ。もうひとりの人間がかれから祭りを奪ったのである。ルソーはそのことを嘆いて、「もしジャン＝ジャックがジュネーヴの市民でなければ、ヴォルテールはもっと祝福されなかったでしょう」* とさえ言っている。かれはヴォルテールに向って次のようにも述べている。「わたしはあなたを愛しません。あなたは、あなたの弟子であり、熱烈な讃美者であるわたしにとって、このうえもなくたえがたいような苦しみを与えたのです。あなたはそこで与えられた隠棲の代償としてジュネーヴを堕落させたのです。わたしがあなたにおしげなく送った称讃のかわりにわたしから同胞たちを疎遠にしたのです。わたしの故国での滞在をたえがたいものにしたのはあなたなのです。わたしから死にゆく者のすべての慰みを奪い、名誉のために塵芥のなかに身を投げださせ、異郷の地にわたしを死なせようとしているのはあなたなのです。**」回帰かさもなければ死なのである。しかしながら、回帰のかわりに、そして死のかわりに文学がある。追放はものを書くことに好都合なのである。「わたしはものを書き、身を隠す決心をした」のである。『ダランベールへの手紙』、『山からの手紙』は故郷の市への回帰（愛情にあふれた、あるいは痛切な）である。そして、ジャン＝ジャックは「祖国の真実の善のために書物を捧げようと願うならば、その内部において書くべきではない***」と、距離をおくことがもっとも有効な政治的行動の条件でさえあることを確信するであろう。

　ジャン＝ジャックと友人たちのあいだも同じである。ほんのわずかでも誤解が生じるかぎり、かれは自己自身を反省し、遠ざかる。そのうえなお、誤解を重くするために積極的に努力する。不平、非難、疑惑を積み重ねる。かれの手紙は背いた友人に宛てられた苦情である。ジャン＝ジャックは自分が愛されていることを知ろうとし、そうした確信を獲得し、友人に回帰の熱烈な心情を吐露することによって心のヴェールを取除かせようとして、否《ノン》！ あなたはわたしを愛してはいない、理解してはいない、あなたはわたしにとって無縁の人になってしまったと言って、醒めた心で否認を重ねる。かれはもどかしげに、人がかれを安心させ、叱責し、疑念を抱いたことを罰することさえも待っている。ジャン＝ジャックは赦しをこおうとしているのだ。そうすれば、かれは辱しめられる喜びを経験するであろう。それはランベルシェ嬢によって加えられた折檻によってはじめて経験した快楽である。「横柄な恋人の膝下にひざまずいて、その命令に従い、赦しをこうことは、わたしにとってたいへん甘美な喜びであった。*」これこそ、ジャン＝ジャックがデピネー夫人に明らかに求めている処遇なのである。

あなたはあまりにもわたしに思いやりがありすぎ、あまりにもやさしくわたしを扱いすぎています。それよりもはるかに手荒く扱われることをわたしはしばしば求めているのです。もしわたしがそれに価するようなときには、叱ってくださることのほうがわたしにはずっと喜ばしいのです。そしてわたしは、それが時としてはある種の友情のやさしい言葉のように思われる人間なのです。(『書簡**』)

そしてルソーはかれが夢みている、愛撫と罰のまじりあった理想の情況を描きだしている。

わたしの友人にしてほしいと思うことはこういうことなのです……わたしをしっかりと愛撫し、口づけしてほしいのです。わかっていただけますでしょうか、奥様。一言で申すならば、はじめにわたしの心をしずめてほしいのです。そして、それはかならずやそれほど長くはかかりますまい。わたしの心の奥底に燃えている火は、一滴の涙でそれを消すことができるのです。そこで、わたしは感動し、心が静まり、恥らいを感じ、混乱するでしょうから、その時わたしを叱りつけ、心に思っているありたけを述べてほしいのです。そうすれば、友人はわたしにきっと満足するはずです。(『同上***』)

こうした振舞の例はルソーの『書簡』の随所に示されている。こうしたやり方はひじょうにしばしば成功をおさめ、ジャン＝ジャックは、かれが期待している確証、すなわち、愛され、尊敬され、忘れられておらず、かれの不平は正当なものではないということを確認する。リュクサンブール元帥の死にあたり、ルソーは未亡人宛に奇妙なほどに自己中心的な悔みの手紙を書いているのであるが、そのなかで次のように自分自身を嘆いている。

……奥様のやり方にならって、御主人様はわたしを忘れさろうとされました。ああ！　いったいわたしがなにをしたのでしょうか。あなた方お二人をあまりにも愛し、身をすり減らすような悔恨に悩まされていることのほかに、わたしがどんな罪を犯しているのでしょうか。（『書簡』*）

正当でない非難は安心させる返事を書かせる。「主人はあなたを愛しておりました。繰返して申しあげますが、ほんとうに、心から愛しておりました。断じて申しあげますが、パリからあなたが遠ざかられたことが主人にこのうえもない悲しみと苦しみを与えたのです。**」これこそ、ルソーがききたいと思っていた言葉であり、求めていた確信なのである。ある種の感動的な幸福がかれをひたし、死の悲しみは自己陶酔的な喜悦に変る。

わたしはなんという恐しい状態にいたのでしょうか。そして、あなたの御手紙はなんとわたしの苦しみを和げたことでしょうか。奥様、元帥閣下から愛されていたと信じることは、閣下をお失いした悲しみはさることながらも、苦しみがやわらぎ、絶望が消え、貴重な、甘美な涙が流れだしてくるのです。（『書簡』*）

ルソーにとっては、不平がはげしければはげしいほど、弁明の喜びの瞬間の予感もいっそうはっきりしている。

一言、やさしいただ一言によって、わたしは手からペンを落してしまい、眼から涙が溢れだし、友人の膝下にひざまずいたのでした。（『書簡』**）

ヒュームに宛てた高潔な手紙のなかでは、ヒュームが会いにきて、かれの無実の証明をもたらし、「呪わしい疑い」からかれを解放してくれるような、心が顚倒するような情景を喚起することにあらゆる努力がかたむけられている。ジャン＝ジャックは赦しを嘆願することに至高の幸福を味わうことになるのである。

もしあなたに罪があるとすれば、わたしは人類のうちでもっとも不幸な人間ですし、もしあなたが無実だとすれば、わたしは人類のうちでもっともいやしい人間です。そしてあなたはわたしにそうした軽蔑すべき存在になる気持をおこさせるのです。わたしがおちいってしまうであろう状態、あなたの足下に平伏し、踏みつけにされ、赦しをこい、それを得るためにできるだけのことをし、大声でわたしの下劣さを明らかにし、あなたの徳にたいしてこのうえもない敬意を捧げるであろうような状態は、あなたがわたしにもたらした息づまるような、死にそうな状態から、わたしの心を晴れればれとした、歓喜の状態にすることでしょう。（『書簡』***）

事実、こうした高潔な場面をルソーはすでに演じていたのであったが、ヒュームはそれを理解せず、なんの応答もなしに、ヒュームの側からのなんの反応もないままに、かれひとりで演じていたのであった。それは、ルソーが主人の視線を感じて、恐怖にふるえ、ただの一言も発しないうちに「善良なデヴィド」(かれにはなんのことなのかまったくわかっていない)の腕にむせび泣きながら身を投げだすという奇妙な場面なのである。

やがて、わたしははげしい悔恨にとらわれ、自分自身に憤慨するのです。なおいまでもえもいわれぬ心地で思い出すような熱狂のうちにかれの首に飛びつき、しっかりと抱きしめるのです。声をつまらせ、眼に涙を一杯にし、とぎれとぎれに、いいや、いいや、デヴィド・ヒュームは裏切者ではない。もし人間のなかでもっとも善良な人物でないとすれば、もっとも邪悪な人物でなければならないだろう……と叫ぶのです。(『同上』*)

この場面は、いくつかの細部を除いてサン＝プルーがエドワード卿の赦しをこう場面に再生されている。ルソーは、自分が作者であるロマネスクなモデルにしたがって行動している。すなわち「わたしはかれの足下に身を投げ出しました。心は賞讃と悔恨と羞恥に溢れ、ただの一言も発することができずに、満身の力をこめてかれの膝を抱きしめました**」とかれは書いている。しかし、ルソーは感動的な山場を空しく繰返しているのである。もっと正確に言うならば、こうした場面は回帰の幻影であり、不完全な和解であり、友情はわずか一瞬の間、取り戻されるだけであり、ひきつづいて新しく、ヴェールと誤解が介在するようになると言えよう。ルソーが愛されているという確信を誘いだそうとする不安なやり口は反対の結果に到達する。隔りがなくなり、完全な信頼が新しく生まれるような突然の転回を急激に望みながらも、かれは分裂を拡大したのであった。不和が許容しがたい限界まで強まり、そのために甘美な屈辱的な破局が生まれ、敵だと想像していた人間がふたたび友人となることをかれは願っていたのであった。償いの現存の光が突如として現われるのを見るために、世界の果てまで、そして深い夜の暗黒の底にまで悲痛にも自分を遠ざけようとするのである。(『対話』の第一部から第三部にわたって展開されている行動は、ある回帰の物語である。フランス人はジャン＝ジャックの無実を認めるが、かれの回帰はなお無実を認めていないすべての人々も後から回帰することを予定している。「すべてがこうした回帰を邪魔し、妨げようとして仕組まれています。しかし、なにをしても無駄なのです。自然の秩序は遅かれ早かれ回復するのです。*」しかしながら、正確にいうならば、ジャン＝ジャックはそのことを自分自身に語りきかせているにすぎないのであり、現実にはなにひとつ対応していないおろかな空想なのである。)

ルソーにはこうした瞬間的な逆転、こうしためくるめくような回帰が可能なのである。しかしながら、他人は真摯にかれのもとへ戻るであろうか。それも長期にわたっては? かれらをたえず誘発する必要はないのだろうか。かれらを呼び戻すためにはたえず遠ざかる必要はないのだろうか。かれらはたちまち方向を変え、別の所を眺め、ジャン＝ジャックの絶対的な要求を裏切る。「わたしは、かれらがだれにでもわたしの埋め合せを見つけるような場合に、とりわけ怒りを感じるのです**」というように、他人はいつも曲解し、不信に閉じこめられたひとりの男、苦悩にひしがれたひとりの人間嫌いを見るのであり、「愛されていることの確信」を得たいとするひとりの心情の強請を認めない(いつでもそうだというのではない)。いかなる誤解もぬぐいさられることなく、障害、疑惑、残酷な言葉などが積み重ねられ、ただ不和だけが残り、その距離があまりにも大きいことによってなくなるのではなく、もはや取り返しのつかない隔りに立ち合わされる。他人はこのような狂人に疑惑を抱くのである。かれはいやしがたい離別と孤独のなかに閉じこめられている。そして、そこに未来の不安から解放されたと感じるようなある種の平安をさえ見出している。かれの運命は「回帰なきものとして定められている」のであり、「いつか別の時代においてでも、公衆の回帰を考えようとする妄想」*を放棄したのであった。

ルソーの作品には、回帰の主題が不透明と透明の神話に明らかに結びつけられているいくつかの例が見うけられる。遠ざかることは、夜、不透明の世界を願い、堪え忍ぶことである。そして、回帰の歓喜が奇蹟的にも新しい透明な世界を回復する。『エミール』第二巻の自分の部屋の窓を壊す子供の挿話をこうした観点から読んでみるならば、ガラスの象徴的な価値と暗闇に閉じこめられる罰の象徴的な意味に注目しなければならない。ルソーは自己が描いている冒険に参加していることは明らかであり、罰せられている子供とともに光りの世界への回帰の喜びを体験しようとして、子供に自己を同一化しているようにさえ思われる。

> 子供が部屋の窓をぶちこわす。昼間でも夜でも風の吹きこむままにしておくがいい……。しまいに、あいかわらずなにも言わないで、ガラスを入れかえさせる。それをまた子供がこわす。そのときはやりかたを変えるがいい……。子供を窓のない暗いところに押し込めるのだ。このまったく思いがけないやりかたに、子供はどなり、あばれはじめる。しかし、だれもそれに耳を傾ける者はいない。しばらくすると、子供はくたびれてしまって、調子が変ってくる。子供はうったえたり、うめいたりする。召使いがやってくると、そのあばれん坊はここから出してくれないかとたのむ。出してやらないためになにか口実をもちだすようなことはせず、召使いはこう答える。「わたくしもガラスを割られたくありませんので。」そう言ってかれは行ってしまう。結局、子供は何時間かそうした状態にあって、やりきれなくなり、そういう経験を十分おぼえていられるくらい長いあいだそこにいたあとで、だれかが、先生と仲直りして、もうガラスをこわさないから自由にしてくれと申し出るようにすすめ

る。それは子供にとって願ってもないことになる。子供はあなたに来てくれるようにとたのんでよこすだろう。あなたは子供のところへ行く。子供が右のようなことを申し出たら、あなたは即座にそれを受け入れて、こう言ってやるがいい。それはけっこうなことです。わたしたちはおたがいに得することになるでしょう。なぜあなたはもっと早くそういういい考えをもたなかったんでしょう、と。それから子供に誓約も約束の確認も求めないで、喜んで子供を抱擁し、すぐに部屋に連れかえるがいい。(『エミール』*)

これは回帰の教育版であるが、やはりそこには決裂のサディスムと和解の抱擁が欠けてはいない。事件の継起は驚くほど忠実に、誤解、自発的な離別、償いの抱擁という同じ「精神力学」の図式、そして同じ三元的な弁証法を繰返しているのである。

「ただ一言もいうことができずに**」

回帰の歓喜は強烈でかつ無言のものである。言葉は消えるのだ。サン＝プルーはエドゥアール卿の足下に「ただの一言もいうことができずに」身を投げ出す。ジャン＝ジャックはかれを沈黙させ、かれの手からペンをはなさせるような徴候《シーニュ》(「一言、やさしいただ一言」)を受けとることを願っている。これまで引用してきたすべての場面において、もっとも重要なことは約束による言語とは別の方法によって語られている。ヴァランス夫人に迎え入れられるときも、すべてが言葉で説明される前に、「最初の一言、最初の一瞥」によって決定されたのである。ジャン＝ジャックはヒュームにたいしてもまず語りかけるよりもさきに、身をもだえさせながら首に飛びつく。理想の受け入れ、理想の回帰は言語活動のこちら側かあちら側において生まれるのである。すなわち、なにも語られないか、すでにすべてが語られていて、戻ってきた友人を抱擁することだけが残されているのである。

ジャン＝ジャックはものを書き、身を隠す決心をしたのであるが、かれは言葉が無益なものとなる驚嘆すべき時を待つためにのみ書くのであり、自己を示すことに充足する瞬間を願うがためにこそ身を隠すのである。ルソーの精神においては、「言葉の回路」はまさしく回路なのである。なぜならば、それは言葉がまだ存在しなかった原初の時と同じような点に到達しなければならないからである。理想の回帰は、書かれた言語のうちに積み重ねられた誤解と「弁解」を消しさるのであり、新しい生誕、「再生」、新しい始まり、目覚めなのである。言語は他者の世界を否定したのであり、わたしはあなたがたのような人間ではなく、わたしはあなたがたの価値を認めないのである。しかしながら、回帰の瞬間はこうした否定者としての言語を否定し、不在、文学への逃亡は、ジャン＝ジャックがありのままの自己を示し、ということは不在と文学によってつくりあげた自己を示す無言の現存に変る。なぜならば、言語以外のいかなるものも消失せず、その時には、言語が証明しようとしたすべてのもの、ジャン＝ジャックの無実、真実、単一性が純粋な状態において存在しているのである。かれはすべての言語の彼方に、感情が自己自身に完全に充足している「感激」のうちに承認されうるような自分を言語によってつくりあげたのであった。

跪座、抱擁、嗚咽がいかなる言葉にもたよることなくすべてを語っている。言葉がそこにけっして介入しないわけではないが、たんによけいなものとして介入しているにすぎず、言語でないものによってすでに伝えられたことを伝達する機能をもたない。すべてが感動そのものによって語られるのであり、言葉はその偶然の反響にすぎない。そのことから、「言語表現《ディスクール》」に構成される必要のない、こうした言葉の感嘆詞的な特質が生まれるのであり、それはもはや仲介的な役割を果さず、伝達の欠くことのできない手段でもないからである。(『マルゼルブ氏への第三の手紙』においてジャン＝ジャックが「しびれるような陶酔」

のなかで、「おお、偉大な存在よ！」としか叫ぶことができなかったと書いていること、そして同じように「おお！」*としか言うことのできなかった、あわれな老女の祈りの言葉を想起すればよい。）

感情の嵐とでもいうべきものに立ち会わされているのだ。戦慄、慟哭、身震い、窒息、動悸……。ルソーは通常、適切な表現にたいする障害として感じているこれらのすべての生理的現象をいまや受け入れ、理想的な表現の方法として自己をゆだねることが可能である。「通常の状態」においては、感情的な無秩序は肉体的な障害であって、ルソーを麻痺させ、かれの思考を阻害する。「電光よりもはやい感情がわたしの心をみたす。だがそれはわたしを明らかに照らさず、ただわたしをやき、眩惑するのみだ。わたしはすべてを感じるのだが、なにひとつ見えない。興奮するが、頭は働かない**……」のである。しかし、回帰の理想的瞬間においては、感動の肉体的顛倒はそれ自体で十分な意味をおびているのであり、それは文字通り意味に充溢する。したがって、自分の感動しやすさのために他人の眼に与える無能者の印象を償うために文学者となったジャン＝ジャックは、過度の感動が書くことと語ることの必要性をなくしてしまうような状況をたえずつくりだそうとするのである。その時、かれは自己の肉体と和解し、自己を人間として示すことができるのである。

こうした特権的な瞬間においては、直接的な感情が直接的に表現する。感動することと感動を表明することは一体となる。したがって、感情を裏切るような言葉に感情を譲渡することはもはや必要ではない。すべてが肉体の水準にとどまっているが、肉体は障害であることをやめ、もはや中間に介在する不透明なものではない。その運動、戦慄、喜びがそれぞれ肉体にとって意味となる。感動の嵐はそのとき、同時に情念と行動になる。心は外に向って開かれ、心情は吐露され、世界はわたしを受け入れるために開かれ、わたしは人々の心を開かすのである。わたしが言葉という代弁者にたよらなければならなかったとき、世界は狭かったが、わたしの言語がわたしの肉体および感動と一体のものとなるとき、わたしは無限の世界に属しているのであり、統一はふたたび可能なものとなる。言葉が和解をおそらく準備したのであったが、和解それ自体は無言である。

世界を混濁させ、あらゆる交流の道を鎖ざしていた不吉な感動にたいし、空間を開放する感動の魔術が対置される。しかし、こうした魔術は、（サルトルが『情緒の理論についてのエスキス』において述べているように）肉体をとおして世界を生きるひとつの方法であり、肉体とは「意識の直接的な体験*」である。したがって感動はたんにもっとも直接的な表現であるばかりでなく、行動のもっとも直接的な形態なのであり、感動の魔術とは肉体を越えることなく、世界にたいしていかなる道具の働きを用いることもなしに、世界を変革することから成り立っている。

こうした論理的な言葉のてまえにある表現にたち戻りたいという意志、つまり肉体への回帰という意志についていうならば、精神分析学者はナルシスム、ヒステリー性回心、退行……などの症状をあげるであろう。さらに加えて、ジャン＝ジャックの表現体系において病気がはたしている役割を強調するであろう。しかしながら、かれの膀胱疾患が器質的なものであるか、あるいは機能的（今日では心身相関的なといえよう）なものであるかを判断することは不可能であり、顧って考えるならば、そのいずれの仮説もそれぞれ意味をもっている。確実なことは、病気が直接的なさまざまの意味を与えられているということなのであり、病気はジャン＝ジャックにおいてはつねにある表現的な働きをもっている。病気はたんになんらかの感情の誘因もしくは口実であるばかりではなく、病気そのものがひとつの感情として表明されている。それは悲しみ、批難、自己への罰、隔絶なのである。おおかれすくなかれ混乱しながら、つねにそれはなにかを語っている。ジャン＝ジャックが「心臓に息肉《ポリープ》」があると信じ、モンペリエへ治療のためにヴァランス夫人のもとを去るとすれば、三角関係において父長の役割を演じていたクロード・アネの衣服の形見わけを求めたために、（ルネ・ラフォルグが想像しているように**）おそらくかれは自分を罰しているのではないかと思われる。そしてこの場合に明らかなことは、かれが言語という「手段」によってそのことを外在化するのではなく、矛盾は肉体そのもののレヴェルにおいて表明されているということである。ジャン＝ジャックが描いている不快は、客体的な行動、明白な思考になりえない、もしくはそうなることを願わないさまざまな欲望と意志が表わされている身体の行動である。意識が完全に客観化することを拒否している問題は器質的な混乱、病的な症候となり、体験された状況についての感覚は肉体に固有のものとしてとどまり、病める受動性となる。ジャン＝ジャックは病気のなかに避難しながらも、もっとも直接的な表現の方法に立ち戻っている。（しかしながら、『告白』以後においては、ルソーの書簡はかれの健康についての嘆きをあまり含まなくなり、とくに感情的な論拠として病気があまり用いられなくなっていることが認められはしないであろうか。おそらく、告白するという事実そのものが解放的な効果をもっていたのであろう。そして、おそらくまた、迫害の強迫観念がそれまで肉体に向けられていたヒステリー的活動に完全にとって代ることになるのであろう。）

徴候《シーニュ》の力

ジュリーは天然痘にかかり、錯乱状態におちいり、夢のなかでサン＝プルーに会ったと信じる（実際にはその時、かれは彼女の枕頭にいる）。そして彼女はあえてひとつの仮想を語る。それはまた彼女の願いでもある。

これほどしっかりと結び合っている二つの魂は肉体と感覚にかかわりのない直接的な交流をその間にもつことができないのでしょうか。（『ヌーヴェル・エロイーズ』*）

そして、死の直前に、ジュリーはふたたび同じ願い、「神が此の世のわたしたちの考えを読みとるのと同じような、それによって、わたしたちがお互いにあの世で神の考えを読みとるような」直接的な交流の願いを表明している。肉体と感覚の世界を介在させることなしに交流すること、それはまず神にのみ属している特権なのであるが、魂が直接的な交流を可能とするものになったとき、魂は神性をおび、神と同じものになるであろう。しかし、このことは禁じられた果実であって、たとえルソーが渇望するとしても、人間にはそれを手に入れることは許されていないことをかれは知っている。行動と人間的な言語表現という手段にうったえることとなしでありたいと願っている者、そして、直接的な認識、「直接的な享受」を熱望している者は、神と同じ光りを放つことを自負する反逆の天使リュシフェールに似ている。そして、ルソーは聖アウグスチヌスとマルブランシュによって「人間は人間自身にとっての固有の光りではない」*ことを知らされているのだ。われわれのなかにたんに誘導され、屈折し、弱まっていくにすぎない光りの源泉をわれわれであると考えたい誘惑に抵抗しなければならない。ただ神だけが直観的に全世界を認識するのであり、人間の領域は直接的な直観ではなく、言語表現、言語、手段の継起と連鎖なのである。われわれの知識がつねに不完全なものであり、われわれの思惟がつねに不確実で不純なやり方でしか伝えられず、われわれの感情がそれを分ちあっていると信じている人々にさえその根底においては理解しがたいものであるのは、ある弱さのためである。人間は手段の世界に追放されているのであって、それが事物の秩序であり、そこから脱出しようとしても空しい努力にすぎないであろう。おそらく、かれ自身の直接的な交流の欲望を祓いのけるために、ルソーは無限に造物主から被造物を遠ざけている神学者たちの教訓を繰返しているのである。

神は聡明である。しかしどのように聡明なのであろうか。人間は推論を行うときに聡明であるが、至高の英知は推論を行う必要はない。それには前提も帰結もいらない。命題さえもいらない。それは純粋に直観的で存在するすべてのもの、存在しうるすべてのものを同じように見渡しているのだ。至高の英知にとっては、すべての真理はただひとつの観念にすぎず、すべての場所も一点にすぎず、すべての時も一瞬間にすぎないのだ。人間の能力は手段によって発揮されるが、神の力はそれ自体によって働きかける。(『エミール』*)

人間と人間のあいだでは、直接的な交流は不可能なのである。したがって、われわれは必然的に身振りや感覚的な徴候《シーニュ》にたよらなければならない。一言にしていうならば、人間はその思考を直接的に伝達することができないが故に、約束による言語を必要としている。つまり、「制度としての記号《シーニュ》」はわれわれの最後の手段といえよう。われわれは話し、書き、聴覚と視覚の代弁を借りなければならない。このような言語理論はルソーの同時代者たちのかなり多数に見出されるものであるが、かれはそれをロックから借りている。事実、『人間悟性論』の最後の章には次のように記されている。

ひとりの人間の思惟を構成している諸観念の情景は他の人間の眼には直接的に現われることができず、あまり確実な貯蔵所ではない記憶以外の他の場では保持されえないものであるが故に、われわれの思惟を相互に伝達し、さらにそれをわれわれ自身で用いるために記録するためにわれわれの観念の記号《シーニュ》を必要としている。人間がもっとも便利だと考え、したがってより一般的に使用した記号は分節された音声である。(『人間悟性論』**)

ロックにしたがえば、観念それ自体がすでに「考察された事物」の記号であり、したがって、観念の記号である言葉《パロール》は記号の記号なのである。このような外在的な諸関係の連続が存在しているのであるが、ルソーにとっては（かれは観念についてはなにも語っていないのであるが）言葉は思惟の分析的な記号であり、文字表記《エクリチュール》は言葉の分析的な記号ということになり、最終的にはふたたび記号の記号に出会うことになるのである。

思惟の分析は言葉《パロール》によってなされ、言葉の分析は文字表記《エクリチュール》によってなされる。言葉は約束による記号によって思惟を表象し、文字表記は同じようにして言葉を表象する。つまり、書くことは思惟の間接的な表象である。（『発音』*）

したがって、書くことは思惟の二重に間接的な表象といえよう。ジュリーが彼岸の世界で享受したいと願っていた直接的な交流の特権からわれわれはもっとも遠い地点にいるのだ。そして、理想は理解させる必要なしに理解されることであるにもかかわらず、われわれは道具の行動の厚い壁にとらえられている。

ルソーのような偉大な作家は書くことにたえず反抗しながら上昇する。なぜならば、「人間の能力は手段によって発揮される」ことを認めながらも、かれは手段の世界においては不幸だからである。自分はそこに追放されていると感じているのだ。もしかれが書く意志を固執するとすれば、筆がかれの手から落ち、もっとも重要なことが和解と回帰の無言の抱擁のうちに語られるであろう瞬間を誘発するためである。不実な友人たちとの和解がないとすれば、書くことは交流のいっさいの試みが無意味であることを告発するという意味だけをもつことになるであろう。『孤独なる散歩者の夢想』を書いている人間は、書くことが交流の不可能であることの絶対的な証明をもたらすことになるが故に、もはや書くことをやめられなかったはずである（死だけがそれをやめさす）。もはやなにひとつ伝えることをもたない者にとっては、言葉は追放を意味しない。事実、もはやたよるべき人物もなく、和解の期待もないとすれば、離別の感情のはいる余地も同じようにないのである。追放それ自体がもはや追放の名をもたず、たんなる安住の地である。言葉は静かに、際限なく続けられ、言葉を媒介者、手段、間接的な道具たらしめていた呪いから解放される。もっとはっきり言うならば、文字《エクリチュール》の媒介は存在するにせよ、ただ自我の内部においてのみである。文字はジャン＝ジャックのなかでジャン＝ジャックを現わし、現存の二重性を享受することを可能にしている。わたしの夢想を読むことは、「それを書いた時に味わった甘美な感情を思い出させてくれるだろう。そしてこのように過ぎ去った時をわたしに蘇らせることによって、いうならばわたしの存在を二重のものにしてくれるだろう。そうすれば人間などにはかかわりなく、わたしは社交の魅力を味わうことができ、わたしよりも少し年少の友人と一緒に生活してでもいるかのように、老いぼれたわたしは、別の時代のなかでわたし自身と生活することになるのだ*」とかれは言っている。書く行為は、ジャン＝ジャックにとっては、それが外部の受取人をもたなくなった瞬間から、はじめて幸福なものとなるのである。

ジャン＝ジャックを書くことに駆立てていたものは、（すでに見てきたように）、臆病の混乱のなかで自分を取戻し、別の意味でかれの価値を証明する必要なのである。かれは自分が表面に現われている自分よりもはるかにすぐれていることを立証するために書く。しかしまた、書き表わされた自分よりもはるかにすぐれていることを宣言するためにも書いている。かれは言葉によっては捕捉されず、かれの言葉のうちに閉じこめられはしない。重要なことは意図なのであり、それはすべての言葉から独立している。さらに重要なことは、読んだ後で読者がおかれる「心の状態**」であり、それは作者が書く行為のてまえで経験した心の状態に反響している状態である。したがって、ルソーは書く契機に理想的に先行しているか、あるいは書かれた作品から自由に離れている感情に読者を送りこむためにのみ筆をとっている。次にあげるヴエルドラン夫人宛の手紙はそうした秘密をはっきりと明らかにしているのであるが、ルソーは夫人にかれがその前の手紙でとりあげた事柄を問題にしないように懇願し、こう語っている。

先日さしあげましたお便りのなかに曖昧な、変な言葉がありましたことはわかっております……。ひとりの男の文章をその性格から説明したり、文章からその性格を説明したりすべきであるなどとけっして考えたりはなさらないと思っているのですが……。どうかわたしをこれからも悪く思わないでいただきたいのです。（『書簡*』）

そして、なお他の手紙でもまた同じように書く。

たとえ、なんどかわたしの言葉に曖昧な言い方がありましても、わたしは自分の行動がその意味をはっきりさせるように生きたいと努めているのです。（『書簡**』）

いまやジャン＝ジャックはかれの言語活動を生活から解釈することを求めているのだ。奇妙な逆転が起きたのである。ルソーはかれの価値を他人に認めさせるために、社交界を逃亡し、書かれた言葉によってのみ以外には、自己のイメージを示さないことを決意したのであった。そうすることによって、他人の前では見かけよりも低く評価され、かつ、かれの生き生きとした眼や機知にあふれた容貌の期待に背くことをよぎなくさせている誤解を克服しようとしたのであった。しかしながら、いまやわれわれは反対の動きに立会っている。誤解は言語から（言語によって）生まれ、ジャン＝ジャックは書かれた言葉の誤解に対決するために生活の真実に訴えている。かれは他人の眼の注目の的となって狼狽し、口ごもってしまうような人間でありたくないが故に、書くことをはじめたのであった。だがしかし、書くことをはじめるや、もはや自分が書いているような人間であることを望まない。かれがつい述べてしまったような傲慢な文章、冷酷な拒否、正当でない疑惑などはかれそのものではなく、いうならばかれの独立と自由を護るためのやり方なのであり、かれはそうした独立と自由の保護のもとに沈黙して普遍的な愛情と慈愛の感情に自分をゆだねている。かれは手紙を書こうが書くまいがいずれにせよ、友人たちにかれを信じることを求めているのである。他人の沈黙のうちにたちまち不吉な予感を読みとるかれにとっては、それがよいと思われるならば沈黙する権利が与えられなければならない。さらに、かれは「苦しみの妄想*」のなかで書いた狂気の言葉に責任があると考えられてはならない。かれはありのままの姿にしたがって判断されるべきであって、かれが書いていることによって判断されるべきではない。かれはたえず手紙のなかで「わたしを判断してください」、「わたしを評価してください」と願っている。だがしかし、ある判断がくだされたことを知るやいなや（そして、たとえそれが好意的なものであろうとも）、そこには思い違いがあり、別の人間として考えられ、歪曲され、直接かれを訊問することなく欠席裁判にかけられたようにかれには思える。かれはどこまでも真実を回復し、正確なイメージを再構成し、自分がつい述べてしまった言葉とは異っていることを明らかにし、かれ自身が裁判官たちに提出した書類の有効性を否認しなければならない。結局のところ、理解され、受け入れられるためには語らなくてもよいという特権をかれは要求している。しかし、この特権は書くこと、そして語ることによってしか要求できないのだ。すなわち、かれは言語の媒介を望まないということを言わんがためには言語の媒介を必要としている。直接的な沈黙の幸福が実現されないかぎり、言葉の死を願う言葉という手段によって直接性の不在を嘆かないわけにはいかない。直接的な交流への祈願がたとえどのように強いものであるにせよ、好むと好まざるにかかわらず忍耐をもって、交流の人間的な手段を受けいれなければならない。ルソーの広大な作品は、ヘルダーリンがルソーについて語りながら、**「きわめて強固な忍耐の精神」と言っているように、こうした情熱的な忍耐の証言なのである。

そして、ルソーは忍耐のうちにかれの郷愁をこめるためのどんな機会もおろそかにしない。それはまさに郷愁の忍耐なのである。ルソーが言語について書いたあらゆる記述のうちに、約束による記号にたよることを避けがたいものにしている諸条件についてのきわめて明晰な理解が見出されると同時に、交流のより直接的な様式への切々とした哀惜の情に出会うのである。

『音楽のための新しい記譜法』*（一七四二年）は公の舞台へのルソーのはじめての登場である。そして、それは失敗に終り、ディジョンのアカデミーの懸賞論文によって十年後にようやく報いられることになる。しかしながら、ジャン＝ジャックが記譜法を単純化するために提案している改革は、すでにきわめて意義深いものがあるのだ。かれは因襲的な記号**にたいして戦いを挑んでいるのである。記号はあまりにも煩雑であり音楽的観念とメロディーを解読する眼とのあいだに無益に介在する障害なのである。

> こうした多くの五線、音部記号、移調、シャープ、フラット、本位記号、拍子記号、全音符、二分音符、四分音符、八分音符、十六分音符、三十二分音符、全休符、二分休符、四分休符、八分休符、十六分休符……は組合せと記号の洪水を生みだし、そのためにひとつはあまりにも大きな分量を必要とし、さらには生徒たちの記憶に過度な負担を負わせすぎるという二つの主要な不便が生じている。であるからして耳が訓練され、本を開いてすぐに歌えるようになるはるか以前に諸器官があらゆる必要な能力を獲得しているとすれば、困難は歌唱することにあるのではなく、規則を遵守することにあることになる。（『音楽のための新しい記譜法』***）

音楽の伝統がわれわれに「無益に多様化された多くの記号」を押しつけている。記号にたよることが避けられないならば、すくなくともそれをできるだけ単純化し、その「分量」は音楽的表現の読取りに欠かすことのできない最小限のものに限るべきなのである。したがって、ルソーはあまりにも数多くの要素がわれわれの眼に不快な不透明の抵抗を与えている伝達の手段を純粋かつ単純なものにしようと企てている。どうすべきなのであろうか。「いかにしてその数を増すことなしに記号をもっと明瞭なものにすべきであろうか。*」そのためには記号を削減し、きわめて平明な、「ごく少数の文字」に満足すればよいのである。さらにそのことによって、古い体系のなかでは恣意的なものである記号は、より自然なもの、すなわちそれらが指示している事物により相似したものとなりえよう。このようにして、ルソーは五線譜に写された音符のかわりに数字をあてようとする。なぜならば、より抽象的に見える数字は、現実にはより自然に音に近いからである。

数字は数に与えられている表現であり、数そのものは音の生成の指数であるから、算術的な数字によってさまざまな音を表現することほど自然なことはない。（『近代音楽論**』）

結果はどうかといえば、読取りという中間行為ははるかに容易なものとなり、修業という中間時代は短縮される。音楽を修得するために長い回り道を必要としたジャン＝ジャックは「短期の手段」を考案したと信じ、（そのうえ、立身出世をも期待するのである）。かれの体系によって「より短く、より容易な道程***」によって音楽は完全に習得されるであろう。もちろん学ぶことは必要であって、ルソーがかつてローザンヌのトレトラン氏の所で願ったような一瞬の奇蹟は起らないであろう。しかしながら、新しい「方法」にしたがうならば、予備の訓練は最小限に短縮されるであろう。ジャン＝ジャックは、あらゆる困難を克服し、手段についてはいかなる問題もないような「第一級の音楽家を一年以内で」育てあげることを約束している。「この方法によってよく指導された生徒」は、驚くべき早さで「あらゆる音部記号をひとしくこなし、あらゆる旋法と調、あらゆるそれに適当な絃および転調の関連性を理解し、このうえもなく容易にいかなる楽曲をもあらゆる種類の調に移調する」達人となる。そして、そのときから、「規則の遵守」はもはや障害ではなくなり、精神は完全に感情にそして「歌唱」に没入することが可能となるのである。*

エミールは事物のあいだで成長する。かれは自由であり、かれが遭遇する唯一の障害は肉体的な必要である。家庭教師はその意志を肉体的な必要のかたちに変えてのみ、すなわち、そのひとつひとつに一言もいわないで無言の権威を与えることによってのみ、かれにその意志を与える。エミールの理性がまだ形成されていないかぎり、かれの経験は世間との直接的な接触から生まれる。家庭教師はエミールを事物の方へと導くためにのみ語るのであり、要するに事物によりよく語らせるためにのみ語るのである。

言葉によってどんな種類の教訓も生徒に与えてはならない。生徒は経験だけから教訓を受けるべきである。（『エミール』**）

だからルソーは子供が事物から事物の記号の世界へ移る時期をできるだけおくれさせたほうがよいと言っている。幼少時代は直接性の年代としてとどめられなければならない。若い精神を意味を伝えることの不可能な記号の世界へ迷いこませてはならないのである。

どんな勉強においても、表象される事物についての観念がなければ、表象する記号にはなんの意味もない。しかも、ひとはいつも子供にそういう記号だけを教え、それが表象する事物をけっして理解させることができない。子供に地球の様子を教えようと考えながら、ひとは地図を見ることを教えているにすぎない。ひとは都市や、国や、川の名を教えるが、子供には、示される紙のうえとは違うどこかにそれらが存在するということが理解できない。（『同上』***）

一般的にいって、実物を示すことが不可能な場合のほかには、実物にかえるに記号をもってするようなことはしてはならない。その記号が子供の注意力を吸収して、それが表象している事物を忘れさせるからだ。(『同上』*)

たしかに『エミール』では多くの議論が行われているが、それらの議論は現実の対象に出会った後につねに事物に即して行われる。言葉の教訓は(たとえそれが『サヴォアの助任司祭の信仰告白』のようなものであれ)、教育的な状況との接触によって無言のうちにすでに形成された知識を解釈し、明白にするだけである。サヴォアの助任司祭がジャン゠ジャックに語るのも、そのすべては、かれらが丘の高みから眺める風景によってすでに明らかにされているのであった。そして『信仰告白』もまた事物についての教えである。言葉の記号は「表象された事物」と分離されてはおらず、世界と神が一挙に現れる。

それは夏のことだった。わたしたちは夜明けに床を離れた。かれはわたしを連れて町の外へ出て、高い丘の上にのぼった。下のほうにはポーの流れが肥沃な土地をうるおし、横ぎっていくのが見える。かなたには、すべての上に、巨大なアルプスの山脈がそびえている。朝日の光りがもう平野にさしてきて、野原に樹木や丘や家々の長い影を投げ、光りのさまざまな変化が、人の目にふれるこのうえなく美しい光景をいっそう豊かなものにしている。まるで自然は、わたしたちの目の前にその壮麗な景色をくりひろげて、わたしたちの対話のテキストを提供しているようだった。そこで、しばらくのあいだ、無言のままそういう風景をながめていたあとで、安らかな心の人はこんなふうにわたしに語った。(『エミール』**)

まず風景が語っているのだ。安らかな心の人の言葉は、かれの話に先だつ無言の観想のうちにすでに示されていること以外はなにも明らかにしないであろう。

近代の言語は約束による記号によってできている。だが、かつてはるかに原初に近い時代においては、どのような言葉が話されていたのであろうか。さらにまた話すことは必要だったのだろうか。言語がはるかに約束的なものではなく、より表現的であって、自然により近いものであったような時代はなかったのであろうか。これらがルソーの提出している問題であり、――かれが『人間不平等起源論』や『言語起源論』にめぐらしている学問的な扮飾の向う側に――純理的な言語学にたいするかれの関心が科学的な領域のものではない動因によって動かされていることがうかがわれるのである。そこには、かれが生きることをよぎなくされている世界、すなわち、媒介と間接的な行動の世界にたいして、人間の関係がより多数でない、はるかに直接的ではるかに確実な手段によって確立されるであろうところの可能性の世界を対立させるために前者と戦おうとする欲望が、一度ならず認められるのである。ある感情的な欲求がそのようにして歴史的な仮説に変形されるのである。交流がより瞬間的な、そしてはるかに推論的でないやり方で行われ、おそらく、情緒や感情は、象徴として表現される必要なく、それ自体で十分に認められたが故に、記号が無益なものであったような時代が存在したはずなのである。

自然状態においては、人間は直接的に生きている。人間の欲求はいかなる障害にも遭遇せず、その欲望は人間に直接的に提供される対象を越えない。人間はけっして自分に与えられていないものを獲得しようとはしない。そして、言葉は償うべき不足がある場合にのみ生まれるものであるから、自然人は話したりはしない。

男性と女性は出会いがしらに機会のあり次第、欲望のおもむくままに偶然に結合し、言葉がかれらの言いかわさなければならなかった事柄を説明する必要もたいしてなかった。別れる時も同じように簡単に別れた。(『不平等論』*)

人間を……相互に接近させ、そしてかれらに言葉の使用を容易ならしめるための配慮を自然がほとんどしなかったということから、自然がいかに人間の社交性を準備することが少なかったか、そして人間が社交的な結合をうち立てるために行ったすべての事柄にたいし自然がいかに寄与することが少なかったが……わかるのである。(『同上』**)

自然人は無言の交流にとどまっているのであり、それは交流といえるようなものではなく、たんなる接触である。克服すべき障害がないが故に、思想の交換も議論も存在しないのである。

しかし、人間は人間によって認められることを望んでいる。人間のなかには、たんに偶然の接触ではなく、交流を望む自然の原理が存在する。自然に反することなしに、言語は人間固有の本能の産物なのであろうか。これが『言語起源論』の提出している仮説であり、『人間不平等起源論』の理論とは容易に一致しない問題である。言語は社会的な人工の産物なのか、それとも人間の本性のもつ最初の能力なのであろうか。ルソーは(『人間不平等起源論』)では直接性の歴史的優先権を措定し、(『言語起源論』)では交流の優位を措定して、それぞれ異った答を提出しているのである。

なにはともあれ、接触がつかの間であり、恋愛さえも無言であった、完全な直接性の時代が先行しようともしていなかろうとも、言語の始まりは存在している。最初には、身振りと感嘆の叫び、すなわち、アクセント、嘆きの声、「自然の叫び声」、情念によって発せられる「声」***……などがあったのだ。最初には、言葉はまだ感情を表わす約束による記号ではない。それは感情そのものであり、情念を転写することなく伝達している。言葉はそれが指示する存在とは異った外見ではない。本源的な言語とは、感情がありのままに直接的に現われ、感情の本質と発せられた音が一体となっている言語である。ルソーはプラトンの『クラテュロス』に言及することを忘れない。その原初の言語についての記述は、言語を情念と感情に帰着させることによって、「自然の名称」と「原始の名詞」についての仮説を問いなおさせるからである。すなわち「名詞は本来、ある種の正確さを含んでいる」*。ルソーが想像しているような、原始的な言語はほとんど誤りをおかすことのない力をもち、「交流を求める情念のほとんど必然的な印象を感覚ならびに悟性に」** 示す言語であった。

それは相手をいい負かすのではなくて、説得し、推理を行わないで描写してみせるだろう。***人々は話すかわりに歌うだろう。そして語源となる語は大部分、擬音か情念のアクセントとかまたは感覚で感じられる事物の印象を模倣した音だろう。そしてそこではたえず擬音語《オノマトペ》が感じられるだろう。（『言語起源論』****）

近代的な言語への移行はなんという堕落であろうか。文字表記《エクリチュール》の約束に支配されたその構造はもはや感情の生々とした現存を表現していない。人々は一般的な概念のもつ非個性的な明晰性を獲得するために個人の真実（真正性）を離れる。「書くときに人々はすべての語を一般に共通の意味で取らざるをえない。しかし話すひとは調子によって意味を変化させ、自分の好むままに意味を決定する」*****のである。生きた、アクセントのある話し言葉は個性の直接的な表現であるが、書かれた言葉は、話し言葉によって発揮される力強さと情念の近似的な等価物を人工的につくりあげるために言葉の長い迂回と際限のない回路を必要としている。このことは、ジャン＝ジャックのように、自分だけがもっている独自なものによって自己を描こうとする者にとってはなおざりにできない問題である。もし原初の歌う言語に、直接的に意味を表示するメロディーにたち戻ることが可能であるならば、すべてのことがよりよく表現されるにちがいないのである。ただ、われわれには約束による記号を放棄することによって自然の記号にたち戻る可能性があるのであろうか。

この場合にもやはり、過去にさかのぼることはできないのだ。推論的な冗漫さと抽象をともなったあるがままのフランス語を用いなければならないのである。すべてが「イメージ、感情、表象として*」存在した原始の言語にたち戻ることはできない。もはや「各々の語に文章全体の意味を与える**」ことは不可能なのである。だがしかし、ルソーはかれの言葉を理想の原始の言語に近づけようとしている。かれの文章表現《エクリチュール》は、柔軟で音楽的であり、「原初の言葉」を聞いているようである。アクセントのある言葉の力強さを回復することのできる一手段として、かれは、短いが重要な註のなかで句読法の完成***を示唆している。呼びかけの符号と皮肉の記号がないことを残念がっているのだ。したがって、かれは文章表現の領域のなかでそれに先だつより単純な手段の等価物をたえず求めようとしている。それゆえにこそ、ルソーは、かれの文体そのもの、文章の柔軟さ、その句切り方、そのメロディーをとおしてより直接的な別の言語への郷愁を語っているのである。かれの言葉は美しくはあっても、「原始の言葉」、それがもっているパセティックなアクセント、連続するイメージの不在をひそかに嘆いている。ルソーの文学的な「言語表現《ディスクール》」は文章の完全な美しさのうちに展開されているが、かれのパトスと内的緊張が自然の記号への不変の哀惜を明らかにしているのである。

「自然の記号」と「人為の記号」（あるいは制度の記号）の区別は十八世紀においては広く行われている。そのことは、なかんずくコンディアックと『百科全書』において見出される。『百科全書』においては、自然の記号は、「喜び、怖れ、苦しみの感情のために自然が定めた叫び」(『記号』の項)とされている。それはまた身振りであって、コンディアックにしたがえば、アダムとイヴが分節された言葉を発見する以前に、かれらのものであった「行動の言語《ランガージュ・ダクシオン》*」なのである……。自然人としてのジャン＝ジャックが約束による記号の拘束を拒否するとすれば、自然の記号によることなしにいかなる手段によって自己を表現するのであろうか。記号が自然の記号であり、制度の記号でないという条件において、かれが記号に自己を託そうとしていることを明らかにしていきたい。

かれがよく抱く感情は身体的な徴候《シーニュ》によってはっきりと現われます。たとえあまり感動していなくても、眼はすぐに涙ぐんできます。(『対話』**)

かれの感情の動きは早く活溌で、しかもすばやくほとんど長続きしませんけれども、よくわかるのです……。急な動揺であおり立てられた血は眼中や口や顔に情念を示すはげしい動きをもたらします……。怒りの徴候が顔から消えるとすぐに、怒りは心のなかでもまた消え去っています。(『同上』***)

ジャン＝ジャックは自分をあらゆる情緒の動きがわかってしまう「感じやすい心」の持主として描いている。自然の徴候《シーニュ》〔記号〕と感情はまさしく時を同じくしているのである。つまり、こうした徴候は感情そのものである実体によってのみつくられている。したがって自然の記号とは肉体のレヴェルにおいてみずから話しかけている感情であるといえよう。肉体を襲った感情的な出来事はたちまちそのまま外面に表わされるのであり、それ以上に、表現の通報が「音節化《アルティキュレ》」される必要はない。情緒の激動が、直接的に表現しているのであり、かつまたそれを願っている。すなわち眼のきらめきは怒りであるとともに、怒りを語る言語活動である。こうした言語活動は絶対的な正確さをもっており、ありのままを語っている。よきにつけあしきにつけ、ジャン＝ジャックの心のなかのあらゆる出来事はそのまま表示される。だからこそ、かれは傷つきやすく、無防備にすべての人々の視線にさらされている。したがってそこには危険がある。反対に感情を現わすことに十分な注意をはらっているかれの迫害者たちに自分をさらけだしているのだ。しかしまた一方ではすばらしい幸福もある。なぜならば、自然の記号による言語は、真実と誠意をこめて熟慮反省をかたむけるよりさきに、自動的に自我の真実を表現している。もしこのような自動性が絶対的に強力なものであるならば、ジャン＝ジャックは真実にたいする不安から解放されているであろう。さらにかれの受動性とかれの本性の単純な「メカニズム」に自己をまかすことができるであろう。完全に自然の記号にたよることができるならば、真実を表明するためにはありのままであることで十分なはずだからである。もしそうだとするならば、ありのままの自己を認める以外に、なすべきことはなにもありえないであろう。そして、真正の存在のヴェールを取りはらうための唯一の用いられるべき手段は、言葉をもふくめてすべての人為の手段を放棄することであろう。

このようにして、他のあらゆる言語活動を切り捨てることを可能にする記号（自然の記号）による交流のユートピアをかれはつくりあげようとしている。そして『エミール』および『近代音楽論』では記号の呪いからわれわれを護ろうとしているのだ。そこで問題にされているのは、意味の伝導体であることからは離れた、中間に置かれた障害であり、遮断物である約束による記号であった。その他のいっさいの記号にルソーは自己を託そうと夢想する。すなわち、それはさまざまな身振りや動作であり、話される言語活動の約束による記号のよけいな援助なしにそれ自体によって正確にその意味を伝えているのである。

『人間不平等起源論』においては、ジャン＝ジャックはイサク・ヴォシウスの意見を表面におしたてている。正確にかれの欲求を表わしているテキストを見出したことに満足し、言語の混乱を嘆いている博識の神学者にラテン語で語らせているのである。

この言語の制度の長所と短所について哲学的な省察をしてみなければならないのかもしれないのだが、わたしはそれにはかかわりあわないように十分用心をしよう……。そこで多数者の意見に反する理由を時として思いきって支持しても、けっして罪とされなかった人々に語らせることにしよう。「もしも、人間が、かくも多種多様な言語が混乱しているといううわざわいを一掃して、ただ一個の意志表現法に熟達し、つねに合図と動作と手振りとでもって意を伝えることができるなら、人類の幸福にはなにひとつ欠けるものはないといってよかろう……」（『不平等論*』）

こうしたまさに真実の言語こそ、ルソーがたち戻ることを夢みているものである。だがしかし、かれはそれを所有していないが故に夢みている。かれは自然の記号によってのみ自己を表現することによって経験するであろう幸福を語るために約束による言語の言葉を用いなければならないであろう。実際、かれの感情がいくつかの徴候によって即座に表明されることはそれほど確実なことであろうか。他の時点において、感情ははるかに明白なものではなく、その伝達はつねに曖昧なものであるという印象を経験しなかったであろうか。「見えているものはあるがままのものの最小限の一部にすぎず、それは表面的な結果であって、その内在的な原因は隠されており、しばしばきわめて複雑なのである……。ひとりの人間の生はその人自身によってしか書くことができず、その内面的なあり方、真実の生はその人自身によってしか理解されない……**」のである。自然の記号による言語においては、表面的な結果と内在的な原因は離れてはおらず、ここで告発されている表明されたものと隠されているものとの断絶は見出されない。だがしかし、そうした存在と外見の不一致にこそジャン＝ジャックはたえず悩まされている。社交界での臆病さが素顔のままに生きることを妨げたが故にかれはペンをとったのではなかっただろうか。自分にふさわしい姿を示すために、そしてはっきりいうならば、自分の価値を「手短な手段」、つまり実在の自分と生きた言葉によって見出す術を知らなかったが故に、かれは書くのである。しかしまた、文章表現という「迂遠な手段」にたいする悔恨を表明するために、そして無言の交流、表現手段を必要としない表現へのノスタルジーを語るために書くのである。

ルソーが『対話』第一部の冒頭において「恍惚の世界」の住人を描く場合は、まさにそうなのである。かれは自分の夢に恍惚として陶酔している。それは言葉にとってかわるか、あるいはたとえ言葉があるにせよそれとは別に感受される曖昧さのない徴候によって魂が語りあっているような、信頼にあふれた、ほとんど無言の親密さのなかで他人とともに生きることである。なぜならば、「秘奥に通じた人々」は「かれらの幸福を外観にではなく、親密な感情のうちに求めて」いて、外観の呪いを含む通常の言語に満足することはできない。ただそうした徴候だけが親密な感情の伝導体となりうるのである。

このように特別につくられた人間は、きっと普通の人間とは違ったしかたで自己を表現するにちがいありません。こんなに大きく変容した魂をもっているので、かれらの感情や考えを表現する場合に、その変容の跡をのこさないことは不可能なのです。その変容の跡は、このような存在のしかたがあることをまったく知らない人々には気づかれないにしても、それを知っていて、かれら自身がそうした影響を受けている人々にはかならず気づかれます。秘奥に通じた人々はある特有な徴候によってかれら同志の間ではおたがいに認めあっています。ほとんど知られていなくて、使われることもあまりないこの記号のもつ大きな価値といえば、偽造することができず、その記号が働くのは根源においてだけであり、それを模倣している人々の心から発せられる場合には、それを識別するようにつくられた心には到達しないということです。しかし、もし到達したとするならば、誤解されることはないでしょう。それが感じられるならばその徴候は真実なのです。こうした徴候がなによりも確実に現われるのは、あれやこれやの行動によってというよりは、生活態度全般のなかなのです。しかし魂がおもわず高揚するような激した状態では、秘奥に通じた人は、そうでもないのにただそういう振りをしようとしている人と自分の仲間をたちまち識別するのです……」(『対話』*)

ジャン＝ジャックは、より確実な、そしてより直接的な、ほとんどなにものにも犯されないような言語を心に描いている。しかし、そうした言語は普遍的なものではない。それは自然が普通の人間とは異るようにつくりだした少数の秘奥に通じた人々にのみ留保されている秘伝なのである。一方では、かれらは他の人類から離れて生きているのであり、かれらの秘密の言語はこうした分離を証明している。しかし他方では、かれらはかれら自身のあいだではより深い交流が可能であり、それはこうした秘密の記号の力によるものである。秘奥に通じた人々は、かれらのあいだではいかなる誤解をも知らない。ただ、かれらの会話はいわゆる対話ではありえないであろう。「秘奥に通じた人々」はただちに理解しあうのであるから、なにかについて議論することはありえないはずである。たしかに、「直接的な享受」を味わっているこうした人間たちには対話はないのであり、かれらは共感すること、すなわちかれらの感情を吐露することしかしない。徴候と沈黙が共感の言語活動であり、それによって意識と意識は「根源において」ふたたび結合される。しかしながら、『対話』と題された作品のなかに対話よりもはるかに幸福で有効な交流についての記述が見出されることはまったく意味深長であるといえよう。そこには、言葉の抹殺を願う言葉が生き生きと提起されているのであり、感じやすい魂にとっての耐え難さが表わされている。

かれらにとっては、重々しく話が続けられることはたえがたいのです。自分の話ののろさが癪にさわるのです。かれらが経験するすばやい心の動きによって、自分たちが感じていることがはっきりと現われ、心から心へと言葉の冷い仲介なしに浸透しなければならないとかれらには思えるのです。
（『同上』*）

「言葉の冷い仲介なしに」という言い方は『ヌーヴェル・エロイーズ』の次のような言い方のほとんど文字通りの繰返しである。

口を開かないでもいかに多くのことが語られたことでしょう！　言葉の冷い媒介なしにいかに多くの熱烈な感情が伝えられたことでしょう！」（『ヌーヴェル・エロイーズ』**）

だがしかし、ここでは「イギリス風の午前」についての手紙（第五部　第三の手紙）のほぼ全容を引用する必要があるように思われる。「イギリス風の午前」とは完全に透明な瞬間のひとつであり、その象徴的な重要性は葡萄の収穫祭のそれに比べておとらない。イギリス風の午前は、葡萄の収穫祭が野外において展開したもの、すなわち絶対の信頼と障害のない交流を屋内の情景として表わしている。「沈黙に捧げられた、友情の収穫である」こうした瞬間においては、三人の一致した歓喜がさまざまな徴候をとおしてたがいに伝えられる。

激しい崇高な感情よ。いかなる話し方が汝にふさわしいであろうか。いかなる言葉が汝の代弁をなそうとするであろうか。友に語る言葉が友人たちのそばで感じる気持にふさわしいことが一度だってありうるでしょうか。ああ、握りしめられた手、熱っぽい眼、胸に抱きしめる抱擁、それにつづく吐息、こういうものがいかに多くのことを語ることでしょう！　その後ではじめて発せられる言葉は、こうしたすべてに比べてなんと冷いことでしょう！」（『ヌーヴェル・エロイーズ』***）

……この言葉を聞くと、刺繡が彼女の手から落ちました。彼女は振り向いて、尊敬する夫の方をちらりと眺めましたが、その眼差しはこのうえもなく感動的で、愛情にあふれていましたので、わたし自身もまたふるえたほどでした。彼女はなにも言いませんでした。この眼差しにふさわしいことを彼女はなにか言えたでしょうか。わたしたちの眼もあいました。彼女の夫がわたしの手を握りしめたように、同じ感動がわたしたち三人を結びつけ、この真情を吐露する魂の甘美な力が彼女の周囲に感化を与え、無関心でいる人さえも動かしたことをわたしは感じました。(『同上』*)

真情の吐露、感化は、存在が自己を譲渡することなく、そして自己を離れることなく伝達される、ルソー的な魂の本質的な行為である。そしてイギリス風の午前は真情が吐露される瞬間の理想像を描きだしている。言葉ではなくて、徴候によって導かれる真情の吐露はより大きな拡がりがあり、感化はより純粋である。ここに引用してきたような情景は三人が一体となった陶酔なのであるが、ルソーはこの部分を描いた版画にそのことを要求し、「三人の人物は、夢みるような、甘美な様子で瞑想している。とくに母親はうっとりした陶酔の様子を表わしていなければならない」**と註解を加えている。

しかし、徴候の力についてのもうひとつの証言がある。ベルナルダン・ド・サン゠ピエールがルソーの次のような打明け話を報告しているのである。

かれはわたしに語った。ああ、なんと純潔は愛に力を与えるのだろうか！　わたしはかつて二度情熱的な恋愛をしたことがある。一度は、かつて一言も話をしたことがなかった女性である。ただひとつの徴候が情熱的な多くの手紙とこのうえもなく甘美な幻想の源であった。わたしは彼女の住いに入っていった。すると背中を向けている彼女の姿をみとめた。彼女を見て、喜び、欲望、愛がわたしの顔、表情、身振りなどにはっきりと現われたのだった。ところが、わたしは彼女が鏡でわたしを見ていたことに気がつかなかったのである。彼女がわたしの興奮に傷つけられて振り向くと、わたしはひざまずこうとしたのだが、そのときだれかが入ってきた。(『ルソーの生涯と作品』*)

ここで問題にされているのは、若き日のルソーの恋であり、とくにジャン＝ジャックがトリノの改宗者の救済院を離れようとしたときの、バジール夫人との恋である。『告白』をひもどいてみるならば、そこには「多くの情熱的な手紙」という言葉は見出されない。(おそらくベルナルダンによって付け加えられた潤色であろうか。しかしながら、それが真実であろうとなかろうと、こうした事実は認めてもよいものであり、ルソーの心理と一致しているのであって、『ソフィーへの手紙』がそのことについての別の証明を提供している。)『告白』第二巻の物語においては、多くのデテールに異った光りがあてられていて、これら二つの版は重要な「相違点《ヴァリアント》」**を提示している。問題を単純にするためにはベルナルダンの証言をすてるべきであろうか。そうではないのである。これら二つの版のあいだには、相違点よりもはるかに重要な「変っていない点」が見出されるのだ。そして、そのことが、ルソーの想像力がいくつかの固定された徴標を起点として想い出を詩化しているように考えさせるのである。すなわち、つくりだされたデテールは、そのときの感情の動きにしたがって音楽的に純化されたものではあっても、その中心には記憶が与える素材を象徴する確固としたいくつかの原質が存在しているはずである。そう考えるならば、バジール夫人との情景においては、なにがこうした原質なのであろうか。そのひとつは沈黙なのであり、両者の相違そのもののなかにこの点についての一致が隠されている。

ベルナルダン版では「わたしがかつて一言も話をしたことのなかった女性である」とされているが、

『告白』では、ジャン＝ジャックはすでにバジール夫人とは言葉をかわしているのだ。しかしながら、その主要な情景は「生き生きとした、無言の」情景なのである。

さらにもう一方では、いくつかのイメージが一致している。たとえば、ジャン＝ジャックの姿は鏡に映しだされる。そして、とりわけ注目したいのは、バジール夫人が彼女の崇拝者にたいして示すただひとつの身振りである、指の合図《シーニュ》である。『告白』にしたがうならば、この愛の場面の限りなくすぐれた特質は、いくつかの徴候だけがそこに現われる沈黙の情景であるということにほかならない。ジャン＝ジャックはただの一言も発することなくかれの愛を表明し、若い婦人はたんなる「指のしぐさ」によってかれに答えたのである。この情熱的な出会いについて語った『告白』の文章を読むならば、「指のしぐさ」が原質であって、それを中心としてすべての場面が構成され、結晶されていることが明らかであろう。

> わたしは入口のところに膝をつき、情熱の発作といったように、両手を彼女の方にさしのばした。聞えるはずはなく、見られるきづかいはない、と信じていたのだが、煖炉の上には鏡があって、それがちゃんと映していたのである。こんな興奮が、彼女にどんな風に受けとられたかはわからない。彼女はわたしを見ず、声もかけなかった。頭を半分だけこちらに向けて、ただ指のしぐさで自分の足もとの敷きござを指さした。ふるえたのと、叫び声をあげたのと、示された場所へ飛んでいったのと、これはもう同時だった。* しかし、信じられないこととおもうが、こうなりながら、わたしはそれ以上になにひとつあえてしなかった。一言も言えず、眼を上げて見ることもできず、そのような窮屈な姿勢でいながら、女の膝に一瞬もたれかかるために、彼女に触れることさえできなかった。わたくしは無言で、身動きもしないでいた。もちろん、けっして平静だったのではない……彼女のほうもわたし

におとらず落着きを失い、びくびくしているようだった。こんな格好のわたしを見て、平静を失い、わたしをそばに引きよせたものの、どうしてよいかわからず、またつい考えなしにした合図の重大な意味を感じはじめて、わたしをそれ以上に近づけようともせず、かといっておしのけるでもなく、じっと針仕事の上に眼を伏せて、わたしが足もとにいるのを知らぬふりでいようとした……（『告白』*）

この沈黙の出会いの描写につづく瞑想のなかで、なお一度、ルソーの思考は単純な指の合図に戻っていく。こうした二人だけの向い合いの忘れがたい幸福は、ジャン＝ジャックの愛の告白とバジール夫人の告白とが共通の言語にたよらず、純粋な感情の徴候によって行われたことにもとづいている。

女をわがものにした気持といえども、服にも手を触れないで足もとにいた二分間に、とうていおよばない……。ちょっとした指の合図、唇にかすかにおし当てられた手、それがわたしがバジール夫人からもらった愛のしるしのすべてであった。そして、このようなちょっとした愛のしるしの追憶が、いまだに思い出すと、わたしをうっとりさせるのである。（『同上』**）

ジャン＝ジャックにとって恋の幸福とは、所有することにあるのではなく、向い合っていること、そして向い合っていることの緊張にある。ジャン＝ジャックはバジール夫人の前では不安におののき、身動きもならず、無言のままなのであるが、なににもまして、自己の固有の感情に向い合っている。徴候の交換が感情の充足をゆるぎないものにしているのであり、ほんのわずかの言葉によってさえもそうした充足は傷つけられてしまうであろう。

ヘルダーリンほどルソーにとっての徴候の重要性をたくみに指摘したひとはいない。徴候による交流の力に感動して、ルソーの追憶に捧げた未完の詩の一節のなかで、かれは賞讃すべき詩的解釈を生みだしている。

汝はそれを聞いたのだ。そして知ったのだ異邦の人々の言葉を。
かれらの魂を理解したのだ。憧れに燃える者にとっては
徴候《しるし》だけで足りるのだ、そして徴候《しるし》は
はるか昔から神々の言葉なのだ。(『ルソー』*)

この異邦人とはなんであろうか。おそらく「恍惚の世界」の住人なのである。そしてかれらの到来は約束されているのだ。この場合、徴候は異邦人の魂の解釈を可能にするものである。ここで取りあげられているのは瞬間的な認識なのであるが(数行後で、ヘルダーリンは「かれは最初の徴候《しるし》によってすべての成就されたものを知る」と書いているのであり)、こうした認識は、ヘルダーリンの眼にとっては予言的なものなのである。神々はその言葉を解するごくわずかな人間にしか語りかけず、予言者の魂にしかその姿を示さない。ルソーが恍惚の世界について与えている記述の場合も同様である。「秘奥に通じた人々」は精神的なエリートを構成しており、かれらがもっている、徴候によって理解しあうという特権は解釈の才能であり、未来を占う能力なのである。

徴候の解釈についての問題に注目しなければならない。真に直接的な交流においては、徴候を解釈する余地はない。解釈することは仲介なのであり、間接的な行為である。直接性の理想は、徴候の意味が物それ自体と徴候の知覚とにおいて正確に一致することを要求している。意味は抵抗できないものとして与えられ、わたしはそれを受動的に受け入れなければならない。それがルソーが願っていることであり、徴候

はただ感じられるだけのものであって、読みとる必要があってはならない。（もしそうでないとすれば、読み取りの労力を必要とする約束による言語となんらかかわることはないのである。）しかしながら、そのことは魂の活動を徴候に対応する感情だけに還元することであり、魂は——ルソーにしたがうならば——意味作用の意味そのものの純化にまったく無関係なものになってしまうであろう。魂は真理の光りをあてられるだけで十分であろう。その場合徴候の明証性があまりにも大きく、あらゆる解釈は無意味なものとなる。明証性は無償で与えられるのである。しかしながら、ルソーの願望にしたがうならば、現実においてはそうはいかないように思われるのだ。たとえ、自然の記号にたち戻るために約束による記号を放棄しようとも、そして、意味するものとしての表象《サンボル》と意味されるものとしての事物を分離することを放棄するとしても、記号の意味の認知はあらかじめ意識の活動を前提としていることを認めないわけにはいかない。極端な理想主義をのぞけば、意味は記号の出現を期待し（あるいは「求めている」）、みずからを中心としてその周囲に意味作用をうながそうとする意識にのみ与えられるというべきなのである。意識のこうした作用は、内発的かつ本源的にすでに解釈なのである。そして、このような解釈とは、世界の本質の一般的な意味をあらかじめ選択することを含んでいるのであり、そうした本質から個々の意味作用が明確にされるのである。別の言葉でいうならば、外界に向けられた眼が、自己だけを目的とし、自己の世界を告知している徴候を喚起するのである。もちろん、それは見る者の「内的現実」の純粋かつ単純な投影ではなく、かれが対決することを選択した世界であり、自己に課した敵対的共犯者なのである。

ところで、ルソーは意味作用がかれに依存し、その大部分がかれの行為であるとすることを拒否している。知覚された事物に意味作用のすべてが属することを願っているのだ、かれは世界が送り返す応答のなかには自分の問題を認めていない。だがしかしそれ故にわれわれの個々の知覚のうちにある自由な部分を奪われている。外界の物体がかれに告知している可能な意味のなかからひとつの選択を行うのであるが、かれはこうした選択を物体そのものに責任を負わせ、徴候のうちに抗弁の余地のない、曖昧でない意図を見ている。かれ自身の眼が決定するにもかかわらず、事物に決定する意志を付与しているのはそのためなのである。世界との接触において、ルソーは瞬間的に解釈するのであるが、自分がそうしたことを知ろうとはしないのである。

ルソーは徴候による交流を夢みていたのであるが、徴候がかれに敵対しようとする。徴候は、救いようのない不幸を告知し、全世界の明白な悪意と敵意をもたらす。たしかに、かれは外観を解釈するのであるが、自分が人間と事物に向けている眼のなかにすでに不幸が見出されることを、ほとんどいつでも知らないか、あるいは知ろうとしない。ルソーの意味妄想は、それによって心が開かれ、曖昧さなしに示されるような秘密の言葉にたいするかれの希望のパロディー的な裏返しにすぎない。ルソーが願っていた交流のあり方とは、言葉の叛逆に護られているのであり、その場合にひとつひとつの、言葉の指示するものが解釈される必要がなく、「根源において」他者の心のおかしがたい確信を瞬間的にもたらすような交流である。一言にしていうならば、人間がただそこに現存することによってかれらの魂のヴェールを取りのぞいてみせるような、言語活動よりもより直接的な言語活動を求めていたのであった。そして、いまやかれは、あらゆる言語活動よりも、あらゆる論理的な理性よりも確信をもって語りかけるとはいえ、心情の不透明、魂の暗黒、交流の不可能性をかれに告知している、抗弁の余地のない徴候にとりかこまれている。徴候の魔術は呪われた魔術となり、影とヴェールの決定的な存在を押しつける。徴候は真実の光りをあてる瞬間的な力を所有するかわりに、真実を暗黒なものにする力を行使するのであり、こうした質的な逆転は絶対的なものである。そしてそこには「すべてかさもなければ無」という法則が介在している。透明と不透明のあいだには中間はなく、親密な社会と迫害の世界のあいだに中間項は存在しない。「幸福とか享受とかいうことになると、わたしはいっさいがほしい、さもなくば無だ」*ということになる。そしてジャン＝ジャックはすべてを獲得しない場合には、積極的に無を求めているように思われる。であるからこそ、ほんの些細な混濁も、ほんのわずかな霧でさえもがたちまちにして暗黒と同じ意味をもつのである。徴候による理想的な交流にたいするあらゆる障害は、悪意にみちた抗弁の余地のない徴候なのである。このようにして、透明へのあまりにも過大な欲求そのものによって、ジャン゠ジャックの眼は遍在的な不透明に苦しむことになるのである。

敵意のしるしである、否定的な徴候はたんに顔に現われるだけではなく、事物にも現われる。表現的な徴候（人間の行動である）から予言的もしくは暗示的な徴候（無生物が神秘的に発する）にいたるまでその間には本質的な相違はなく、前者から後者へはほとんどそれと知らないままに容易に移行する。眼がある程度執拗に世界に問いかけるだけで十分であり、そうすればたちまち、隠された意図が発見され、さまざまな前兆が明らかにされるのである。

たしかに、ルソーが徴候を回顧的に解釈することがしばしば見られるであろう。『告白』においては、運命の犠牲者であることを望む、ひとりのルソーは過去のイメージのなかに現在の不幸の予言を読みとろうとしている。かれが青春のいくつかの状況について予言的な価値を発見するのは、かれが自分の一生を書いているただその時においてなのである。ジュネーヴの城門の吊橋が上がったとき、ジャン゠ジャックはある徴候をはたして見たというのだろうか。なにはともあれ、それはかれの記憶にある徴候のひとつなのである。

前哨から二十歩のところで、一の吊橋が上がってしまった。あの恐しいラッパが空中に高く向けられるのを見て、わたしは身ぶるいした。それこそ、この時から始まる避けがたい運命の不吉で宿命的な前兆であった。（『告白』*）

否定的な徴候のすばらしい例である。離別、追放がひとつのイメージによって語られ、言い表わされている。しかしながら、このイメージが結果からさかのぼって運命を告知するものとなるためには、ジャン＝ジャックはかれの運命を経験しなければならなかったのである。ここに述べられているのはひとつの逆行的（あるいは回顧的）な解釈であるが、そのことについてルソー自身が『告白』の他の部分で原則をうちたてている。

わたしの注意をひくのは外的な徴候ばかりだ。しかし、後になってそういうことがすべてよみがえってくる。わたしは場所、時間、語調、眼つき、身振り、情況を思いだし、なにひとつもらさない。そのときはじめて、ひとのしたこと、言ったことから、その人の考えたことを理解する。そしてわたしが間違えることはまれである。（『同上』*）

その時点において混乱したままであった徴候の意味は、実際の知覚の欠如を補完する記憶によってのみ「明晰に」明らかにされる。蘇ったものだけが完全に意味するものなのである。ルソーは明白な事実にたちかえることを信じている。すなわち、徴候はその背後に厳然たる現実を示しているのであり、そして、その時点そのものにおいてはなにものをも洞察することの不可能なルソーは、最初の混乱に加えられた時間的な距離が二重の意味で不分明なものにしてしまっている他人の内密な思考をそれにもかかわらず確信をもって再構成するのである。したがって『告白』においても、さらにまたルソーの書簡においても不吉な徴候は、ある身振り、眼ざし、物体などに予言的、運命的な価値を与えるためにそれより後になってのある種の回顧的な反芻によってつねに構成されているのではないだろうか。

なにはともあれ、不吉な徴候が瞬間的な感動を誘発するような実例にはことかかない。この点については、ルソーがわれわれに提供している書かれた証言（したがって記憶によって純化され、それ故に構成された）を認めなければならない。こうした証言を「現実の体験」でありえたかもしれない事実、なぜならば、最終的には自伝的再構成によって手直しされている事実と対比することはむなしいことである。

ルソーが描く徴候の魔術では、野獣が美しい王子になるようなお伽話の事件とは反対に突如として怪物がつくりだされる。おもいがけないデテールが、期待される清澄な交流を混乱させ、驚きがすぐさま透明な世界に吸収されるようなことはない。対話の相手は、曖昧な徴候によって魔法にかけられたように毒され、だんだんと不純な存在となったかのごとくに、怪物に変容させられる。交流は絶対的であるかさもなければありえない。ちょっとした言い落しやかりそめの質問を生む説明できない欠陥が共感を全体的に破壊するのであり、ジャン＝ジャックの魂は麻痺され、メドゥサの眼にじっとみつめられ化石にされたように縮んでしまう。そしてそのとき、正から反への、真情を吐露する陶酔から疑惑の相剋への逆転が生じる。ズリエッタの片輪の乳首は否定の魔術の完璧な例であり、一瞬前までは、このうえもなく望ましいものであったひとりの女性が魔術によって怪物に変身させられるのである。

男の唇や手に触れられるのはこれが初めてかと思われる乳房のうえで、まさに悶絶しようとしたとき、わたしは一方の乳房に乳首がないのに気づいた。はっとして、よく見ると、その乳房はもう一方のとは格好がちがうようだ。乳房が片輪になるのはどうしてだろうと、しきりに考えてみた。これはなにか先天的な大きな欠陥によるものにちがいない。この考えをひねくりまわしたあげく、想像しうるかぎりの最高の美人と思って抱いているのは、実は一種の怪物、自然の、人間の、そして愛のできそこないでしかないことが歴然としてきた。（『告白』*）

しかしながら、ここでは徴候はどのように介入しているのであろうか。突然に出会った徴候が愛の衝動の抑制をひきおこすのだろうか。それとも徴候は真の障害なのであろうか。ズリエッタを前にしてのジャン＝ジャックの麻痺は、決裂、愛のエネルギーの喪失、傷つけられた孤独への突然の後退などのいっさいを怖れ、かつ望んでいる「挫折の行動」の表現ではないだろうか。ルソーは象徴的にみずからに課している自己毀損の客観的な口実として、こうしたズリエッタの肉体の無意味な不完全性を選び、それを決定的な徴候にしようとしているのである。しかしながら、抑制の口実としては他のどんな現実の事実でも口実とすることができたはずであった。したがって、ルソーにとってはおそらく、かれの挫折、拒否をなんらかの外的な障害に負わせることだけが問題なのである。すなわち、文字通りどんな事実でもそれによって抑制が正当化される兆しとなることができよう。そのためには、ルソーは現実の特定な一点――たとえば微笑によってできたひだ――に注意を集中することだけでしばしば十分なのであり、長々と強調することは必要ではない。呪いの魔術がはたらいて、否定的な現実暴露が行われ、ジャン＝ジャックの前で他人は醜悪な姿をさらし、怪物に変容し、微笑は悪魔的な渋面となる。

同じような例として、デヴィド・ヒュームとのイギリス風の夜の集いがある。無言のうちに眼が交されるのだ。そのことが『ヌーヴェル・エロイーズ』のイギリス風の午前においては、「心情の一致」をそのようにして味わう「美しい魂」の甘美な享楽であった。しかし、この場合は、友人の顔は夜の闇に後退し、硬直し、永久に無縁のものとなる。そして友人は、一言も言葉が交されることなく、見せかけの友となるのである。

かれの乾いた、情熱的で、嘲笑するような、じっと見すえているような眼ざしがこのうえもなく不安なものになりました。それからのがれるために、わたしのほうからじっとかれを見ようとしました。けれども、眼を動かさないでかれの眼を見つめていますと、なんともいえない戦慄を感じるのです。それですぐわたしは眼をやむなくふせてしまいました。善良なデヴィドの顔つきや態度はまさしく善良な人間のものなのですが、ああ、なんということなのでしょう、いったいどこからかれはあの友人たちをじっと見すえる眼を借りてくるのでしょうか。(『書簡』*)

これは突如として仮面が落され、しかも仮面そのものよりもはるかに暗い顔が明らかにされる変身である。ただたんに、このように仮面をとったヒュームとの交流がもはや不可能となるばかりではなく、この時からヒュームはジャン＝ジャックとの決裂を積極的にひろめ、かれに他のいっさいの交流を不可能にするために働く人間として現われる。「わたしの迫害者とその友人たちの意図はわたしから大陸とのいっさいの交流を奪いさり、わたしを此の地で苦しみと悲惨さによって滅ぼそうとするように思われるのです**」とかれは書くのである。

さらにまったく同じような他のいくつかの瞬間について述べるならば、そこでは、絶対的な悪の徴候がルソーの眼前でたちまちのうちにひとりの友人の顔を変えてしまう。薬の効果で半睡状態にあるデュ・ペイルーはなんともいえない奇妙な変化によってその容姿を変えられてしまう。

かれは眼を閉じていたのですが、目鼻立ちが変って、かれの顔は不具の、ほとんど醜悪ともいえる姿になったのです。わたしはこのような弱々しい、死の恐怖に乱された魂のうちに起ったことを考えました。そしてわたしは自分の魂を天に近づけ、神の摂理に自分を任せ、わたしの無実の証しを神にゆだねました。(『書簡』***)

また、「親愛なる客人」はそのときから影の王国の人間となり、もはやルソーとかれのあいだにはいかなる真実の絆も存在しなくなる。

わたしはこの陰鬱な、隠された心……この世で考えられるかぎりの隠された心からはほんのわずかの率直さも、光明も、真情をもけっしてひきだすことはできませんでした。(『書簡』*)

それから、ベルチェ師の微笑はなんと不安な徴候であろうか。

かれは、ある日、冷笑を浮かべながら、自分をいい男だと思ってくれてありがとう、とわたしに礼をいった。わたしはその微笑のなかになにかしら冷やかしの影を読みとった。それはわたしの眼にかれの風貌をすっかり変えてしまったのである。(『告白』**)

ルソーは、後になって『エミール』の原稿がイエズス会士たちによって奪われたのではないかと疑うとき、この笑いを思いだすことになる。この徴候によって、かれひとりだけがある陰謀についての考えを組み立てることができる。ルソーは未知のもの、神秘なものにぶつかるとたちまち、それが「邪悪の神秘」であることを願うのである。友情の吐露にたいして開かれないような魂は、たちまち暗黒な魂となり、悪を積極的に助長する。これ以外のいかなる仮定もありえない。ルソーの場合には、他人を知ることは諾《ウイ》か否《ノン》か、黒か白かを決定しうることを必要としている。未決定、躊躇、不確実はかれにとっては事態を悪化させる決定よりもはるかに許しがたいものである。疑わしい友人よりも、敵の陰謀に加担している悪人のほうが好ましいのだ。そのほうが少くとも後悔することなく関係を絶つことができるはずなのだから……

ルソーの想像力が妄想によって徴候を解釈していることをかれ自身がなお認めることができている意識の「領域」と、不安がもはや解釈の作業を意識しなくなり、妄想の観念をまじりけのない、議論の余地のない明証性として受け入れる意識の領域とを分離している不思議な境界が存在している。『告白』で語られている『エミール』の印刷のおくれについてルソーを襲った恐怖についての物語を読むならば、かれが自分の行動についてくわえている分析はきわめて洞察に富んでいるのであり、かれの精神的覚醒も間近であると思わせるほどである。すなわち、かれは呪いを祓いのぞこうとしているのではないのだろうか、そしてかれを強く悩ましているいっさいは同じ精神の過程から生じているということを発見しようとしているのではなかろうかと思わせるのである。

どんな不幸でも、正体がなにかわかっていさえすれば、わたしを動揺させ、落胆させることはけっしてない。しかしわたしは自然の性向として暗闇をおそれる。わたしはその暗黒の気配を恐れ、憎む。謎はいつもわたしを不安がらせる。それは軽はずみといっていいほどの開けっぴろげのわたしの本性とあまりにも相容れないのだ。どんなに恐ろしい怪物の姿にもわたしはあまりびっくりしないと思う。しかし、夜、白い布に包まれた形をかいま見たら、わたしはおびえるだろう。だから、この長い沈黙でかき立てられたわたしの妄想が、いまやわたしの前に幽霊をうかびあがらせることになる……その瞬間、わたしの想像力は稲妻のようにひらめき、邪悪な謎をすべてあばきだす。わたしは事態の進行を神々の啓示のように明白かつ確実に見てとる。(『同上』*)

ルソーは公然と罪を認めている。すべては幻影であり、あまりにも長い孤独によって不安を感じるようになった精神の妄想なのである。しかしながら、このような「自己批判」の範囲はただ『エミール』の插話に限られている。ルソーは、なんの批判もなしに並べ立てる他の苦情（妄想でないとはいえない）により多くの重みを与えるためにのみ自分の妄想的な解釈を告発しているにすぎないように思われる。かれは公明正大な客観性を見せかけるためにそうしているのである。かれは自己の想像力の害悪を認めることができるのであるから、自分の周囲にはりめぐらされている仮借ない悪意を告発してかれを信頼させようとしているのでなかろうか。かれはいくつかの徴候を解釈した自分を責めるのであるが、それはその他の場合には意味妄想に自分をゆだね、かれが不問に付している不吉な徴候の力に自分を任せるためなのである。

ジャン＝ジャックにとって迫害の世界に生きることは、「不可解な謎」がそれによってなお強められるような、謎に符合する徴候の網の内側に捕われていることを感じることであろう。こうした徴候は不安に悩む思索*と、それらの徴候の意味を徹底的に明らかにするための果しない追求の出発点であろう。そしてそれらの意味とは無言の敵意であり、隠された非難であり、表面に現われない断罪なのである。徴候にたいする敵意は、徴候が悪い意味を表わす場合もさることながら、たとえどのようなものであれ意味を明らかにすることを拒否している場合にその絶頂に達するであろう。迫害されているルソーの眼にとっては、徴候は「明白な」ものではあっても、それらはすべて極度の暗黒、取返しのつかないほどに暗い、不条理な「根源」に関係しているのである。

ある人々は愛情をこめてわたしを求め、わたしを見ると喜びと感動の涙を流し、わたしを抱擁し、熱狂と涙で口づけする。またある人々はわたしの姿によって怒りをかきたてられ、眼をひからせるのがわかる。また他の人々は、その意図がはっきりわかるほどの思わせぶりな態度をしながらわたしやわたしのそばにあるすべてのことを侮蔑する。

こうしたまったく異った徴候はすべて同じ感情に由来しているのであり。そのことはわたしには明白なのである。多くの反対の徴候によって表わされているこうした感情とはどんな感情なのだろうか。わたしにはそれがすべての同時代人たちのわたしにたいする感情であるように思われる。それ以外には、わたしにはわからない感情なのだ。(『トランプに書かれた言葉』*)

徴候は確実なものではあるが、そこで見えすいていることは透明の不可能なことである。徴候は真実を暴露するが、乗り越えがたい障害を暴露する。したがって徴候のひとつひとつに問いかけてみてもルソーはなにひとつ得るものがない。謎を明らかにするかわりに、はるかに厚い闇の世界に向い合うことになる。たとえば、子供たちの渋面、中央市場《ラ・アール》のえんどうの値段、プラトリエール街の小商人たち、といったすべてが物語っているのは、原因が永久にわからない同じ陰謀である。ルソーは気のついた手がかりをむなしく組み立て、一貫した連鎖としてそれらをむなしくつなぎ合せようとするが、いつも同じような闇に到達するのである。

エスナール博士は「夢の判断者の病的な世界は個人的な意味作用の世界であり、ある意味を表わしている世界である」**と述べ、「病者は理性で判断する以前にそうした個人的な意味作用を知覚する」と付け加えている。これこそまさしくルソーの症例である。妄想的な解釈は知覚そのものの一部をなしているのであり、現実を認知することとそれを敵意の徴候として解釈することはただひとつの、同じ行為なのである。そのことから、徴候が現われた場合のジャン＝ジャックの瞬間的な反応が生じる。その次に長い反芻が介入し、それによって、かれは徴候を統一し、それらの多様性の背後にある共通の計画、体系、陰謀の存在を明らかにする符合を見出そうと努力することになる。瞬間の徴候から、ルソーが首尾一貫した、永続的な陰謀にまでたどりつこうと努める推論の長いシーケンスがはじまっている。しかしながら、敵対的な意味作用は、知覚のその瞬間に一挙に与えられている。この最初の所与は決定的であると同時に不完全なものであって、徴候はある意図を明らかにしても、その意図の原因や起源を明らかにはしていない。徴候は悪を暴露するが、悪の出所をヴェールで被っているのである。

『孤独なる散歩者の夢想』やルソーの晩年の証人から、かれが思いがけなく、このうえもない憂鬱な気分からほとんど子供のような快活な状態に移れることが知られている。ジャン＝ジャックをめぐる迫害の世界はある奇妙な躁鬱病の法則にしたがって間歇的にしか存在しない。だがこうしたある状態から他の状態への突然の移行はどのようにして行われるのであろうか。ルソー自身がそのことについて説明している。

感覚的な対象、とりわけ快楽や苦痛、好意や反感の徴候をもつ対象にはあまりに動かされやすいわたしは、これらの外的な印象に、翻弄されて、最後は逃避より外にまぬがれようがないのである。見ず知らずのひとにちょっとした合図、ひとつの身振り、わずかな眼の動きを認めただけで、わたしの快楽はそこなわされもし、わたしの苦痛は鎮まりもする。わたしはただひとりでいるときにのみ、わたし自身のものであり、ひとりでなくなると、わたしをとりまくあらゆる人々の玩具になってしまう。（『夢想』*）

したがって感受性の突然の転回は徴候にたいする応答なのである。それは外的な刺戟にたいする直接的でほとんど機械的な服従を証明している。なにかひとつの徴候があればそれだけで、ジャン＝ジャックはある気分から別の気分へばかりでなく、ある世界から他の世界へと移っていく。このようにすべてがひとつの無言の出会いをめぐって揺れ動くのである。相手が説明する前に徴候が語るのであり、言葉や話はむなしくジャン＝ジャックの確信を変えようとするが、抗弁はなんの役にも立たないであろう。士官学校の前を通りながら、かれは廃兵たちに言葉をかけたりしないで、かれらがする敬礼やかれを見る眼つきなどの徴候を解釈することに満足している。

士官学校のあたりを歩くのが、わたしのもっとも気に入った散歩のひとつであった。あちこちで、廃兵に出会うのが楽しみだった。かれらはいまだに昔の軍隊気質をもっていて、歩きながらわたしに敬礼するのである。この敬礼をわたしの心は百倍にして返してやるのだが、この敬礼がわたしをよろこばせ、そしてかれらを見ることの楽しみを増大するのだった。わたしは自分の感動したことを隠すことのできない性分なので、わたしは廃兵のことや、またかれらの様子がどんな風にわたしの心を打ったかなどをよく話したものだ。それだけでもう十分だった。それからしばらくたつと、わたしはかれらにとって未知のひとではなくなっていることがわかった。むしろそれ以上になったといったほうがいいかもしれない。なぜなら、かれらも世間の人々と同じ眼でわたしを見るのだったから。もう軍隊気質も敬礼もあったものではない。あの最初の優雅さの後にきたのが、むかつくような態度と獰悪な眼つきである。かれらはむかし軍隊教育で得た一本気から、他の人々とちがって、自分らの憎悪を冷笑的で陰険な仮面の下にかくそうとせずに、もっとも烈しい憎しみを露骨に示したのである。

（『同上』*）

ジャン＝ジャックにとっては、人々がかれらにさまざまなことを教えたのだと結論するためにはそれだけで十分だったのである。

満足そうな顔、好意ある表情などに出会うことによってときとして、わずかの間気分が晴れるのである。しかし、ほとんどの場合に、好意的な徴候は「自然の徴候」の範疇に属さない。ルソーは共感や情愛を示す徴候を人々の表情に求めることを断念している。この点に関しては、かれはもはや希望をもっていないし、なにものをも期待しない。そして「すべての人々が結託している」**のである。ルソーはまだこれまでにわれわれが言及しなかった別の徴候へ関心を向けていくのである。

事実、制度の記号でもなく、自然の記号でもない、最後の範疇が残されている。『百科全書』によれば「偶発的徴候」と名付けられているものであり、「ある特定の状況とわれわれのある観念を結びつけている物象であり、したがって、そうした状況を喚起するのに適している」。(『百科全書』『徴候《シーニュ》』の項)つまり、偶発的な徴候によって過ぎ去った幸福が蘇ることができるのである。ジャン＝ジャックはかれの追憶のなかに身をひそめ、他の人間にたいして不在となることによって想い出の純粋な現存を味わうことができる。かれは自分の過去に隠れ家を求めているのであり、「偶発的徴候」がその魔法の鍵となる。偶発的な徴候は外的な現実を告知するのではなく、内的なイメージを喚起するのである。

実際には、ジャン＝ジャックは「偶発的徴候」については語ってはいないが、はるかに暗示的に記憶を喚起する徴候あるいは簡単にいうならば記憶を喚起するものについて語っている。音楽は記憶を喚起するものとして働くのであり、ルソーは『音楽辞典』のなかの『牧笛曲』のところでそうした記憶の再生《レミニッサンス》の力について述べている。

局外者にはけっして生まれない、こうした効果は、この曲を聴く人々によって思い出される過去の習慣、想い出、多くの状況などからだけ生じ、かれらの故郷、昔の楽しみ、青春時代そしてすべての生活を想起させ、かれらのなかにそうしたいっさいを失ってしまったにがい苦しみをかき起す。その時、音楽は、はっきり言うならば音楽としてはたらいているのではなく、記憶を喚起する徴候としてはたらいている。(『音楽辞典』*)

このようにして、ジャン＝ジャックは「もうすっかりつぶれてしまった、慄える声で」、叔母から教えられた歌、なかば忘れ去られているが故になおいっそう貴重なものとなった歌を歌おうとするだろう。さらに、植物の標本もそうなのである。記憶を喚起するものでないとしたら、いったいどんな意味があるのだろうか。

ある植物をよく知るためには、実地にそれを見ることからはじめなければなりません。植物標本はすでに知っている事物についての記憶を喚起するのに役立つのです。……

（『植物についての初歩的な手紙*』）

もし土地を歩いて植物を採集することからはじめないのならば、植物の標本、とりわけ苔の標本などによって植物の研究をすることは無益なことなのです。こうした種類の蒐集はただ記憶を喚起するのに役立つだけなのです。……（『植物についての手紙**』）

したがって、植物標本はたんに実際の植物の記憶を喚起するものというだけではない。押花にされた花は風景、昼、光、花を摘んだ散索の幸福な孤独を喚起する「偶発的徴候」である。そして、それは過ぎ去った幸福にふたたび直接的な感情を戻すことの可能な徴候である。それは忘却からこうした過去の断片を救いだし、現在の瞬間の背後に不滅の透明な展望をうち立てる。植物は標本の頁にその原型を永遠の相のもとに*sub specie æternitatis* 確認しているだけではなく、ジャン＝ジャックがそれに出会った時間、日、状況の永久の反復である。強迫観念の世界では、それはたちまちにして障害に変容しないまれな徴候のひとつであり、開かれた空間、自然の受容する空間が蘇るような内的空間の鍵となる。

あの美しい風景、あの森、あの湖水、あの繁み、あの岩、あの山、それらの眺望に接する毎に、わたしは深く心を動かされたのに、もう二度と見ることはないだろう。それにしても、あの楽しい国々を駈けめぐることができなくなった今日では、わたしはわが植物標本を開きさえすればいいのだ。そうすれば、わたしはたちまちにしてその地にある思いがする。わたしが摘みとった植物の断片だけで、あのすばらしい景観を想起するには十分である。この標本はわたしにとっては植物採集の日誌のようなものである。だからこの日誌をひもどけば、いつも新しい魅力をおぼえながら、植物採集をする思いがする。さらにまた、その時の有様がさまざまと眼前に見えてくる。（『夢想』*）

したがって、ルソーを押しこめてしまう徴候のほかにかれに脱出の可能性を開く徴候があるかのように思われる。もはや人間の言葉を聴こうとしないこの孤独者にとって、世界は、雲が通り過ぎ、断続的な影を落す風景のように徴候の変転によって魔術のように暗くなったり、明るくなったりする。つまり世界は二重の構造をもっているのであり、ある時は、不吉な一連の徴候が現われ、またある時は、吉兆を示す一連の徴候が現われるのである。

しかしながら、雲が通り過ぎるのはジャン＝ジャックの眼なのである。この世界に二つの範疇の徴候があるとするならば、ルソーには二つのそれを解釈する態度があるのであり、そしてそれらが交互に同じ存在、あるいは同じ対象に適用され、正反対の意味作用を与えている。対象それ自体においてはなにも変らないにもかかわらず、対象の通報を逆転させるような変容が生まれる。すなわち、ジャン＝ジャックの眼を影が通り過ぎたが故に、ひとつの吉兆を示す徴候が不吉な徴候となるのである。

そのことを示す感動的な情景をあげてみよう。ルソーは『対話』の草稿を託そうとして信頼しうる人物を探す。すると、たまたま、ウットンの隣人であるひとりの若いイギリス人の訪問を受ける。

わたしは、すべての不幸な人間がそうであるように、自分にふりかかってくるいっさいのことのうちに運命の明白な方向を見たのでした。そして、これこそ神がわたしに選び、つかわした受託者なのだと言いきかせました……。こうしたことのすべてがあまりにもはっきりしているように思われましたので、わたしはこのおもいがけない機会に神の意向を見たように思い、いそいで機会を逃がすまいとしました。（『対話』*）

だがしかし、考えなおしてみると、この摂理の徴候もあやしくなってくる。ブルック・ブースビーが立寄っていったことの背後に、ルソーはもはや神の意向を見ずに、かれの敵の黒い陰謀を見るのである。これらのいずれの場合にも、この外国人はかならず隠されたある力によって導かれていたはずなのである。この男の訪問はそれ自体ではなんの意味もないものであり、それは別の事物の徴候であって、ある先験的な意図を告知している。そしてルソーは「ずっと以前から、特別に派遣された人々だけしかわたしには近寄らず、わたしを取り囲む人々を信頼することは、わたしの敵にわが身を引き渡すことだと知らなかったとでもいうのか**」と書いているように悪を選ぶのである。最初に訪問者の使命が摂理によるものではないかと思われたことよりも、このことのほうがはるかに明白なことなのである。

ルソーは徴候が語ることを信じているのであり、意味作用を決定したのはかれ自身であることを知らないし、また知ろうとしない。バジール夫人のエピソードを読み返してみればよい。この若い女性の「指の合図」の真実の意味作用とはいったい、いかなるものなのであろうか。ベルナルダンの記している物語においては、それはひとりの侮辱された女性の身振りであり、『告白』にしたがうならば、無言の告白なのである。しかしながら、そのいずれの場合においても徴候は疑いの余地のない価値をもっており、その意味は確実なものとして与えられている。そして意味を有利なものか不利なものかどちらかに決定するのはジャン＝ジャックなのである。徴候の絶対的な価値は対象それ自体のうちにその起源をもっているのではなく、運命によって定められた世界の内部に生きることを願っているジャン＝ジャックの信条のうちにある。たとえかれが思いのままに徴候を解釈することは自由であると認めるにしても、かれの眼にうつる世界は依然として曖昧なものとして残るであろう。かれはけっして絶対的な善にも絶対的な悪にも出会うことはないのであり、善の可能性、悪の可能性に出会うだけなのである。ところが、ルソーは諾《ウィ》か否《ノン》か、すべてか無かを欲しているのであり、徴候が確定的な意味作用を告知することを欲している。

かれが徴候に与えている権威は、かれが自己自身の自由から奪うものである。かれは、たとえそれが迫害の意志であろうとも、外的な意志にすべて由来する決定に自己をゆだねて至高の安息を感じている。もし摂理が、もし神がその命令を伝えるとすれば、残されていることは謙虚にそれを受け入れるか、即座に拒否することだけである。「かれの力は行動にはなく、耐えることにある」*のであって、かれは反撃したりはしない。そのとき、ルソーは行動の苦悩、世界がかれに提示している可能な方向を選択することの苦悩から解放されている。かれは徴候についてのかれの解釈を自分の行為ではなく、外から自分に課せられたものであるかのように考えたのであった。そして、そのときから、かれの責任は免除され、もはやそれ以上に外部の世界に問いかける必要がなくなり、かれの周囲に現われた徴候がかれのなかに誘発する感情にたち戻ることが可能となる。ルソーが徴候にむかって自分が地獄に落されるかあるいは救われるかを問うている、シャルメットでの次のような瞬間こそまさに啓示の瞬間なのである。

　わたしはぼんやりと木の幹に石を投げていた。いつもの腕まえで、ということは、ほとんどひとつも当らなかったという意味だが。この遊びの最中にふとわたしは、不安をしずめるためにこれで占ってみようと思いついた。そこでこう自分にいった。「この石を目のまえのあの木に投げてみよう。当れば、救われる徴候《しるし》だし、失敗すれば、地獄におちる徴候《しるし》だ」とそうつぶやきながら石を投げる。ひどく胸がどきどきし手がふるえていたが、運よく木のまんなかに命中した。いや、実はなんでもないことなのだった。すぐそばの非常に太い木をわざと選んだのだから。それ以来、わたしはもう自己の救いを信じて疑わなくなった。この時のことを思い出すと、みずからを笑っていいのか悲しんでいいのか、わたしにはわからない。(『告白』*)

ジャン＝ジャックはこの場合、『エミール』の印刷の遅れにたいし錯乱の発作をおこしたときと同じように、かれが後年になっていかなる批判もなしにとりいれることになる行動を批判している。この文章は、徴候についてのかれの態度を暗示しているのだ。すなわち、かれは自己の不安をしずめる応答を期待しているということなのである。そして、かれの不安をしずめるのは、応答が都合のよいものであるということではなく、たんに決定的な応答があるということなのである。ジャン＝ジャックは神の審判をさそいながら、自分が率先して行った行為を超越的な意志を告知する徴候に変容させようとしていることは明らかである。それはかれ自身の行為なのであるが、たちまち神が語りかけ、その行為を奪いとり、ジャン＝ジャックから取りあげてしまう。かれの手からはなたれた小石は、木に命中すると、ジャン＝ジャックに向けられた徴候となる。方向が逆転し、手は石を投げたことを忘れさり、すべては神のなせる業となる。ヘルダーリンはルソーに捧げたオードに「徴候はこの世のはじまりから神の言葉である」と書いているのだが、まさしく、ジャン＝ジャックは神々の言葉を聴くことを願っているのだ。そして、もし神々が黙している場合には、かれは神々をさそいだし、自己の不安をしずめる応答、救われるのか地獄に落されるのかという応答を求めようとする。だがしかし、だれが語るのかといえば、それは神ではなく、絶対者に向けられたジャン＝ジャックのこだまなのである。

常套的な人間の交流以上のものを求めたがために、かれは交流の不在に苦しむことをよぎなくされたのではないだろうか。かれに世界を告知するかわりに、そして他人の魂を明らかにするかわりに、かれ自身の不安を送り返し、かれ自身の過去に連れ戻すような徴候の網目にかれは囚われてしまったのではないだろうか。こうしたことが、事実ルソーにとっては徴候の力だったのである。すなわち、徴候とは、かれを世界に近づけるかわりに、（ナルシスにとって鏡面がそうであったように）自我が魔術のように自己自身の反映の奴隷と化してしまう道具だったのである。

愛の交流

ジャン＝ジャックにおいては、性的体験は長い間、交流の問題の外側にとり残されている。そのことについて『告白』を信じなければならないとすれば、欲望は正確な現実を渇望することのできない、したがってその所有を求めることの不可能な、対象のない不安として表わされている。それはなにものをも目標としない、あるいはそれ自体を離れてあまりにも多くの事物を目標とする興奮状態であり、激情である。欲望は欲望としてさえ認識されず、混乱として認識されている。それはおぼろげな予感である。はっきりとした充足の要求がまだ存在しないが故に、すべてがかれをいらだたせ、「燃えたたせ」、なにごともかれを満足させない。かなり長い間、欲望の対象は欲望の陶酔と混同されたままであったように思われる。未知の歓喜を予感しながらも、ジャン＝ジャックは、いかなる外的な対象も符合せず、照応しない完全に盲目の官能的な情緒にひたりながら、欲求のままの状態にとどまっているという不安の快楽に満足している。

しかしながら、たちまちのうちにかれは「空想の交際」に思いをはせ、かれの心情にしたがって人間を考え、感動的な状況を夢みることになる。つまり、そのようにして幼少時代の夜に読みふけった小説の世界を追体験する……。そして、かれはそのことで満足しようとしているのだ。こうした空想的な会話を取りかわすことに払わなければならない犠牲はかれにとっては問題ではない。こうした領域では、幻想は現実よりもはるかに意味をもっている。ひとりの望ましい女性の存在は「誘因」にすぎないのであるから、その役割を観念の創造人物に任せたほうがはるかによいのであり、かれらは、必要な時に消え、ジャン＝ジャック自身にこのうえもなく貴重な感動を味わわせてくれるのである。現実の人物にはつねにあまりにも不透明な、重苦しい、思いがけないなにかがあり、それにたいして防禦の手段を講じなければならないが、ルソーはその点についてどうすることもできない。要するに、かれを感動させるひとりの女性と向い合った場合、かれは直ちに感情に押し流され、女を手に入れようとするために必要な明晰さやエネルギーを失ってしまう。かれはぎごちなく、ふるえているのであり、無言の向い合いのうちに幸福を見出さないかぎり、そして愛する女性がたんに眼の前にいるということによってひきおこされる「稲妻のように速い」感情の動きに満足しないかぎり、愛の享受を取り逃すしかないのであり、現実の女性にたいする愛は空想の女性にたいする愛ほどには心をかきたてない。したがって完璧な被造物がかれに与えられるそうした幻像のほうがはるかに好ましいのである。その時、かれが経験する歓喜は肉の存在を前にして感じる歓喜とまったく同じように現実的なものではないだろうか。夢想の世界はルソーにとって理想の世界であるならば、それはたんに夢想のなかでかれが夢みる人物の美しさと完璧さのためばかりではなく、障害が不在だということ、そして瞬間的な自由自在さということがその理由のかなり大きな部分をしめているのだ。すなわち、ジャン＝ジャックは受身のままでいることが可能であり、すべてがかれに提供され、高価な闘いによって手に入れなければならないようなものはなにひとつないのである。なぜならば、空想の形では、愛の征服、不幸、離別、回帰は提供されたイメージ、奇蹟の賜以外のなにものでもないからである。なおそのうえに、かれが夢みている満足とは所有することがすべてではなく、拒絶や犠牲でもある。徳によってなにかを放棄する心の感動ほど甘美なものはないのであり、空想の欲求不満が甘い涙を流させるのである。したがって、こうした真昼の夢想のなかでは、ルソーは二人の「美しい従姉妹」（グラフェンリード嬢とガレー嬢のイメージが重なり合っている）がともにかれの腕に身を投げかけようとしても、かれは徳を守って二人から遠ざかろうとするであろう……

　夢想を甘美なものにするのは、すべてがそれにゆだねられるからであり、すべての行為は、不在を背景にして想像によって演じられるのであり、唯一の現実の残滓はジャン＝ジャックの魂を動顛させる感情である。実際の行動はないのであり、かれは自己の夢想を受け入れさえすればよいのであり、同時に「親密な社会」によって受け入れられることを夢みている。受け入れることと受け入れられること、この二つの状況のあいだにはある種の等価性と可逆性が存在しており、事物と存在はジャン＝ジャックがそれをかち得る必要なしにかれのほうへやってくるのである。（とはいうものの、すでに見てきたように、受け入れられることのほうをおそらくルソーは好んでいるのであり、かれはもともと自分を母の愛情を奪われ、城壁の外へさまよい出た、拒否された存在として考え、感じており、人々がかれの方へやってきて、ただそれだけではなくかれらの親密さ、社交界、住居、ベッドなどをかれに提供してくれることを期待している。たしかに、こうした提供される親密さへ後退しようとする欲求は、それに先だってジャン＝ジャックが自分をまず拒否され、追放され、さまよえる者にしてしまったもうひとつの運動の継続である。二つの情熱が交互に現われているのであり、ひとつはジャン＝ジャックが「広大な世界に*」身を投じる情熱であり、もうひとつは、放蕩息子の過失にたいして、受け入れ、慰めの温情、罰、赦しなどを切々と懇願する情熱である。）

　したがって、ジャン＝ジャックはヴァランス夫人やラルナージュ夫人がイニシァチブをとって、決定的な申し出をしてくれることを待っている。すなわち、かれは女性のお膳立によって征服されようとする。

相手の女からもちかけられて、いわばしいられた場合のほかは、こちらからみだらな申し出をすることは、わたしにはけっしてできなかった。(『告白』*)

しかしながら、かれにとってはそんなことをする必要はなかったのである。かれは彼女が自分を与えようとするより以前に、すでに「ママン」と向い合っていれば幸福だったのである。性の所有のこちら側でジャン＝ジャックは完全に満足した充足を味わっていたのである。

わたしは夫人のそばで逆上もせず、欲望のとりこにもならなかった。恍惚とした静かな気持のなかで、なにかはっきりわからぬものを楽しんでいた。(『同上』**)

もちろん、かれは象徴的な満足(そのうちのいくつかは「口腔」型である)のみにとどめようとしている。

何度、このひとが寝たところだと思って、自分のベッドに接吻したことだろう! 窓かけや部屋の家具は、このひとの持ちもの、このひとの美しい手のふれた物と思い、自分のひれ伏している床は、このひとの歩いたところだと思って、何度接吻したことか! 時には夫人のいる面前で、よほどはげしい恋でもしていなければしないような非常識な所作をやってしまったこともある。ある食事のさいちゅう、夫人がひとくち食べようと口に入れるせつな、わたしはそれに髪の毛がついている、と叫んだ。夫人はすぐ皿の上にはき出した。わたしは飛びつくようにそれをとって、のみこんでしまった。一言にしていえば、わたしともっとも熱烈な恋人のあいだには、ただひとつの差異しかない。この差異がしかし本質的なものだ。だからわたしの立場というものはほとんど理性では判断できないものだった。(『同上』)*

しかしながら、ひとたびヴァランス夫人の愛人となったジャン＝ジャックは、たちまち官能的な愛の彼方へと突進する。かれらの愛において重要なことは、官能の交渉ではなく、ルソーがかつて経験した幸福にきわめて類似したなにものかなのである。かれらの「たがいの所有」とは「恋愛の所有」ではなく、「より本質的な所有であり、官能や性や、年齢や顔だちとは無縁であり、それによってはじめて自己たりうるもの、存在をやめることによってしか失いえないものにかかわる所有」**なのである。すなわち、官能や肉体を通さないで存在を一体化する直接的な所有なのである。

エグジビショニスム

ルソーの行動のいくつかの極端な形態ほどルソー自身をよく示しているものはない。ある作品やある作家の全体とはいわなくても、すくなくとも全体の構成を明確なものにする諸原則に到達しようとする批評の眼にとっては、作品それ自体に記されているルソーの性的異常は、理論的な思想の組合せと同じ理由によって全体の意味にかかわりをもっている。ルソーのイデオロギーをかれの感情の底辺に還元することが問題でないのと同様に、「内奥の」生を純粋なアネクドートに限定することも不可能であり、作品のなかに明白にとりあげられた体験はわれわれにとってたんなる周辺的な事実にとどめておくわけにはいかない。エグジビショニスムはジャン＝ジャックの性的行動の常軌を逸したひとつの局面ではあったが、それが置き換えられた形では、『告白』のような作品の原理そのもののうちに含まれている。たしかに、『告白』をジャン＝ジャックの青年期のエグジビショニスムのおおかれすくなかれ昇華された異本にすぎないとしてしまうような逆行的な解釈（現代の精神分析が常套手段としている）は絶対にゆるされないであろう。したがって、こうした逆行的な方法よりは「前向きの」解釈が好ましいのであり、そうした解釈とは年代的に前にある事件や態度から、さまざまな意図、選択、欲望をあばきだし、そしてそれらが最初に表明された場合の状況を越える意味を明らかにしようとするものである。「薄暗い小路」やトリノの「人眼につかない片隅」でのジャン＝ジャックのエグジビショニスムが、『告白』の公刊をすでに予定しているなどということまであらかじめ理解することが不可能であるとしても、かれの性的行動の分析が、「世界との関係」のある一定の型を明白にするにいたらないものであるならば、それはなお不完全なものであろう。エロティックな行動とは断片的な事実ではなく、全体的な個人の発現であり、そういうものとして分析されなければならない。[*] たとえそれを無視するにせよ、特別な研究の主題にするにせよ、エグジビショニスムを性的な「領域」に限定することはできないのであり、そこには全人格が基本的な「実存的選択」のいくつかをともなって現われている。したがって文学作品を青年期もしくは幼少年期の傾向の仮装にすぎないものとして集約することではなく、分析は感情生活の最初の諸事実のなかから、そうした事実をして文学的な形態にまで、そして思想や芸術にまで高めさせないではおかなかったものを見出すことを目標としなければならない。

たしかに、すべては母の愛を喪失したことからはじまっているように思われる。「わたしが生まれるために母は死んだ。こうしてわたしの誕生はわたしの最初の不幸だった。[**]」こうした誕生がおそらくジャン＝ジャックに存在することの罪の感情を与えたということに関してはすでにほとんどあらゆることが言いつくされている。この点から出発して、みごとに組み立てられた（そしてあまりにもみごとな）一連の解釈をつくりあげることができるであろう。たとえば、マゾヒズムとは誕生の過ちを償おうとする欲求であり、ヴァランス夫人は母性の乳房への明白な欲望であり、三角関係は父性の赦しと保護の象徴的な追求である。さらに受動性とかナルシシスムはジャン＝ジャックに「正常な」満足を求めることを妨げている、すなわち女性のかたわらにあって父親と対抗する位置に自分を置くことを妨げているある有罪性の結果なのである。そして存在感情、陶酔、直接性への欲求などはすべてを和らげる自然の本源的な胎内への回帰である。また乳製品＊へのあの貪るような欲望の意味は決定的にあまりにも明らかであるとか……

しかしながら、ひとつの振舞をその隠された目的やその最初の口実などによって説明することは、その振舞のすべてを理解することではない。そして意識がその欲望の最初の対象に代る象徴的な目的の方に向けられていることを明らかにすることでもまた十分ではない。内部と外界がふたたび結合するような場、すなわち意識がその目的と関係するあり方、そしてそうした関係の固有な構造のなかに本質的なものは求められなければならない。そして、その時はじめてひとつの思想、ひとつの体験の現実に近づくのである。人格のあらゆる側面の方向を決定するものとされているコンプレックス（この場合は、エディプス・コンプレックス）の全能性を認めることは心理的因果関係のかなり貧弱な概念を受容することである。現実の精神生活は、はじめから周囲の「環境」と接触した人間の活動であるにもかかわらず、コンプレックスはしばしばあたかも自律した、異った力を与えられているかのように引合いに出されている。ある行動の主要な契機は無意識な動因や意識された動機にあるのではなく、ある行動が動因や動機に連接されている地点、別の言葉でいうならば、人間が自己の充足の条件をつくりだすべき冒険に参加する地点に存在している。こうした展望はルソーの場合には、たんにかれがなにを欲求している（意識的であろうと象徴的であろうと）かということだけではなく、とくにかれが欲求された充足の方へ向うあり方、すなわちかれの「アプローチの型式」に注目することを必然的に要求するのである……

ルソーは多くの瞬間的な動顚の例をあげている。なかでも『告白』においては、あまりにも正反対な瞬間が並べられており、異った人物に属することのようにさえ思われる。だがしかし、いくつかの状況においてとくに印象的なのは、その直前に描かれたエピソードをすっかり忘れていることであり、しかもその重要性がきわめて大きいように見えたエピソードが突如としてまったく無価値なものとなるように思われることである。『告白』の第二巻から第三巻へと移る部分はそのきわめて顕著な証拠である。第二巻はリボンの盗難事件と哀れなマリオンが暇を出されることになる嘘の告発で終っていて、ルソーはこの「罪」がかれのその後の人生全般にわたって「恐るべき烙印」を残したことを断言している。ところが、第三巻は「この罪」に続いた数週間のかれの感情をジャン＝ジャックが述べるところからはじまっていながら、そこには前述のエピソードについてのひとかけらの反響も見出されず、因果関係によって結ばれているものはなにひとつない。すべてが、あたかもジャン＝ジャックは「忘却の水を飲んだ」かのごとく、自分の過去に属することを拒否し、現在の欲求にいっさいをゆだねているかのようである。

わたしはそわそわしたり、ぼんやりしたり、物思いにふけったりした。涙を流し、ため息をつき、それがなにであるかはっきりしないが、しかも自分には欠けている幸福にあこがれた。こんな気持は書きあらわしようがない。またこういうことを想像できるひともわずかだ。なぜかというと、大部分のひとは欲望の陶酔のうちに享楽をすでに感じさせるような苦しいと同時に甘美な生の充足を回避してしまっているからだ。わたしの燃える血は、たえず頭を少女や婦人でいっぱいにしていた。といっても、本当に女となにをするのか知らないのだから、空想のうえで女たちを奇妙かつ観念化していたにすぎない。そしてそれ以上はどうしてよいかわからなかったのだ……（『告白』*）

しかしながら、こうした空想がランベルシェ嬢から受けた取扱いを罰であると同時にエロティックな満足であるアンビヴァランな攻撃としてかれに描かせる。罰についての想像はある意味でマリオンに犯した過ちにたいする「無意識の」反応ではないだろうか。もちろん、過ちそれ自体が、マリオンを告発することによって自分の愛を彼女に証明し、ほとんど告白しているアンビヴァランな行為なのであった。「わたしがあの不幸な娘に罪をきせたとき、その動機は、この娘が好きだったからなのだ。奇妙なことであるが、それが事実なのである。この娘のことをいつも考えているので、つい頭にうかんだまま、その名を使って言いわけをした。わたしは自分のしたかったことを彼女がしたといって罪をなすりつけ、リボンをわたしにくれたといった。それはわたしがこの娘にリボンをやりたいと考えていたからなのだ」*とかれは書いている。ここでは、明白な連続性によって統一されていない、いくつかの契機のあいだに隠された関係が認められる。「罪」についての叙述とエロティックな強迫観念についての物語のあいだに脈絡のない断絶があるにしても、そして、これら二つの部分のあいだの明らかな唯一の類似点は奇妙なという言葉が使われているということだけであるにせよ、ジャン＝ジャックのマゾヒスト的夢想のうちには、夢想に先行するサディックな状況にたいする反作用の意味を夢想に与えているものが見られるのである。リビドーの亢進はヴェルセリス夫人の死にたいするひとつの反作用であり、ジャン＝ジャックのしりを思いきってたたこうとする娘たちの登場する懲罰の空想に関しては、娘たちが官能的な復讐をはたすマリオン＝ランベルシエとして登場すると言えるのであるが、この場合における反作用は倒錯的であると同時に「道徳的」なものであり、空想の懲罰によって過失を償うと同時に、相手の懲罰者の同意がサディックな愛の告白を完全なものにしているのである。

そして、この第三巻の冒頭から、エグジビショニスムのエピソードがはじまっている。ジャン＝ジャックは夢から現実へ移行し、空想で想像したような扱いをうけることを願っているのだ。しかしながら、自分と現実の女性たちを離している距離をとびこえることを知らないし、またそうしようとも思わない。かれはあえて自分がなにを欲しているかを問おうとしない。満足の可能性を試してみることなしにはどのようにしてもそれを問うことはできないはずである。かれが願っていることはまさしく、他人がかれにたいしていっさいのイニシァチブをとることなのである。ジャン＝ジャックにとってもっとも願わしい事件とは、かれが動かないでいられ、女性がかれのところへ現われ、かれを打ちたたき、かれ自身の肉体の甘美なほどに屈辱的な感覚を味わわさせてくれることである。羞恥心からジャン＝ジャックは自分が苦痛を受けたがっていることをはっきりと言えないで、ただたんに、一言も発することなく、自分の欲望を言葉に表わすこともなしに、「願っている扱い」を誘発しようと試みるだけである。かれは「自分が女性のそばでこうしていたいと思うような格好をして女性のまえに自分をさらして見せる」*ことに満足することになる。したがって、ルソーが期待している満足は、露出行為のなかにあるのではなく、それによって受けなければならない幸福な懲罰にある。エグジビショニスムはジャン＝ジャックが明白な言葉で表わすことに羞恥を感じている要求の無言の形態にすぎない。それは徴候にたよろうとすることの病理学的な様相なのである。渇望する享楽を手に入れるためにジャン＝ジャックができることは、沈黙のうちに自分を示すことだけである。かれの役割はそこで停止し、それからさきはどのようにするべきかはかれにはまったくわからない。後のことは外部からやってくるべきであり、ルソーにとって可能な唯一の身振りは自己自身にたちどまることである。

こちらの願っているような扱いをうけるには、もう一歩深入りすればよかったのだ。（『同上』**）

しかしながら、こうした一歩を実現するのは「だれか大胆な女」のすることなのだ。ジャン＝ジャックは自分の方からは動こうとしないし、かれの勇気も「待ちぶせするようなずぶとさ」***を越えないであろう。『告白』のこの嘲笑的な物語を通して、すべてこうしたことはことさらにとりあげるほどのことはないようにも思われる。だがしかし、この場合の告白は特異な重要性をもっている。この告白は、すでにわれわれが出会ってはいても、これほど明白には現われたことのなかったひとつの傾向、すなわち現存の魔術的な効果へたよろうとする傾向を明らかにしている。ジャン＝ジャックはかれの周囲を魅惑するためには「自己をさらして見せる」ことで十分だと信じているのである。そして、このような目的のために猥褻な裸身の魅力にたよろうとしている。繰返して言うならば、ルソーは自己を示す喜びとはまったく異った目的をねらっているのである。エグジビシォニスムはかれにとっては手段にすぎない。もっとはっきり言うならば、それはルソーにとって可能な唯一の手段であり、いっさいの「正常な」手段の拒否と直接的な誘惑にたよることから成り立っている。おそらくジャン＝ジャックには他人にたいして働きかける意志が存在しているのだが、それはあくまでも行動の意志のうちにあって、かれは自己自身からぬけだすことはできない。したがってエグジビシォニスムは外界の障害に現実的にかかわりをもつことを認めないままに外側に向って働きかける行動の極限を表わしている。自己を離れることなしに、自己そのものであること、そしてありのままの自分を示すことに満足しながら他者に到達することがまさしく問題なのである。そして、その場合に現実の行動によって埋めることを拒否されている世間および他者との距離をある魔術的な力だけが越えうるのである。

しかし、こうした試みは失敗する。「願っているような扱い」を誘発することはおろか、注意をひきつけることさえも容易ではない。こうした挫折はジャン＝ジャックをふたたび自己自身と孤独の意識へつれ戻す。（サヴォアの助任司祭やゲーム氏の教訓にとっては好機である。）そのときナルシスは自分自身のイメージを発見し、それを選ぶのである。かれはふたたび夢想のなかに閉じこもるのだが、それはもはや想像から現実へ単純に移行することができないことを知らされた夢想である。残されていることは想像の世界に参加し、無条件にそれに没頭するという可能性だけである。「わたしはものを書き、身を隠す決心をした」のであり、エロティックな領域でもジャン＝ジャックは同じ決意を採用している。

思い出すが、あるときリュクサンブール夫人が、恋人に手紙を書きたいためにわざわざ恋人のそばを離れていく男のことを、からかい半分にわたしに話したことがあった。わたしもそういう男になりかねなかったのですよ、とわたしは夫人にいったのだが、ときどきそういう男になったことがありますと、じつはつけ加えることもできたのだ。（『同上』*）

恋人に手紙を書くこと、それは愛する（あるいは渇望する）女性から離れ、自分のイメージと、そして自分自身と対話することを意味している。しかし、それはまた自己自身と対話して、われわれのたんなる現存が及ぼすよりもいっそう強力な魅惑を与えることのできるであろう言葉、文章、イメージなどによって他人に自分を示すことを意味している。

想像の世界、そして自我の内奥へのこうした沈潜のうちにはなにか曖昧なものが存在している。一方では、ルソーにとっては、それは全体的な独立、直接的なしかしながら感情の完全な充足への回帰なのである。客観的にわれわれにとっては、肉体的な現存がそれだけではもっていない手段によって他人との結合を回復しようとする迂回がそこには見出される。言語にうったえることによって、ジャン＝ジャックの比類のない魂は普遍的な媒介にたよって自己の奇矯さと、世間の他の人々への敵意によってよりよく自己を表明しようとしている。ジャン＝ジャックは直接性にたいしあくまでも忠実であろうとしながら、事実においては媒介を用いているのである。

自我がその夢と仮構を離れないような高揚状態によって注目される存在になるということがジャン＝ジャックの企図のように思われる。ひとを魅惑することは、自己を離れたり、欲望が直接的な陶酔を犠牲にしてはならない。他人の注目、共感、情熱を獲得するのだが、自己の貴重な夢想に身をゆだねること以外にはなにもしてはならない。そのようにして、かれは魅惑された誘惑者とならねばならない。かれが魅惑されているが故に誘惑者であり、そしてかれの眼が内面の光景の魅惑に向けられているが故に、他人を魅惑するのである。

二重の働きが明らかなのだ。ルソーが他人の眼に自分をさらす場合、かれの身振りのなかにかれが必要としている応答を喚起しようとする意図が明白に読みとれる。しかし、かれはこうした応答が生まれるためになにもしなかったのごとく、それを欲し、求めなかったのごとく、そして偶然の奇妙な気まぐれによって偶発的に現われるかのように応答を誘発する。時としてかれは驚きをよそおったりするであろう。かれは義務の（あるいは真理の、快楽の）内心の呼びかけに答えるために声を大きくして自分を表明しているだけである。すると人々は熱中してかれに反対したり、おもねったりするのだ。かれはそうしたことについてはまったく無関心であり、他人と同じような名誉に価しないのであり、自己自身であることのみを願っているのだ……内面の生活の直接性がかれのアリバイであり、安住の場である。だがしかし、それもまた他人との結合を回復するために通常は通らなければならないさまざまな手段をまぬかれるための手段なのである。なぜならば、ジャン＝ジャックは自己であること以外はなにもしないで愛されることを願っているのであり、自己の内部にとどまりながら愛情深い心遣いとやさしい献身を望んでいるのである。そこにはある種の偽善とか不誠実があると言われよう――言われてもいるのだ――すなわちルソーは他者との真の交流が要求するさまざまな超越の危険や努力を自分に引き受けようとはしないで、その結果他人との接触の真実を失っていると言えよう。だがしかし、かれは証人の前に公然とであろうが秘密にであろうが表明されないような感情をもたないのであるから、内的な感情の真実をも失っているのだ。かれは無実であり、真摯であり、忍従しており、全ヨーロッパの人々の眼前で打ちひしがれている。媒介的な行動に断乎として働きかけたくなかったがために、そして率直に手段の厳しい世界にかかわらなかったがために、ジャン＝ジャックは直接的な感情の純粋性と同時に他者との具体的な交流の可能性を失っている。このような二重の喪失がかれを作家として規定しているのである。

かれは自分を慰め、自分の空想と対話するためにのみいくつかの書物とオペラを書いている。だがしかし、かれを自己自身に閉じこめてしまうこうした活動が同時代人の感動的な賞讃に価するであろうことを十分に計算している。夢想に沈潜し、他者との結合を回復するために表面的にはなにもしないで、自分が欲しているものをかれは獲得する。そして他方では他人がかれに眼を向け、混乱し、当惑しながらかれの方へやって来るのだ。かれは純粋に芸術だけを目標としたのではない。感じやすい魂におよぼす影響をあまりにも気にかけすぎている。しかしながらもう一方では、心情に到達する真実の道を越える必要はなかったのであり、中間的な死滅するべき空間に苦しみ、それを通り抜ける必要もなかった。かれは他者との現実的な絆を樹立し、維持することを深く考えてはいなかったからである。

このようにして表象の魔術がつくりあげられるのであるが、その効果はジャン＝ジャックがはじめに重視していた現存の魔術とは異った意味で強力なものといえよう。かれは『村の占者』、『ヌーヴェル・エロイーズ』を書き、自己の固有のイメージと音楽にみずから恍惚としたのであるが、その時あまりにも思いがけなく、そしてあまりにも願わしいやり方で「甘美な涙」に溢れる視線がかれに向けられ、むさぼるようにかれはそれを受けとることになる。ジャン＝ジャックはかれを表象し、他人を魅惑しているイメージのなかにみずからが現存していると感じる。『村の占者』の成功の際のかれの栄光のなかでもっとも貴重なことはエロティックな満足であり、その本質は、十六歳のときにトリノの小路や「奥まった片隅」で自分を露出しながら待っていた満足とそれほど異るものではない。ジャン＝ジャックはつねに自分を示しているのであるが、今回は自己の作品（純潔で愛情深い魂の夢である）によって示すのである。かれは動かないままでいられるのであり、「待ちぶせするようなずぶとさ」をもちさえすればよいのであり、そうしていれば恋の満足はかれの方へやってくる。そして官能的な罰を受けるかわりに、涙やため息を生みだすのはかれなのである。折檻のマゾヒズムは田園風な愛情の甘いサディズムとなったのである。

わたしは劇場全体がひとつの陶酔に恍惚となるのを感じたが、わたしの頭はそれに酔うことはなかった……（『告白草稿』*）

たちまちわたしは自分の栄光を味わう喜びにすっかりひたりきることができた。とはいえ、このときの喜びには、作者としての虚栄心よりも、性の陶酔のほうが大いにあずかっていたのは確かだ。事実、もしそこにいたのが男ばかりだったら、自分の流させたあのこころよい涙を、この唇でうけたいという欲望に、あれほどさいなまれはしなかったろう。（『告白』**）

これは奇蹟の回帰である。最初、ジャン＝ジャックは自分を現わして失敗したのであったが、いまや自分を表象して成功するのである。

もちろん、ルソーはオペラははるかに直接的でないやり方でしか感情を模倣しないことをよく知っている。『音楽辞典』のなかではっきりとそのことを次のように述べている。

つねにひとに悦《よろこ》ばれ、退屈を避けるために、音楽は模倣の芸術の域にまで高められなければならない。しかし、その模倣は詩や絵画のそれのように必ずしも直接的なものではない。言葉は、音楽がわれわれに与えるイメージの対象をもっともしばしば限定する手段である。こうしたイメージが生じさせる感情を心の奥底に喚起するのは人間の感動的な音声によってなのである。（『音楽辞典』***）

しかしながら、『村の占者』の成功に際してルソーが味わう快楽は、かれが作曲した作品の言葉や音声をもはや通すものではない。肉体そのものは問題ではない、エロティックな事件が生じたのだ。幸福は距離をおいた交流のなかにある。聴衆の女性の眼は舞台に向けられていても、ジャン゠ジャックは彼女たちの心を支配していると感じている。感涙にむせんでいるこれらの女性たちはかれのものである。かれは彼女たちの肉体を所有することではなく、彼女たちの感動を自分のものにすることを望んでいたのである。そして、いまや彼女たちの涙はかれのものであることを知っている。これほどに間接的なやり方で獲得されたこうした享受は、しかしながら肉体の重苦しい不透明性を消し去り、魂だけがこうした接触において触れ合う直接的な快楽である。ルソーは徳高き愛と無意識の錯乱の陶酔を与えるディオニソスなのであり、まわりにはバッカスの巫女たちをしたがえている。人々はかれのために、そしてかれによって情熱をかき立てられる。かれは不在の魅惑と回帰の幸福を歌う音楽によって自己を無限に不在にすることができたが故に、かれの力はついにかれの現存と一致するのである。

しかしながら、抒情詩的な陶酔だけがルソーにとって誘惑者としての現存の可能性をふたたび獲得するただひとつの方法ではない。いくつかの他の道がかれに与えられている。とりわけ、瞑想の優越性にたよること、有徳のヒロイズムを主張することであって、それらは満たされない肉の快楽にたいするたんなる償いではない。そこには、かなり特異な愛の満足を目的とした現存の魔術的効果を強めようとするための方法が見られるのである。

三角関係はルソーにとっては失われた親密な関係をふたたび見出そうとする罪ある息子の立場を追体験する機会であると言われているが（とくにルネ・ラフォルグ*の論文はそれを主張している）、だがさらに付け加えなければならないことは、ルソーは闖入者としてのかれの役割が負わせている従属と劣等感をほとんど瞬間的に乗り越えようと努力しているということである。すなわち、かれは教師の役目、いうならば幸福の知恵の唯一の所有者である達人《メートル》の役割を自分に課そうと努力している。つまり、ジャン＝ジャックはソフィー・ドゥドトとサン＝ランベールをよりいっそう結合させることを願っている保護者の位置に自分を置こうとしている。かれはソフィーに徳の愛、叡知の愛を教えようとして『道徳書簡』を書く。その場合、ジャン＝ジャックに残されているものは、恋人たちの相互の情熱がそこを通して通じ合うような存在としての喜びである。かれは自己の善意についての直接的な感情を離れることなしに媒介者となる。外観的には、かれ自身の外側にあるいかなるものも所有することを放棄したのである。かれにとっては恋人たちが結合するためにかれを必要としていることだけで十分なのだ。かれは愛する人でもなく愛される人でもない。かれは愛しあっている者たちの交点であり、二人の魂が触れ合う「場」である。『エミール』では家庭教師は次のようにして若い夫婦の手を結ばせるのである。

> いくたびわたしは、かれらのうちにわたしの作品をながめながら、恍惚にとらえられ、胸をはずませている自分を感じることか。いくたびわたしは、二人の手をわたしの手のなかでにぎらせて、神に祝福を捧げ、熱いためいきをもらすことか。にぎりあっている二人の手にいくたび口づけすることか。二人はその手のうえにわたしが涙をそそぐのをいくたび感じることか。かれらもまたわたしと同じように興奮し、感動する。（『エミール』**）

恋人たちの歓喜の反映であると同時に、かれらの歓喜が自分の作品であったことを願う奇妙な享受がここに描きだされている。家庭教師は同時に愛の興奮の中心とその外側に自分の場所を求めている。その時、かれは同時に接触の陶酔と完全な解放の自由をもつ。かれは享受し、放棄する。かれは感動に自分をゆだねるが、瞬間的に省察のなかに後退する。

三角関係はルソーの場合にはある陶酔とある内省的な転換をつねに含んでいるように思われる。ルソー的な主人公は叡知の達人であると同時に誘惑者的なのである。魂を混乱させ、かつそれを高める。（魂を高めながら混乱させる。）肉体を所有することよりもむしろ魂を魅惑し、意識の秘密の聞き役となることを望んでいる。

ルソーはこのようにして誘惑の魔術をふるうのであるが、愛の行為にそれはかかわりをもたない。こうした魔術はしばしば徳の高揚と不分離なものであり、両者は相互に強められ、不純だと考えられるような曖昧さをつくりだしている。たとえば、「二人の女性の愛人」であるボムストン卿はかれ自身情熱的な狂気と平静な理性のあいだを揺れ動いている。かれは情熱に燃える侯爵夫人を「激昂」させると同時にローマの愛らしい娼婦に悔恨と徳を教える。かれはこれらの二人の女性のどちらをも自分のものにしたいのであるが、それで十分なのである。かれは自分自身をナルシシスム的な愛で愛することができ、無条件に自分を讃美することができる。

かれの徳が、美のそれよりもはるかに甘美で、美のようにつきることのない享楽をかれ自身に与えたのであった。享楽的なひとがみずからの味わう快楽に喜びを感じるよりも、かれはみずから拒否している快楽にはるかに喜びを感じていたのであり、はるかに長く愛し、自由でいられ、生を浪費している人々よりもはるかにそれを享受したのであった。（『エドワード・ボムストン卿の愛』*）

恋の二重の感化が二重の拒否の口実となったのである。エドワード・ボムストン卿はかれを望んでいる二人の女性を支配しながら、彼女たちの手のとどかない所で自分を留保している。かれが断念している二人の願わしい女性が、拒否によって純化されたかれ自身のイメージを送り返している。ボムストン卿の愛は究極的には自分自身を「反映している」のであり、恋の冒険は内面の嵐と情念の混乱の後で自我の統合性をふたたび獲得するに到る。だがしかし、感情の領域を越えたものはなにもなかったが故に、すべてが内面の感情にたち戻るとは言えない。家庭教師がエミールとソフィーの手を結び合わせる場面と同様に、内省的な叡知が官能的な陶酔の共犯を呼びもとめそれを享受し、より高い自由の名のもとに、瞬間的にそれから解放されようとする。こうしたかなりいかがわしい共謀は、しかしながらそれなりに間接的なものと直接的なもの、省察と感覚の和解を表わしている。その時、省察の人間は外観的に放棄した領域においてて幸福を手に入れるのであり、かれが他人のなかに誘発し、それに支配されることを欲しない官能的な喜びもしくは苦痛を自分のために遠ざける。感覚の世界にたいしてとってきた距離の純粋性を保つかわりに、かれは一瞬、感じやすい魂にふたたびかえり、ひそかに感動をぬすみとり、孤独のうちにそれを享受しようとするのである。

エミールとソフィーがたがいに結ばれ合うと、家庭教師は文字通りかれらの心情の吐露に導き入れられるのだが、こうした幸福はかれの作品であり、内側からそれを享受しようとする。しかしながら、かれは独立した優越的な態度を失わない。若者たちは二人の感謝と愛情をかれに捧げねばならないが、反対にかれは二人にはなにも負ってはいない。かれは二人の愛の感動に加わることによって償われている……なぜならば、この結び合いの責任はすべてエミールとソフィーにかかってくるからである。家庭教師はこうしたかれにとっては無縁な幸福に沈潜し、その物質的な従属の責任をとることなしに幸福のもっとも親密な、もっとも純粋な、もっとも甘美な、（そしてもっとも優しい）部分を体験しながらも、いっさいの自由を保持している。しかし、こうした感動的な優越の瞬間を享受するためにどれだけの時間とどれほどの努力をまず必要としただろうか。家庭教師は至上権をもってそれを受けとるために若者たちの幸福をまずつくりださなければならない。それからこうしたなにものにも従属しない享受の瞬間に、魔術的な魅力の純粋な高揚に、いかなる束縛もない参加に到達するためにはなんと多くの行動、手段、中間的な段階を必要としたことであろうか。ここでは、現存の魔術は大きな迂回と媒介的な省察の助けによって展開される発展とひきかえによってしかいまだに実現されない。そして、誘惑はもはやディオニソスの誘惑ではなく、魂にしたがうべき道を示すソクラテスの誘惑なのである。*

テレーズについていうならば、彼女はジャン＝ジャックが自己を離れず、自己自身から外へ出ないことを許している。彼女はかれが必要としている「埋め合せ《シュプレマン》**」を保証している。埋め合せという言葉は意味深長であり、すでに『告白』の第三巻には「わたしは自然をあざむき、わたしのような気性の青年たちに健康や元気や時には生命さえ犠牲にしてさまざまな放蕩をまぬがれさせるこうした危険な埋め合せ《シュプレマン》を知った」***と書かれている。このような用語の奇妙な類似はルソーがテレーズになにを見出しているかを明らかにしている。すなわち、かれが容易にかれ自身の肉体と同一化することができ、その面前では他者の問題をけっして提出する必要のないだれかなのである。テレーズは対話の相手ではなく、肉体的存在の補助者なのである。他の女性のかたわらでは、ルソーは肉体の存在が障害とならないような奇蹟の瞬間を探し求めるのであるが、テレーズには障害にすらならないような肉体を見出している。

VII

自伝の問題

「わたしはいかなる人間なのであろうか」という問にたいする答は瞬間的である。すなわち「わたしは自分の心を感じている」*のである。自己自身への直接的な現存であり、感情の唯一の行為のうちにそのすべてが構成されるような直観的な認識があるのだ。ジャン＝ジャックにとっては自己認識は問題ではなく、「自我とともに自分の人生を送りながら、わたしは自分を知らなければなりません」**と言うように、それはひとつの所与なのである。

おそらく、自己認識を基礎づけているこうした感情の行為はけっして同じ内容をつねにもっているわけではない。それは、新しい状況のたびごとに、つねに反論の余地のないものであり、明証性そのものなのである。そして、そのたびごとに、自己認識ははじまるのであり、真理は決定的にはじめて明らかにされる。感情の行為は無限に更新されうるのであるが、その瞬間そのものにおいては、その権威は絶対であり、始まりとしての価値を獲得している。自我は発見され、一瞬にして所有される。自我がみずからを所有する瞬間に、自己の主観において知っていた、あるいは知っていると信じていたすべてに自我は疑いをさしはさむ。すなわち、自我がかつて自己の真実についてつくりあげていたイメージは混濁した、不完全な、素朴なものだったのである。光りはただ、今の瞬間に現われるか、現われようとするにすぎない……

ルソーの自伝的作品の多様性はこのような点から生じている。かれは「すべてを語った」と主張した『告白』において、あたかも自分を描いてはいなかったかのように、『対話』を書く。それから『孤独なる散歩者の夢想』がきて、「いったい、わたし自身とはいかなる人間なのであろうか。このことがわたしに残されている課題なのだ」*と、そこではすべてが新しくやりなおされる。ジャン＝ジャックは自己の妄想にのめりこみ、他の人間との結びつきを失うにしたがって、自己認識はかれにとってはるかに複雑なそしてはるかに困難なものに思われることになる。「デルフィの神殿の汝みずから汝を知れとの格言は『告白』においてわたしが信じていたほどしたがうことは容易ではない」**のだ。こうした認識は険しいものであるにはせよ、けっして真実が隠されてしまうほどのものでもなく、意識をどうしようもなく投げだしてしまうほどのものでもない。内省はたえず可能であり、真実が直接に認められないならば、いっさいの不分明を克服するためには孤独な散歩のあいまの「意識の検討」だけで十分なのである。そうすることによって、すべてが説明され、かれは自分のいっさいを知り、「対自的」にして「即自的」なる存在に到達するであろう。時に応じて自分の行為のいくつかが奇異なものであることを認めているルソーはけっしてそれらの行為を本質的な闇黒の世界に負わせたりはせず、さらに自己の意識や意志の不分明な部分の表現であるとは考えない。かれの異常な行為は半分しかかれのものではないのであって、かれにとっては告白がそうした行為の秘密をきわめつくすかのように、それらを物語り、奇妙なものとして公表することで十分であろう。ジャン＝ジャックにとっては、かれ自身の意識の光景はつねにいかなる陰影もない光景でなければならない。そして、このことはいかなる例外もゆるさない公式なのである。たしかにルソーは、自己を前にして混乱し、ほとんど明晰でないことを認めざるをえないことがある。「わたしの行動の大部分の真実の最初の動機は、わたしが長い間それを思い描いていたほどにはわたし自身にとって明瞭なものではない」のである。しかしながら、同じテキスト（『孤独なる散歩者の夢想』第六の散歩）の続きでは、内面の明晰性の欠如を強調したりはせずに反対に最初は明証性が欠けていたと思われることを完全に解明しようとしているのである。たとえ時としてルソーの瞑想が自己の無知についての告白からはじまっていることがあるにせよ、それが同じような告白によって終ることはけっしてない。記憶の欠如がかれを不安にするようなことはないのであり、プルーストのように忘れさられた出来事が本質的な真実を隠しているとはけっして言ったりしない。ルソーにとっては記憶にとどめられていないことは重要ではなく、本質的でないものにすぎない。こうした点に関しては、けっして相反することのない、内面の明証性を完全に所有していることを確固として信頼しているオプティミスムがかれの場合には存在している。

さらに加えて、こうした内面の明証性はたちまち外在化される。ジャン＝ジャックは隠しておくことはできない。感情は徴候となり、それが経験される瞬間に公然と表明される。すでに見てきたように、ルソーはあらゆる自分の感情の動きが顔に表われていることを確信している。ルソーにとって主観的な生とはそれ自体「隠され」たり、「深奥」に秘められたりしている生ではなく、表面に内発的に露出しているものであり、情緒は抑制されたり、押えられたりするにはあまりにもつねに強力なのである。したがってジャン＝ジャックは次のように公然と宣言している。

> 生来、わたしは感じたり、考えたりすることを隠しておくことはまったくできない人間なのだ。
> （『告白』*）

> わたしの水晶のように透明な心は、そこにひそむ些細な感情をものの一分も隠してはおけなかった。
> （『同上』**）

しかしながら、こうした絶対的な透明はそれが出現したとしてもむなしい。すべての人々の視線に自己を示すだけでは十分でなく、他者がかれによって提示される真実を受容することが必要なのである。ところが、他者はかれの真実の本性、感情、行動もしくは回避の理由を認めていない。

わたしを理解していると思っている人々がわたしの行動や振舞を解釈するやり方から、かれらがなにも理解していないことがわたしにはわかるのです。わたしひとりだけを除いて世間のいかなる人もわたしを知りません。(『マルゼルブへの第一の手紙*』)

わたしともっとも親しくしている人々ですらわたしを知らないし、そうした人々がわたしの行動の大部分をそれが善であれ悪であれ、それを生みだしたのとはまったく別の動機のせいにしていることがわかる。(『私の肖像**』)

したがって、誤謬は他人の眼にある。ジャン＝ジャックはそのすべてを理解されるはずであるにもかかわらず、まったく理解されていない。かれは自分をむきだしにして生きているにもかかわらず、すべてはあたかもかれが隠しているかのようである。率直に自分を提示していると信じている他人を前にして、あたかもかれが自分を偽り、仮面を被っているかのように、自己の真実が隠されたままでいることを知るのである。つまり、他人の過誤によってかれは告白することのできない秘密を固執しているように思われるのであるが、かれは白昼の光りのなかを前進しているにすぎない……。自伝的作品が問題にしていることは、いわゆる自己認識ではなくて、他者によるジャン＝ジャックの承認であるといえよう。かれの眼にとって問題なのは、たしかに明晰な自己意識でもなく、「即自的」なものと「対自的」なものとの一致でもなく、そうした自己意識を外部から承認されたものとして表現することである。『告白』はまず第一に他人の過誤の訂正の試みなのであって、「失われた時」の探求ではない。したがってルソーの懸念は次のような問いかけからはじまる。直接的に明白な内面の感情は、なにが故に直接的に与えられる承認のうちにその反響を見出さないのであろうか。自己にたいするものと他者にたいするものを一致させることはなにが故にかくも困難なのであろうか。自己意識の明晰性が外部に拡がり、証人たちの眼に明晰な反映として重ね合されないかぎり、かれにとっては不十分であるが故に、個人的な弁明と自伝がジャン＝ジャックにとって必要なものとなるのである。

透明のままに生きることだけでは不十分なのであり、そのうえなお、かれ自身の透明を語り、他者にそれを納得させなければならない。承認されることを渇望している者にとってはある行動が必要であり、そうした行動とは言語なのであるが、それはあくまでも言語なのである。徴候の言語によって純粋ではあってもむなしく表明されていたことを「部族の言葉」で明白にしなければならない。ジャン＝ジャックの心情の内発的な明証性だけでは不十分であって、なおさらに明証性を与える努力がなされるべきなのである。心情はすでに透明であるとはいえ、さらにそれを他人にたいしても透明なものにし、すべての人々の視線に真実を暴露し、かれらがみずからによってはとらえることができなかった真理をかれらに認めさせなければならない。

すべての人々がわたしの心を読んでほしいのです。（『書簡』*）

なんとかして、わたしは自分の魂を読者の眼に透明にして見せたいと思うのだ。その目的で、この魂をあらゆる見地から示し、あらゆる照明によって照らし出し、読者の眼にふれぬ一つの動きもないようにと努めている。そうすれば、こういう心の動きを生む原理を、読者が自分自身で判断することができるであろうから。（『告白』**）

わたしの魂を読者の眼に透明にすること……したがって、あたかも透明であることが基本的な所与ではなくて、実現すべき努力であるかのように思われる。もっと正確にいうならば、意識の内在的な明晰性がそれだけでは充足できないかのように思われるのであり、それがまさしく「内的」なものにとどまっているかぎり、そして他者によって受け入れられないかぎり、逆説的にいうならばヴェールに被われ、孤立した透明であり、実態における透明ではなく、「潜在的な」透明である。それ自体から脱出できず、透明であろうとすることの最後の不可能性に衝突する取りこめられた透明性として、それは矛盾として感じられる。透明なものとして現われていることを証明する証人がある場合にのみ、すなわちルソーの表現にしたがえば、読者の眼に透明になるときにのみ、それは実態における透明となるであろう。

一時的に――だがいつまでなのだろうか――ジャン＝ジャックの内面の透明は外部から訴えを拒否されている。かれは観客なしに透明なのである。なお悪いことには、かれは誤解され、傲慢な、あるいは邪悪な魂の持主だとされている。これこそ、ボセーで犯しもしなかった「罪」によって非難され、かれが最初に直面した状況なのである。他人がかれを誤解し、ありもしない嫌疑にもとづいて罰し、不当な懲罰を加えるのだ。かれは無実なのであるが、「世論」がかれの審判者をまどわせる。そして、かれは評決から自分を護るにはあまりにも弱すぎる……

　もしジャン＝ジャックが自分自身について語りはじめるならば、最初から、すでに裁かれ、その判決にたいして異議を申立てようとする者の立場にあるからである。ルソーの作品のなかでもとくにすぐれて自伝的なものである、四つの『マルゼルブ氏への手紙』は、印刷屋の沈黙を前にして口をきわめて筋の通らない非難と、絶望的な訴えを投げかけた錯乱状態のエピソードの直後に書かれている。そして自分を取戻したかれは公然と謝罪し、狂乱状態を極端な孤独のせいにしている。しかしながらかれが理由もなしに危急を知らせた友人たちは、やがてきびしくかれを批判することになるであろう。ジャン＝ジャックは自分にのしかかっている判決に異議を申し立てるために自己を説明する必要を感じる。かれの狂気の発作は極端な孤独のせいだったのであるから、そうした孤独の真実の動機をかれは説明しようとするのである。すなわち、それは正義と人間にたいする愛によるものであり、隠棲の生活を好むのは行動にたいする嫌悪からである。かれは人間嫌いではなく、人間を憎んでもいなくて、反対にあまりにも愛情をもって愛しているが故に、人間の前にいるとつねに傷つけられないわけにはいかないのである。かれの不正な行動の根源には無実の意図と感情、愛情深い情念、裏切られた善意、空想の被造物に向けられた友情の強い欲求などが原初的に存在しているだけである。したがって、かれは裁判の再審のためにさまざまな証拠書類を提出し、先に行われた判決の効力に異議を申し立てる。「すべてを語る」までは、当座の疑いが有利に解釈されることを願い、「読者よ、あなたの判決を延期してほしい……」と望むのである。そして、かれは公正で真実であろうところの最終的な評決に訴えようとする。すでに見てきたように、ルソーは真実と誤謬を決定する論理的判断と善と悪を決定する倫理的判断を多少なりとも意志的に混同している。理想的には、事実判断は同時に価値判断なのである。ルソーは、真理をうちたて、正義を取戻すことを唯一のそして同じ行為とする公明正大な審判者の眼に訴えかけている。自分自身について語りながら、かれは「正義と真理はかれの精神においては区別なしに相互に同じことを意味している同義語なのである」*と断言する。承認のための闘争（ヘーゲルの用語にしたがえば）とは法廷への出頭にほかならないであろう。承認されることとは、ルソーにとっては本来の意味において正当なものとされ、無罪を言渡されることであろう。（しかしながらその権限についてかれが異議を申し立てない唯一の法廷は、正義と真理がそこにのみ存在している神の法廷であろうし、かれが服することを受け入れる唯一の審判は最後の判決であろう。）したがってルソーは、かれの存在と無実、真正性と道徳的価値を確固として確認するような名誉回復を求めている。そしてその時、正義と真理が同義語であるような審判官の眼のもとに、かれは相関的な特権を獲得するであろう。それは裁かれる被造物としてのかれに存在することと無実であることは二つの同義語であるという絶対的な確信を与えるであろう特権なのである。

『告白』の草案や初版の序文のなかには、たとえ決定版においてはその跡をとどめていないとはいえ、ルソーにとって取組まなければならなかったかれの念頭を離れない別の問題が見出される。かれは自分の人生を物語ろうとする計画をたてるのであるが、かれは司教（聖アウグスチヌスがそうであったように）でもなければ、貴族（モンテーニュのように）でもなく、宮廷や軍隊の事件にかかわりあってもいなかった。つまり、公衆の眼に示すようないかなる肩書ももっておらず、すくなくともかれの時代までは自伝を正当化するために要求されるような資格をそなえていない。それに加えて、かれは貧しく、日々のパンをかせぐことをよぎなくされている。かれはいかなる権利によって自己の生活に注意をひこうとしたのであろうか。だがまさに、なにが故にかれはこうした権利を手に入れてはならないのであろうか。かれはまったくの平民ではあるにせよ、なにが故にそうした注意を求めてはならないのであろうか。かれがひとりの人間であり、ひとりの人間の心に住む感情はさまざまな地位や富には関係がないからなのである。

……わたしは貧しい。パンがなくなろうとするときには、わたし自身の仕事によって生きる以上にそれを手に入れるためのより誠実な手段をわたしは知らない。

このようなただひとつの考えのために読み続けることを妨げられる読者があるにちがいない。そうした人々は、パンを必要とするようなひとりの人間が知るに値するとは思いもよらないことであろう。わたしが書いているのはこうした人々のためではないのだ。（『私の肖像』*）

わたしがひとりの平民にすぎないとすれば、読者の注意に価するような語るべきことをわたしがまったくもっていないということにだれも異論はないだろう。そして、それはわたしの人生の事件については真実なのだ。だがしかし、わたしはそうした事件そのものについての歴史を書くというよりも、むしろ事件が起きたときの、わたしの魂の状態についての歴史を書いているのだ。そこで魂は、それがもっている多少なりとも偉大で高貴な感情、そして多少なりとも生き生きとした、多くの観念によってしか、多かれ少なかれ人の眼に顕らかにされないのである。その場合に事実はたんなる偶因にすぎない。わたしがこれまでたとえどんなに卑しい生活をしてきたにせよ、もしわたしが国王たちよりもはるかに、そしてよりよく考えたとするならば、わたしの魂の歴史はかれらの歴史よりもはるかに興味深いのである。(『告白草稿』*)

感情の権利の確認と平民の正当性の主張がここでは対等に並べられている。人間の価値はすべて感情に存しているが故に、問題とするような特権も社会的特典もそれ以上にはないのだ。(サン＝プルーはその証人であり、ジュリーはこの新しい真理の殉教者である。) 感情が高貴であればあるほど、観念はより生き生きとしたものになるのであり、この場合に、感情論が啓蒙の世紀の理性論にいささかも反するものでないことは付け加えるまでもない。そしてまったく反対に、理性の知的権威と感情の道徳的優位は同じ資格において革命前のブルジョアジーのイデオロギーの武器なのである。魂、感情、思想は優越性のそれぞれ同じ価値をそなえたしるしなのである。

したがって、ルソーが企てようとした作品は、たんにひとりの被迫害者の無実を要求する弁護ではないだろう。それは、また第三階級のひとりの人間の宣言であり、その意識ならびに個人生活の諸事件は絶対的な重要性をもち、王侯でも司教でも徴税請負人でなくとも普遍的な注意を要求する権利を当然もっていることを断言しているものといえよう。こうした社会的意義は『告白』の企画そのものにも結びついているものであり、けっして無視されるべきではない。ジャン＝ジャックは承認されることを望んでいるのだが、たんに例外的な精神としてではなく、さらに純粋な心情をそなえた犠牲者としてでもなく、単純なひとりの人間として、貴族の出生でないひとりの異邦人として、すなわち、それでもなおかつ普遍的に価値をもつ人間の姿をはるかによく提示することができる人として承認されることを望んでいる。かつて自分がそうであったような旅人のために、そして冒険家のために、具体的な人間のよりよい認識についての特権、より広汎なより多様な、そしてより有効な知識の所有を要求している。そしてこのかつての従僕は主人にたいする使用人の優越性を公然と宣言している。かれの異邦人としての身分と社会的な無価値が自由に動き、いかなる階層にとどまることもなくフランス社会のあらゆる階層を観察することをかれにゆるしたのである。いかなるところにも自己の場をもたないが故に、かれはすべてを知ることができたのであった。

わたし自身はいかなる身分ももたずに、あらゆる身分を知ったのだ。わたしは王座を除けばもっとも低い階級からもっとも高い階級にいたるまでのあらゆる階層で生きてきた。高貴な人々は高貴な人間だけを、下層の人々は下層の人間だけを知っている。後者は前者をかれらの地位にたいする賞讃を通してしか見ないし、前者は後者をたんに間違った軽蔑によってしか見ていない。あまりにも両者の関係がかけ離れすぎていて、かれらは同じく両者のあいだの共通の存在である人間を見すごしている。人間の仮面を離すことに細心の注意をはらっていたわたしは、いたるところで人間の姿を認めたのだった。わたしはかれらのお互いの好み、快楽、偏見、準則を衡量し、比較した。いかなる自負もいかなる重要性もないひとりの人間としてあらゆる人々に認められ、わたしはかれらを自由に検討してみた。かれらが自分を仮装することをやめたときに、わたしは人間と人間、身分と身分を比較することができたのである。まったく価値のない、なにものをも望んでいなかったわたしはだれをも困らせ、迷惑をかけたわけではなかった。どんな所にでも、なんの関係もなしにはいりこんでいき、ときには朝は王侯貴族と、夕方は農民と食事をともにしたのである。(『同上』*)

ここでは、個人としてジャン＝ジャック・ルソーの要求がはっきりと出されている。かれの体験は普遍的な価値をそなえており、平民、独立独行の徒というかれの資格がかれにより多くの傾聴される権利を付与しているのである。なぜならば、かれだけがありのままの人間の真実の観念を保有しているからなのだ。かれ自身はまったく無価値な人間であるが故にこそ、その代償としてすべてを知る権威を獲得することができたのである。その時までは、貴族階級、紳士あるいは上流階層のものであった人間的なものの普遍的な像は、貴族社会の崩解を利用しながら、すべてを見、すべてを判断することができた文化の成上り者、つまりひとりのブルジョアの手にいまや移ろうとするのである。

いかにして自分を描きうるのか

ひとは自分自身について真実を語ることができるだろうか。ルソーは諾《ウイ》と断言する。自伝は外界のモデルを観察するあらゆる絵画よりもかぎりなく真実に近いものである。画家は真実らしきものに満足しており、かれらは現実を模倣するというよりもはるかにそれをつくりあげており、かれらがつくるべきであった肖像の魂からは永久に隔っている。そういった点から、恣意的な判断にたいするかれらの大胆さが生じるのである。

ひとはある人間の顕著な特徴をつかまえ、それをおもいつきの特徴に結びつける。なんでもひとつの顔貌をつくりさえすれば、それが似ているかどうかはどうでもよいのだ。そうしたことを判断するものはなにもありえないのである。（『告白草稿』*）

外側から見て、ひとりの人間のイメージはつねに真偽を確かめることができない。肖像画家がどんなに注意深くモデルを眺めるとしても、「内面のモデル」に到達しえないであろうし、行動の秘められた動機や原因を説明したくとも、臆測、仮構といった手段にたよるしかないであろう。心理の深層の展望は――過去の時間的な次元に密接に結びついている展望――視線が表面より遠くへは到達しえず、現在のあちら側にさかのぼることのできない外側の観察者にとってはもともと眼にはいらない。ルソーの次のような宣言は、精神生活のある不可知な部分の存在を確立しているように思われるのだが、現実には外部の観察者にのみ関係をもっているのだ。

ひとりの人間をよく知るためには、自然と獲得された特質を識別して、それがどのようにして形成され、どのような機会によって発展され、どのような隠された感情の連鎖によってそうしたものとなり、時としてまったく相矛盾した、そしてまったく思いがけない結果を生みだすためにどのように修正されたかを知らなければならない。見えているものは存在のごく一部にすぎず、それは現われている結果にすぎないのであり、その内在的原因は隠れており、しばしばきわめて複雑なのである。各人は自分のやり方で判断し、自分の空想で描くのであり、描いた像とモデルを対照されることを恐れてはいない。そして、他人の姿によってそれを描こうとするひとには見えず、自分自身のなかにそれを見ているひとは、示そうとしないような内面のモデルをどのようにして知らせることができるだろうか。(『同上』*)

それを自分自身のなかに見ているひと……つまり、内面のモデルは主体そのものにとっては不明瞭なものではなく、それを知らせたくないという悪しき意志、暗黙の拒否が一般に介在しないならば、それを「示す」ことも可能なのである。このようにルソーは画家の眼には拒否している機会を自伝に与えている。

> ひとりの人間の生活について書くことができるのは、その人をおいて他にはない。内面のあり方、真実の生はその人によってしか知られない。(『同上』**)

「だがしかし、真実の生を書きながら、それを仮装する」とルソーはそのすぐ後に付け加える。自画像は肖像画と同じように恣意的なものではないのだろうか。ひとりの人間が自分自身について与えるイメージはまったく同じように仮構の、つくりあげられたものではないのだろうか。しかしながら、ルソーはこうした反問をみずからには向けないで、かれの先行者たち、とりわけモンテーニュについて発している。ルソーは自己について完全な肖像を提供する唯一の、そして最初の人間であろう。はじめて、ひとりの人間がありのままの自分を描こうとするのだ……ルソーは自分を除外している。かれの肖像は外側からとらえられたすべての肖像がそうであるようには、恣意的なものでないばかりでなく、あらゆる他の自伝とは異って偽善的なものでもないだろう。かれの物語は時代の始まりと真理の到来そのものを示すであろう。「わたしはかつて例のなかった仕事を企てる」***のだ。だれにも類似していない「独自な」存在の類例のない仕事なのである。だがしかし、この仕事のためにかれは普遍的な効果を要求している。すなわち他の人人には「比較のための記録」を、そして哲学者たちには研究の対象を提供しようとしているのである。

他の人々は判断することができず、自分自身を知らない。ということは、かれらは自分の外側にある人人のことをだれも知らないからである。「自己愛の二重の幻想」*を克服するために、かれらは自分自身にしたがってかれらの隣人たちを裁かないようにきびしく努めなければならず、かれら自身以外のだれかを知ることを受け入れなければならないであろう。だからこそ、ジャン＝ジャックは人間が誤謬に生きることをやめるためにかれの真実をかれらに贈らなければならない。かれらはジャン＝ジャックを必要としているのであり、そのことをかれらに証明する。

> わたしは人々が自分を評価することを習得するために、少なくとも比較のための記録をもつことができるように努力したいと思っている。すなわち、各人が自己と他者を知ることができるように努力したいと思っているのだが、ここでいう他者とは、わたしのことである。そうなのだ、まさにわたしだけが……（『告白草稿』**）

ルソーはここでもさらに自分を除外している。事実、かれが他者に課している規範にしたがおうとするならば、かれ自身もまた外に向い、なにか「比較のための記録」を求めなければならないだろう。しかしながら、自我の限界に閉じこめられたままのあらゆる精神は誤謬によって脅かされていると断言しておきながら、かれは、自己についてしか語らないという権利を独断でわが物にしている。ここでは、ルソーが相互的な立場に自分を置くこと、そしてかれが他人に指定した義務と自己の義務を同一なものとみなすことがどのような点で不可能であるかが明らかにされている。真実はかれにとっては一方的な特権であって、他者は自分をよりよく知るためにかれを知り、自己自身を「評価する」にいたるためにかれを判断し、無実なものとしなければならないであろう。世間のすべての注意はかれに集められなければならない――そのことはかれにたいする義務である――そして、かれの義務はかれ自身について物語ること以外のいかなることをもかれに強制しないのである。

すべてを語ること

自己を認識することは単純な、瞬間的な行為である。ルソーの場合には、自己を知ることと感じることのあいだには差異はないのであり、感情が直接的に自我の本質的な無実を決定する。しかし、こうした比類のない、単純な感情は自分自身の確信だけでは満足することができない。その確信を伝達しなければならないのだが、これまた比類のない、単純な表現行為においても、ありのままに伝達されえない。ルソーはそのことを望んでいるのであるが、それはひとつの徴候、ある短い言葉が一瞬のうちにすべてを語り、他者にかれの無実を確信させうるということである。時として、かれの不安がつのりにつのっている場合に、かれは「わたしは無実だ[*]！」と絶叫して抗議さえする。だがしかし、他者がこうした叫びを理解しなかったり、その誠実性を認めない場合には、どうするのだろうか。沈黙するのだろうか。だが、沈黙することはゆるしがたいことなのだ。それは不名誉な判決を認めることになるだろう。したがってかれは語らなければならない。伝達不可能であると考えることを甘受するわけにはいかない内面の明証性を有効な言語に翻訳する手段を求めなければならない。

　われわれにとっては感情の綜合的な行為のうちにある明証性をどのようにして翻訳するのだろうか。他者から判断および承認という同じように綜合的な行為をどのようにして獲得するのだろうか。「言葉の回路」が、わたしが無罪であることを証明している感情と、他者がわたしの無実を承認する最終的な判決のあいだに介在されなければならない。問題はジャン＝ジャックの性格と心情についての真実のイメージを他者につくらせるようにすることである。このようなイメージは、ルソーの内面の感情がそうであるように、本来、単純で、明晰で、ひとつのものでなければならないであろう。

それでは、どうするべきなのか。ルソーは「かれの魂のすべての襞《ひだ》を拡げ＊」てみようとする。瞬間的に感情が所有する総体的な真実を伝記的な時間のなかに展示しようとする。かれの統一性、単一性を順次に体験された瞬間の多様性のうちに解体し、かれの性格のなかでたがいに関連し、結びあっているものの法則をよりよく示そうとする。さらに、現在そうあるような自分がどのようにしてそうなったかを示そうとする。したがって、かれの人生のすべての歴史を他者がみずから綜合することを要求しながら、分解して言い表わそうとする。ジャン＝ジャックは一言にしてはかれの本性、性格、統一性の原理などを言い表わすことができないが故に、それらを証人たちに任せるのだ。比類のないイメージをつくりあげ、総体的にそれを判断することは証人たちに属している。しかし、今回は資料が多すぎて、かれらに真実のルソーを見出すことを強制しているといえよう。繰返していうならば、ルソーは、かれ自身でも非難してきた矛盾や不連続があるにもかかわらず、一瞬たりとも自己の統一性を疑ってはいない。ただかれには、それを物語ることなしに断定することは不可能であり、「わたしは無実である」という総体的な断定よりもかれの生活についての詳細を物語ることのほうがよりうまく「いくだろう」とただ思われるのだ。あらゆる総体的な断定は総体的な拒否にぶつかる危険をもつのであり、完全に行われた綜合にたいして人間は人為的なものを警戒し、欺瞞があるのではないかと疑念をもつ。したがってルソーはかれの人生の出来事や状況についての「原材料」を提供し、他者がそれらを綜合し、かれらがそれをみずからの手で行えば行うほど、自発的にそうしていると信じることができるはずである。詳細な物語は効果として読者の注意を強制するだけではなく、読者みずからにジャン＝ジャックの真のイメージをつくることをよぎなくさせ、かれらの判断を強制することになろう。

わたしの性格のなかではすべてのことが関連しあい、一体となっている……　そしてこうした風変りな、奇異な組立が解明されるためにはわたしの人生のあらゆる状況が必要なのである。(『告白草稿』*)結論をわたしがひきうけて、読者に向って、「これがわたしの性格です」といったとすれば、読者を欺いているとは思われないにしても、少なくとも、わたしが誤っていると思われそうである。わたしの一身に起ったこと、わたしのしたこと、考えたこと、感じたこと、それを何から何まで率直に述べることにしたら、故意でもなければ、読者を誤らせることにはなるまい。また、故意に誤らせようと思っても、この方法では容易に目的が遂げられない。これらの要素を集めて、そこから組立てられる人間を決定するのは読者にまかせる。結論は読者の仕事でなければならない。そのさい読者が誤れば、その誤りは読者のしたことである……　事実の重要さを判断するのはわたしのすることでなく、わたしはすべてを語り、選択の労は読者にまかせるべきなのだ。(『告白』**)

したがってルソーは多様性を統一する努力を読者にゆだねている。かれは読者を信頼している。そして、こうしたことはすでに無罪であることを弁護するためのひとつの方法であるように思われる。すなわち、なにひとつ隠そうとはしない、読者に判断の労を任せているほどに他人を信用している人間が、いったいどうして邪悪な人間でありえようかというのである。さらにまた、ルソーはそれと同時に存在しうるあらゆる誤解の責任を読者が誤れば、その誤りは読者のしたことであるとして他者に転嫁しているように思われる。『告白』の読者もしくは聴衆がかれらに課せられている結論を引きださないとすれば、それこそ試問は決定的なものとなるであろう。ルソーは罪はすべてかれらの責任であることを決定的に知ることになるのである。

普通の肖像画の場合には、「五つの点」にのっとって顔をつくりあげ、それ以外は画家の工夫にまかされている。しかしながら、ルソーは、すべての出来事、すべての思想、すべての感情をどんなに無意味な些細なことでももらさずに語るならば、読者は全体を、すなわち想像をほしいままにさせないような多くの「点」によって形成された総体を受け入れざるをえないのではないかと考えている。多様な証言をするならば、もとのモデルにかぎりなく近い綜合の要素を観客に提供することになるはずなのである。

そうしたことを語ることはいったいなんの役に立ったのだろうか。それ以外のことを引き立たせ、全体を調和させるためなのだ。顔のさまざまな線はそこに全体が集約されているという意味においてのみ効果をもっているのであり、もしそのうちの一本でも欠けるならば、顔の形は変ってしまう。わたしがなにかを書く場合には、こうした全体を書こうとするのではなくて、わたしの知っていることだけを語ろうとするのであり、全体の調和とその原形への類似はそこから生まれるのだ。（『私の肖像』*）

しかしながら、どのようにしたらすべてを語りうるのだろうか。いかなる順序と方法にしたがうのだろうか。ルソーが、性格を解明するためにかれの人生のあらゆる状況を必要としているとすれば、そうした解明は涯しない努力となる。ほんの僅かな言い落しでもこの仕事の真実を危くするが故に、危険はかぎりないものではないだろうか。ルソーの対照法的な精神はかれの努力の絶対的な成功か失敗かの二者択一のみを考えているのだ。「もしわたしがなにかを黙っているならば、人々はいかなることについてもわたしを知りえないだろう。**」一方では、無限に真実に近づきうる（全体的な真実に等価な真実）という希望があり、他方に誤解から脱け出られず、なおそれを悪化させる危険が存在している。ルソーは断罪の脅威がのしかかってくるのを感じ、なにごとも黙していられないことをよぎなくされる。

公衆にたいしてわたしのすべてを示そうと決心した以上、どんなことも曖昧だったり、隠されたりしてはいけない。たえず読者の視線にわたしをさらしていなければならない。わたしの心のあらゆる迷い、わたしの生活の隅々までわたしをたどってもらわねばならない。わたしの行動から一瞬でも目を離したために、わたしの話のなかにちょっとした間隙や空白ができ、「その間に何をしていたんだ」といぶかしがり、わたしがすべてを話したがらぬといってとがめてもらっては困るのだ。わたしは自分の書いたもので、いじわるくされてもいい覚悟でいるが、沈黙したことでそうされぬようにしたい。(『告白』*)

ルソーは脅威にさらされながら語っている。『告白』を読んでいくにしたがって、明証性は苦しいものとなっていく。事実、第七巻からは、ルソーの「同時代人たち」にたいする意図は根本的にかつ本質的に変化している。冒頭においては語ることを求められていると感じていたにもかかわらず、やがてかれの敵対者たちは語ること、そして聞かれることを妨害するために考えられるあらゆる手段を用いているようにかれは思うのだ。したがってもはや読者の必要を満足させるためではなく、全体的な敵意にたいして挑戦するために、ルソーはすべてを語る意図をあくまでもち続けようとする。「頭の上の天井には眼があり、まわりの壁には耳がある。いじわるで油断もすきもないスパイや見張りにとりかこまれて、気分も統一できない。そして紙の上に急いでいくつかの言葉をきれぎれに書いてみるが、それを読みなおすひまや、まして書きなおすひまなどほとんどない……」**のだ。他人の眼はいまやすべてを見ようとはしても、もはや真実を知ろうともせず、認識しようともしないで、むしろ真実を消し去ろうと努めているような眼なのである。そこで、他の人々のために、他の世代のために、すべてを語ることがますます重要となる。(もし草稿がたんにかれらの手に渡るだけで、陰謀者たちによってそのうちに破棄されたり、変造されたりしなかったならばである。)

だが、共通の言語によってすべてを語ることができるのだろうか。すでに明らかにしてきたように、ルソーは「言語の冷い仲介」よりも徴候を好んでいる。通常の言語は、唯一の存在を総体的に構成しているすべての出来事や感情を表明するのには適していない。それだからこそ、他者と根本的に異っていると感じている人間は、おそらくそれを用いるのは自分が最初にして、唯ひとりであるような別の言語によって差異を明らかにしようと願うのである。そして、自然がジャン＝ジャックを「投げ込んだ鋳型」をそうしたように、こうした言語の鋳型は破壊されてしまうであろう。

わたしが語らねばならないことのためには、わたしの計画と同じような新しい言語を考案しなければならなかった。なぜならば、わたしがたえず動かされていた、さまざまな、矛盾にみちた、しばしばとるにたりない、そして時としては崇高な感情の果しない混沌を整理するためには、どんな口調と文体を取りあげたらよいというのだろうか。わたしの秘められた性向の糸をたどり、わたしの魂に跡をとどめているひとつひとつの刻印が最初にどのようにしておされたかを明らかにするために、なんという些細なこと、なんという悲惨を述べなければならないのだろうか。なんという不快な、下劣な、子供じみた、そしてしばしば滑稽でさえあるデテールに立ち入らなければならないのだろうか。

(『告白草稿』*)

ルソーがここで表明しているような困難は、個人の存在の比較することのできない趣きに忠実であるような言語を見出すことの難しさであり、ジャン＝ジャックの比類ない存在を織りなしている織物の多様性、矛盾、微細なデテール、「些細なこと」、「小さな知覚の連鎖」などを語るために十分に柔軟な、変化に富としているのであるが、このような対象は外的なにものでもなく、「客観的な」なにものでもなく、作家の自我なのであり、その無限の複雑さと絶対的な差異のうちにある個人的な存在なのである。この場合、人間は自己を表現し、自己自身の実体を承認することのできる言語にはっきりとみずからをゆだねようとする。しかしながら、その実体とは、もしかれが表明しなければならないとすれば、かれの歴史であり、歴史とは、もしそれを構成している要素に解体しなければならないとすれば、高貴でもなければ、明白な首尾一貫性のない多くの些細な出来事なのである。厳密にいって、「跡をとどめているひとつひとつの刻印」を明らかにしなければならないとすれば、その各瞬間を物語らなければならないであろう。各瞬間とは始まりであり、始まりの行為なのである。『孤独な人々』のなかでルソーは「われわれははじめることしかしない、そして……われわれの存在のうちには現在の瞬間の継起以外のいかなる関係もないのであり、そうした現在の最初の瞬間はつねに行為のうちにある瞬間である。われわれはわれわれの生の各瞬間において生まれ、そして死ぬのだ……」*と語っている。あらゆる始まりを語ることは、あらゆる瞬間を語ることであろうが、生にたいする言語のそうした極度の忠実さはほとんど考えられないものである。そして、たとえそうしたことに到達すると仮定してみても、それは言語に生を置換えることであろう。生は言葉に分解され、消失してしまうことになるだろう。ところが、ルソーにとって価値の領域では、生は「文学」に先行するものであり、文学は生の影にすぎない。生きた快楽の名のもとに、ルソーは自己の酔いしびれるような夢想を書くことを「自分の享楽したことを他人に語るために、なぜ現在の享楽の魅力を失うのだ」**として断念したのである。かれには沈黙の充足への欲求があり、それは完全な無実の弁明の欲求と釣合っている。そして『告白』はこれら二つの要求の中間項を表わしている。しかし、ある意味では自伝的作品は二重の挫折に捧げられている。一方では、すべてを物語ることは可能でなく、したがって無実の弁明は完全なものではないといえようし、他方では、完全な幸福の沈黙は永久に妨げられている。言葉は原初の純潔とふたたび見出された純潔を確信させる最終的な判決のあいだの中間的な空間に展開されている。原初の幸福はもはやその充足のうちには存在せず、無実を弁明する作品はまだはるかに完成されないのだ。『告白』は失われた統一への郷愁と最終的な和解への不安な期待を同時に語っているのである。

すくなくとも、ルソーにとっては問題なくひとつの原則が課せられている。すなわち、かれの意識の発展を年代的にたどり、かれの進歩の跡を再構成し、思想と感情の自然のシーケンスを巡歴し、かれの性格と運命を決定した原因と結果の脈絡を記憶によって追体験することである。こうした原則は、現在の瞬間を生みだした必然的な理由を見出すために起源にさかのぼろうとする「発生論的な」方法である。そしてまた、ルソーが『人間不平等起源論』において歴史に適用した方法でもある。達成されるべき目標は進化の連続性（わたしの秘められた性向の糸）を証明することであるが、さらにまた「最初に」魂にふれた「刻印」の継起的かつ不連続な出現を示すことも問題となるはずである。したがって、どのようにして「すべてが関連している」かを示すと同時に、意識が新しい「刻印」、新しい決定、消しさりがたい「跡」もしくは傷によってゆたかなものとなる最初の契機が順次にどのようにして現われるのかを示さなければならない。脈絡の連続性とさまざまな最初の契機の不連続性はルソーにとっては事実、両立しえないものではない。反対に連続と不連続のあいだには完全な相互依存があり、それによって、新しいひとつひとつの「感動的な事実」がとぎれることのない新しい音色をシンフォニイに加えているのである。

わたしの脳裡にきざみこまれた最初の感動的な事実はそのまま残り、ひきつづいて後からきざまれた事実は、最初の感動的な事実を消しさったりすることなく、むしろそれらに結びつけられるのだ。さまざまな感情や観念の継起があり、後から生まれてくる感情や観念を修正するのだが、はっきりとした判断をくだすためにはそれらを十分知らなければならない。わたしは結果のつながりを感じてもらうために最初の原因を十分に展開するように心がけている。(『告白』*)

しかし、こうした「最初の原因」を見出すためにどこまでさかのぼるのだろうか。そして、いかなる権利によって、ある契機が、たんなる結果にすぎない他の出来事にたいして決定的な重要性をもつことを決定するのであろうか。原因と結果を識別することは判断の行為である。本来、読者にすべてをまかせた判断の特権を公然と取戻そうとするのではないだろうか。当然、すべての体験された瞬間が結果であり、そして同じように原因でもあるのだ。ただ恣意的な決定だけがそのうちのあるものに絶対的な最高の価値を与えることができるにすぎない。だがしかし、「ここからはじまる……」といってルソーはためらわないのだ。判断の配慮を他人に任せると公言しながら、かれは因果関係にしたがって出来事を判断し、整理する。かつてかれはそうすることを主張していたにもかかわらず、なまの材料をわれわれに手渡すだけで、いかなる場合にも自分の姿を消したりはしないのだ。かれは文面を書き写すときは、訴訟書類を提示するような様子をするのであるが、文面は書き写されるやいなや註釈されているといえよう。いったいルソーはそれ以外にどうすることができたであろうか。自分の人生にある意味を与えることなしに物語ることができただろうか。原因から結果への継起を秩序だてることはすでにある意味を確立することである。それは、たんに特権的なさまざまな契機を明確なものにする説明的な秩序を与えているということばかりでなく、こうした説明の型を選ぶこと自体がそのまま存在のある意味を選ぶことを示しているからである。「結果の脈絡」という観念は、たんにそれだけで運命のある法則、自我をその過去に結びつける従属をふくんでいる。ルソーは犠牲者の状況に自己を置いており、自己の意志に反してかれがもはや主人公ではない過去の結果に苦しんでいる。このような決定論的な運命論において「さまざまな感情や概念の継起があり、後から生まれてくる感情や観念を修正する」として、もっとも遠く離れた出来事により重要な役割を付与していることは興味深いのである。したがって、まさしく明らかなことは、方法それ自体が報復するいかなる手段もない敵意の無辜の犠牲であることをみずからに願おうとする「基本的な選択」のすでに表現だということである。かれは自分を条件づけている過去にたいしては無力であり、また同様にかれの迫害者たちの悪意にたいしても無力であるだろう。かれはただひとりであり、行動する自由を奪われ、失っているのであるが、それはかれの過ちではなく、またけっして過ちであったこともないのだ。そして、かれに最後の自由が残されているとすれば、それは書くことの自由なのであるが、かれはどのようにして自分がそうした事態に立ちいたらされたかを語るであろう。しかし、すでにかれは紙を奪われ、書くことを妨げられようとしている……　自由のないかれはもはや責任を負わず、責任のないかれにいかなる過失をも負わせることはできないのであって、かれは無実である。証明はなされ、アリバイが成立しているのである。

過去にたいするあらゆる展望は運命と必然によって支配されているように思われる。だがしかし、自由のための避難場所は残されている。内面の感情と書くという行為そのものである。ルソーはその人生において自由を有効な原理と見ていないとしても、その原理がかれの生の文学的な表現を可能にすることになる。事実、ルソーはかれの人生を恐しい運命によって課せられた宿命として考えているのだが、その自伝は自由の行為であるといえよう。かれは自己の感情にしたがって自由に自分を確認するが故に、そして、いかなる束縛、窮屈、規律をも受け入れないが故に、自己自身についての真実を語ろうとするのである。

もしわたしが他の人々と同じように細心に作品を書こうとするならば、わたしは自分を描かずに、粉飾することになるだろう。この場合に問題なのはわたしの肖像であって、書物ではない。いってみれば、わたしは暗室のなかで仕事をしたいのだ。そこで認められる輪郭を正確にたどる以外にはいかなる技術も必要ではない。したがって、わたしは事物にたいするのと同じようにして文体にたいする自分の方針を決定する。文体を画一的なものにしようと意を注いだりはしない。いつでも心にうかんだ文体を選び、無造作に気分によってそれを変更するだろう。そして、ひとつひとつの物事を感じたままに、見たままに、たくまず、のびのびと、不統一を気にかけないで語るだろう。かつて受けた印象の想い出と現在の感情に同時に自分をゆだねながら、わたしの魂の状態を二重に、ということはつまり事件が起きた時点と、それを書いた時点における状態を描くであろう。ある時には性急でまたある時には冗漫な、そしてある時には聡明でまたある時には熱狂的な、またある時には重々しくある時には快活な、わたしの均一でない、自然な文体はそれ自身わたしの歴史の一部となるであろう。

（『告白草稿』*）

真実に到達する機会はこうした言葉の自由と言語の内発的な動きのうちにある。それは想い出にみずからをゆだねること、そして感情にみずからをゆだねることであり、その場合にルソーはある受動性を規定しているのであるが、それは自由な受動性である。それは外部の、無縁な力によって甘受させられる放棄ではなく、内的な力、心の奥にひそむ偶然による幸福な放棄である。過去はもはや現在の瞬間を麻痺させる絆でもなく、連鎖でもなく、わたしに運命を甘受することをよぎなくさせているさまざまな限定の錯雑した結び目ではない。展望はいまや現在の瞬間から出発するのであり、「根源」もまたわたしの後にあるのではなく、同じようにそこに存在している。現在が回顧的な空間によって押しつぶされることなく反対にそれを支配している。したがって、わたしの過去によってわたしがつくりだされると感じるかわりに、過去が現在の感動の湧出によってわたしのなかにつくりだされ、揺れ動いているのをわたしは発見するのである。

「わたしはいつでも心にうかんだ文体を選ぶだろう」という言い方は意味深い。それは言語にイニシァチブを譲り渡す意志を示している。つまり、ルソーは自己の感動に語らせ、それを書き取ることを受け入れている。かれは舵を取らないで、想い出と言葉にひたされるままになろうとしている。ここには、明らかに新しい言語についての概念(その遺産がシュルレアリスムにまでいたる)が現われている。

もちろん、ルソーは言語を作家があやつろうとする道具だと考える伝統的な観念、すなわち、言語は、たんになんでもない物質的な道具のようにして用いられる手段、道具にすぎないという観念を放棄しているわけではない。ルソーは、「わたしは気分によってそれを変更するだろう」というとき、かなり性急に文体にたいする作家の支配の原則をうち立てている。気分に導かれるままに絶対的に自分の言語を自由にしようとしている。しかしながら、先に引用した文章は言語を自由に放任し、介入しないという新しい態度の出現をうかがわせる。そこから、語る主体と言語の関係は職人と道具の関係によく似た、道具的関係であることをやめ、主体と言語はもはや相互に外的なものではなくなる。主体は感動であり、感動はただちに言語なのである。主体、言語、感動はもはや区別されない。感動はヴェールを脱いだ主体であり、言語はみずからに語りかける感動である。したがって、ジャン＝ジャックは直接的にかれの言語であるということができよう。生けるガラテアがピグマリオンの「自我」と一体になるように、言葉は主体と一体になるのだ。おそらく、言葉は自我と他者のあいだの関係を「間接化する」機能をつねにもっている。だがしかし、言葉はもはやそれを使用する自我とは別の道具ではなく、まさしく自我そのものである。ルソーに現われているような「内的確信」としての言語についてもっともすぐれた分析を提出したヘーゲルの言葉を引用しなければならない。すなわち「言語は、他者にたいするものとして、そしてそのようなものとして直接的に現存している自意識であり……正しい意識の言語の内容はみずからを本質として知っている自己なのである。そして言語が表わすものはまさにそのことだけである」*。自己を語ることが本質的な行動ではあるが、自我がそれ自身から離れない行動なのである。

無限なものに思われていた自己を示す努力はいまや不思議なほど容易なものになろうとしている。従順に自己を感情にゆだね、感情に言葉を託すことだけが問題なのである。自伝の真実を保証するものは、感情と追憶にたいするこうした無抵抗である。われわれはもはや新しい言語を考案しようとする困難な仕事に直面しているのではない。われわれが言葉の技術に注意を向けなくなるやいなや、そして文学作品をつくることを放棄するやいなや、そこには言語のすべてがつくりだされているのだ。ただ自己にたいしてのみ注意を向けている自我は制作にも道具としての言語にも関心をはらわないであろう。制作は制作のままに行われることになり、まさにそのことにこそ制作の真実が存するのである。ルソーがかつて表現のかぎりない困難について語っていた場合には、かれはなお書く行為を「かくもさまざまな感情の無限の混沌を解明する」ために用いる手段とみなしていたはずであった。しかしながら、書く行為が真実暴露のために用いられる道具的な手段として考えられるのではなく、暴露そのものとして考えられるときから、言語の問題は消えてしまう。そして、そこには、『人間不平等起源論』が「原始の言語」に与えた表現の特典をいまここに *hic et nunc* 要求すること以外にはなにもない。言語は直接的に表現された感動であり、隠された現実の暴露に役立つ常套的な道具であるかわりに、それ自体が暴露された秘密、瞬間的に明らかにされた隠しごとなのである。それのみならず、言葉を感動に結びつけている内発的な信頼はそれ以外のすべてのことの保証に役立っている。すなわち、言語の直接的な真実は体験されたままの過去の真実を保証しているのである。こうした真実は過去そのものの純粋性、無実、明証性を回顧的に伝えている。ジャン＝ジャックの人生において虚言であり、悪であったすべてのことは告白の現在の透明のうちに吸収され、純化されるのである。

「わたしは二重にわたしの魂の状態を描くであろう」。ルソーはみずから二重の真実の可能性を認めているが、そこには二重の挫折が考えられたはずである。過去から正確な事実を引き出し、その位置を確定し、それが起きたように描くことが問題であったとすれば、不確実で欠落した結果しか得られない危険が大きいのだった。古い事実をひとつの客体として考えるならば、ありのままにそれを再構成することがわたしにとって不可能であることは、あらゆることがそれを証明している。過去を喚起するわたしの記憶は無限ではなく、誤りをおかしやすい。ほんの僅かの情景しかほんとうに記憶にとどめられていない。それ以外のことは記憶がそれに触れようとするやいなや消え去る……　そのうえ、わたしが現在置かれているような魂の状態は過去へのわたしの視線を老化させているのではなかろうか。わたしの現在の感動は、わたしの昔の生活が形や色彩を変えてしまうプリズムのようなものではないだろうか。そして時間の経過にしたがって、そうした昔の生活はより暗いものになったり、より明るいものになったりするのではないだろうか。客観的な過去をとらえようとしてふりかえることはユーリディスに会おうとしてふりかえるオルフェのごときものではないだろうか……　これらの問にたいしてルソーは、グラウコスの像の神話のように本質は完全なままに残されていると答えるのだ。なぜならば、本質は客観的な事実ではなく、感情なのである。そして、かつての感情はふたたび現われ、かれの心情になだれこみ、現在の感動となることができるのである。たとえ、「事件のつながり」がかれの記憶にとって近づきえないものであろうとも、かれにとっては「感情のつながり」が残されているのであり、それを中心として忘れさられた素材としての事実を再構成することができるであろう。感情はしたがって記憶の不滅の心臓であり、そうした感情から一種の帰納によってジャン＝ジャックは外的状況、「偶然の原因」などをふたたび見出すことができるであろう。

この仕事で、記憶をおぎない、手引になってくれるようにまとめておいた書類は、すべて他人の手にわたり、もう二度とわたしの手に帰って来そうにない。ただひとつたのみになる忠実な道案内がある。それは一連の感情のつながりであり、これがわたしの存在の連続をしるしづけ、また、その感情の原因あるいは結果になった事件の連続をも明らかにするのである。わたしは不幸はやすやすと忘れる。けれども過失は忘れられない。よい感情はいっそう忘れがたい。そういう感情の想い出は、心から消えさるにはあまりに貴重だ。事実の書きもらし、日付のとりちがえやまちがいは、やるかもしれぬ。だが自分の感じたことをまちがうこともなければ、感情の命じた行為をまちがうこともない。そして、それこそ肝心のところなのだ。わたしの告白の本来の目的は、生涯のあらゆる境遇をつうじて、わたしの内部を正確に知ってもらうことである。わたしが約束したのは魂の歴史であり、それを忠実に書くには、ほかの覚書はなにも必要ない。これまでわたしがやったように、ただ自我の内部にもどってゆけばそれでいいのだ。(『告白』*)

したがって、感情の記憶は絶対に誤りのないものに思われる。過去の復活が生まれるのはこのような感情の記憶によってのみであり、きびしい省察によるものではない。「自分を語りながら、わたしは享受したし、なおいまも享受している」**のである。なおさらに、想い出はしばしばより強烈な感動として現われるのであり、本来の印象よりもはるかに心を揺りうごかす鋭さをもっている。だからこそ、過去は記憶のなかでぼかされるのではなく、拡大され、より深い反響を獲得する。「目前の事物は、それらの想い出にくらべれば、わたしにむしろより少しの印象しか与えない」***のである。そして、感動はそれがよみがえった場合にはじめて真実の「次元」を明らかにするだろう……。もちろん、こうした誤りのない復活にもいくつかの例外はある。言葉にあらわすことのできないいくつかの幸福がある。ジャン＝ジャックがどうしても内容を思い出さないあまりにもめくるめくいくつかの瞬間がある。「ああ、なんということでしょうか。わたしがあの木陰で見たり、感じたりしたことの四分の一をもけっして書くことができないとすれば*……」とルソーがマルゼルブに宛てて書いているヴァンセンヌへの道でのかれの啓示はそうした例なのである。

なお、記憶の再生の正確さはほとんど重要ではない。肝要なことは、想い出が反響し、拡大されることであり、区別できないほどに現在の感情と混同されることである。ルソーはかれの人生の歴史を語りながら、かれの魂を描こうとしているのだが、その場合にとりわけ重要なことは、歴史的真実ではなく、過去を浮び上らせ、はっきりと想起させる意識の感動である。たとえ、イメージがいつわりであるにしても、すくなくとも現在の感動はいつわりではない。ルソーがわれわれに伝達しようとする真実は伝記的事実の正確な位置づけではなく、かれが保っている過去との関係なのである。自分の歴史をたんに再構成するかわりに、歴史を書きながらそれを追体験している自己そのものを物語っているが故に、かれは二重に自分を描くことになる。その場合、かれが想像によって記憶の欠落をおぎなっているかどうかは問題ではない。われわれの夢の性格はわれわれの本性を表わしているのではないだろうか。自画像の「逸話的」類似の少ないことも問題ではない。画家の魂は描き方、タッチ、様式などによって表明されるのである。かれの像をデフォルメすることによって、かれが自己自身に向けている眼であり、デフォルメすることによってしか自分をとらえることの不可能な、より本質的な現実を明らかにしている。かれは、変更されないような *ne varietur* 真実の所有者である歴史家のような公明正大な、冷いやり方でかれの対象（かれ自身である）を支配しようとはしない。かれは自分の探求と錯誤のなかにかれがとらえたと信じている不確実な対象と一緒に自分をさらしている。こうした全体がより完全な真実を構成するのであるが、それは検証の慣用的な法則からは逸脱している。われわれはもはや真理《ヴェリテ》の領域にいるのではなく、真正性《オタンティシテ》の領域にいるのである。

ルソーはデシァン師に宛てて「ひとが自分を描いた場合には、たとえ肖像がまったく似ていないにしても、つねに見事に描かれることをわたしは確信しています」[*]と書いている。まったく似ていない自画像はありえない。類似は描かれたイメージのうちにはないのであり、言葉の内部にある自我の現存のうちにある。したがって、自画像は客体としての自我に多かれ少なかれ忠実なコピーではなく、自己探求の行動の生き生きとした跡であろう。わたしとはわたし自身のわたしの探求である。そして、わたしがわたしの言葉のなかで自分を忘却するときさえも、言葉はわたしを明らかにし、なおかつ表わしている。(『対話』のなかで、ルソーは、すべてのかれの作品はひとつの自画像にすぎないと言っている。) 真正な言葉とは先在的な所与をしいて模倣しようとはしない言葉であり、その固有の法則に忠実にしたがいながら、自由にデフォルメし、虚構する言葉である。そして、このような内面の法則はあらゆる規制、あらゆる論議からはずれている。真正性の法則はなにごとをも禁じないが、けっして満足されない。この法則は言葉があらかじめ決定されている現実を再生することを要求せず、自由で中断のない発展のうちに真実を生みだすことを要求している。そして、それは作家が凍結された過去のなかに「真実の自我」を求めることを断念し、書くことによってそれを構成することを認め、かつ命じさえする。このようにして、この法則は、一般道徳によって仮構であり、規制しがたい架空事であると非難されるような行為に真実の価値を与えるのである。

こうした点について、誠実さと自己にたいする省察は矛盾しない。誠実さは、判断に必要な距離を保った忠実な描写によって完璧に表わすことが重要であるような先在的な自我に(常識的な図式がいうように) 向けられてはいない。存在を分割し、意識を還元できない分裂におとしいれるような内省された誠実さは、内省をともなわない誠実さによって取ってかわられる。なぜならば、真正性とは距離のない、内省をともなわない誠実さにほかならず、先行し、服従しなければならない対象に従属しない内発性だからである。真正な言葉は直接的な衝動になにも考えないで身をまかすことによって完成される。その時、言葉と存在の一致は、ヘーゲルの言にしたがうならば「本質として自己を知っている」自我の肯定作用の躍動をとおして一瞬のうちに与えられる。そして、言葉と存在の一致はもはや問題ではなく、第一の所与なのである。対象を限定しようとする省察の慎重なやり方にかわって自由な自己の創造活動が現われる。自我はその根源を求めて過去にさかのぼることはもはや必要ではない。根源は感動が現われる現在の瞬間にあるのだ。事実、すべては、過去そのものが現在の感情として追体験されるほどに純粋な現在のうちに生起する。したがって、重要なことは自己を考えたり、判断することではなく、自己であることなのである。

真正性の倫理においては、ルソーの金言、真理のために生命を捧げよ vitam impendere vero は自己のために生命を捧げよ vitam impendere sibi の同意語となる。わたしが自分の人生を捧げなければならない真実は、まずわたしの真理であり、真実との約束はわたし自身との約束である。自己であれという命令(ルソーがベルナルダン・ド・サン＝ピエールに繰返していた)は、わたしがあらかじめ定立した抽象的な真理にわたしの人生をゆだねることを命じているのではなく、*わたしを絶対的な根源として受容することだけを命じている。このことは、あらゆる状況において、たとえわたしがどのようなことをなそうとも、いっさいのわたしの行為はわたしを表わすが故に、かぎりなく容易なことに思われる。だがしかし、わたしは、わたしでなくなる危険を冒しているのだろうか。たしかにそうなのだ。わたしはわたしを逸脱する危険を冒しているのだとルソーは考える。なぜならば人間は省察の生まれながらの才能すなわち、自分自身からへだたって生きるという危険な特権を所有しているからである。したがって、自己であることはそれほど容易なことではない。われわれは、われわれを疎外する省察を繰返すことをけっしてやめなかったのである。もしそうでないとすれば、自己であるためにかくも長々と自己を語ることがどうして必要であったのだろうか。そのことは、分割されない統一がいまだに所有されてないことを意味している。書くことと自己を正当化することを続けなければならないということは、ひとが自己であることをはじめたばかりであり、その努力はつねにわれわれの前におかれているということを証明しているのである。

ここではじめて、ルソーの作品のもたらしたこのうえない新しさが考えられるのだ。言語活動は、依然として媒介の道具でありながら、直接的な経験の場となったのである。言語活動は作家の内面の「根源」に固有なものであると同時に審判に直面すること、すなわち普遍によって正当化される欲求を証明している。このような言語活動は古典的な「言語表現《ディスクール》」とはいかなる共通点をももたず、それに比べてかぎりなく傲慢で、不安定なものである。言葉は真正な自我として存在するが、他方では、完全な真正性はなお欠けており、充足はなおかち取られるべきであり、証人が同意を拒否するならば、なにごとも保証されていないことを示している。文学作品は作家と一般大衆のあいだに「第三者」として介在する真実にたいして読者の賛同をもはや求めず、作家は作品によって自己を示し、その個人的体験の真実にたいして賛同を求める。ルソーはこのような問題を発見したのであり、近代文学の態度となるような新しい態度（ジャン＝ジャックが責任を負わされてきた感傷的なロマンティシズムの向う側に）をまさしくつくりだしたのであり、自我と言語の危険な約束、つまり人間がみずからを言葉《ヴェルブ》にするような「新しい結合」を典型的なやり方で実践した最初の人だということができよう。

Ⅷ

極端な特異性がいかなる瞬間に異常なものとなるのであろうか。この問題にたいする答は絶対に確実なものはありえないであろう。正常と異常を決定するためには、さまざまな人々によってあらかじめ定められた基準の決定にたよらねばならない。しかしながら、基準は客観的かつ科学的な法則の域にまで高められた（個人的もしくは集団的な）価値にほかならない。ルソーを裁こうとする歴史は、それがもっている固有の基準にたよっているのである。しかしながら、現代の批評家たちの意見をきいてみるならば、ある人々はかれを狂人とみなし、またある人々は昏迷と傷つけられた感受性についてのみ語り、さらに、他の人々はかれをより完全に弁護しようとしている。このような不一致は、まず第一に、われわれの基準がほとんど権威をもたないことを示している。そして第二には、こうした矛盾は明快な、曖昧さのないひとつの解答によって「ルソーの病症」を解明しようとすることはおそらく空しいことをわれわれに予告している。現代の多くの精神病医たちは診断（患者をカテゴリーに分類し、予後と治療についての一般的な方向づけをたんに可能にする）に過度の価値を与えることなしにかれらの患者たちの「個性」を重視するように努めてはいるにせよ、「ルソーの病症」に関して最終的な言葉が、回顧的な診断のかたちで与えられることを願うことは無益なことのように思われる。しかしながら、そうしたことはたえず行われてきたのである。医学的な様態にしたがって、あるいは文学的もしくは道徳的な先入観にしたがって、変質、精神病質、神経症、パラノイア、病的合理主義者《フォリー・レゾナント》、尿毒症による神経障害……などのきわめてさまざまな判断がかれにくだされている。いくつかの症候だけをきり離してみても、そしていくつかの資料や証拠をはっきりさせてみるならば、今日の精神医にとってはこうした症候がある種のパラノイア、すなわちある種の意味妄想の典型的なものであることはなんのためらいもないことであろう。ルソーはもっとも古典的なタイプの迫害妄想のパラノイアである。しかしながら、こうした診断がくだされるやいなや、まさに厄介な問題が起きてくるのだ。すなわち、ルソーの作品と全生活は病に支配されたものとして考えなければならないのだろうか。あるいは反対に、精神的な障害は後になって現われ、断続的なエピソードをとおして明らかなものとなった、つけ加えられた現象にすぎないのではないだろうか。したがって、ジャン＝ジャックの生活と作品における病の比重、かれの妄想と「理性的な」思考を結合している関係についての議論は提出されたままなのである。

　パラノイアの特徴は、表面的には首尾一貫している心理的な「脈絡《コンテクスト》」のなかにある妄想的観念が侵入することにあることは知られている。世界の日常的な形態は病者の眼にとっては変らず、その人格はむしろ崩壊しないで、いままでよりもはるかに強固に自己を主張する。そして時間や空間の日常的な基準は常人と変らない。病気の重さは妄想的観念が意識のその他の活動をかたよらせ、妄想そのものの目的に従属させるやり方にかかわっている。したがって問題は、どのような程度において、ルソーの作品は病気の浸透を証明し、反対のどのような程度において迫害の不安にたいする抵抗から多かれ少なかれ解放される努力を表わしているかを知ることである。病気と病気にたいする反作用を表現行為のうえで区別することはほとんど容易ではない。（医者はひとつの病気を構成している症候は一般的には有害な動因にたいする人体の防衛的な反応の表われであることをよく知っている。）『対話』や『孤独なる散歩者の夢想』のなかでもっとも妄想的な部分はそれぞれ病苦のしるしそのものとして、さらに恐怖を追いはらおうとする企てとして考えることができる。孤独への逃亡、田園的な想像力の躍動、機械的な仕事へ求められる避難、悲壮かつ崇高な弁論、などのすべては病の表われであると同時に偶発的に即席に行われる治療であると考えることができる。ルソーが夢として描いている恍惚の隠居はかれの病理的な猜疑心（かれに「現実の存在に到達することの不可能*」を感じさせる）なしにはありえないはずであるが、「心情にしたがっている人々」とのそうした対話は、不安がとだえたように思われ、迫害がもはやかれを傷つけず、関係がなくなる休息の時なのである。仮装された交流の歓喜と想像の人物のあいだで味わわれる仮構の幸福は、全体の敵意という強迫観念によって死の世界のなかでおそらく窒息させられ、凍結させられる意識の人工的な呼吸を象徴している。

体質からパラノイアであることをよぎなくされている人間を問題にしようと主張することはあまりにも素朴であるのと同様に、かれの病苦を離れて「真実のルソー」を求めることもむなしいことであろう。また、かれの行動のすべては病的な本性もしくは先天的な変質性によって決定されているときめてかかることもあまりにも安易である。そして、病気以前にあるいは病気を冒して思想と文学的才能を展開することができたひとりの偉大な作家をたたえようとして精神的障害を最小限なものにとどめようとすること――なにはともあれルソーは憎悪に燃えた敵をもってはいなかっただろうか――もまた安易なのである。しかしながら病気は、それが有効な説明の原理にならないからといってその役割を偶然の付帯徴候にしてしまうわけにはいかないのである。

全体的な分析の展望にたつならば、意識のいくつかの最初の所与がルソーの思弁的な思惟の根源と同時に狂気の根源をなしているように思われるであろう。しかしながら、こうした根源としての所与はそれ自体病的なものではない。ただたんに、行き過ぎた方法で体験されるが故に、病気が現われ、進行するのである。たしかに病気についての謎はあるのだが、その謎は最初の体験の構造そのもののなかにあるのではなく、原初の体験を起点として展開される発展を支配している行き過ぎのなかにあるのだ。病的な発展は、意識が支配することの不可能であった基本的な「実存の」問題をカリカチュア的に明らかにするといえよう。

ルソーは、たとえそれがどんなに困難な仕事であるにせよ、描写による理解を避けようとはしない。さまざまな妄想の瞬間におけるかれは孤独には見えても、測り知れないものには見えない。かれは自己の確信にもとづいてみずからを閉じているのであるが、依然としてわれわれはかれを理解し、共感の努力によってかれと一体になることができる。こうした点において、ルソーの狂気は、われわれにあらゆる接近が断たれ、手の届かないほどに別の地平に後退している精神分裂病に比べれば、ずっとはるかに不可解なものではない。ジャン＝ジャックを狂気の道程にしたがって追跡することは可能でもあれば必要なことでもあるのだ。

パラノイアは人格の首尾一貫性を破壊しないが、さまざまな極端な所与にしたがって人格を再構成する。こうした狂気の型にしたがうことと人格の比類のない価値を表現するためにペンをとることは、同じ「性向《ヴオカシオン》」の一致した二つの側面のように思われる。確固とした確信の可能性がルソーのあらゆる理論的な著作のなかにすかし模様のように描かれている。妄想の確信はこのような可能性の極限にすぎないのであり、さらにこうした可能性が個人的体験の絶対的な正当性の根拠となっている。あらゆることからしてルソーは内奥の確信の正当性が他者の眼には異常なものかあるいは不当なものとみなされるほどにそれを主張しようとしていたかのように思われる。たとえば、自己革命にあたって、ルソーは服装と決心によって自分を奇異な人間に見せている。かれは良心がかれに命じる原理にしたがって生きる権利を主張しようとしているのであり、自己の心情と理性のみにしたがい、他者の意見をかえりみない。迫害がかれを悩ますにつれて、かれの特異性は、それを求めたり、外的な徴候によって表明する必要なしにかれにとって顕著なものとなっていく。かれはアルメニア服を棄てさることになるのだ。かれの奇抜さはもはや外に向って見せびらかす必要はなくなり、いやおうなしにそれにたえるのであり、さらにみずから遠ざかる必要もなく、社会がかれを追放したのである。したがって迫害妄想は自発的な孤独を課せられた孤独に変えたにすぎない。そして、両者のあいだには断絶もそして連続した解決もないのであり、ジャン＝ジャックはかれが選んだ道から脱出したようには思えないのである。

絶対的な特異性のためのあらゆる要求は一般に受け入れられている基準にたいする反抗と同じ意味をもっている。こうした反抗の論理のなかには、個人が自己自身のうちに必要を感じるならば、異常のなかに自己を確立し、異常を体験する権利があることを宣言することがふくまれている。さらに、かれは自分が新しい基準の、すなわちすべての他の人間は誤謬によって盲目になっているように見えるような新しい基準の創始者、発案者であると主張することになるのである。

ルソーの晩年の作品においては、あらゆる秩序から投げだされたと主張する人間と、人間的な秩序がそれによってつくりだされるような比類のないモデルとして自己を肯定する人間が交互に見られるであろう。前者のような文章においては、ジャン＝ジャックはけっして覚めることのない悪い夢のなかで生きていると感じていることが語られているのであり、反対に、後者のような文章は、「自然の人間」の理想の原型を守ることができたのは、腐敗した世界においてまさにかれが唯一の人間であるということを断言しているのである。したがって、かれは、ある時には、かれの人生はあらゆる人間的な基準の彼方に展開されていると感じ、そしてある時には、すべての同時代人たちが見すごしている本質的な基準を擁護していると信じているのである。

あらゆる所から追放され、あらゆるものの真唯中で、かれはつねにただひとりである。不条理のなかに投げ出され、自分自身についてなにも知らないことをよぎなくされているただひとりの人間である。だがしかし、かれひとりだけが正しい知識と、善悪を判断する明晰な理性を所有している。

ルソーの初期の文章や二十歳までのいくつかの手紙のなかに、中傷され、行動を誤解され、スパイだとみなされそうになったりすることなどにたいする警戒心、不安などが現われていることを示すことは困難ではないだろう。最初から、ルソーは告発に（あるいは告発のたんなる可能性）直面しており、自分を弁明しようと努めている。そして、そのことは、ボセーで不正な罰を受けたかれが置かれている基本的な状況なのである。したがって、ルソーの晩年の妄想はいかなる新しい条件をも生みだしていないのであり、かれは意識をけっして離れたことのない感情を脅迫観念にまで誇張したにすぎないのである。

しかしながら、ルソーの理論的な思考の主要ないくつかの主題と観念が、迫害妄想の観念的な相関物と名づけられるようなものをつくりあげてしまうようなかたちで発展していることを明らかにしておくことはやはり重要なことなのである。この場合にもなお『対話』や『孤独なる散歩者の夢想』において、ルソーはそれまでに考え、表明したこと以外にはなにも新しいことを考案していないことが明らかにされるであろう。だがしかし、変化していることは、体系であり諸観念が観念相互のあいだで保持し、あるいは保持することをやめた諸関係である。ルソーの思考は、過去に獲得され、すでに長い間親しまれているいくつかの要素にしたがって働きつづけているのであるが、その機能と意味作用は手直しされている。たとえば、はじめには愛の用語であったいくつかの表現が迫害の用語として使われていはしないであろうか。『対話』や『孤独なる散歩者の夢想』においてかれの犠牲者としての立場の特質を示すためにルソーが繰返している「わなにとらえられた」（enlacé）という語は、『エミール』の第五篇においては愛の意味をもち、「愛する人の心を痛めさせるとしても、彼女はいつまでも恋人の心をしっかりととらえられないのではないかとおそれているのだから、彼女を許してやろう」* というようにソフィーの愛の気遣いを示している。同じような意味の転移の例をもうひとつあげてみよう。迫害されたルソーは「かれの運命をほしいままにしている（disposer）」人々の手中にあると感じているのであるが、サン＝プルーはこのような絶対的服従の立場を欲し、ジュリーに「ああどうか、わたしをわたし自身のままにさせないでください。少なくとも、わたしの運命をあなたのほしいままにしていただきたいのです」** と懇願している。この場合にも、愛の願いが迫害の残酷な世界においてパロディックな、そして被虐的な実現を見出しているかのように思われるのである……　さらに次のような例においては、社会契約の高揚した特徴である全員一致性は、「陰謀は、例外なく、永久に全体的なものである」*** と書いているように、あらゆる同世代の不可解な敵意として、ルソーに反対するものとして実現されている。『社会契約論』においては一般意志を表わしていた人々（on）という代名詞は、ここでは全体的な陰謀を表わす集合的な匿名を示している。（「あのような連中」（messieurs）の小グループに端を発した悪意は一般的なものとなり、すべての人々を獲得するのであるが、そうした連中（messieurs）はかれら（ils）と呼ばれ、最後には人々（on）と呼ばれるにいたっている。）

省察の有罪性

『対話』においては、ルソーのいくつかの主要な観念が決定的に定着され、その最終的なかたちにおいてわれわれに提示されている。ここでは省察および障害の観念にとくに与えられている役割を検討しておきたい。事実、この二つの観念はきわめて重要な意味をもつ改訂が加えられ、それによってルソーの体験が到達した最終的段階をよりよく理解することができるであろう。

『人間不平等起源論』において省察に与えられている役割は曖昧なものである。すなわち、省察の能力は人間の完成能力に結びつけられている。人間が動物であることから抜きんでるのは、道具の使用と同時に省察による判断の発達によるものである。その場合に、すべては変遷していくのであるが、そうした変遷がわれわれを根源的な充足から遠ざける。つまり、われわれを堕落させ、原初の自然からはずれさせる。省察する人間は堕落した動物であるが、そのことは道徳的な非難を第一義的にはふくんでいない。堕落した動物とは、その本能によって導かれる単純な道程を放棄した動物である。省察はわれわれに自然の世界の直接的な現存を失わさせる。だからこそ、理論的には省察の発達は、それを手段とすることによって人間がその時から自然に対立するようになる、最初の道具の発明とまさしく時を同じくしている。文明は内省的な思考と道具の働きの結合によって築かれ、過去にさかのぼることは不可能である。感覚的な経験の原始的な明断さとの断絶がどれほどわれわれにとって不幸なものであったにせよ、そのことを不可逆なものと考え、現在の状態にわれわれは適応しなければならない。同様に、省察の罪を非難する理由はあるにせよ、省察は人間の精神性を証明するものと言わねばならない。『エミール』において、ルソーが唯物論に反対している論旨のなかでは、省察は重要な地位に置かれている。すなわち、人間は判断し、比較する能動的な能力をそなえており、したがって、人間は物質的な原因に完全にもてあそばれるものではなく、人間の精神は無機的な自然の法則に完全に従属されはしない。感覚的な生と本能の直接性にたいするルソーの郷愁がたとえどのように深いものであるにせよ、かれは『エミール』においては、感覚はなおたんに受動的な存在を仮定するにすぎないことを認めている。人間が完成されるためには、人間の魂の「能動的な原理」を明らかにしなければならず、人間は判断し、推論し、比較しなければならない。（ロック、コンディアックはルソー以前にそのことを語っていた。）感覚的な存在を越えることによって、人間は「存在するという言葉にひとつの意味を与える」*能力を獲得するのである。

したがって、ルソーの教育学説は省察を意識の進化の必要な段階として介在させることを受け入れたのであった。たしかにあまりにも早くから子供の判断にうったえることはよくないことであり、エミールは最初は感じることしかできない。直接的に知覚された現実からかれを離すような人為の努力をエミールに課してはならない。しかしながら、精神が省察のために成熟するような時機が思春期のあたりに現われる。自然にのっとった教育においては、省察は介在する権利をもつのであるが、それに適した時と年齢においてである。したがってルソーは、省察活動の発達が直接的な感覚の幼少年的段階と、直接的な本能と省察によって目覚めた精神的要求を統一するより高度な綜合を与える道徳的感情の発見とのあいだに中間的な段階を構成するようなダイナミックな図式を立てている。カントを予示する位置において、ルソーは「そこで、理性よりも感情にたよるというわたしの規則は理性そのものによって確認される」[*]と述べ、道徳的感情の実践命令をみちびく任務を省察する理性に与えている。中間的段階としての省察は、意識の根源的統一を破壊し、意識を自然の世界から分離するが故に、ある意味においては不幸である。判断するという行為はわたしを真実から遠ざけるのだ。

ただわたしは、真理は事物のうちにあるのであって、それを判断するわたしの精神のうちにあるのではないということ、そして、わたしが事物についてくだす判断に自分のものをもちこむことが少なければ少ないほど、いっそう確実に真理に接近することができるということを知っている。

（『エミール』[**]）

しかしながら、意識は、「事物の真理」から離れることによって意識そのものを所有し、意識としての自己を認識する。直接的な啓示が生まれるのは意識のなかであって外界においてではない。根源的な統一を破壊した省察は、原初の統一と同様に絶対的な、だがしかし認識によって照らされた新しい統一へわれわれを近づける。意識はもはや外界との結合を素朴に体験するのではなく、意識それ自体のうちに統一の根源を経験し、自己の確信にたよろうとするのである。

　　意識は事物の真理をわれわれに語るのではなく、われわれの義務の規範を語るのです。

（『ヌーヴェル・エロイーズ[*]』）

「事物の真理」をヴェールで被った省察は道徳的感情をわれわれの内部に明示し、カテゴリーとして認めさせる。省察は意識の「命令」にしたがってわれわれ自身を導くために省察なしですますことができるようなはるか彼方の段階へとわれわれを向わせる。省察によって、ある内在化が行われたのであり、われわれは外界との完璧な接触を失うのであるが、光明がわれわれの内部に生まれる。そのときから、世界はヴェールの下に包み隠され、[**] われわれはわれわれ自身のうちに生まれる透明性に満足することになる。こうした関係において『マルゼルブへの第三の手紙』の恍惚の体験は述べられたものであり、死のヴェールが顔を覆おうとしながらも、ジュリーが「直接的な交流」の享楽に到達したのも同じ関係であった。

　しかしながら、『対話』を書きながらルソーがかれの観念に加えている修正にしたがうならば、すべてが変化している。省察は社会の腐敗を惹起し、道徳的な意識の進歩を可能にするような曖昧な能力ではない。精神がその成長の過程において必然的に通過しなければならない段階でもない。省察の彼岸へ通じる道はもはや存在しないのだ。省察は、曖昧でなく、和解の希望のない、敵対する力であって、悪の根拠なのである。最初は、運動であり、超克であったものがいまや決定的に乗り越えられない対立として凍結される。「弁証法的な」発展に開かれるかわりに、このアンチテーゼは重くのしかかり、固定される。「直接的な生」と「省察された生」のあいだの矛盾にはもはや解決はない。『対話』の冒頭から、ルソーは、省察を魂の原始的なエネルギーの偏向として動力学的な関係において表わす体系をつくりあげている。

　自然の最初の運動はすべて善であり、正しい。その動きは可能なかぎりもっとも直接的にわれわれの自己保存と幸福をめざしている。しかし、多くの抵抗に出会って、最初の方向を追って行くにはたちまち力が不足し、真の目標からそれて、人間がその最初の目的地を忘れてしまうわき道をたどらせるような、多くの障害によって偏向させられるのです。(『対話』*)

省察はわれわれを真の目的からはずれさせる。この力学的な言葉のなかに、ルソーが思索する人間を堕落した動物として定義した場合の主張と同じような意味が見出されるのである。ここでは、省察は精神のエネルギーの低下した形態として現われている。反対に『エミール』においては、内省的な思惟は人間を自律的かつ自由な存在とする能動的な能力を証明するものであった。すなわち判断し、比較することのできるわれわれは受動的に世界を受けいれるかわりに、能動的に対立するのである。しかしながら、ここでは、省察することは「魂の弱さ」であり、直接的な道を通って原始の目的に達するためには力が不足しており、われわれのエネルギーは障害と接触して減殺され、最初の熱情は鈍り、消えている。省察は凍りつき、それが触れるすべては死のような冷たさに冒される。省察すること、それは比較することなのである。したがって、利己心《アムール・プロプル》は他者と自分を比較することから成り立つのであり、省察は利己心およびあらゆる「嫌悪すべき情念」の根源なのである。

　積極的で吸引的な作用はわれわれの存在感を拡げ強めようとする自然の単純な働きであるが、消極的で反発的な作用は、他者の存在感情を圧迫し、縮ませるもので、省察が生み出す複合物です。前者からはあらゆる情愛の深い優しい情念が生まれるが、後者からはあらゆる憎しみの残酷な情念が生まれるのです。（『同上』*）

省察の手前には自己愛《アムール・ド・ソワ》があり、それによってわれわれの存在は自己を無邪気に確認する。すなわち、自己愛は自我だけを考慮するのであり、他者の相違を知らず、したがって能動的に他者にたいして対立しえない。しかしながら、他者がわれわれの判断の範囲に現われるやいなや、われわれは利己心にとらわれ、比較し、悪は可能なものとなる。省察によって他の人間と自分を比較するものだけが嘘をつき、自分を隠すことができるのだ。邪悪な人間、陰謀の扇動者たちは「熟慮反省された腹黒さ**」によって行動しているのである。省察は根本的な罪であり、世界に虚偽の外見の呪いを導き入れるものである。

悪人たちの第一の技術は慎重さ、すなわち隠し立てである。隠さなくてはならない計画や感情を抱いていて、悪人たちは外面を取り繕い、視線や様子や態度を操作し、外観を自由に支配している。かれらはそうしたものを利用し、蝕まれている陰険な情念に知恵の上塗りをかけるのである……。熱烈で感じやすい心の情念は自然の作用であって、その情念を抱いている人が思ってもいないときに現われるのであるから、その最初の爆発はまったく機械的で、その人の意志とは関係がない……。しかし、利己心や利己心による行動は、省察によって生まれる二次的な情念にしかすぎないのであり、それほど機械のようにはっきりと作用しない。これこそ、こうした種類の情念によって支配されている人々が、自然の直接的な衝動のままになっている人々以上に自由に外観を繕える理由なのである。（『同上』***）

内発性を失うこと、もはや直接的な衝動にしたがわないこと、それはしたがって邪悪な人間の領域にはいることであり、悪の王国に自分を置くことである。だが、こうしたことは他人の罪なのである。ルソーはそれをまぬがれている。かれは衝動的な内発性の人間であり、かれの不変の本性は省察を嫌悪している。かれは最初の衝動によってのみ行動するのであり、つかの間の情熱的な、かれの感性の運動はけっして「わき道」にはいりこんだりはしない。ジャン＝ジャックは直接的な感覚によって支配されており、そのことはかれの純潔の絶対的な証明である。省察はかれに影響を及ぼさないが故に、かれは邪悪な人間ではありえない。「かれの最初の動きはすべて生き生きとして純粋であるが、第二の動きはかれにたいして影響力をもたない……。しかし悪いことをけっして自分からはしないであろう……。かれの過ちはすべて、もっとも重大な過ちでさえも、怠惰の罪にしかすぎないであろう。*」たしかに、かれは時々本性を裏切り、省察の誘惑に負ける。しかし、実際にはそのことに責任はないのであり、かれはだれかに誘惑され、悪にひきずりこまれたのである。かれが作家になったとすれば、それはかれがある種の呪縛の犠牲であったからである。

わたしはかつてはかなり深く物事を考えた。しかし、喜びをもってそうしたことはまれなので、ほとんどいつも自分からすすんでではなく、強いられるようにそうしたのであった。夢想はわたしの疲れをいやし、楽しませるが、省察はわたしを疲れさせ、悲しくするのだ。考えることはいつもわたしにとって苦しい、魅力のない仕事なのである。（『夢想』**）

同様に、もしかれが人生において悪を犯したとすれば、一時的に内省的な思惟の勧告にしたがったがためである。「わたしが一生のあいだで行った悪のすべては、省察からしたことでした。そして、わたしが行うことのできたわずかの善は衝動からそれをしたのです。***」ジャン＝ジャックの迷いは衝動的な行為ではなく、思索の勧告に運悪くたよったことなのであった。

『対話』がつくりあげているようなジャン＝ジャックのイメージは省察の汚れを除いてはあらゆる矛盾、あらゆる弱さを受け入れている。したがって、悪の根拠はかれにとって無縁なものであるが故に、ジャン＝ジャックの無実は根源的に保証されている。ルソーは、省察によって汚されていないという単純な事実によって善が間違いなくかれのものであるような世界に閉じこもっている。かれが情念のエネルギーや感覚に無防備にゆだねられてしまう弱さなどについてこもごも語っていることは重要ではない。内発的な感情の能動的な爆発も感覚的なオートマティスムの受動性も、それらが直接性への絶対的な服従を表わしているかぎり、これら両者のあいだには矛盾はない。直接的な能動性と直接的な受動性は同じ意味のものであり、両者の純粋性も同じものである。唯一の罪ある弱さは省察を生む弱さである。たしかに、ジャン＝ジャックは弱く、「感覚の奴隷」であるが、こうした弱さは影響のないものであり、かれを直接的な享受からそらせることはない。かれは有徳ではないが、けっして有罪ではないであろう。

ルソーが身を潜めている非内省的世界はそれ自体で充足し、完全であろうとする世界である。この新しい理論は、ロック、コンディアックなどの心理学説が主張したように、省察の段階から魂の活動を開始させない。省察になにものをも負おうとしないこうした世界においては、人間は判断をくだす必要なしに完全に能動的であろうとする。すでに見てきたようにルソーは過去のある対象への省察ではなく、感情の現在的な生起であるような記憶の可能性を確立したのであった。そして、想像力もまたそうした省察に援けられることなく展開される。こうして一挙にしてこれら二つの活動は悪の伝染からまぬがれ、ルソーは悔恨なしに自分をゆだねることができるであろう。さらに、いっさいの道徳は、内省的な思惟の出現に先だっている憐憫《ピティエ》に基づいているのであり、そのことはルソーがつねに強調していた点である。すでに『人間不平等起源論』を書きながら、かれは自然の憐憫の情のうちに、すなわち「あらゆる省察に先立つ自然の純粋な動き*」のうちに道徳の根源を考えていたのであった。したがって、他者の存在が利己心にとって比較項とならない以前に、正しい生き方が可能となる。省察以前に、われわれは内発的に共感し、われわれの隣人と同一化し、対立することはない。自己愛から発する「積極的な感受性」はわれわれに「情愛の深い優しい情念**」を認識させる。もしわれわれが、意識の原始の光りが省察の暗い鏡によって二つに分解されないような世界に閉じこもるならば、われわれにとっていかなる本質的なものも欠如しないであろう。

このようにして、ルソーは省察の段階をふくみ、かつ超越しようとする発展的止揚の観念を放棄する。『エミール』において提起されたような、人間が省察を越えてより豊かな内発性に到達するために省察に熟達しようとする進化の方途をたどることはもはや問題ではない。分裂の契機を認識した後に、われわれ自身を再発見することを可能にする道があるように思われたのであるが、いまや、われわれは道のない場所にいるのであり、それは断片化され、切断された世界である。直接的な生と内省的な思惟はまったく和解の希望なしに対立しており、いかなる道も両者のあいだには通じていない。悪人は省察のなかに自分を置き、善人は——すなわちジャン＝ジャック——いかなる動きも偏向しない「最初の運動」の継続を生きているのである。

省察することとは判断することである。しかし、『対話』には『ルソー、ジャン＝ジャックを裁く』〔判断する〕と題が付けられている。

省察することとは、また比較することでもある。しかし、『対話』の冒頭には「わたしが他者であれば、どんな眼で、わたしのような人間を見るかということを必然的に語らなくてはならなかった***」と書かれている。ここでは、ルソーは省察の二重化を行っているだけではなく、この著作の全般にわたって、非内省的な生の純潔のうちなる真実の場所に自分を置こうとして敵対者と自己を比較している。ルソーはジャン＝ジャックについて語り、かれが「感覚の奴隷」であることを証明するのであるが、そうした論証のためには、省察の冷い情念によって支配されている悪人、他者の眼をけっして失わない。したがって、『対話』は本質的には省察に反対して向けられた省察であるといえよう。そして、その点にこそ迫害の観念の妄想的な性格における同様にあるいはそれ以上に『対話』の無意味、主たる誤謬があるのだ。ルソーとフランス人という二人の人物のあいだの会話は、ジャン＝ジャックはたんに感覚と衝動によって導かれているのであり、内省的な思惟の様式にしたがって生きることは不可能であるということを証明するための際限のない省察なのである。作品全体が不幸な、恥ずべき、そして省察されない世界への郷愁にとりつかれた省察である。すなわち、省察が省察そのものを断罪し、発展させながらも否定し、同時に、ルソーが自分は無実であると語っている、書くことおよび省察することの過ちを重くし、延長している。そして、そこから無限の否認がはじまるのだ。たとえばジャン＝ジャックは作家となるために生まれたのではなく、かれ自身の外側へ引き出されたのであり、さらに、かれはけっして思想家ではなかったのであり、かれの魂を描き、もっとも内発的な感情を表わすためにのみ発言したのであった。かれの真実の王国は「恍惚の世界」であり、その秘奥に通じた人々は人間の言語にたよらずに確実な徴候によって理解しあっている……などと語るのである。

たしかに、『対話』のルソーはできるだけ直接的な方法で真実のジャン＝ジャックを示そうという意図をもっている。かれは対話者に――フランス人――ある種の瞬間的な啓示を誘発しながら説得しようとしているのだ。「試してみましょう……単純で直接的な印象を与えて、あなたの意見のなかでわたしが順序をふんであなたに納得させられないことを一挙に感じてもらえるような手段があるのかどうかを……*」とかれは書いている。だがしかし、このような単純な手段はないのであり、したがって際限なく語り、どこまでも弁じなければならない。論証は省察と言語表現に適していないジャン＝ジャックという人間の神話をつくりあげるために、考えられるかぎりの、まったく現実から遊離さえしているほどのあらゆる論拠を展開することになる。そうして、神話的なイメージを描き、表象しようとする努力そのもののなかで、イメージそれ自体を傷つけ、失っていってしまう。神話はその根源そのもののなかにある非真正性によって脅かされているのだ。『対話』のルソーは省察の世界において語り、分裂の不幸のなかに生き、無実の証明を追求している。しかしながら、かれが語っているジャン＝ジャックは別の世界に住み、省察には一歩も踏みこまず、自然の分割されない統一を離れず、無実を証明する必要もないのである。

『学問芸術論』においては、ルソーはかれの逆説を意識していた。自分が文学にたいして抗議を申し立てているひとりの文学者であることを知っていた。しかし、この場合には、同じような逆説が最高に表われてはいても、意識することをかれはやめている。ルソーは自分が省察することはなにもできないと主張しながらも、省察の人であることを認めるに到っていない。裁いているルソーと審判の努力に適さないジャン＝ジャックは同じ人間ではありえない。ルソーには、かれがそう考えているようには、自分を考える権利はなかったはずである。ルソーが無実を証明しようとしている内省的活動は、それが善と悪の条件を確立する原理そのものによって禁止されている。もし、内省的活動がそれ自体意識されているならば、省察の決定は悪そのものと一致しているが故に、みずから有罪であることを知っているはずである。さらにまた、それが呪いを投げつけた世界にみずからが属していることも知っているはずである……。こうした基本的な矛盾をさけるために二つの可能な出口があるはずである。ひとつは、省察を悪の原理とみなし続けるならば、沈黙することだけが残されているのであり、もしそうではなくて、無実のままに語りたいのならば省察の無実を証明しなければならない。しかしながら、ルソーはあくまでも矛盾を固執している。かれは無言の交流の幸福を語り続け、かれが言葉によって破壊した直接性の優越を誇り続けるのである。

われわれに語りかけているルソーは、かれがつくりあげているかれ自身のイメージとは絶対に無縁のものである。その点にこそ、言葉の精神病理学的な意味における真実の錯乱《アリエナシオン》があるのだ。なぜならば、ルソー自身が、世界を二つに切断し、省察の悪と直接性の無実をどうしようもなく対立させている分裂に苦しんでいるからである。そして、こうした分裂がルソー自身のなかにはいりこみ、かれの意識の内部に、いかなる道程によっても統一されない二つの世界の敵意をかきたてていることは明らかなのである。かれは省察を無効なものにもせず、超越したわけでもない。ただ排除しただけである。そして同時に、かれ自身については外側から、過ちという観点からしか語ることができないのであった。感情と言語の統一を実現することからははるか遠く、かれの言葉は、分割されない充足のなかにとどまろうとしている「真実の自我」に比べれば決定的に別のものである。ルソーはジャン＝ジャックから排除されているのであるが、そうした奇妙な排除にもとづいてジャン＝ジャックの肖像がつくられているのである。

同じような問題は、ルソーが『感覚的道徳論』の構想をたてたときに、すでに提出されていた。それは、ひとつには周囲の環境の影響を受けいれるということであり、もうひとつは、われわれの感覚的経験の道徳的な効果を分析し、われわれの周囲にある事物の影響がわれわれにとって好都合であるように、それらの事物を整理することである。ルソーは完全に感覚に自分をゆだねようとしたのであるが、感覚的な環境がかれに都合よく配置されているという条件においてなのである。

わたしのあつめた顕著な数多くの観察事実は、まったく議論の余地のないものである。そしてその観察事実の物理的原理をさぐれば、状況に応じて変化しながら、徳にもっとも都合のよい状況に魂をおいておく一つの外的基準が得られるように思われた。(『告白』*)

したがって、積極的な、細心な、省察されたあるイニシァチブが、「外的基準に変化を与える」ために、そして後から外的な印象に純粋に受動的に自己をゆだねることを可能にするためには必要なのである。このような構想が成功するためには、感覚はひとつの手段として用いられなければならない。感覚は理性にかなった、省察された行動に有効な道具として役立たなければならない。しかしながら、ルソーにとっては、感覚的道徳は精神を省察の努力から解放しようとするものであり、その目的は直接的な生を徳にしたがった生にするオートマティスムを示すことである。完全な成功とは、感覚が省察によって用いられる手段であることを忘れ、素朴に感覚に自己をゆだねうることであろう。そうした成功は無限の思弁的作業を前提としているのであり、ルソーは中途にしてそうした勇気を失ってしまうであろう。究極的に省察なしですませられるようになるためにはあまりにも多くの予備的省察を必要としたはずであった。（知的な努力は、それが休息を保証し、新しいいっさいの努力を免除するならば、試みに価している。『孤独なる散歩者の夢想』において、ルソーは形而上学と宗教についてのすべての観念を決定的に定着するために困難な省察をみずからに課した*と述べている。かれはもはや考える必要のないように考えたのであり、もはや疑いにたち戻る必要のないようにそして隠し立てなしに感情に自己をゆだねるために、かれの信条《クレド》、信仰告白を完成したのである。哲学は神学ではなく、直接的な感情に奉仕する下女の役割に戻るのである。）

ルソーは、かれが夢想している感覚的生活が内省的思惟の恒常的な監視のもとでしか存在しえないことを理解してはいない。さらに、たとえ省察を超越することができるとしても、その勧告を一度も求めなかったかのように、省察をしりぞけることはできないということを理解してはいない。このようにして省察との関係を解決しようとすることは欺瞞であり、ルソーは欺瞞者であると同時に被欺瞞者であり、幻惑者であると同時に被幻惑者であることを願っているように思われる。かれは自分を統御することを願っているが、同時に事物によって統御されるがままであることを願っている。

　しばしば精神の秩序をかきみだす動物的組織、それを精神の秩序に都合のよいように強制することができたら、どんなに理性のあやまちが救われ、悪徳の発生がふせげることか！（『同上』*）

しかしながら、どのようにして強制する者と同時に強制される者でありうるのだろうか。自己自身で感覚を調整しながら、どのようにして感覚のレベルにおいて生きられるのであろうか。感覚の世界を自由に放任し、感覚によって自由に導かれるままにされている「動物」の従順な無責任さを擁護しながら、どのようにして演出の責任を負い、どのようにして外界の装置の配置を行おうとするのであろうか。そのためには、交互に造物主と動物になりうることが必要であったろう。ただ、人工的なすぐれた作品だけが、有徳の生が素朴に努力なしにただ感覚の衝動のもとにのみ実現されるように世界を構成することができるのである。

原初のものがこのように道徳的な目的のために手を加えられたその瞬間から、根源的な内発性は破壊されるか、あるいは少なくとも、根底から変質されるのではないだろうか。ルソーはかれがわれわれの感情の根源とみなしている感覚の作用の網の目から離脱することに同意しえないし、また、こうした根源の世界に力を及ぼすことを断念しようともしない。

　それらすべては、われわれを自由に支配している諸感情をその根源において統御するための、ほとんど確実な無数の手がかりを提供している。（『同上』**）

だがしかし、感情を統御しながら、どのようにして感情の原初の純粋性を護るのであろうか。見事な止揚に到達するかわりに、省察によってなにものも支配されない状態にいたらないままに、根源的なものの新鮮さを失う危険があるのではないだろうか。われわれは厳密な思惟の領域に基礎を置くことなしに根源から追放されるかもしれない。そして、感覚の諸権利は復興されず、省察の諸権利も樹立されないかもしれない。われわれは、あえて自己を主張しようともしない恥ずべき省察と、内発性を失い、省察によって乱され、不完全に統制されている感受性とのあいだをただよい続けるであろう。

感覚の世界の心理的効果の活用は人間の自由をおびやかす人工的な手段である。ひとりの同じ人間がある種の悪意なしに魔術的な装置をつくりあげ、かつその魔術に受動的に自己をゆだねることはできない。その人間は自分が無意識の影響として受けいれようと願っているものの意識的な職人であったことを忘れるわけにはいかない。もし、かれが外界の事物――「気候、季節、音、色、闇、光、元素、食物、喧騒、静寂、運動、休息」*――の影響に自発的に従っているとすれば、かれはまた自由にそれから逃れることができるということを認めるべきである。『感覚的道徳論』は、ルソーが事物に絶対的に自己をゆだねることを決定しながらも、かれの決定がまったく自由に行われたことを即座に忘れているという矛盾をふくんでいる。かれは事物を自由に放任する以外にはないことを確信している。善は行われ、道徳的秩序は自動的に実現されるのだ。ルソーが追求していると思われることは受動的な安心であり、ふたたび問題にする必要のない幸福な服従の状態である。したがって、かれが事物の力に自己をゆだねている自由な行為はまたたえずかれを事物の力から救い出すことができるということを知らないかのように見せかけなければならない。「感覚的道徳」においては、調節は外部によって行われ、決定は外界の事物（いったん適当に調整された）によってなされるかもしくは強制される。それは感覚の世界の問題であるが故に、ルソーはけっしてイニシァチブをとることはない。その時から、悪は消失し、ルソーは行動せず、事物は無実のものとなる。過ちはどこから生まれるのだろうか。だが過ちは、まさしく、装置を据えつけた省察を幕の上がる以前に拒否することである。そして過ちは、決定の自由を放棄し、そしてそれを事物、直接的な世界にゆだねようとすることである。誤謬は『対話』において現われているように、意識の二つの「契機」――省察と感覚――が同じ存在に属しているとは思われないほどに相互に無縁のものになるような結果をもたらしていることなのである。

事実、ルソーは省察に呪いを投げかける以前に、すでに感覚の内発性とは容易に共存しがたいある能力を省察のなかに認めていた。省察と感覚（あるいは感情）の世界は同じ魂に共存することはできない。したがって、ルソーは感覚の人間と省察の人間を区別していたのであった。そのことから、かれは異った、相互に補足しあっている二人の人物、すなわちサン＝プルーとヴォルマール、エミールと家庭教師をつくりだしている。省察の人間と感覚の人間のあいだには積極的な関係が存在しており、それは教育的、訓育的な関係である。省察する人間は感覚的な魂を統御する手段を知っている。そして、そうした魂を最初は秩序と善にしたがって導き、さらには秩序と善についての内省された認識に目覚めさせるために感覚的な魂に善意の強制を加える。これが教育の目的であり、そうすることによってやがては感覚の人間は省察の能力を所有し、止揚が行われることになる。しかしながら、現在の時点においては、その隔りはなお大きく、教師と弟子は二つの異った世界に属しているのである。

迫害の時期以前には、ルソーは省察する人間と感覚的な魂の二つの役割を交互に体験することを喜んでいたように思われる。エミールはもうひとりのジャン＝ジャックであるとすれば、家庭教師はもうひとりのルソーである。同様に、ヴォルマールとサン＝プルーは、レルミタージュの夢想家が小説を書きあげながら交互に自己のものとしている二人の想像上の同一人物である。かれは幼少の黄金時代を回想し、感覚的な魂の歓喜と不幸に思いふけるのであるが、同時にまたヴォルマールや家庭教師の造物主的な能力を所有するまでに高揚する。

教師の省察は子供の省察のない生活を子供が省察を許される時期まで助成することをその任務としている。しかしながら教師が「感覚的な魂」に感動を与えるように事物を調整するやり方のうちにはある種の欺瞞が推定される。(こうした欺瞞はヴォルマールとかれの召使たちを結んでいる信頼関係を分析したときに、すでに明らかであった。)サン＝プルーはほとんど知らないうちに徳に導かれるのだ。エミールは普遍かつ全能の家庭教師の人工的手段によって「自然にしたがって」訓育される。「否定の教育」は肯定的な省察の結実である。エミールの自由は子供がたんに感覚のみによって統御されているかぎり、眠ったままで保持されている。おそらく、家庭教師は完全な責任の目覚めを——それにふさわしい時に——助成しようと考えているのであろう。しかしながら、こうした教育が続くかぎり、生徒は家庭教師によって完全に操作されている。たとえ、それは自由のための教育であるにせよ、たしかに真正の自由を求めることを通しての教育ではないのである。

エミールは自由だと感じているが、そうではない。多くの眼に見えない拘束がかれの行動を条件づけている。かれが生きている「自然の」世界は現実には家庭教師のつくったものである。エミールは洗練されたわなにとらわれた存在である。しかしながら、読者の大部分は『エミール』を、あたかもルソーが生徒の内発性を導いている家庭教師の理にかなった省察ではなく、子供の感覚的な内発性を範とすることをすすめているかのように読んでいる。そこに教育の科学および省察された技術の論述を見るのではなくて、省察されない感情への讃歌を見ている。こうしたことはルソーをよく理解していないのであるが、かれ自身もまたこのような誤解にたいして部分的には責任があるのだ。事実、家庭教師の理論には、教師自身の態度を確認し、正当化しているものはなにもなく、かれの宣言はほとんど省察の呪われた役割に向けられている。かれは自己の省察については意識がないように思われるのであり、かれ自身の言葉は存在する権利がないかのような体系を組み立てている。ルソーは家庭教師に媒介者の役割をあてながら、直接的な生の予言者にしたてている。かれの方法は子供を「いつもかれ自身のうちにとどめ、直接的にかれを感動させるものに眼を向けさせる」*ことにある。それ故に、ルソーは媒介の必要性を提示しているのであるが（家庭教師が必要であるが故に）、同時にまたそのことを拒否してもいる（家庭教師は直接的な生の福音を説教するが故に）。

ところで、こうした媒介の拒否はつねにより絶対的なものとなるであろう。『対話』を書いている時点では、ルソーは感覚と省察のあいだにどうにもしがたいさまざまな対立関係を見ている。かれは自分をけっして感覚の直接性から離れたことがない人間として提出している。自然の世界の原初の統一と精神の世界のより高度な統一とのあいだの媒介的な役割を省察に与えていた弁証法はすでに終ったのである。省察はここでは自然の絶対的な対立者であり、和解しがたい敵対者であり、すべてはマニ教的な二律背反のうちに凍結されている。

ルソーが自己を同一化することを認めていた家庭教師の役割は敵の陣営に移っている。省察の危険な力はいまや他者の、ルソーがそうなりえもしなければ、そうなることを望んでもいない悪人のものである。したがって、迫害はエミールを家庭教師に結びつけていた幸福な従属関係の黒いパロディーを助長するであろう。迫害者の手中にあるジャン＝ジャックはその自由を操っている教師の手中にいるエミールに似ているのだ。だが、善意の偽瞞は悪魔的な陰謀に変ったのである。たんに恥ずべきものにすぎなかった省察は完全に罪あるものとなったのである。その行為はまさしく悪である。

『エミール』では次のように書かれている。

生徒がいつも自分は主人だと思っていながら、いつもあなたが主人であるようにするがいい。見かけはあくまで自由に見える隷属状態ほど完全な隷属状態はない。こうすれば意志そのものさえとりこにすることができる。なにも知らず、なにもできず、なにも見わけられないあわれな子供は、あなたの意のままになるのではないか。かれのために、その身のまわりにあるすべてを自由にすることができるのではないか。あなたの好きなようにかれの心を動かすことができるのではないか。仕事も遊びも楽しみも苦しみも、すべてあなたの手に握られていながら、かれはそれに気がつかないでいるのではないか。もちろん、かれは自分が望むことしかしないだろう。しかし、あなたがさせたいと思っていることしか望まないだろう。あなたがまえもって考えていたことのほかにはかれは一歩も踏みだすことはないだろう。なにを言おうとしているかあなたが知らないでいてかれが口をひらくことはないだろう。(『エミール』*)

家庭教師は生徒に幸福と未来の自由に備えさせるために生徒から自由を奪ったのである。こうした完全な支配は、家庭教師の意図が有害である場合を考えるならば、恐るべきものであろう。つまり、はっきり言うならば、ルソーはかれには絶対に否定できない明証性とみなされる敵意ある省察の目標にされていると感じている。かれはそうした省察を外の闇のなかに投げ棄て、ただひとりで犠牲者の状態にとどまっている。そして、いまやかれは省察の手先どもの陰謀に翻弄されているのだ。かれは自分が欺かれたやり方を描くために、エミールの従順な受動性を描くのに用いたのと同じ言葉を使うのである。迫害者たちの計画は先に引用した教育上の助言と奇妙なほどに一致した言い方で述べられることになる。

かれらは、かれが言葉を一語でも話せば、きっとそれを書き留められるようにし、一歩でも足を動かせば、それに気づけるようにし、ある計画を立てると、その計画を思いついた瞬間にそれを知ることのできるほどにと、かれを監視していて、効果的な警戒をしている。かれらはかれが人々のあいだで見せかけは自由であるが、人々とどんな実際的な交際もしないように、群衆のなかでひとりで生活するように、出来事も、かれのまわりでの噂、とくにかれに関する、かれにもっとも利害のあることをなにひとつ知ることのないように、かれはあらゆる点で束縛されていると感じてはいるが、その束縛の鎖の形跡を人に示すこともできなければ、自分で見ることもできないようにしたのである。かれらはかれにたいしてまわりにうかがい知れない暗黒の壁を築き、生者のあいだでかれを生きながらにして埋葬してしまったのだ。(『対話』*)

見せかけの自由のなかで、かれらが知らなかったり、望まないことは、一語たりとも口に出せず、一歩たりとも、指一本たりとも動かせないように、かれをがんじがらめにしているのだ。(『同上』**)

省察する眼の遍在性はルソーのものではなく、迫害者、「あれらの連中」のものである。自意識は決定的に排除されたのである。それはもはやルソーにたいするルソーの眼ではない。家庭教師がエミールに及ぼす善意の力ではなくて、ジャン＝ジャックを「陰謀団」の支配におく憎むべき監視の眼となったのである。かれの行為はもはやかれのものではなく、敵意ある視線によってとりこにされている。そして、かれのまわりのすべてが、かれの振舞がもはや真実の振舞でないように配置されている。内面的には、かれは依然として同じ人間であることを知っているが、それ以外のすべて――かれの動きや顔でさえも――は他者によって強制されている。かれの顔には怪物の仮面がはられたのである。このようにして、省察する人間たちはルソーにかれらの悪意を投射し、かれら自身の感情をまとわせ、かれらのイメージにしたがってかれをひとりの悪人にしたてあげる。かれは自由を奪われただけではなく、外観をも奪われたのである。人々が流布しているかれの肖像はまさしく中傷の肖像である。かれは「暗黒の三重の壁」のなかに閉じこめられたのであり、そのはかり知れない暗さから脱出できないであろう。なぜならば、暗黒はかれの顔からはじまっているからである。ただ、内面の本質だけがそのままの姿をとどめているが、もはや神を除いては、いかなる証人をももつことができない。

障　害

『人間不平等起源論』は「自然の障害を克服する」必要によって武器や道具の発明を説明している。そしてまた、ルソーはそのすぐ後で同じ事実から人類における省察の出現を推論している。したがって、自然人が直接的な生から手段の世界に移行したのは障害との対決においてなのである。さらに、人間の原初の統一が破壊され、世界にたいする人間の支配力、技術、思想が生まれたのは障害との接触においてである。その時、人間の完成能力は一挙にして明らかにされ、潜在的なものから行為となり、歴史の進化を動かすのだ。人間はさまざまな障害を克服しようと試みるその瞬間から、かれらの最初の場であった永遠の現在から引き裂かれ、判断し、比較し、さまざまな道具を用いなければならない。人間は希望と悔恨を発見し、時間は不在の次元を拡げる。未来と未来にたいする不安がかれらにとって問題になりはじめ、他人の意見がかれらをおびやかしはじめる……。『社会契約論』に関して言うならば、障害にやはり重要な役割が付与されている。すなわち、障害につきあたったために、人間は社会契約の必要を発見する。「自然状態において生存することを妨げるもろもろの障害が、各個人が自然状態において自己を維持しようとして用いることができる力をその抵抗によって凌駕するにいたる点にまで、人間は到達したとわたしは想定する……*」のだ。これは障害に対抗しようとする努力によって生まれる決定的な変移の新しい例証なのである。事物の試練がまったく新しい生活形態と社会組織の創造を決定するのだ。『人間不平等起源論』と

『社会契約論』において述べられているようなルソーの思想を歪曲するおそれなしに、人類は障害との接触において人類そのものを創造するということができよう。

省察は障害との接触において生まれる。しかし、それは有罪である。それでは障害をどうすべきなのであろうか。ルソーは省察に呪いを投げかけているのであるから、かれが障害を迂回し、おそれながらそれを拒否しようとすることは当然予想されるのである。

そうしたかれの態度はまさしく『対話』に表明されている。最初のページから、「恍惚の世界」の住人は障害については故意に無知なものとして定義されている。もっと正確に言うならば、かれが知らないことは、障害との対決、物質的な闘争、かれがめぐらさなければならないであろう詭計である。このような人間は障害があたかも存在しないかのようにそれを越えるか、あるいは乗り越えがたいものであるかのように、その前に立ち止る。そして、その中間はありえない。恍惚の世界の秘奥に通じた人はかれが望む目的に一瞬にして到達するか、さもなければ絶対にそのことを断念する。かれの享受は「即時的」であり、かれの行動は「直接的」である。かれのいかなるエネルギーもいかなる思想も介在する抵抗を打破するために理想とする目的を迂回することはありえない。かれは事物の試練を問題にしようとはしない。そうした試練を打破しようと努力することは、道具、技術、媒介の法則を甘受しようとして「直接的な享受」を放棄することを認めることを意味するであろう。

そうであるならば、障害は、ひとつの運動が生まれる出発の場としてもはや現われることはない。それは存在の原初のエネルギーが弱められ、減殺され、偏向される点なのである。すでに知られている奇妙な弾道学的類推にしたがうならば、原初の情念は障害に触れると「わき道」をとり、ついで「憎むべき情念」となり、その冷酷な邪悪さは消耗しつくされていく運動の結果なのである。障害との接触は、新しいエネルギーの出現の機会ではなく、魂の内発的な躍動を乱し、歪曲する。しかしながら、ただ弱い魂だけが、

「障害との衝突」において出会う抵抗と妥協する。反対に強い魂は偏向されないで、「迂回したりせず、大砲の弾のように、障害を突破するか、障害に出会って力を失い、倒れるかなのである。[*]」したがって、直接的な道が認めることは、抵抗の瞬間的な破壊かさもなければ、抵抗の前で完全に停止することだけである。

ルソーはこのようにして問題を純粋に力学的な用語に移しかえている。——「精神力学」の法則を示すかれのやり方である。——そして、これらの力学的な表現は「根源の段階」において消費されるエネルギーだけを考慮しようとするかれの意図と完全に合致している。発射の時点において、あらかじめ、すべては決定されている。すなわち、弾丸が命中するか、あるいははずれるかは、最初の射出の燃焼の強さにかかわっている。文字通りに言うならば、行為は障害から遠く離れたところで爆発する。いかなる新しいイニシァチブも「大砲の弾丸」の弾道をとらえなおしたり、修正することはできず、いかなる計算された努力も障害そのものにたいして通じないであろうし、障害の抵抗を評価し、それに合わせた行動によって抵抗を克服しようとすることはできない。弾丸が障害を粉砕しないにしても、それずに貫通するにしても、結局は停止するほかはないのだ。すなわち、障害は無にすぎないか、あるいはジャン＝ジャックは障害にたいしてなにもなしえず、「完全な無為」におちいってしまうかなのである。このような二者択一によれば障害は自我の吐露によって消滅することをよぎなくされるか、あるいはさもなければ、最初のエネルギーは克服しがたい限界の前に、すなわち、エネルギーが力を及ぼすこともできず、かつそうしようともしない不透明の外界の前で停止しなければならない。

したがって、障害のない空間と、いっさいの地平を閉ざし、障害の背後にはいかなる空間も開かれていないような障害とのあいだにこのような奇妙な二者択一が残されているのである。この二者択一はルソーが生きていると感じている二つの世界を規定している。かれは無限に開かれた世界と密閉された牢獄のどちらかに交互に住んでいるのだ。かれの想像力はあらゆる障害を抹殺し、魔術によって無限の空間を開くことが可能である。（かれは自分を「諸存在の体系」と一体化しているのだ。）それから、かれは、あらゆる事物が障害に変容し、「暗闇の三重の壁」「はかりしれない謎」を構成している世界のなかで零の存在にたちもどる。すべてから排除され——あるいは全世界と同一化し、——例のない、運命の無実な犠牲となり、——あるいは自己自身とすべての事物を神のように享受するかであり、外界のほんのわずかの徴候にたよるか——あるいは無限の真情の吐露を可能にするか——であり、さらに衝撃の法則*に受動的にしたがうか——あるいは「目的の王国」を所有するかなのである。すなわち、障害が存在しないか、あるいはそれが乗り越えられないものであるかの二つのいずれの偶然性においてもジャン＝ジャックの無実は保たれている。事実、障害が絶対的なものであるならば、ルソーは行動することを断念し、自己自身のなかへたち戻り、より純粋であるが故にこそ有効なものでありえない、かれの善良な意図を自覚することによって自分を慰める。反対に、障害がその途中で消滅するならば、ジャン＝ジャックは即座にかれの欲望の理想とする対象と結合することができ、人間が行動によって有罪となるような道具の世界においてさまざまな抵抗にうち勝とうとしててまどる必要はないであろう。ルソーはいかにしばしば魔術的行動にたよってきたかをすでに見てきたわけであるが、事実、障害の完全な除去は、魔術的な力の効果によらないかぎりありえないのである。自然の法則にしたがうならば、つねにさまざまなエネルギーの減殺や偏向があり、障害の抵抗が零になることはけっしてなく、行動の範囲もけっして自由ではない。

　すでに強調してきたように、対象への接近、実際の状況との接触はルソーにとってはつねにある混乱の機会である。かれと事物のあいだのこうした霧、こうしたヴェールは、かれが純粋の感覚をふたたび見出すにいたるか、あるいは実際の事物が記憶あるいは夢想にとってイメージとなる場合にしか消失しない。純粋の感覚においては、世界はわれわれに対立することなく与えられ、想像の世界においては、われわれはわれわれ自身の努力を少しも意識することなくすべてが開かれているような地平を創造するのであり、想像力はわれわれが外部の現実と接触しない前にわれわれの行動を完成するのである。

渇望しているものに心を奪われて、欲望によってその対象に向かおうとするあまり、かれの善意の想像力は、かれを立ち止まらせ怯えさせる障害を飛び越えて、目的に到達する。想像力はそれ以上のことを行うのだ。欲望に関係のないものを対象から退けて、想像力はあらゆる点から見て、かれの欲望にふさわしいものだけをかれに示す。それで、かれの虚構は現実そのものよりも甘美なものとなり、現実のもつ欠点をその困難さとともに退け、虚構はかれのためにとくに準備された現実だけをかれに与え、欲望することと享受することがかれにはまったく同じことになるようにするのである。

（『対話』*）

純粋な感覚においても、想像力においても意識は自己とは異った対象と対決することはない。むしろ対象が意識をさまたげることになるのだ。意識が求めているものは現実の世界の断片を所有することではなく、そうした所有に照応する魂の状態である。もし世界の迂路を通過することなく、障害の抵抗と対決することなく、単純に渇望した対象のイメージをみずからに与えることによってこうした享受に到達するとすれば、それこそ「それ以上のことを行う」ことであろう。意識はみずからが正当なものとして同意している幻影によって、現実の世界の慣性が意識に拒否している完全な諸関係を意識それ自体のうちに、すなわちみずからがつくりだしたもののあいだで味わっている。意識はこれらのイメージがその欲望の所産であることを知らないわけではないが、意識はイメージにみずからが高揚するいくつかの理由を見出すとき、それらのイメージを外界の事物とみなすように演技している。意識が共感のかぎりをそそぎこみ、愛情を吐露するのは意識それ自体のうちにおいてなのである。想像力による心情の吐露はなおかつ純粋なものであり、とりわけ魂にとってはやはり現実的なものである。たとえ神々によって彫像に生命が与えられないにしてもピグマリオンは幸福であると考えなければならない。かれはその情熱の激しさそのものによって幸福なのであり、たとえガラテアが生きていたとしても、その情熱がより熱狂的であることはなかったであろう。想像の世界へのこのような飛躍は現実の女性によって得られる幸福を越えている。あらゆる現実がありうるなんらかの障害を告知しているとするならば、ルソーは現実よりも存在しないものを好んでいる。「存在しないものほど美しいものはない」*のである。自我とは障害のない空間なのである。

境界もなければ障害もない恍惚の世界が開かれるためには、「通常の」世界が冷酷に閉ざされ、拒否されていなければならない。ルソーは自由な空間（想像、記憶、純粋な感覚の）に住まないときには、すべてが障害となり、抵抗となるような世界にふたたび自分を置いている。事物や人間がかれの欲望にとって透明でないものにしているいっさいのことは、敵対的な意図を隠し、そして隠すことによってそうした意図を明らかなものにしている呪われた徴候としての価値をもつのだ。直接的でないすべてのものは渋面の仮面となり、ジャン＝ジャックに立ち向っている。こうした顔と壁の背後には、被告の弁明を聴くことなしに破廉恥な評決をくだした法廷の黒い悪意が隠されている。すべてはいまや判決の執行が行われているかのように進行している。悲しげな同情の見せかけのもとに、人々はジャン＝ジャックを罰する。事物の抵抗は、かれがそれに衝突するとき、かれが迫害されていることをかれに告知し、だれがかれを迫害しているかをかれに知らさないようにするためにかれの道中にまさしく故意に配置されたものに思われる。謎はいたるところにあり、暗闇ははてしない。なぜならば障害はなんらかの自由な行為によっては絶滅されないものであり、どのようにしてまやかしの世界に働きかけられるのであろうか。外観が偽りのものであるのは、わたしの知覚がわたしを欺いているからではなく、あらゆる事物がわたしに向けられたわなだからである。外見の不確実さはもはや人間の経験の「正常な」条件ではなくて、敵によってしかけられた呪縛なのである。事物が曖昧であるとすれば、それは、わたしが外観の背後にある本質をとらえることができないということに由来するのではなく、わたしに明晰に生きることの可能性を拒んでいる陰謀のせいであることは明白である。ルソーは自己の外側にかれ自身の省察を投げ出すことによって省察をかれに向けられている迫害の武器にしてしまったのと同様に、かれ自身の知覚の曖昧さをかれを迷わせようとしてめぐらされた暗闇のせいにしているのである。

人々は事物をありのままわたしに見せようとしていないことは確実だったので、わたしはかれらが事物に与える外観で判断することをさしひかえていたのである。そして、いかにかれらが行動の動機を術計の色で塗りつぶそうとも、それらの動機が、わたしの理解の範囲内にさえあれば、それらが虚偽であることを確かめるぐらいわけなかったのである。(『夢想』*)

徴候の力について述べた際にすでに強調したように、ルソーは自分が解釈していること、外観を自由に解釈していることを知ろうとはしない。あらゆる事物に障害としての意味を与えているのはかれであることを知ろうとはしない。そうではなくて、事物はかれを拒んでいるひとつの意味をもっているのである。なぜならば、かれを取り囲んでいるあらゆる事物は、「あれらの連中」によって考えられたが故にこそ、そこにあるのだからである。事物は、意図がはかり知れないほどに陰険な悪人たちの思考に宙吊りにされてそこにあるのである。したがって、わたしがわたしを取り囲んでいる事物に与えうる唯一の意味は無意味であり、敵対的かつ不変の不可解さである。事物を悪とすることによって、すくなくともわたしは可能なさまざまな解釈の選択を行う苦しい躊躇から解放されるのである……

ルソーを他者から離していた薄いヴェールはかれがけっして越えることのできない「無限の障壁」とな

るほどまでに重くなったのである。偶然によって、こうした障壁のひとつが壊れ、ある不安がしずまるとしても、それは、最初の障害の後に隠されている奥底はなお暗い闇であり、出口のないものであることが明らかにされることである。ジャン＝ジャックは「暗闇のなかでますますかれを迷わせる間違った道だけがかれに示されているはてしのない迷路*」を前進するのである。

障害はしたがって、それを乗り越えようとする行動が嘲弄的なものであるようなものとして存在している。ジャン＝ジャックを不随にしているものは、たんに障害の抵抗がきわめて強固であるということだけではなく、さらに付け加えられることは「あれらの連中」の意のままにたちまちされるような振舞をわずかひとつでさえもすることができないということである。かれの行為、かれの言葉は、かれから離れるその瞬間から、敵の支配するところとなり、かれらの手中の手段、かれに向けられる武器となる。ジャン＝ジャックは一ページの原稿を書くとすぐに、その原稿はかれの知らないままに途中で奪われ、改竄《かいざん》され、手を加えられ、削除された版として発表されるかあるいは単に抹殺されるであろうことを確信している。かれの作品はもはやかれのものではないのであり、人々はかれがかれの著作の作者だと信ずることを拒否するか、かれが作者でもない書物をかれの著作にしてしまう。かれのごくわずかな行動は、かれがそれを実行したその時から、その真実の目的をはずれてしまう。人々がその意味を変えようとし、異った帰結を与えようとするのである。「悪にかたむかない、いかなる善をもなすことができない**」が故に、かれは沈黙と無為に追いこまれる。もし、かれが語ろうとこころみるならば、人々はかれから言葉を奪い、もしかれが善をなそうとするならば、人々はかれから行為を奪うのであり、そうすることによってさらにかれをかれ自身の錯誤につなぎとめておこうとするのである。

わたしの運命を規制している人々は、何事につけ、うそでだまかしの外観しか見せまいと最大の配慮をはらったので、いつもながら徳行の動機は、わたしをかけようとするわなにおびきよせるためにわたしに見せられたおとりにすぎなかったのである。わたしはそのことを知っている。今後、わたしにできる唯一の善は、行動することをさしひかえることであることを知っている。自分でもそのつもりはなく、うっかり知らずに悪を行うようなことを恐れるからである。(『同上』*)

敵はかれからかれの行動の一貫性を奪うだけではなく、かれにかれらの行動の動機をおしつけるのである。行動の領域はしたがって完全に「陰謀団」の支配下にある。ジャン＝ジャックは、かれに悪を望んでいる人々にひそかに影響されないような意志をただのひとつももちえないからである。敵は、ジャン＝ジャックが直接的な感情の隠れ家を離れるその時から、かれが企てようとするすべてのことを支配する。かれがなにか外界の対象に到達するために、あるいは他者と交流するためにたよろうとするあらゆる手段、かれが自分を護るために用いようとしたあらゆる道具は没収され、あらかじめ、(そしておそらくいつも変ることなく)「あれらの連中」のものとなっていることをかれは発見する。直接性の世界から外に出るすべての道は通行不可能であり、外界に向けられたすべての行動はたちまちにして敵の影によってとらえられるのである……

沈黙

みずからのヴェールを取りのけ、真実においてみずからを明らかにするという本質的な行為は、とりわけ、どうなるのであろうか。すでに見てきたように、こうした行為は特権的な重要性をもっていたのであった。「真正の」言葉のなかで、ルソーは他者と自己を交流しながら、自己自身に直接的であり続けることを願っていたのであり、自己であることと行動することとは、自我がみずからを顕示すると同時に虚構するというただひとつの運動をつくりだすことのように思われたのであった。みずからを語ること、それは、個人的な経験の比類のない価値を主張すると同時にそれを普遍的な劇と審判の対象にすることであった。ルソーはかれの特異性を語り、そして一般の「承認」を求めるために、すなわちかれの無実があらゆる人間の一致した証言によってついには確認を受けるために『告白』を書いていたのであった。しかし、なお、かれにとっては、聴いてもらうことが必要であり、すべての人間が判断を申し立てることに同意することが必要なのである。

ところで、『告白』の公開の長い朗読の終りに、ルソーは最後の障害、邪悪の謎である沈黙に遭遇する。ジャン＝ジャックを取囲んでいる暗闇の壁は執拗な沈黙の輪によって強化されるのだ。かれは自己の魂の真実を暴露し、内部においても、皮膚においても *intus et incute* 神に照覧されるかのように証人たちにみずからの姿を示し、かれらに赦しと不満の申立てを語らせようとしたのであった。そして、かれは自分が非難されていることを知ることになる。『告白』の第一の序文において、敵意のある噂を予見し、はっきりとそれに挑戦している。

> わたしは公衆の言葉、公然と述べられる批判の厳しさを覚悟している。そして、わたしはそれらを甘んじて受け入れるであろう。（『告白草稿』[*]）

「深い沈黙のうちにはりめぐされ、しめしあわされた陰謀[**]」に比べれば「くだらない中傷の非難」のほうがどれほどたえやすいことであろうか。ルソーは『告白』の巻末の註釈のなかで次のように述べている。

わたしはこういって朗読を終えた。一同みな黙りこんでいた。感動したように見えたのは、エグモント夫人だけだった。彼女は明らかに身をふるわせたが、すぐ冷静にもどり、一座の人々と同じように沈黙をまもった。（『告白』*）

このように『告白』の最後の行は――他者の沈黙にうち勝とうとするあの限りない努力の末の――作品全体を沈黙のなかに追いこんでいる。こうした沈黙の表面に、つかの間の戦慄がかすかに走り、ひとりの感動した女性の身震いがジャン＝ジャックのなかにある希望を目覚めさせるが、それはたちまちのうちに消えてしまうのである。

このようにして、さまざまな徴候の現われている沈黙を、人間の言語活動が絶対に実現できなかった幸福の条件であると考えていた幸福な夢想は逆転されたのである。『ヌーヴェル・エロイーズ』の「英国風の午前」のすべての魅力は、感じやすい魂が他のいかなる手段よりもいっそう確実に、いっそう早くおたがいに交流しあう、こうした身震い、ため息、無言のうちに見交される視線のうちに存在していた。だがしかし、ここでは徴候は呪われたものとなっただけではなく、もはや「沈黙」は意識と意識が直接的に結ばれる「伝導の場」ではない。沈黙は障害そのものであり、絶対の分裂なのである。

『告白』はある沈黙を確認することによって終っているのであるが、この同じ沈黙が『対話』の出発点となっている。『対話』の序文には次のように書かれている。

沈黙をおおう秘密、十五年来わたしは名付けることを差し控えてはいるが、注意深いやり方で、奇蹟によるとしか思えない成功を収め、わたしにはその秘密におとらず不可解で、あまねくゆき渡った、深い沈黙、この身の毛もよだつ恐しい沈黙のなかでは、わたしはその性質を明らかにしてくれるような考えをまったくつかむことができなかったのです。（『対話』*）

このような沈黙はいったいどういうわけなのだろうか。人々はジャン＝ジャックに語らせなかったかあるいはそうではなくて、かれは語ったのだが、かれの言葉は受け入れられず、かれの著書は改竄《かいざん》され、真のモチーフは理解されず、沈黙はかれに課せられた罰の一部であり、かれは自分の証言を聴かれることなしに裁かれたのであり、いまや上訴することも恩赦を願うことも拒否されているといったすべての説明は正しい。（ジャン・ゲーノはいみじくもこうした状況をカフカが『裁判』のなかで書いている状況と比較している。**）もし無言の迫害者たちがジャン＝ジャックに沈黙をよぎなくしなかったならば、すべては変っていたであろう。なぜならば、かれは猿ぐつわをはめられていたのであり、不吉な魔術の呪いを打ち破り、悪夢をはらう真実の言葉を発することができなかったのである。

かれは、おそらく一語でもって、あらゆる人々の眼にはうかがいしれないヴェールを剝ぎ取り、だれひとりとして解明できない策謀を明らかにしたであろう。（『同上』***）

しかしながら、沈黙にたいする新しい闘争として予告された『対話』は障害を前にして失敗にひんする。作品は三重の沈黙、他者の発言を獲得することの三重の不可能につきあたりさえするのである。

第三の最後の対話の終りに、フランス人は自分の誤りから覚め、ジャン＝ジャックは言われていたような人非人ではないという確信を得て、自分が「あれらの連中」にだまされていたことに遺憾の意を表わすのであるが、それでもフランス人はジャン＝ジャックにとって有利なことを公衆に向ってなにひとつ言うことはできないであろうし、さらに陰謀の恐るべき秘密をあわれな被迫害者に明かすこともかれにとってはできない。

だから慎重に用心して、ときどきかれに会うことを拒みはしない。わたしがかれにたいしてあなたと同じ感情を分けあっているのを知るのはかれの仕事であり、もしわたしがかれの敵の秘密をかれにあばきたてることができないにしても、かれは、わたしはやむをえず沈黙させられているのであり、かれをだまそうとしていないことを、少なくともわかってくれるでしょう。(『同上』*)

しかしながら、このような対話の終りの行には慰めがある。フランス人は沈黙を破ることはできないが、はるか後になって、人間が変化するような別の時代には語ることができるのである。ジャン＝ジャックの原稿を保管することを承知し、それらの原稿がある日、公衆の眼前に発表されるためには「いかなる労をもおしまない」ことをかれは約束している。さらに、かれは「真実を暴露する傾向のある」さまざまな考察をも集めるように努力するだろう。ルソーはしたがってかれ自身で行動することを断念し、決定的な行動を他の人間にゆだねている。『告白』の朗読は真実を直接的に暴露しようとする試みであったが、ここでルソーに残されている唯一の希望は、別の時代の人間に間接的に期待をかけることである。そうした仕事、行動はもはやかれのものではなく、忠実な受託者の仕事であろう。もっとはっきり言うならば、それは時間と神の摂理の仕事であろう。ルソーは人間にたいして直接的に語りかけたとしても、耳を傾けられるという希望をまったくもっていない。かれがなお可能であると信じているただひとつのことは、かれの原稿を確実な場所に預け、かれの死後の時代に真実を後世に顕現するためにそれらの原稿を保護することである。したがってもはや、保管、すなわち沈黙して待つことだけが問題なのである。

しかしながら、ルソーは沈黙に忍従することに到達していない。同時代人たちを説得することを断念すると宣言しているこの書物を沈黙を打破する手段としてこれからどうして用いようとしないのであろうか。

「よりよい世代の」人間に自己の復権を託しながら、ジャン＝ジャックが恐れずに光りに立ち向っていることの証明をこれから申し立てようとしないのであろうか。かれの行動の拒否はその良心の否定できない保証ではないのだろうか。ジャン＝ジャックがいかなる手段をもちあわせていないことを言明する書物こそ、最高の手段なのである。

かれは、国王の言葉であろうと、神の言葉であろうと、なにか偉大なる言葉によって沈黙が破られることを願っていたのだ。ジャン＝ジャックは迫害者たちが審判者とかれのあいだに介在しているという感情をもっている。かれは障害を迂回して審判者と一緒になろうと努めるであろう。かれは自分の原稿をただたんに直接に国王に宛てたりはしないであろう。ここでもなお、ジャン＝ジャックは行動の責任を逃げている。かれが願っているのは、かれの行為の本質がかれの外側でかれとは無関係ではなく成就されることなのである。

『対話』の巻末に付けられた、奇妙な『この著作に関するその後の物語』を考えてみよう。ルソーはかれの草稿をノートル・ダム寺院の大祭壇に預ける計画を立てている。かれは「摂理への委託」として草稿をゆだねようとする。草稿には上書きが付せられ、ルソーは自分には奇蹟を願う権利はなく、神にその時と手段をゆだねると述べている。しかしながら、神にすべてをまかせるとは言いながら、かれは人間の注意をひこうとする。かれは「かれの行為の噂が流れて草稿が国王の眼にとどく」ことを願っていたのだ。こうした操作は奇異である。つまり、こうした行為は神に向けられながらも、人間によって観察され、公明正大な意識（もしいくらかの公明正大な意識がフランスに残されているならば）を動揺させるような衝撃を間接的に誘発しようとして企てられたものにほかならないからである。ジャン＝ジャックが、ほとんど同じ時点においてまったく類似したやり方を行っていることが知られているが、それは、あらゆる手紙を神への祈願である次のような四行詩――つねに同じもの――で書きはじめているのである。

われらはなんとあわれな盲目の徒でしょうか。
神よ、詐欺師たちの仮面をはぎたまえ。
そして、かれらの野卑な心をいかにしても
人々の眼に開かせたまえ。

ルソーは欺瞞を根絶し、心情に透明を取戻させることを神に祈願しているのであるが、証人を前においてかれは神に訴えるのである、この四行詩はなにはともあれ手紙の宛名人への直接的なメッセージではないのだ。(ルソーは相手が驚いたり、立腹したりすると、そのことを説明している)。かれはただひとりで祈っているのであり、あからさまに、かれの唯一の方策は別のところにあることを示している。こうしたことが、また『対話』の草稿の「摂理への委託」の意味なのである。

しかしながら、このような操作は失敗する。横の入口のひとつからはいっていくと、ルソーは内陣への通路をふさいでいる鉄柵に出会う。かれは突然、あれほどつねにかれを悩ませていた神話的なイメージの物質的な現存を発見するのだ。かれは運命的なヴェールの前にいるのであり、乗り越えがたい障害に衝突している。かれはまさしくかれの正面にひとつの徴候を見るのであり、その徴候は、神さえもがかれを拒否し、沈黙をまもるであろうことをかれに告げているのである。

わたしはこの柵に気づいた瞬間、発作にかかって倒れる人のような目まいに襲われた。この目まいのあとに、わたしはこれまでにそれに似た激動を受けたことは思い出しもしないような全身をゆする動顚が続いた。教会はわたしには様相を変えてしまったように思われ、わたしがノートル・ダムにいるのかどうかも疑わしく、努力して気をとり戻し、わたしが見ているものをもっとよく弁別しようとした……わたしはだれにもわたしの計画を話していなかっただけに、この予期しない障害に驚きはて、最初の忘我状態のうちに、神も人間の不正の仕業に手を貸しているのを見たように思った。わたしがもらした憤慨のつぶやきは、わたしの立場に身を置くことができるひとにしかわからないものであり、人間の心の奥底を読めるひとにしか説明できない。

わたしは、この教会にふたたびたち戻るまいと心に決めて、すばやく外に出、動揺に身をまかせ、どこにおり、どこへ行くのかも知らず、あちこちとさまよいながら、一日中歩き廻り、ついにはそうすることもできなくなり、疲労を感じ、宵闇も迫り、へとへとになり、苦痛でほとんど腑抜けの状態になって、わが家に帰り着いた。（『対話』*）

教会の閉ざされた鉄柵は、人間がジャン＝ジャックにめぐらしている「暗黒の三重の囲壁」を強化している。かれを襲ったこの精神錯乱のエピソードは深い意味を表わしている。関係において生きる最後の可能性が崩れるとき、ジャン＝ジャックにとってあらゆる事物の秩序と世界の首尾一貫性が消えたことを証明している。したがって、人間的な交流のいっさいの希望が失墜し、なお残っているのは、超越的なものとの関係だけであった。神がかれを拒否するならば、ジャン＝ジャックは方向の喪失と絶対の外界への彷徨しか経験することができない。最後の証人が呼び出しに応じない場合には、孤独な意識は錯乱におちいり、そのただひとつの出口は疲労の極限において自滅することだけなのである。

ルソーはいまや第三の無言の拒絶にぶっつかろうとしている。かれはコンディアックに『対話』の草稿を託そうとして会いにいこうとする。しかし、かれがコンディアックに期待していることは、たんにかれが保管を承諾することではなくて、作品を読み、文中の問いかけに答えてくれ、その上、かれが語りかけ、ジャン＝ジャックが閉じこめられている沈黙のたえがたい輪を破ってくれることである。そうすれば、おそらく、ヴェールは消えていくかもしれないのだ。だがしかし、なにも起らない。コンディアックは他のことについて語り、質問を避ける。かれは本質的な問題については黙っている。そして沈黙は重々しいものとなるのである。

二週間後、二十年来わたしの眼の上にかかっていた暗黒のヴェールが落ちるときがきて、とにかくわたしの受託者から、わたしの原稿を読めばかならずそうあるべきだと思われる説明を聞けると強く信じて、かれの家へいった。わたしが予期していたことはなにも起らなかった。かれはこの著作をあたかもある文学作品について語るように語った……しかし、わたしの著作がかれにおよぼした効果についてや、かれが著作についてどう考えているかは語ってくれなかった。（『同上』[*]）

決定的な沈黙がこの時からルソーを古いオテル・デュ・パニエ＝フルーリの仲間からひき離すのである。

その時から、わたしはかれの家へいくのをやめた。かれは二度か三度わたしを訪ねてきたが、われわれはとりとめのない言葉をかわすだけで、わたしはもはやかれと話すこともなく、かれのほうもひとことも話そうとはしなかった。（『同上』[**]）

このような沈黙との三重の出会いの後で、ルソーは最後の行動をこころみるのであるが、それはできうるかぎり直接的な行動である。かれは街頭で一通の「回状」――『今なお正義と真実を愛するフランス人へ』と上書きされた――をくばるのであるが、通行人たちは先入観をもっていて、「わたしは予期しない障害を経験した。わたしがその書状を差し出した人々が受け取ってくれないのだ」*と言うように、ルソーがかれらに渡そうとする書状を受取ることを拒否するのである。

障害に打ち勝とうと努力することはもはや無意味なことであり、他者によってよりよく知られようとすることも無益なことである。そうした努力はその可能性を越えている。ルソーにとっては、他者が認めようとしない内面の純潔のなかに退く以外には、なにも残されていない。しかしながら、かれはいっさいの希望を失ったのではなく、真実の暴露が行われることを望んでいるのであるが、そうした真実暴露の行動はもはやジャン＝ジャックのものではないだろう。最終的にかれは自分を時、神、摂理の業にゆだねる。「時がヴェールをはっきりと取除くことができる」**であろう。かれはもはや原稿のことすら問題にせず、別の力を信頼する。かれにとっては真実に生きることはふさわしいのであるが、その真実を伝達し、外部に知らせることはそうではないのだ。真実がいずれの日にか明らかにされるものであるとしても、それはかれの営為によってではなく、ある超越的な力の介入によってであろう。そして、沈黙が打破られるときは、かれの声によってでもなく、かれのところへ戻ってくる人々の思いがけない言葉によってでもないのであろう。かれはもはや人間の側からのいかなる回帰をも期待していない。かれが願っている唯一の回帰とは、世界の秩序をかつて創造し、悪人たちがジャン＝ジャックを迫害することによって混乱させた調和を再建するであろう審判者に向い合った、かれの「根源」へ導くような回帰なのである。そして、もし沈黙が破られるとするならば、「最後の審判のラッパはいつでも鳴るがいい。わたしはこの書物を手にして最高の審判者の前に出て行こう」と語っているように、まさしく審判のラッパによってのみ破られるであろう。***

行動することは無益となったのである。行動の世界は実現しえない。ジャン＝ジャックがなにかの行為を企てるとしても、それはもはやかれのものではない。かれがはじめる動きはある外的な力によって奪い返され、ジャン＝ジャックがいつも知らない不可解な目標に向けられる。かれが企てようとしたいかなる行動もかれによって達成されることはなく、かれが願っている目的にいまや到達することはありえない。行動が救済を目的とするものであるならば、摂理によってしか実現されないであろう。しかしながら、迫害者たちはきわめてしばしば、ジャン＝ジャックの行為を横取りし、その結果をかれにとって反対の方向へ向けてしまうのである。

人間は行動するために生まれたのであろうか。ルソーはそのことを肯定しているのであるが、*かれは行動を好んでいないことをつねに告白している。ただ、意図が直接的な動きによって実現されうるものであるならば、それはまた別である。しかし、それはただ夢想の特権なのであり、夢想においては、ある行為を考えることは瞬間的に実現された行為のイメージでもある。しかしながら、それはイメージの遊びにすぎず、意識はそれ自体の内部にとどまり、外界の幻影に満足しているだけである。だが、意図が外部において実現されることを求める場合には、事情は別である。この場合には、直接的な享受を断念しなければならない。媒介の法則を受容し、手段もしくは道具にたより、われわれが支配しえない結果の危険を想定しなければならない。

ルソーが間接的な活動に関して抱いている疑惑についての新しい証明が必要だろうか。『エミール』において、ルソーは人間の労働についての功利主義的な理論を発展させる場合に、労働の有用性をそれが人間にたいして保証する独立と結びつけている。すなわち、有用性の基準は自給自足であり、クランの共同体にその完璧な表現が見出されたような全体的な充足である。そして、もし人間が行動しなければならないとすれば、できうるかぎりわずかな道具によって行動すべきなのである。言うならば、人間の身体と手という直接的な道具に限られるべきなのである。唯一の正当な行動とは、先に樹立された文化やすでに道具を創造した伝統に根拠を置くものではなく、ロビンソン・クルーソーがかれの孤島において発見したような汚れのない自然に根拠を置く行動なのである。

エミールはこういうことについて、かれのロビンソンからじつに多くの重要な省察をひきだすことになるのではないか。技術は細分化されることによってのみ、それぞれの道具を無限にふやしていくことによってのみ、完全になるのを見て、かれはどう考えることだろう。かれはこうつぶやくだろう。ああいう人たちはみんな、りこうなばかものだ。まるで自分の手や指がなにかの役にたつのを恐れているかのように、たくさんの道具をつくりだして、手や指を使わないようにしている。たったひとつの技術をもちいるのに、無数のほかの技術にしばられている。一人一人の労働者にひとつの都市が必要なのだ。わたしの仲間とわたしはといえば、わたしたちのものをつくりだす才能をわたしたちの肉体的熟練においている。わたしたちがつくる道具はわたしたちと一緒にどこへでももっていけるのだ。パリでその才能を誇っているああいう人たちは、みんな、わたしたちの島でなにひとつできないだろう……（『エミール』*）

ルソーの眼にとって有効な行動とは、われわれが最初の道具を考案した原初の人間と同じ存在となるような行動であり、それは虚無の外に *ex nihilo* ある行為であり、完全にわたしの営みであって、いかなる人間の過去をも想定しない行為であろう。わたしの行為は完全にわたしに属しているべきであり、そのためにわたしはわたし自身によってすべてをつくれないどんな道具も使用してはならない。わたしの道具はわたしに譲渡されるべきではない。なぜならば、わたしの行動はわたしよりも以前の行為に結びつけられてはならないからである。このようにルソーは、労働の尊厳を強調した最初の一人であり、理想の人間像を「民主化する」ことを願いながら、(なぜならばエミールは鋤やかんなにしたしんでいる)、また同時に技術に反対して立ち上った最初の一人でもある。このような矛盾はたんにこれひとつだけではない。それは個人の自由の原理の光りによっても明らかにされている。手工業的な形態での労働はわれわれの自律性を保証しているが、他方では、技術はわれわれを伝統、制度、そしてとりわけわれわれの道具をつくりあげたり、われわれの労働を補足する他の人間に結びつけている。個人の統一に照応するのは分化されない労働なのである。

しかしながら、ルソーは過去の先例のない行動を願っているとしても、その行動がまたいかなる結果をもともなわないものであることを望んでいる。かれはけっして自分の行為の結果によってしばられることを好まなかった。かれの敵がかれの言葉と行動をさえぎり、改変したことを非難する以前においても、かれはかれの行動が自分から離れ、思いがけない、時として最初の目的とは反対の効果を生みだすことをけっして甘受することはできなかったのだ。かれの意志からそれた結果はすべて不吉なものである。それではかれは善をなしたのであろうか。かれの善行はたちまちある隷属となってしまったのだ。かれは奉仕をしたのであろうか。善行によって「わたしが予期しなかった一連の拘束が次々と現われ、その束縛を脱れることができなくなる」*のであった。証言にはこと欠かないのである。迫害妄想の時代よりもはっきり以前において、ルソーがかれの行動が自分を離れて、もはや支配できないつながりにしたがって展開されることを知って奇異な不快感を経験していることが示されている。かれの行動は、遠ざかり、かれにとっては無縁なものとなる。すなわちジャン＝ジャックはその行動について責任をとることを拒否する。もしそうでなければ、かれはどんな危険にしたがわされるかわからないであろう。かれはかれの行為のはるかに離れた結果によって承認されることに同意していない。その直接的な目的を追求しただけであった。したがって、かれはいっさいのかれを困惑させる反響、かれがそう望んでいなかったところへかれを引きずりこむようないっさいの帰結を認めなかった。たとえば、かれが自分の子供を施設にあずけたとすれば、それは子供たちが、かれがテレーズとまったく純粋に味わった直接的な快楽の願ってもいない結果だったからである。かれはテレーズを直接的な欲求の奉仕者とするために選んだのであり、「彼女を捨てることも、結婚することも」*望んでいないと彼女に宣言しているのだ。そのことは、かれが彼女のそばで未来のない瞬間の連続、そしてとりわけ未来との関係なしに生きることを願っていることを彼女に言うことであった。しかしながら、この場合においては自然はジャン＝ジャックにたいして悪く働いているのだ。肉体的な愛の直接的快楽は未来とのある関係、ある結果をふくんでおり、それが子供だからである。しかしながら、ルソーは自分が生む意図のなかった被造物によって承認されることを受け容れない。かれはそうした譲渡、かれのつくったものである別のわたしを拒否する。ルソーにおける父たることの拒否は、行為が自由意志によらない帰結をもつような世界において生きることのより一般的な怖れが、特殊な状況において表わされたものにすぎないように思われる。

しかしながら、このような結果の拒否は、ルソーが多くの状況において示すことができた驚くべき勇気をよりよく理解させるものであることを付け加えなければならない。かれは思っているままを語り、それがかれにとってどんなに高価なものにつくかをまったく考えずに自己のありのままの感情を表明している。たとえどのようなことが起ろうともである。結果はかれの権限に属するものではなく、あたかも雹や嵐に応ずるかのように、まったく無関係な災難としてそれに応じている。したがって、結果を支配することの無力さが、ジャン＝ジャックのイニシァチヴを完全に麻痺させるかわりに、奇想天外なやり方で瞬間的な行為を実現する大胆さをかれに与えている。かれの行為は、実現されるやいなやかれのものではなく、その糸が断たれてしまうことを信じようとする。もし、われわれの行為の結果が完全にわれわれから離れるとすれば、なにも行うことができないか、あるいはすべてを行うことができるかである。すなわち、われわれの責任はたとえどんなことでもそれを企てることをわれわれに妨げるほど重いものに思われるか、あるいは反対に、われわれの責任はけっしてかかりあうことはないと推論しうるかなのである。したがって、ジャン＝ジャックもある時はこのうえもない無責任な衝動に自分をゆだね、またある時は、あたかも恐しい責任にたいする不安によって押しつぶされたかのようにすべての行為を差し控える。ある場合には、どんな些細な行動でもかれをおとしいれる危険があるかのように、そして別な場合には、いかなる拘束にも服従しないかのように振舞うのである。

ジャン＝ジャックはみずからを不精で怠惰だと語っているが、活動的で勤勉だとも述べている。このことは絶対に矛盾するのだろうか。かれをひきつける活動は、かれが信用していない活動と同じものでないことはたちまち明らかにされる。ある行動が必要であるとすれば、ルソーはその行動が過去の先例もなく後世に残されないものであることを願っており、そして、その行動がかれよりも以前にはじめられたいかなる行動をも受け継いでいないこと、さらに、それが継続され、外界においてかれを離れて増殖されないことを願っている。かれがそのために生まれてきたと感じている活動とは、いかなる連鎖もいかなる結果も懸念することなしに最初の動きの継続のうちにかれのエネルギーをつぎこめるような活動である。かれの本性と思考の統一性は、かれの眼にとってはもろもろの観念と感情の一時的な不連続を拒まない。かれの統一が直接性に根拠をおいているとすれば、すなわち省察および結果を予見することの拒否に根拠をおいているとすれば、不連続な瞬間の優位はあらゆる活動を支配する法則となるのである。ルソーがデシァン師に宛てた手紙のなかでそのことについてきわめて明白な意見を述べていることは、したがって驚くべきことではないのである。

あなたが推論についてのわたしの不確実さを叱っておられるのはまったく正しいのです。あなたが認めておられるように、わたしはいくつかの事物をきわめてはっきりと見ているのですが、それらの事物を比較することはできません。わたしは命題においては豊富なものをもっているのですが、けっして帰結を考えたりはしないのです。秩序と方法はあなたにとっては至上のものですが、わたしにとってては熱狂なのです。わたしに提示されるものはいつも孤立しているものであり、わたしの著作では、わたしの観念を結びつけるかわりに、でたらめな転移法をわたしは用いています……（『書簡』*）

しかしながら、ルソーが自己の命題の帰結を考えることはできないと主張するにしても、かれは外側から襲ってくるかれの言葉の結果——栄光と迫害——に苦しまざるをえない。自由な意志によらない結果に拘束されることを望まないものにとっては、話す行為は軽率なのである。もっともよいことは沈黙していることであり、行動する必要を感じるならば、その行為をできるだけ自己にひきつけ、現在の瞬間の範囲にきびしく抑制しなければならない。こうした活動が、ルソーがつねにたち戻ろうとする活動であろう。すなわち、自我が自己から外へ出ないで、しかも自己を省察しないような行為、つまり、内省されない、自動的な行為であり、たとえば散歩、歩行といったものである。そうした行為においては、肉体はその働きが世界を変容したり、あるいは自己自身についての内省的な回帰をうながしたりすることなしに、そのエネルギーを消費する。ジャン＝ジャックにとって散歩はまず人間からの逃避行であり、自然と瞑想へのある回帰である。しかしながら、『告白』、『対話』あるいはさらに『マルゼルブへの第三の手紙』などのそうした記述を検討してみるならば、歩行のオートマティズムについて次のようなことが十分読みとれるであろう。歩行のオートマティズムは時間のたつにつれてある種の「説明できない空白」を生みだすのであり、その場合に精神は現実とのいっさいの接合を失い、ある自律的な運動にゆだねられ、その運動は自己を離れることなく、そして意志がかかわりあっているようには思われないままに、展開され、そして消滅する。肉体は歩行のリズムによって完全に動かされ、内省された意識の役割が幸福な不在に還元されてしまうようなダイナミックな規則性にゆだねられている。このような不在を基礎にして夢想のイメージが内発的に生まれ、無償にそしていかなる努力もなしに現われるのである。

ジャン＝ジャックは、観想的なひとがすべてそうであるように、不精で怠惰である。しかし、この怠惰はかれの頭のなかにあるだけである。考えるのには努力を要し、考えると疲れ、考えなくてはならないことを恐れている……。しかし、かれはかれなりに活動的で勤勉でもある。かれは絶対的な閑居にたえることができない。手とか足とか指とかを動かしていなければならない。かれの肉体を動かしていなければならず、しかし頭は休めておかなければならないのだ。そこから散歩にたいするかれの情熱が生まれてくる。散歩では考えさせられずに動いていられる。夢想している場合は、人々は活動的ではない。意志の助けをかりない眠りのなかにいるのと同様に、イメージが頭のなかに描かれ、結合しあう。すべてを足の動きにまかせ、行動しないで享受するのである。しかし、事物に注目し、固定し、秩序だて、整頓しようとするときは、まったく別で犠牲をしのぶのだ。推理や省察が混じると、冥想はもはや休息ではなくなり、きわめて苦しい行為となる。これこそジャン＝ジャックを恐れさせる苦痛であり、そのことをすこしでも考えただけで、かれは圧倒され、怠惰になるのである。精神を働かせなければならない仕事では、たとえそれがどんな取るに足りないものであれ、かれがそうした状態であるのをわたしは見てきた。かれは自分の時間や骨折りを惜しんだりせず、苦痛なしに閑居していることはできない。かれは自由に夢想するためには庭で鍬を振りながら一生を過すであろう……(『対話』*)

ルソーが行うことに同意している行為は、意志が責任を負わされていない行為であり、それ自体のオートマティズムによって組織され、精神のいかなる努力をもうながさない行為である。それでは鍬を振うこともまた型にはめられた活動のりっぱな実例ではないのだろうか。この場合、ルソーは行為の外在的な究極目的をまったく顧慮していないことに注目したい。かれは自分が庭に興味をもっているからといって、庭を鍬いたりはしないであろう。そうした行動にある目的があるとすれば、それはただ夢想の受動性を可能にし、それを維持することである。反覆され、自動化された行動は、その一定のリズムをもつ巡回から逸脱しない閉された行動である。肉体がそのリズムにゆだねられている単調な運動を基礎にして、夢想はそのイメージに没入する。すなわち、二重の不在と二重の受動性がそこには存在しているのである……(自我は受動性としてその活動を体験している。)

「身振りの」オートマティズムを基礎にした夢想はつねに幸福な夢想ではない。ルソーの晩年の証人のひとりであるコランセは、ジャン＝ジャックが、その腕のあるリズミカルな運動のうちに、妄想に閉じこめられる瞬間を認めている。

こうした状態では、かれの視線は空間の全体を見渡し、かれの眼は同時にすべてを見ているように思われた。だが実際は、なにも見ていなかったのだ。かれは椅子のうえでふり向き、腕をもたれの上にのばしていた。こうして宙ぶらりんになった腕は時計の振子のような加速のついた運動をしていた。

そして、わたしがこのことに注目したのはかれの死の四年以上も前であった。それで、わたしはいつもかれを観察していたのであった。わたしが訪ねていって、かれがこうした姿勢をするのを見ると、わたしの心はいたんだ。すると、わたしはとてつもなく常軌を逸した話を予期したのであり、その予想がはずれたりすることは一度もなかったのである……（『夢想』マルセル・レイモン編*）

極限においてはこうした動きは機械的な運動にほかならず、そして夢想は、それが陰鬱なものであろうと甘美なものであろうとも、「ほとんど自動的な生」と並んで別々に共存しているのである……

植物的友情

一七八七年三月一七日、ナポリにおいて、ゲーテはかれの旅の日記に次のように記している。

ときどき、わたしはルソーとかれのヒポコンデリーの苦痛を考える。しかしながら、ある非常にすぐれた組織がどのようにして狂わせられたのか、わたしにははっきりとわかるのだ。わたし自身、しばしば自分を狂人ではないかと思ったであろう。もし、わたしが自然の事物にたいしてこのような関心を抱かず、そして表面の混乱のなかで、多くの観察が、測量技師がわずか一本の線を引くことによってはなればなれの多くの測定を確かめるように比較され、秩序づけられることを知らないとすれば。**

ゲーテをまもっているものは、外界への参加であり、事物の混沌を測定し、秩序づけることのできる行動なのである。かれの内部のデーモンからかれを救っている自然はたんに観照の対象ではなく、精神が積極的にそこへはいりこみ、「明細表」をつくり、はじめは混乱だけが認められる諸関係の体系を発見しなければならない。

　ところで、ルソーは植物を採集し、植物についての書簡を書き、植物辞典を企画しているのであるが、かれは内発的にそうした救済行為にたよったと言うことはできないのだろうか。それは強迫観念にたいして気晴しを保証し、自然の事物を考察し、それらの構造を観察し、それらに序列を与えることをかれにやらせようとするある種の即席の治療法ではないだろうか。事実、ルソーは植物学にある鎮静を見出しているが、そうした救済は断続的かつ不完全なものにとどまっている。妄想の発作の周期的な反復のために比較的短い小康状態しかかれにはゆるされなかったと言えるであろう。しかしながら、ゲーテがかれの救いを負っているような救済手段がルソーの狂気をいやすことができると仮定しても、植物学はジャン＝ジャックにとっては現実へのそうした適用、生命現象のもつ意味のそうした探求、ひとつの具体的な努力にたいして真にかれの精神を定着させる新しい仮説へのそうした挑戦をけっして表わしてはいなかったと言わなければならない。ゲーテは『植物の変態』を書いているにもかかわらず、ルソーは「いくつかの美しい植物標本」をつくっているにすぎない。ジャン＝ジャックは蒐集家として植物を採集しているのであって、博物学者としてではない。かれにとっては真実の行動というよりもむしろ暇つぶしであり、娯楽なのである。なおこの場合でも、その行為は外界に開かれてはいなくて、それ自体に閉じこめられており、それ自体のなかで消滅する。かなり奇妙なことであるが、ルソーは（『対話』のなかで）*かれの写譜の仕事と植物にたいする趣味を同じ平面においている。植物を採集するジャン＝ジャック、そして写譜をするジャン＝ジャックという二つの活動は並べて考察され、相互に明瞭にされ、照明をあてられている。これらの活動はその任務が同一性の確認に限られているという特異な性格をもっている。すなわち、一方は植物の異同を鑑定し、リンネが記述している類型を認知することであり、他方は他の五線紙のうえに同じ音楽を転写することである。これらは有益な仕事ではあるが、この場合に精神は現実のある断片が誤りなしにそのまま移し変えられる透明な場となることだけを課せられている。まさしく、それは行為ではあるが、外界にいかなる新しいことをも導きいれない。夢想は思うがままにこれらの活動と重ねあわされ、時にはそれを邪魔したりする。しかし、それよりもはるかに多く、これらの活動は夢想の代りをつとめている。年老いたジャン＝ジャックが、想像力は涸れ、もはや古いヴィジョンを見失うときには、かれにとってそうした不在を補償するためのなにか、想い出とかなかば機械的な活動が必要なのである。それは「暇つぶしの」仕事ではあるが、それがなかったならば、精神はみずからの空白にのみ出会うことになるであろう。

わたしが生きている孤独が深ければ深いほど、その空白を満たす何物かが必要である。わたしの想像力が拒否し、わたしの記憶がしりぞけるものは、人間に強いられることなく、大地が到る所でわたしの眼に示す自然の産物によって埋め合わせてくれるのである。（『夢想』*）

これは最後の手段である。ルソーはかれ自身の意識がかれに提供していたものの近似的な等価物、すなわち内発的に提供されるように思われ、受動的に受け入れることで十分なイメージを自然に求めている。深く無為な意識の空白と純粋性を通して自然の事物は、なにものによっても変形されることなくそのままで透明になり、はっきりと姿を現わすことがあるのだ。そして、ルソーは感覚的な事物のなかからもっとも純潔な存在、その生が純粋と矛盾しない存在を選ぶのであり、それが植物である。「わたしは学問をしようとは思っていない」**と書いているように、そうした活動はいかなる知識、いかなる能力をも獲得することを狙ってはいない。ルソーは植物の用途に興味はなく、なにか外的な目的のために従属する手段を植物のなかに考えることを拒否している。そしてこのことは意味深いのである。ルソーの眼には植物はそれ自体でかれの直接的な目的であり、かれが追求することに同意する唯一の遠い目的とは、植物標本のまさに完結した総体性であり、すでに樹立された体系と一致し、ひとつひとつの種がその標本によって明示されるような蒐集なのである。ジャン＝ジャックは植物の薬用性についてはまったく知ろうとしない。かれは「毒になる」植物を急いで通り過ぎる。（あれらの連中は有毒な植物についての行きすぎた認識をもはやかれの責任にしないであろうか。）自然の純粋性を証明する植物のかたわらでジャン＝ジャックはかれ自身を純化する。あたかも植物的な純潔が観照者の無実を保証する魔術的な力をそなえているかのようにである。そして、乾燥された植物がジャン＝ジャックにある風景とある美しい一日の光りを想起させる記憶の徴候となるならば、そして現在の意識のうちに過去のある魂の状態を生起させるならば、植物は役立ったのであり、それも純粋に内的な目的に役立つことになるのである。すなわちジャン＝ジャックをジャン＝ジャックにたちかえらせることになるのだ。したがってそうした記憶の徴候はひとつの媒介であるが、追憶の直接的な現存を明らかにするために介在している。この場合の媒介とは、感覚的な経験の超越を誘発しないで、そうした経験を総体として呼び覚すことにあるが故に、退行的な媒介と言うことができよう。過去のある瞬間をそれが体験されたままに、（プルーストがするような）時間の本質をとらえようとする認識の努力を付け加えることなしに蘇らせることだけが問題なのである。あらゆる省察よりも有効である、乾いた花が、受動的であろうとする意識のなかに過去のあるイメージの内発的な生起を誘発する。標本のなかに見出されたその花はジャン＝ジャックをかれ自身へ、そして遠い幸福へ、かれがもっていない稀な標本を見つけようとして道を歩いた美しい一日へと送り返すのである。

　ジャン＝ジャックは後から標本にたよることができるように植物にたよっており、標本は追憶によって生きることを可能にすることになる。このようにして、かれは現在の感覚の直接性よりもかぎりなく豊かな、真情のこもった記憶された直接性という手段をみずからに提供する。想像の「被造物」への躍動は涸渇し、心情を吐露する力がつきはて、ジャン＝ジャックが陶酔と集中が可能でないと感じるとき、かれに残されているのは直接的にかれを取囲んでいる感覚的な事物だけであり、そしてそのことを最低限の生存と外界との接触に存在を縮小することとしてかれは語っている。そこで明らかにされることは、直接性の本質的な貧困であり、ルソーは次のように嘆いている。

わたしのさまざまな観念はもはや感覚でしかない。そしてわたしの悟性の限界はわたしが直接囲まれている物体を越えないのだ。（『同上』*）

もっと悪いことには、直接的に知覚できる世界はすでに迫害によって独占されており、悪によって汚染されている。探求することはすでに謎の敵との接触であり、もっと正確に言うならば、敵の謎の不在との接触である。

わたしがのみこまれた諸悪の深淵のなかにあって、わたしは加えられる打撃をわが身に感じ、その直接の道具はわかったのだが、それをあやつっている人間も見えなければ、どんな手段を用いているのかもわからないのだ。（『告白』**）

まわりの世界の感覚的な特質が極端に貧しくなるだけではなく、各々の事物が突如として迫害の徴候および道具に見えてくるのである。老年のルソーが外的な現実のなかに見出しうる支柱は極端に不安定なものである。現在の感覚の直接性は歓喜や慰めを生みだすことのできない、血のけのない、弱々しいものである。全体的な空白によって脅かされているのだが、そうなってからのジャン＝ジャックの存在を支えているものは記憶された幸福とあらかじめ示されている正義である。すなわち清澄な日々と、自然のなかでの陶酔の追憶であり、さもなければ審判の日の予感である。

　わたしの魂はその老衰したすみかを離れて躍動したりしない。わたしにその権利があると思うが故に、熱望する、そういった状態を期待することもなく、どうやらわたしはただ追憶によってしか生存していないらしい。（『夢想』*）

現在はある不思議な衰弱によってじょじょに侵蝕されつつあるように思われ、ルソーは過去と未来に呼びかけることによってしか救われない。したがって、植物標本はある種の正当な人工手段による過去の保存を意味し、そしてさらにそのことから、幸福な充足の保存を意味しているのであり、想像力と感覚の無力がジャン＝ジャックに与える空白を埋め合せることになる。植物採集は、その時点においてさえも意識にそれ自体の空白と同時に迫害の地平を忘れさせる暇つぶしの仕事なのであるが、記憶によって再現される植物散歩は幸福の島なのである。そして、標本にされた植物が追憶の現存を復原するとき、その植物の客観的な構造は忘れさられ、消え失せて、幸福な再生された主観的な記憶の流れにその場所を譲るのである。そのとき、蒐集された花は類型の複製であることをやめ、ある感情が忘却から呼びさまされ、その最初の生き生きとした感じをまったく失わないで反覆されるための徴候となるのである。

　すべてが透明のなかで反覆され、こうした反覆が省察の意志的な努力をふくまないような世界からもはや脱け出せないのだ。ルソーは無限に再開される行為の回路のなかに閉じこめられている。あらゆるイニシァチブ、あらゆる真の始まりは思いがけない危険を招き、ジャン＝ジャックにとっては対決する力がありそうにもないさまざまな結果の発火点となるであろう。かれの不安が鎮静されるのは、省察のあしき内在性でもなく、その目的をそれ自体の外に求める行動の危険な外在性でもない活動にみずからをゆだねることができる場合だけなのである。そして、ただ残されているのは反覆の閉ざされた輪であり、みずから再開することしか方向のない循環なのである。

IX

終身の禁錮

迫害はルソーのひそかな欲求に答えているように思われる。迫害はかれをさまざま行為とその結果から救い出している。あらゆる所で敵にとり囲まれ、かれはみずからの行動を展開しえたはずの空間を自由にできない。だからこそ、かれはやむをえず「行動することを差し控えている」。かれがある行動をこころみるとしても、そしてその行動が失敗するとしても、それはもはやかれの失敗ではなく、かれらの悪行である。かれはもはや責任を負わないということには、なにか苦痛を軽減しようとする打ち勝ちがたい動機があるのではないだろうか。「善をなそうとしながら、わたしは悪をなしてしまう」のだ。なぜならば、人々がかれの行為を奪い取り、その真実の目的から逸脱させるからであり、なにもなそうとせず、汚れのない無為に後退することのほうがはるかによいのである。その時から、ジャン＝ジャックはなにもしないで植物を採集し、夢想さえしているならば、完全に正当化される。だがしかしかれはより明白な、そしてより具体的な無実の証明をよしとしていたのだった。すなわちかれの余生をある島か牢獄に住んで断罪されることをである。なぜならば、厚い四つの壁の背後では、存在することと夢想すること以外にはすることはなにもないのであり、善をなすことを義務ともされず、悪をなすことを告発されることもありえない。「幸福であるためには幸福でありたいと思う」*だけでよいのである。いっさいの外的な空間を他者にゆだねることによって、われわれはわれわれ自身であることを妨げているいっさいのものから解放され、なにものもわれわれを外側から促すことはできない。手段の世界が禁じられているわれわれの意志は直接性の世界にとどまることを余儀なくされている。その固有の目的はそれ自体のなかにあり、外界に向って迂回する必要はまったくない。であるからこそ、瞬間的に幸福であるためには幸福でありたいと思えば十分なのである。

ルソーはベルヌの上院に終身の禁錮を要求している。かれは静穏、休息、自己の外側にはいかなることも望まない幸福が課せられることを願っているのだ。「わたしが選んだあらゆる隠れ家からつぎつぎと追放され、たえず地上をさまよわされるよりもむしろ、わたしは終身監禁に処せられるほうがいいと思うようになり、そのことを自分から申し出た*」のである。逃亡、放浪の生活は牢獄よりもはるかにひどい刑罰なのである。後者においては、どこか別の場所への道は開かれておらず、自我はそれ自身のほかにいかなる手段をもたないからである。

したがって、ルソーは被迫害者としてのかれの状況を監禁として描くことになる。かれは幽閉され、さまざまな柵と囲壁をめぐらされ、厳重に監視されており、かれはそのことをもっとも悲惨な運命であるとして苦呻する。しかしながら、それは「終身禁錮」というかれの欲求の象徴的な形での実現でさえある。逃亡の誘惑がつねに可能なものとして残されていることを除けば、監禁生活の願望は満足されている。この「渡り鳥のような被迫害者」は自己自身のなかに、すなわちかれ自身の意識という犯しがたい隠れ家のなかに避難することをよぎなくされるであろう。

おそらく次のようなアンビヴァランスを指摘することができよう。迫害は、最悪の欲求不満、このうえもなく悲痛な裁判拒否、ジャン＝ジャックが受けるべき承認の無残な拒絶を表わしている。しかし、他方では迫害は意識にその「内部の快楽」に閉じこもることをゆるすものである。したがってルソーは悪にたいして戦う者の役割と、悪の到来を喜んでながめ、そのなかに他の人間から遠く離れていることを強いられるような不可思議な選択を発見する者の役割を交互に演じているのである。

実現された志向

狂気の本質的な特異性を構成しているある一定の確固たる本質を考えてみるならば、ルソーのパラノイアのなかにかなりはっきりした志向された構造を発見することは不可能なことではない。パラノイア妄想は一般に完全に構造化されたものであることが知られている。すなわち、病者はいっさいの自己の行動に論理と合理性の骨組を与えるための首尾一貫した、動機と正当化の体系を自分で組織する。こうした諸動機は、病者の意識がそれを確固たるものと考えているが故に、つねに有効なものである。それらの動機を錯誤に還元しようとするような分析は試みられるべきではないのであり、反対に——それらが異論のない主観的な有効性をもっているという事実を忘れることなく——病者によってつくられた体系の基礎にある暗黙の志向を分析しなければならない。現象学的であろうとする分析にとっては、無意識のうちに隠されたさまざまな過去の原因にさかのぼることよりも、ルソーが意識的に自己をゆだねている体系のなかから、かれが自覚することの不可能なさまざまな意味と意志を明らかにすることが重要であろう。ルソーの意味体系をひそかに生みだしている「深層の」メカニズムを再建しようとするよりも、かれの告白と行動に密着し、その言葉と行為そのものを吟味し、ジャン＝ジャックによっては認知されていない志向の一貫性にしたがってそれらの意味が明らかにされることをこころみるべきであろう。

ルソーの晩年の文章においては、おたがいに補足しあい、強化しあっている動機づけの系統がはっきりしている。そしてそうした動機づけは数えあげることだけができるのであって、ある動機づけからもうひとつの動機づけを演繹することはできない。真実、そうした動機づけは相互に密接に関連していて、そのひとつひとつはそれぞれ第一級の重要な役割をはたしている。そしてまた、そのひとつひとつの志向が、それとは離すことのできない別の志向をはっきりさせていると言えよう。

すでに注目してきたように、偏狭と放棄の志向は明らかである。ルソーはなにも所有しないこと、世間の他の人々とのあらゆる関係を断つことに同意している。かれは自己の財産を放棄し、他者との交流を放棄し、かれ自身の行為が展開される空間を放棄している。自己革命の時点においてのこうした所有権の剝奪は完全に自由意志によるものであった。すなわち、剣と高級な下着類を捨て、時計を売って、かれは徳の気高い犬儒主義にみずからを限定し、孤独な隠居を求めたのであった。そして、迫害の時点においては、こうした所有権の剝奪は忍従すべき宿命となる。かれはすべてを奪われ、友人たちを取りあげられ、身を隠すことを強制され、暗黒の障害がかれの前に立ちはだかる。そうしたことはかれが望んだものではなく、かれを圧し潰そうとする運命であり、かれに残されていることは忍従することだけである。したがって剝奪がジャン＝ジャックの意識された意志によって実行されるのではなくて、悪人たちの敵意によって実行されるという相違を除けば、それは同じことなのである。ある意味では、ジャン＝ジャックはかれ自身の意志を放棄するにたちいたっているが故に、かれは最初の志向に忠実でありつづけていると言わねばならない。かれは貧困であることを自由に望めるとは思えないほどに貧困になったのであり、貧困は外部から課せられている。したがって、かれは自己の窮乏を嘆きと痛手の口調で語ることになる。そして、そうした嘆きを表わすためにルソーはある文体的な方法にたより、それをあきるほど繰返している。それはある種の連禱とでも言うべきもので、一般に「唯一の」(*seul*)という形容詞ではじまり、「……なしに」(*sans*)という前置詞で否定的に限定された語が連続して続けられる。コンマで嘆息のように切られた、強迫的なこうした続誦《セクエンチア》は支持の欠如、事物にたいする実際の影響力の不在、追放と衰弱の取返しのつかない状況などを具体的に示している。多くの実例からいくつかを選んでみよう。

Livré à moi seul, sans ami, sans conseil, sans expérience, en pays étranger, servant une nation étrangère*……

異郷にあって自分ひとりをたよりに、友もなく、相談相手もなく、経験もなく、他国人のために働いた……（『告白』）

Seul, étranger, isolé, sans appui, sans famille, ne tenant qu'à mes principes et à mes devoirs**……

ただひとりで、他国者で、孤立し、よるべなく、家族もなく、ただわたしの原則と義務のみを固守し……（『同上』）

Seul, sans appui, sans ami, sans défense, abandonné à la témérité des jugements publics***……

ただひとりで、よるべもなく、友もなく、守ってくれるものもなく、むこうみずな大衆の判断に自分をゆだねて……（『書簡』）

Etrangers, sans parents, sans appui, seul, abandonné de tous, trahi du plus grand nombre, Jean-Jacques est dans la pire position où l'on puisse être pour être jugé équitablement.****

他国者で、両親もなく、よるべもなく、すべての人々から見捨てられ、多くの人々から裏切られて、ジャン＝ジャックは正しい裁きを受けるにはもっとも不利な立場にいるのです。（『対話』）

しかしながら、こうした窮乏によってルソーはあらゆる影響をまぬがれ、傷つけられない人となる。放棄が成就されるとき、「もっと悪いことに、もはやいかなることも可能ではなくなる」ときに、ルソーはなにものによっても破壊されないある自由の啓示を受けるのだ。意識はそのままでありながら、確固たるものとして感じられる。この瞬間に剥奪は絶対的な所有となり、無力は譲渡されない力に変容する。

> いっさいの人間的な権力はもはやわたしにたいしては力のないものである。……わたしのまわりにいる地上における支配者や王はわたしの思いのままとなり、わたしはかれらにたいしては全能であり、かれらはわたしにたいしてまったく無力なのである。（『トランプに書かれた言葉*』）

ここには無から全能への逆転が見られるのだが、それは無が達成された場合にのみ可能である。たよるもののない逆境が自由を肯定するためにはそれだけで十分であるような決定的な自由へと魂を送り返すのである。

放棄の意志は、いまやわれわれに直接的な自由への意志を現認させる。逆境はその絶頂においてあらゆる外部の攻撃に抵抗する存在の役割を明らかにする。しかし、それはいかなる努力をもそれ自体の外側に必要としない自由であり、外界の道は断たれている。こうした自由は剥奪や疎外にたいして戦わず、剥奪や疎外を実現されるままにする。それはあらゆる疎外にもかかわらずなおかつ存在する疎外されない部分であり、人間がすべてを奪われるとしても、なお剥奪されない剰余なのであり、その自律がけっして犯されることのない隠された中枢である。それはあらゆる拘束だけではなく、あらゆる義務と責任をまぬがれている。そして、あらゆる道具、あらゆる手段も奪われている。それでは、こうした自由とはなにを企てることができるのだろうか。ジャン＝ジャックが発見する無限の力とは、ひとたび、あらゆる反対の条件が蓄積されるならば、無条件に自己でありうる力である。そのためには、自己自身であろうとすることだけで十分であり、われわれを押しつぶしている運命に打ち勝とうとする必要はない。ルソーはそのことをセネカ風のある文章のなかで次のように言っている。

自由でありたいと思う者はだれでもたしかに自由なのである。（『書簡*』）

克服しがたい障害を前にしながら、もはやわたしとわたしの自由のあいだにはいかなる障害もない。自由はいかなる回り道もなしに、いかなるものも対立しない魔術によって一瞬のうちに実現される。その目標は、自由それ自体の出現を確認することだけであるが故に、直接的に達成される。ジャン＝ジャックがあらためて追求しなくてもよい、そして「市民」が追放される危険のない隠れ家となる内面の展望があえて明らかにされるためには、外界は暗転し、完全な暗黒とならなければならないであろう。

このような恍惚、このような陶酔……は、わたしの迫害者たちに負うていた享楽であった。というのは、かれらなしには、わたしは自分のうちにかかる宝物をもっていたことを発見しなかったろうし、知りもしなかったろうから。（『夢想**』）

直接的な自由への意志は、したがって自己自身における現存への意志として規定することができるのである。不変の現在における現存である。なぜならば、迫害は事態を悪化させながら、外界へのあらゆる出口を閉ざすだけではなく、未来へのあらゆる入口をふさいでいる。悪が絶頂に達するとき、時は使い果される。その時、ルソーは「希望の不安から解放され***」「完全な静穏」を知るのだ。かれは「より良き時」

を求めて突き進むことはもはやできない。かれに残されているのは現在だけであり、それは永遠の未来に参加している。モンテーニュは、『随想録』の第三巻において、かれの人生を変容するいっさいの希望と懸念の彼方にかれが所有していた静穏について述べている。すなわち、すべてが過ぎ去り、「喜劇」のすべてが演じられたとき、「空は静かであり」、モンテーニュは期待することの重荷から解放され、「すべてが行われた」*と感じている。ルソーはまさしくそれと同じことを言っている。「すべてが行われたのだから、わたしはまだなにかを怖れる必要があるのだろうか。……わたしにとっては地上のすべてが終ったのだ。」**ただ異っているのは、モンテーニュの「すべてが行われた」はかれ自身の生活の充足を示しているのにたいし、ルソーは「すべてが行われた」と言いながらも、それはかれの敵がかれにおよぼしている害悪と、そしてそれがもうそれ以上に増大しないことを示している。すべてが行われたのであるが、可能なかぎりの害悪を犯しながら、すべてを行ったのは他者なのである。ジャン＝ジャックはけっしてなにも行わなかったのである。かれがみずからの過去を喚び起すとき、かれはほとんどいかなる行為をも見出さない。かれが思い起すものといえば、さまざまな感情、感動、運命によって妨げられた意図だけである……。もはやなにも起きないであろう。時は無限の諦念と自我の所有の現在のうちに静止しているのだ。ある極限状態が迫害によって達成されたのであり、その彼岸にはもはやなにも起りえない。こうした彼岸こそまさしくルソーがかれのものとして発見する現在であり、かれがいかなる人々にも奪われない滞在の場である。それは永劫の外であり、そこから見える人間は零であり、ジャン＝ジャックは人間にとって互に零となる。それはまた極度に特異な世界であり、冥府の暗黒であり、時間と空間の通常の座標によっては規定することのできないような場での決定的な方向喪失である。

どうしてだか知らないが、わたしは事物の秩序から引きずり出されて、なにひとつ見えぬ不可解な混沌のなかに突き落されたらしい。そして自分の現在の位置を考えれば考えるほど、自分がどこにいるかわからなくなるのだ。(『同上』*)

ルソーは排除され、人間の時間と世界の外に投げ出され、幽閉され、生埋めにされている。しかしながら、ルソーはもっとも中心をはずれた点を障害のない、ある次元の中心にすえている。排除の外側はいかなる外来の力によっても脅かされない、ひとつの世界の内側となる。『孤独なる散歩者の夢想』の『第一の散歩』のなかではこうした「対立の一致」が驚くほどよく表わされている。

此の世には望むものも怖れるものも、もはやわたしにとっては、なにひとつ残っていない。そして、わたしは深淵のどん底でこのとおり静かにしている。哀れにも不遇な人間ではあるが、神そのもののような平然たる姿で。(『同上』**)

ひとつの同じ動きのなかで、ルソーはみずからをすべてから除外されていると語り(かれは深淵に住んでいる)、そして自分を神に比べながら世界の中心としている。さらに、犠牲の空虚は突如として充足の所有に変り、不幸は幸福となり、汚辱は栄光となるのである。

迫害が極限に達するならば(そしてルソーはそうした極限を望んでいる)、その時たよることができるものは自己だけであり、自己のなかにあって、そこから外へ出ようとしない完全な充足の苦くかつ神聖な幸福を知るのである。あらゆる外部の関係が不可能となり、自己自身との関係、すなわち自己同一の充足のみが残されるのである。

しかしながら、ルソーはこのような充足をある時は、無力な、外部の衝撃に限りなく従順な物の充足として、またある時は、いかなる物質的な力も影響を及ぼさない、肉体を離れた精神の充足として描くのである。そして、たとえそれがどのようなものであるにせよ、それはまた無実の充足でもあると言えよう。このようにして、直接的な自由への意志として現われていたものの向うに無実の要求が認められるのである。

石だけが無実であるとヘーゲルは言うだろう。かれを迫害する人々の手中にあってルソーは石になるのであり、かれは石化する。かれが意志的ないかなる行為も行わず、かれにとって外部の力にすべてをゆだねているとすれば、かれの無実はより明白ではないであろうか。イニシアチブのないところに、どこに過ちがあるのだろうか。ルソーからいっさいの行為といっさいのそれらの帰結を奪うことによって、迫害者たちは、かれが有罪となる可能性そのものからかれを解放しているのだ。犠牲者の立場にあって不随にされ、あるいは外部から動かされているかれがどのようにして悪をなしうるのだろうか。しかしながら、かれの無実が絶対の確信となるためには、責任の移転が決定的なものでなければならず、したがって、悪人はいかなる出口をもジャン＝ジャックに残してはならない。想像による感情吐露の自由が克服しがたい物質的な障害との接触において明らかにされたのと同様に、無実は、敵意が全体のものであり、例外のないものであるときにのみ、完全な純粋性に達するはずである。そうした対照が絶対的でないかぎり、そして、純白が暗黒の背景にくっきりと浮き上らないかぎり、なにごとも確実ではない。したがって、ルソーはもっとも残酷な迫害を望まないかぎり、かれの無実を望むことはできない。なぜならば、迫害の外的なたえがたい圧迫だけがかれから責任の内的な重荷を取除くはずだからである。ルソーは、すべての過ちは外部に、すなわち執拗な陰謀に、かれの生存を支配している宿命にあると非難することによってみずからを弁明するのである。

いっさいの意志的な行為を（したがって自分を有罪とするいっさいの危険を）みずからきびしく禁ずる

ために、ルソーは「陰謀団」を告発することに満足しない。かれは運命を非難し、かれ自身の「本性」を訴える。あれらの連中の悪意は、ルソーがゆだねられていることをつねに嘆いている外的な因果関係の極端な一形態にすぎない。事実、ルソーは内部からも外部からもかれを包囲している束縛の体系を並べ立てている。かれはみずからを、かれの「本性」あるいは感覚の奴隷であると語るのだ。あたかもそのことがかれを外的な力に隷属させる従属であるかのように。したがって、あらゆる過ちは、かれの「あまりにも熱しやすい性質」(あるいはあまりにも怠惰な)と「かれがそのために生まれてきた生」を生きることをかれにゆるさない運命にある。かれは自分では制御できない抑制しがたい内発性の犠牲であると同時に外部から、襲いかかる宿命に翻弄されている。この二つの場合において、かれが自己の衝動であれ運命のいたずらであれいずれかによって支配されているとすれば、かれの行為はかれのものではない。それらの行為は強制されたものであり、命じられたものであって、なんぴともそのことについてかれを責めてはならない。そう考えるならば、かれは『告白』を書きながら、かれの生活についての責任をできるだけすみやかに自分から取りあげてしまおうとしているように思われる。「わたしの誕生はわたしの不幸の最初のものだった*」のである。そしてかれは自分が残酷な運命に翻弄されていることをよりはっきりと確かめるかのように、「かれの運命を定め、」あるいはかれが支配できないさまざまな不幸の連鎖の始まりを示す、もろもろの状況を積み上げる。かれにとっては唯一の運命的な破局を思い起すだけでは十分でないかのようであり、抜け出しがたい網目のなかにかれを閉じこめてしまう事件の連続が必要なのである。しかしながら、いずれにせよルソーはかれ自身の態度を批判することが十分可能なのである。『告白』の第二巻において改宗の事件を物語りながら、かれは「わたしをこんなことにさせた運命をあたかも自分のしたことではないかのように嘆き悲しんだ**」と書いている。したがって、ルソーはこうした運命を非難することのなかに責任のごまかしの移転があることを完全に知っている。かれ自身のイニシァチブをもてあましてしまった状況を運命に負わせることを、少なくともある機会をとらえて急いで行ったということを知っている。無数にある他の同じような場合には適用されていない、ある明晰な厳しさでかれは自分を裁いている。しかしながら、それはルソーがこうした批判を率直にみずからに向けている唯一の箇所でもある。かれはここで非難している運命のアリバイに『告白』の全巻を通じてたよろうとしており、生涯の物語のなかで先へ進むにつれて、かれは自己自身でありえたこと、たとえ部分的ではあれかれがみずからの不幸を生み出したことをますます忘れようとするのである。かれの無実を確かなものにするためには、ルソーはかれの心理学説においても社会生活においてもみずからが熱烈な代弁者であった自由の原理さえも犠牲にしようとしているように思われる。そうした逆説は『対話』においてはっきりしているのであり、かれは唯物論の哲学者たちが「すべてが盲目的な必然の所産*」と信じていることに批難を投げつけながら、その数ページ後で、かれ自身の行動は「必然によって定められた、たんなる気質の衝動」であると断言している。そして、かれは人間の行動をオートマティズムに還元し、善と悪の区別をなくした哲学者たちの決定論にたいし怒りを示しながら、「機械的でほとんど自動的な生活**」の無実のなかに逃げこんでいるのである。

とはいうものの、ルソーが求めているようなこうした受動性と自由のあいだには真の意味での矛盾はない。かれの自由は無効の、不随の、無為の自由であり、自由そのものとの関係だけを望んでいて、それ以外のすべてを運命の不正と外的な宿命にゆだねている。かれの自由は行動のための自由ではなく、自己におけ る現存のための自由であり、ひとつの感情にすぎない。どんなことが起ろうともそれは自由のあずかり知らないことである。そして障害に挑戦するその唯一のやり方はそれらの障害に勝手に勝たせることなのである。絶対の受動性とはその効用がそれ自体に限られているこのような自由の裏返しにすぎない。明瞭な対立にもかかわらず、内在性のないそして働きかける力に受動的にしたがっている物体ほど外界にたいしていかなる影響をもおよぼさない意識とよく似ているものはないのである。したがって、ルソーがかれの存在を「感情の連鎖」として定義する場合も、あるいは「不幸の連鎖」として定義する場合も、かれは唯一の、同じこと、すなわちかれ自身の無実であることを語っている。『告白』のなかには過去は有効でない善良な感情の総体として、そしてあまりにも有効な悲痛な不幸の総体として構成されているとする二重の展望が存在している。感情の主観的な系列と不幸の機械的な系列とを結んでいるものは、外的な事実が魂の状態にたいし「偶発的な原因」の役割を演じているということである。しかしながら、運命の外在性と感情の純潔な内在性のあいだには、自由な行為のための場所はなく、ジャン＝ジャックが過ちを犯すことはけっして不可能なのである。事実、ルソーが定義しているような感情は、たとえそれが外的な偶発事のたんなる反響であるにせよ、あるいはかれの主観的な純粋性をまもろうとして、具体的な行動として外在化されることを拒否するひとつの志向であるにせよ、そのどちらかなのである。こうした無為の純粋性と外部から襲いかかる大勢の敵意のあいだでは、ルソーのいかなる行為も現実にはかれのものではなく、かれを裁くことに役立てることはできない。ルソーの決疑論は行為を意図から分離することにいかなる困難もないであろう。行為の決定はつねにある外的な力によって強制されているのだ。かれがエルミタージュに居を定めるとすれば、それはかれの意に反しながら[*]なのであり、『告白』を書くとすれば、「かれの意に反しながら語ることを強いられる[**]」からである。ソフィー・ドゥドトにたいするかれの恋は「罪あるものであっても、意志によるもの」ではなく、「意志的でない、一時的な弱さ[***]」なのであり、「性格の悪」と混同されるべきではない。ルソーがつねに優先させている原理は次のようなものである。

　行動だけでその人間を判断してはならない、ある種の逆上の瞬間がある。（『告白』[****]）

このような時には、行動は戦慄、身振い、「自律神経系の」反応などと同じく意志的なものではない。自我の本質が心情の奥底にまもられているとすれば、そしてわたしがわたしの感情のうちに本質的に現存するとすれば、わたしの感情のうちにある以外のいかなるものも、いかなる行為もわたしの純潔を犯すことはないであろう。純潔は海草におおわれたグラウコスの神像の顔と同様に純粋に、汚れなく保たれている。いかなるけがれもそれを冒すことはできない。(だからこそ、ルソーはヴァランス夫人に多くの行動の過失がありながらも、「あなたの行動は非難されるべきではあっても、あなたの心情はつねに純粋であった」*として変ることのない純粋性を与えているのである。)

意図が決定に変る瞬間においてさえも、それはもはやジャン＝ジャックではない。かれはつねに「選ぶ時間もないままに抑圧されている」**と感じているのだ。しかし、こうした抑圧されたジャン＝ジャックは運命の打撃のもとで無限に自由であると宣言するジャン＝ジャックと同じなのである。かれは自由であると感じるためには抑圧される必要がある。そして、かれを抑圧している力になおみずからをゆだねようとするためにのみ自由を取戻す。ルソーが行うことができた悪について言うならば、それは現実性をもっていない。幻影のような外観、仮借ない運命の敵意とジャン＝ジャックの良き意図の汚れのない純粋性を切り離している真空地帯に現われる蜃気楼にすぎない。このようにして、石の無実と「美しい魂」の無実は究極において等しいものとなる。用途のない自由と意識のない物体はそれらのうちに罪を生じさせることはけっしてありえないのである。

しかしながら、用途のない自由が真に問題なのであろうか。そのような自由は、外界が近づきがたいものであることを証明するためにたえず用いられるのではないだろうか。純潔な無為と自己における純粋な現存を確かなものにするためには、きわめて能動的な意志がいっさいの行為の可能性をはねつけ、そうすることによって罪のけがれを遠ざけておく必要がないであろうか。事実、なぜジャン＝ジャックは諦念に生き、運命と意志によらない衝動に身をまかせて生きたということをあれほどたえず、繰返す必要を感じていたのであろうか。『孤独なる散歩者の夢想』においては、一歩ごとに、ジャン＝ジャックは諦観し、自己自身のなかで生きることをはじめているように思われる。そしてその瞬間ごとに、かれが決定の権限を放棄し、摂理に自分をゆだねようとしている最初の決断が生き生きと理解されるように思われる。しかしながら、静穏と無実は依然として獲得されていなかったのである。かれはあらゆる瞬間にそのことを確認することが必要なのである。かれは迫害には無関心であることを自分に言い続けている。したがって、かれは依然として迫害の存在を感じ続け、あるいはその表象をつねに喚起し続けている。迫害の暗い鏡によってのみかれがみずからの無実の顔を見ることができるのであるとすれば、他にどうしようがあるというのだろうか。もっとも不可解な敵意に向い合ってこそ、かれは純粋に自己の「本質」の所有を取り戻すのである。他者の眼は悪であり、ジャン＝ジャックのなかに悪を見ている。したがって真実のジャン＝ジャックは本質的に異ったものである。

他の人々がわたしを別人と見たいのなら、それがどうだというのだ。わたしの存在の本質はかれらの視線のなかにあるのだろうか。（『対話』*）

他者はかれに影響をおよぼしていない。人々がかれの名前で中傷しているのは別の人間である。人々が裁き、陰険に苦しめているのは別の人間である。しかしながら、このようにしてかれの相違（かれの無実を意味する）をうち立てるためには、ジャン＝ジャックはたえずかれ自身のなかに隠れ家を求めることをよぎなくさせる敵対的な勢力の存在を考えなければならない。

ところで、ルソーはかれ自身の省察を承認することができないと同様に、かれの選択、行動、過ちを承認することができない。不安な、過ちに悩まされ、省察に苦しみ、恐しいほどに能動的な、ひとりのルソーはみずからを鎮静するために、無為の、省察も行動も不可能な、そして意志的には悪の道にけっしてはいりこまない、ひとりのジャン＝ジャックの神話をつくりあげる。しかしながら、こうした神話の構成はかれには構成には見えない。かれはかれ自身の神話によってもはやそうとは識別できないほどに、そしてかれ自身の二重性を感じないほどに魅惑されている。ジャン＝ジャックは選ぶ時間がないままに抑圧されているのであるが、ルソーは、選択が運命によって予告され、なすべき唯一のことは逆境のなすがままになることだけであるような状況を自分が選んだことを承認しようとはしない。ルソーはかれを圧し潰そうとする力にみずからをゆだねていることを公言しているのであるが、かれはまたそのことを自分が求めている避難の場である受動性に反するようなエネルギーで公言している。かれが書き続けている単純な事実がすでにこうした受動性になにかが欠如していることを証明している。ルソーは完全に諦観していることを示す場合においてさえも、なお不安な声でそのことを語るのであり、そうした不安はついかれの口からもれている。ジャン＝ジャックは、あたかも語るという行為そのものが、かれが自己の言葉に与えている意味を打消しているかのように語っている。かれはけっしてなにも望むことができなかったのだと言う。だがしかし、こうした無意志の優位についての言葉を生みだしている意志はだれのものなのであろうか。それは、自分自身をもはや承認することのできない、そしてもはやいかなるものをも望んでいないと信じている、ひとりのルソーに属しているのであるが、他方では、かれの意志は無実を望んでいるにもかかわらず、受動性という迂路によってそれを望んでおり、そして受動性を迫害という迂路によって望んでいることを知らない。迫害はそれを仲介としてルソーがかれの無実を所有するための手段である。しかしながら、かれはこうした手段を望むことができたことを認めることに同意しない。かれは自己の無実をなにか直接的かつ根源的なものとして感じようと望んでおり、自分が責任のある所産としてではなく、かれの内部で生みだされた無償の賦与として、ひとつの「本質」もしくは破壊することのできない、その所有を奪われることのない「実体」として感じることを望んでいる。その時から、たんに悪を克服すること、あるいは過ちの可能性と戦うことは問題ではなくなる。なぜならば、そうすることは、わたしが過ちによって汚されたこと、そしてわたしの純潔はある誤謬とかある弱さによってふみにじられることを意味するであろうからである。したがってまず問題になることは、過ちは本質的にけっしてわたしの過ちではありえず、つねに外的な現実、——他人の過ち、運命の気まぐれ、情緒の無意志の機械的な働き、ごまかしの外観の匿名の呪い——であるようにすることである。迫害妄想は、わたしが承認し、責任をもつことを拒否しているわたし自身の役割を他者のイニシァチブに(そして外部の力に)与える魔術的な操作を成功させる。わたしが逆境に受動的に自分をゆだねるのはもはやわたしの意志によるものではなく、すべてのわたしの行為を支配し、わたしの動きを監視している暗黒の陰謀の意志によってである。そこで、わたしはわたしの意志だけではなく、わたしの自由をも奪われるが、同時に、わたしはいっさいの意志と自由のうちにある潜在的な過ちを外的な逆境の責任にしてしまう。他者はわたしからわたしの行為を奪うことによって、わたしをまた悪の責任から解放し、他者が変らないままで悪人となったが故に、わたしは変らないままで純粋な人間となるのである。

しかしながら、ルソーが外部に投げ出し、他者の責任にする過ちとはなんであろうか。誕生(かれの母に生命を犠牲にさせた)が問題なのであろうか。子供たちを捨てたことであろうか。そうしたすべてが問題であると同時にまったく問題でもない。過ちの意味は、かれの母の死あるいは子供たちの放棄から生じる結果ではない。というよりもむしろ、かれに子供たちを捨てさせ、母の死をかれが負うべき罪として解釈させるようにかれを促しているものがその意味なのである。どのようにしてルソーがかれの意志、省察、行動の自由、同胞との関係を否認しているかを見るならば、人間が自分で支配していない外部と関係する、すべての行為のなかに拡がっている有罪性をかれはとらえていると言えるであろう。自由は可能なものへのひとつの危険な開口であり、可能なもののなかにはわたし自身の過ちのわたしにたいする危険がある。

すなわち、このような危険はわたしの自由とともにわたしに与えられるのであり、わたしはわたしの自由を断念することによってのみ、つまり石の無実あるいは無為の意識の無実を求めることによってしか、その危険を祓いのけることはできない。行動はわれわれの制御をまぬかれ、われわれが実現しようと望んでいる意図を裏切るさまざまな帰結をふくんでいる。善をなそうとすればつねに悪をなす危険がある。そしてつねにわれわれの力のおよばない偏流があり、われわれの行為のひとつひとつは思いがけない、豊かさをもっている。すでに注目したように、ルソーが対決することを恐れているのはこのような危険である。われわれの行為は外部に恒久的な跡を残し、そうした跡はわれわれの意図を変形し、われわれを他者から誤解される危険にさらす。そこでは、われわれは、われわれの内的現実に照応しない外観によって判断される。しかしながら、こうした外観は、われわれがそれにたいしてなかばしか責任のないものであるにもかかわらず、悪と過ちの外観なのである。省察について言うならば、ある種の原罪を構成することはすでに見てきたとおりであるが、省察によって悪は世界にはいりこみ、ある意識が他のもうひとつの意識と異っていることを発見し、そうした他の意識とみずからを比較し、それよりも優位なものであろうとする行為なのである。このようにして、人間は外見と、自分が他者にたいしてもち、他者が自分にたいしてもっている心象の奴隷となる。一度ならず、過ちは外部と相違への開口として現われるのだ。そして、他者とのあらゆる交流においてルソーは誤解の危険を予感している。かれは自分が心情の奥底で感じている確信をかれらに認めさせることはできない。あらかじめ、悪人とみなされる可能性を取除くことはできない。他人の前では、どうしても祓いのけることができない不安が残るのだ。瞬間ごとに、他者の視線のなかに有罪の自分を見出すことがあるのだ。瞬間ごとに交流の真実は脅かされ、その責任がわたしにおいかかろうとするのである。

したがって、いかなる行為もそれが介在し、決定的な過ちとなる以前に、過ちの潜在性はわれわれの存在の中心に、そしてわれわれがわれわれを越えるものにみずからをさらすことなしには生きられないという限界そのもののうちに存在している。そして、こうした過ちこそまさにわれわれの過ちであり、われわれの世界への開口と離すことのできないものである。神学的な意味でのわれわれの生そのものに結びついている本質的な有罪性が問題なのではなくて、ただたんに、われわれの意識の中心に現われ、制圧されようとしながらも、けっして完全に制圧されることのない危険が問題なのである。われわれは、われわれがかかわりあっている空間の支配者ではないのである……

純潔の充足をふたたび獲得するためには、わたしは、「外在的な」現実へのわたしの開口から生じるこうした「内的な」危険を消しさらなければならないであろう。わたしは危険を廃棄するか排除しなければならない。すなわち、わたしを外界に従属させる瞬昧ないっさいの力をわたしの外側へ投げ棄てることである。ルソーの場合における、無罪の弁明の基本的な過程は、可能な有罪にたいするかれ自身の不安を外部からかれに与えられた確実な呪いとして解釈することにある。したがって、過ちは他者との交流を強迫する触知できない危険ではなく、決定的な動かしがたい現実なのではあるが、ジャン＝ジャックに外部から襲いかかるものであり、かれを取囲んでいる悪はその根源を他の所にもっている。かれの意識を不安にしていた可能な過ちは、大勢の敵意、ある実質的な重みをもった外的な障害となったのである。その時、敵対的な力は他の側から迫り、客体としての実体的な確固さをそれはそれでもつことになる無実へとジャン＝ジャックをつれ戻そうとする。ルソーと他者とのあいだの不安な関係に続いて、永遠の敵対関係が生じるのである。迫害についての確信が、その時からジャン＝ジャックにとってはたえがたい考えであった有罪のいっさいの浮動的な可能性を決定的なものにするのである。したがって、過ちは明確にされ、重くなり、絶対的な悪となり、ジャン＝ジャックはその無実の犠牲である。かれの有罪性を他者に投げだすことによって、かれは他者にはるかに邪悪な罪の嫌疑をかける。しかしながら、そうすることによって不正の打撃のもとでかれ自身が絶対的な無実の証拠をもっていると思えるのである。かれは犠牲の純粋性を獲得するために生贄を捧げる祭司のナイフにみずからを供している。

ルソーは無罪を弁明しながらも、たえず罪を負わされていると感じている。過ちは外部に投げだされたにもかかわらず、そのために人間の邪悪はジャン＝ジャックを中傷と侮辱によって圧し潰すことによって明らかにされる。かれの敵はかれを全般的な憎悪の的にするような市民の感情を瞬間ごとにかれにたいしてあおり立てる。無実を弁明することは、同時にそこに自己告発あるいは自己処罰といったものがあるのではないだろうか。多くの被迫害者の場合と同じように、それは自己の攻撃性を自己自身に向けるやり方ではないだろうか。* ルソーは他者との交流を断つことが、たとえこうした断絶が孤独な純潔を目的とするものであるにしても、重大な過ちを構成することを知らないわけではない。したがって、ジャン＝ジャックの無罪の弁明それ自体のなかに、贖罪を必要とする過ちがあるのだ。すなわち、かれはみずからを有罪から救うべき操作そのものによって有罪となる。このようにして、無実のナルシシスムは、悪しき意識を廃棄するよりも、たえずその反復を誘発するようになる。けっして終ることのない——ある種の永久運動 perpetuum mobile——循環運動が存在し、そのために過ちはけっして絶対的に排除されず、その結果、迫害はけっして終ることがなく、無実はけっして十分に確実なものでなく、純粋化もけっして十分に完全なものとならないのである。

二つの法廷

極限においてジャン＝ジャックの意識はそれ自体に充足することを望んでいる。しかし、そこまで到達するだろうか。ディドロはルソーに次のような重要な質問を問いかけている。

わたしは、たとえあなたがどのようにしようとも、あなたのためのあなたの良心の証言を得るであろうことははっきりとわかっています。しかしながら、そうした証言はそれだけで十分であり、他者の証明を決定的に無視することはゆるされるのでしょうか。(『書簡*』)

みずからの確認によって保証されうる無実はないのである。わたしの無実の資格を確信をもってとらえるためには、わたしのそうした資格を決定する外部の判断にたよらなければならない。内部の価値を確認することが問題であるとすれば、意識の内在的な直接性は外部の保障にうったえなければならない。別の言葉で言うならば、他者の判断の媒介を受容することが必要であり、わたしはわたし自身を見出すために外の証人を必要としている。

『孤独なる散歩者の夢想』の著者はもはやだれにもうったえず、よりよく理解されることを断念し、自己の言葉を書きこみ続けてきた書類をもはや隠そうとも見せようとも思わない。しかしながら、かれは裁かれることを期待し、かれの無実が神の眼によって確認されるであろう瞬間を予想している。「人間の愚かな判決」を否認し、不当な有罪宣告の表示をかれらの顔に発見し、ジャン＝ジャックはもうひとつの法廷へ向い、神の前へ控訴する。ジャン＝ジャックの意識はそれ自体で満足することができないのであり、ある眼に透明に映ることを願っている。だからこそ、『告白』の冒頭の祈願を述べるにあたり、ルソーはまず自己を無罪にする普遍的な法廷にみずからをゆだねようとしている。

わたしは自分のありのままの姿を示しました。わたしが事実そうであった場合には軽蔑すべきもの、卑しいものとして、また事実そうであった場合には善良な、高貴なものとして書きました。あなた自身が見られたとおりに、わたしの内部の真実を明らかにしました。永遠の存在よ、わたしのまわりに、数かぎりないわたしと同じ人間を集めてください。わたしの告白をかれらが聞くのがいいのです……
（『告白』*）

他のいくつかの状況において、みずからを神になぞらえようとする誘惑がいかに強いものであるにせよ、そして神秘的な（あるいは汎神論的な）融合への要求がいかにはげしいものであるにせよ、ルソーはみずからを出頭させるべき果報《むくい》の神なしにはすまされない。このような正義の神に向い合うとき、個人の存在は姿を失わず（みずからを卑下することもなく）、その真実において誇り高く不動のものとなる。ジャン＝ジャックが神のなかに求めているのは神ではなくて、かれ自身の自己同一性を確認してくれる絶対的な眼であり、かれを透明の所有者とする評決である。その時、個人の存在は、かれが空しくも求め続けてき、敵の影によっておおわれていた確固たる本質、純潔を与えられるであろう。

したがって、ルソーの場合に自我の自律性の要求を示しているように思われたすべてがこの時点で終ってしまうのである。意識の譲渡できない特質に根拠をおいている、かれの自由は超越性にたよらないわけにはいかない。自我はそれ自身のなかに十分な根拠を見出さない**。ただ、自我はその可能性の眩惑からのがれることはできず、したがって悪の不安からけっしてのがれられない。みずからがいかなる影響をもおよぼさない、他の意識と向い合うときにも、同じ眩惑にとらえられる。誤解の可能性と、わたしを人非人にしてしまう非道な判断の準蓋然性を取除くためにどうすればよいのであろうか。他者はわたしのなかに悪人を見ることができるのであるが、わたしはそうした可能性を予防するいかなる特権ももたない。反対にかれらにとってよいと思われれば、わたしを非難する恒久的な特権をもっているのは他者なのである。世間との平常の交際はいかなる時にも錯覚と誤解の危険をふくんでいる。意識が規定されている「二重の関係」はそれが「二重の錯覚」となることを防ぐものをまったくもっていない。わたしはいたる所で中間に置かれたヴェールに出会い、仮面の犠牲となるのである。

存在と事物がわたしからいっさいのそれぞれの意味を受けとることができなくなった瞬間から、そして存在と事物がそれら自体の意味を要求し、それらの側でわたしに意味を与える権利を請求した瞬間から、わたしは可能なものの眩惑からのがれようとしてうったえるほかはないのである。それは悪を駆立てることであり、わたしからのがれていくものはわたしにとって取返しのつかないほどに敵対的なものであることを決定することである。ジャン＝ジャックの場合には、交流の病理学は、たとえそれが絶対に否定的なものであるにせよ、いくつかの絶対的な限界に根拠を置きたいという欲求から生じている。かれは「凝固された」悪を必要とすると同様にひとりの不変の神を必要としている。ひとたび人間の敵意が決定的な極限に達すると、ルソーはもうひとつの決定的な極限、それは神の審判であり、反対の可能性、すなわち本質的に無実であるジャン＝ジャックのイメージを決定するであろう極限に近づこうとする。そのどちらの場合にも、ルソーはかれの外側に絶対的な証人を見出しているのであり、このような証人の評決は最終的なものではあっても、根源的に対立した評決である。こうした二つの法廷は、ジャン＝ジャックにおいてはすでに最初から明らかなものであった、裁かれたい欲求と裁かれる不安*のアンビヴァランスの極端なかたちでの表現なのである。

このように、人間とともに不確実な関係を生きるよりも、そして交流の希望がつねに障害と誤解の危険と匹敵しあっている人間の条件の拘束を受容するよりも、ルソーはむしろそうしたアンビヴァランスの両極を分離し、絶対的な、動かしがたく対立した二つの訴訟を行おうとしている。蓋然的なものの不確実さと能動的な自由の危険と対決するかわりに、かれは二つの法廷に出頭することを選んでいる。それらの判決はあらかじめわかっており、人間の経験がけっして出会わないような純粋状態における諾《ウイ》と否《ノン》を決定的かつ極限のかたちで宣告するのだ。ルソーにとっては、神の側からすべてを期待することをゆるされる代償を手に入れるとしても、人間の側からはもはやなにも期待すべきではないということを知った苦い休息があるだけなのである。

X

水晶の透明

ルソーは倦むことなくかれ自身の透明を再確認している。「かれは陽の光のもとを歩いていった*……かれらはあえなくも清澄な水の養魚池から遠ざかろうとする……**」光り、半透明な清澄、それはジャン＝ジャックのものである。他者は暗黒の世界に属している。ルソーは自己の心情を次のように水晶になぞらえている。

> かれの心は水晶のように透明で、心のなかに起ることをなにひとつ隠せない。かれの感じる動きはひとつひとつかれの眼や顔に現われる。（『対話』***）
>
> かれらは優しい、開いた、信じやすく、容易にうちとけやすい心をもっているでしょうか。水晶のように透明で、感じられたひとつひとつの動きを眼や顔に現わしてしまうわたしの心のどこに一瞬たりとも同じような秘密が隠されているでしょうか。（『書簡』****）
>
> かれらの心の暗い迷路は、どんな心の動きも隠すことができない水晶のような透明な心をもったわたしにとってはかりしれないものです。（『書簡』*****）

わたしの心は透明なのであるが、他者はあるがままのわたしとは異ったわたしを見ている。いったいなにがわたしの真実を表明することを妨げているのだろうか。かれらがひたすらそうしようと思うならば、ありのままのわたしを見るはずなのである。しかしながら、かれらはわたしのいつわりの外観をつくりあげる。存在と外見が分離しているのはかれらなのであり、ヴェールの呪いにかけられているのはかれらなのである……

ジャン＝ジャックは狂おしいほどにかれ自身の透明を宣言しているのであるが、他方では、ヴェールは暗黒のなかで重くのしかかり、いっさいの眼に見える空間を覆う。すでに見てきたように、『ヌーヴェル・エロイーズ』の結末では、同じように透明とヴェールが同時に勝利をおさめたのであった。すなわち、ジュリーは神と直接的な交流の世界にはいったのであるが、そのために彼女は生命を捧げ、彼女の顔は永遠に死のヴェールの背後に消えなければならなかった。したがって、ルソーの個人的経験は、光りの世界とヴェールの王国の分割が生きているルソー自身によって実現されるという相違を除いては同じ地点に到達している。生きているルソーが、小説のなかでは死者のそれである状況を体験しているのであり、(したがってなにが故にルソーがしばしば自分を生ける死者として定義しているかが理解されるのであり、決定的に透明の側に存在するためには死ななければならないのだ)。

究極においては、透明は完全に眼に見えないものである。人間はわたしをありのままとは別のものに見ている。したがって、かれらはわたしを見ていないのであり、わたしはかれらにとって眼に見えず、かれらはわたしにとって無縁な不透明をわたしに押しつけ、わたしの顔にわたしに似ないさまざまな仮面をはりつけている。わたしはかれらからいっさいのわたしの現存を隠し、かれらがわたしに外観を与えることを妨げることができればとひたすら願っている。夢想は魔術的な神話に向けられるのだ。

もしもわたしが神のごとく眼に見えず、全能であったなら、わたしは神のごとく慈悲深く、善良であったろう……　もしわたしがジジェスの指輪をもらったなら、人間の隷属から脱して、かれらをわたしの隷属下に置いたことだろう。わたしならこの指輪をどう使うだろうかと、わたしはよくいろいろ夢を描いては考えてみることがあった。(『夢想』*)

眼に見えないものになること、それは存在の極端な空虚さがある無限の力に転換される地点である。ジジェスの指輪をそなえるならば、ルソーはかれの無為から脱し、行為に移り、善をなし、女たちを手に入れるであろう。さらに外観から解放されるならば、かれを不随にしている障害から解放されるであろう。そしてこの『第六の散歩』を読んでみるならば、もっとも恐るべき、もっとも不動の障害とは、他人の意識のなかに形成され、かれの透明を否定しているジャン＝ジャックのいつわりのイメージにほかならないことが見出される。眼に見えないものとなることは、もはや(一時的に)薄黒い隈で取囲まれた透明となることではなく、禁じられることを知らない視線となることである。それこそまさしく「生きた眼」となることであり、閉ざされていた空間を取戻すことである。

水晶のように透明であることは、あらゆる石のなかで水晶だけが純潔であり、石の堅牢さをもちながら、光りを通すからである。視線は水晶を通すが、水晶それ自体が周囲の物体を見透し、貫き通すきわめて純粋な視線である。水晶は石に形象化された視線である。それは純粋な状態の物体であると同様に凝固された魂でもある。したがって、ガラス化がルソーがその『化学論』のなかで最大の注意を向けている化学実験のひとつであることは驚くにたりないであろう。美しいガラスや美しいクリスタルを得ることが、きわめてしばしばひとつの「実験」が行われる目的なのである。そして、理論がはるかに先行しているのであり、基本的な諸概念が、ガストン・バシュラールが「物質的想像*」と名付けているような思いつきになおゆだねられているような科学においては、ガラス化の技術は純潔および実体の不死の夢と不可分なのである。ひとつの死体を半透明なガラスに変容することは死と肉体の分解にたいする勝利であり、永遠の生への移行なのである。

ベッヘル**が確立したガラスの土は、たんに鉱物界にあるだけではない。かれはそれとまったく同じものを植物の灰のなかに……そして、さらに第三のさらにすばらしい同じものを動物のなかに見出している。それらの土は可溶性のガラスの土をふくんでおり、もっとも美しい磁器よりも好ましい壺をつくることができるとかれは断言している。かれが大きな秘密としているいくつかの方法によって、さまざまな試験を行い、人間はガラスであり、あらゆる動物と同様にガラスに戻ることができるということを確信したのである。このことからかれは、古代人たちが死者を焼いたり、防腐処置をほどこしたりする苦心や、いとうべき、醜い屍体を、植物界の特質を示す緑色ではなくて、水仙の軽やかな色のような乳白色に仕上げられた、美しい透明なガラスの清潔な、光沢のある壺にわずかの時間にかえて祖先たちの遺骸を保存しようとしたやり方についてこのうえなく美しい省察をくだしている***……

しかしながら、透明の物理的な原因はなにであろうか。どのようにして、特定の物体は光線を通させるのであろうか。ルソーはこうした問題にたいして解答を用意している。すべての透明な物体にとっての共通な特性は流動性である。『物体の結合とその透明の原理について』と題された章において、ルソーは「物体の透明がその直接的な結合を示している部分のなかにある水と溶液****」を挙げることからはじめている。したがって物理的な世界においては直接性と透明は相関的な観念であり、もし光りがある物体を通すことができるとすれば、それらの物体が直接性を完成することとなのである。このことは「化学の」公理なのであるが、そこには心理的な領域の要求が表わされていると言えよう……透明なガラスもしくは石に関して言うならば、その堅牢さはその流動性に矛盾しないのであり、堅牢な透明は不動の流動性であり、融解した実体は堅牢な固体として「凝固」されたのである。その内在する本質においては、水晶は流動的であり、たえず「溶液」であろうとしている。そしてルソーは「流動性は物体の堅牢性の原理」であることを断言しようとさえする。『化学論』の次のような箇所を読むならば、融解と溶解の道徳的な価値を認めることを教えられるのである。

十分考えられることは、流動性が同じく透明の原理であること、そして……いかなる物体も、そのあらゆる部分が融解であれ溶解であれ流動性に同じくゆだねられたならば、不透明ではないであろうということをわたしはひたすら観察しなければならない。事実、流体のそれぞれの粒子の結合は真実のところきわめて容易に破壊されるものではあるが、だからといって完全なものでないというわけではない。そして、そのために光線が貫通するような表面はそれほど異質でなく、さまざまに屈折したり、方向を変えたりすることをよぎなくされることもなしに、光線はほとんど変化することなしに溶液を通して伝わることになる。反対に、粉砕された水晶やガラスが不透明になるのは、光りが大きさの異った、さまざまな形の粒子の表面で左右に無限に曲折することをしいられているうちに衰えてしまうからなのである。実験はまたわれわれに次のようなことも教えている。すなわち溶解された物質は溶剤と結合し、唯一のまったく光りを通す、透明な全体をつくりあげ、新しい物質が導入され瞬間的に溶液が混濁し、不透明になるまでは二度と分離されない。同様に、石、砂、金属などは、それらが焙焼され、燃素《フロジストン》を奪われると、ガラス化作用によって諸部分の適応を起し、不透明であったものが透明となるのである。*

流動性が透明の原理であるとすれば、「水晶」と「清澄な水の養魚池」の隠喩はさらに近似したものとなる。それは光線の通過をゆるす同じ内的結合を表わしている。ルソーはみずからの心を水晶になぞらえているのであるが、水晶は凝固された流動性であり、流出しない、したがって時間の外に固定された流動性なのである。

事実、ルソーの思想の晩年の状態においてはこうした透明な「凝固」は人間の世界を暗黒の、朦朧とした、攻略できない、ひとつの塊に固める不透明な凝固の対立物なのである。そしてこれらの対立のあいだの可能な交流はありえない。ジャン＝ジャックの透明は不動のものであり、外部の夜は凝結されている。なぜならば、ヴェールもまた凍結しているのであり、それはもはや薄い、浮動的な障壁ではなく、それが隠している世界を暗闇の網の目に取りこんでしまうために垂れ下げられているのである。

しかしながら、不透明なものとなるのは人間の世界だけである。自然はジャン＝ジャックの側、透明の側にとどまっている。かれは自然のなかに流動する物質の共犯を求めようとする。ルソーが生きることを願っている理想的なクリマでは、ただたんに大気の透明と色彩の輝きが必要なだけではなく、つねに水を必要としている。

きれいな音、美しい空、美しい景色、美しい湖、花、香、美しい眼、優しいまなざし、こうしたものがある面からかれの心を突き通ると、感覚に強く反応する。ほとんど春のあいだはずっと毎日、二里の道のりを歩き、心楽しくうぐいすの声を聞きに、かれがベルシに出かけていくのをわたしは見てきた。この鳥の歌がかれの耳に心地よく響くためには、水と緑と孤独と森が必要であった……　（『対話』**）

ジャン＝ジャックが幸福な無為、思考の完全な空白のうちに「充足された、完全にして十分な幸福」である「存在の感情」に到達するためにもなお水を必要とするのである。

　わたしはサン・ピエール島で、孤独な夢想にふけりながら、しばしばこのような状態にあったのだ。波のまにまに流されながら、小舟のなかに寝ころび、あるいは潮騒の湖岸に坐り、またあるいは美しい大河や、せせらぎのざわめく渓流のほとりに坐って。（『夢想』*）

このような不安定な流動性の彼方に、地上の事物の「不断の流れ**」の彼方に、存在感情は不動の、時間から引き離された流動性としてヴェールを取り除かれる。ジャン＝ジャックの魂と風景の透明のあいだに深い関連があるとすれば、それを同一のものと考えてもよいのだろうか。否《ノン》である。水は動いているのであるが、魂は「永久に持続しつつ、しかもその持続を示すことなく、なんらその持続の跡をとどめることもない***」ような現在において高められるからである。存在感情の不動の、水晶のような透明は、揺れ動く水の不安定な、変動する清澄さとは離れている。とはいうものの、外界の波のざわめきは、ルソーがかれの充足の状態を知覚するために必要なのである。かれが「不断の動き」、波の揺れを受け入れているのは、みずからのうちにそれとは異った休息をよりはっきりと感じるためにのみなのである。透明が浮き出るためには背景に暗黒の世界を必要とするように、透明が忘れさり、なすがままにさせている不断の漂流を背景とすることによってのみ透明は不動のものでありうる。「水の面がわたしに与えるイメージからこの世の事物の不安定さについて、時として、かすかな、つかの間の思念が浮かぶ****……」ように、こうした思念は、たとえそれがどんなにかすかなものであるにせよ、透明の完全を曇らせる混濁である。しかしながら、

「時として」透明をよこぎる、かすかな混濁ほど透明をはっきりと明らかにするものはない。完全な半透明は完全な虚無であろう。なぜならば、意識の透明はなにかを透明にさせるためにのみ存在しているからである。(「雲が大気のうちに形成されるように思考は魂のうちに形成される」とジュベールは言っている。*)ガラスがその反映かそれを覆った霧によってわれわれに感知されるように、意識はなにか混濁した形態が現われることによって透明なのである。したがって、透明を明らかにする行為それ自体において、透明はすでに犯されている。ルソーの陶酔は、知覚された外界の霧が薄くなり、弱まって、純粋な状態の存在であり、あらゆる思想とあらゆる感情の彼方に見出される原始の本質である静穏な現存が姿を見せはじめる瞬間に現われる。それはもっとも空白な状態(内容がない故に)であると同時にもっとも満たされた状態(充足が完全なものであるが故に)でもある。それは自己の完全な忘却、あるいは対象が「まったく自己の外側のものでない」享受としてほとんど無関心のままに現わされる。そしてルソーが、ただかれ自身の存在感情だけが存在する意識の完全な充足を断言するときにおいてさえ、かれは外界のさまざまなイメージなしにはいられず、感覚に提供され、ある種の催眠状態に感覚を固定することができるような風景を必要としている。存在は純粋にそれ自体のうちに現存しているのであるが、なおその周囲に水のざわめき、波の鼓動、星のまたたく大空、といった誕生の前の流動的な包被を必要としているのである。

メニルモンタンの転倒による失神の後で自分にたち返るのは、存在が周囲にある世界と区別されないような感覚の子供のような純粋性にたち返ることである。外界と存在が、精神のいかなる努力をも必要とせずに同時に与えられるのだ。ルソーは自分にたち返るのであるが、それはかれが「いかなる明確な観念**」ももたない自己なのである。そして、かれが恍惚として見出すものは、少しばかりの青草が浮んで見える無限の夜の空間である。ルソーが覚醒の瞬間に感じる不思議な幸福は、自我と外界をある共通の軽やかさのなかに一体化させる。(しかしながら、自我は個人の自己同一の意識の手前にあり、外界は他者との出会いの手前にある。）そしてその時、ジャン＝ジャックは透明な世界の現存を通してかれ自身の透明を享受するのである。

ビエンヌ湖の陶酔を描きながら、ジャン＝ジャックは感覚的なものを単調で規則的な動きに限定することによって弱めようとしている。意識そのものの活動は稀薄になり、純粋な自己における現存だけを存続させるのであり、奇妙な照応が思考の減退と水の静かなざわめきのあいだに生まれている。しかしながら、精神の活動も外界の現存も破棄されたのではなく、ある極端な稀薄さに還元されている。「存在の感情」は、ほとんど二重の消滅でありながら、なおかつ沈黙と無の限界にとどまっているこうした二重の減退から出現する。事物や自我のなかでなお眼に見えているものはそれらの秘密の深奥な本質ではなく、表面——表面の純潔で仮の静かさ——である。（「奥底」が掻乱されるやいなや、不幸は力を取戻すだろう。）陶酔の条件は、事物と魂において平行に展開される軽やかな表面的な動揺として描かれている。しかしながら、表面はそれを支え、魂に充足の休息を保証する神秘的かつ素朴な力を示している。あたかも無限に自己を不在にすることによってしか現存——存在——を知ることができないかのごとくにである。

『孤独なる散歩者の夢想』の『第五の散歩』に戻るならば、ルソーはもっとも透明でもっともありのままの状態における「存在感情」でないすべてのものを破棄しようとしているように、一瞬、思われる。思考や感覚的な世界は表面的なのである。感覚それ自体も障害となるのであり、われわれに直接的な享受を与えるものではなく、形態も形象もないより中心的かつ純粋な直接性からわれわれを離している。なぜならば、存在とは感覚的経験の変化に富んだ多様性の手前にある感覚された直接性なのである。ルソーはあたかも禁欲の道を選ぶかのようにイメージを拒否し、より根源的でよりつつましやかななにかに復帰しようと努めている。

他のいっさいの感動をすてた存在感情は、それ自体で満足と平和の感情で、ただそれだけで、この世において存在の甘美をたえずわれわれからそらせ、乱しにくる、あらゆる官能的現世的な刺戟を自己から遠ざけることのできる人々に、その貴重な、甘美な存在を回復させるのに十分なのである。

（『同上』*）

しかしながら数行後で、ルソーは感覚の世界をふたたびもちだしており、その現存はかれの「甘美な陶酔」にとって必要なものとされる。われわれは外界の完全な現実にもわれわれの魂の深奥にも注意をはらうことなく、表面の感受性の魔術にわれわれをゆだねなければならない。

心が平和であり、いかなる情念もその静穏を乱してはならない。その場合に、感じるひとの側の心の準備が必要であり、そのためには周囲の事物の協力が必要なのである。それには絶対的な休息も、過度の動揺も必要としないが、激動のない、間隔をおかない、均一な、適度の動きが必要である。動きがなければ、生は昏睡状態にすぎない。動きが不均衡であったり、あまりにも強ければ、それによって夢を覚まされてしまう。われわれを周囲の事物に呼び戻し、夢想の美しさを破壊し、われわれをわれわれの内部から引き離し、たちまちのうちに運命と人間の桎梏のもとに置き、われわれの不幸についての感情に引き戻すのである。さりとて絶対的な沈黙は悲しみに向う。それは死のイメージを与えるのだ。したがって、快活な想像力の助けが必要であり、天からそれを授かった人々には、かなり自然にその助けは現われるのだ。外部から生じるのではない動きは、われわれの内部で生まれる。休息がより少ないことは真実であるが、はるかに快適でもあるのだ。その時、いくつかの軽やかな、甘美な観念が魂の奥底をゆさぶることなく、いってみればその表面に軽くふれるだけなのである。

（『同上』**）

ここでは、ルソーが純粋な存在感情の名のもとに完全に捨てさろうとしたように思われた想像的なものと感覚的なものが復権されている。かれはいっさいの気晴らしをさせるものを恐れているように思われたのであるが、ここでは、われわれが「周囲の事物」のなかに現存することなくそれらの事物の影響を受けることを意味する（周囲の事物の協力を必要とするが、あまりにも強い動きがわれわれを周囲の事物に呼び戻すならばわれわれにとっては不幸である）。真の気晴らしの理論を展開しているのである。かれは、なにものも魂の奥底に触れず、ゆさぶることなしに、われわれの内部にとどまることをわれわれにうながしている。あたかも存在感情は自己と外界にたいする深い留意の代償として与えられるのではなく、反対に自己と外界の忘却の奇蹟の成果として与えられるかのようである。至高の官能的な快楽と最高の叡知はもっとも表面的な外観によって魅惑されるがままになることにある。そして、そのような外観によって内奥はその現存を明らかにすると言えよう。水晶あるいは湖の透明を知るためには、それらの表面の反映にみずからをゆだねなければならない。たとえ、反映が透明の不十分であることを暴露するにしてもなのである。

審判

『道徳的書簡』（一七五八年）のなかでルソーは意識を「自己自身と自己の同胞にたいする二重の関係」*であると規定している。これとほとんど同じ時期に、この二重の関係を「だれにたいしても自分を偽ることのできないわたしが、いったいどうして友人たちにたいして自分を偽れることがあるだろうか。たとえかれらがそのことによってわたしを低く評価することがあるにしても、わたしは、かれらがありのままのわたしをつねに見て、あるべきわたしとなることを助けてくれることを願っている」**と述べている。しかしながら、究極的には二重の評決だけが残されている。一方では、かれの同胞とのルソーの関係は真実の交流であることをやめ、不毛の対決、不動の対立なのである。他方では、存在感情は完全かつ十分な幸福、対象が「自己の外側にはなにもない」享受となり、ルソーは他者にいかなるものをも期待せず、「かれ自身の実体」をみずからの糧とすることになる。その時から、意識は二重の関係の二極性にゆだねられることをやめる。意識は二つの極のどちらか一つの極に完全にのがれ、意識それ自体だけを認めることになる。とはいうものの、外界の風景は依然として存在しているのであるが、それは人間的な顔貌をもたない限定された空間、共犯者としての自然なのである。自我はその陶酔にゆだねられ、ある時は、外界の想像的な全体と等しいものとなり、さらにある時には、表面的な動揺と反映のうえにみずからを固定することによって、いっさいのものから超然とする。しかしながら、このような幸福な充足は分裂した外界と和解せず、陶酔は迫害を除去せず、たんに迫害の償いにすぎない。現実の地平は克服しがたい障害によって閉ざされている。そしてルソーがなにものも自我に対立しない世界にみずからを投げだすのは、いっさいのものがかれに対立しているが故なのである。意識は存在感情にゆだねられ、それ自体の単一性の風趣を味わい、現実の地平において拒絶されている統一の象徴を見出そうと願う。「あらゆる世代」によって排斥されていることを知っている同じ人間が「万物の法則」(そこにはかれの迫害者たちはふくまれていない) のなかに恍惚として自失している。ルソーの意識は、能動的な関係がいかなる意味ももたない二つの世界に交互にゆだねられているのだ。ひとつは、それが取返しのつかないほどに分裂されているが故にであり、もうひとつは、それが一挙にして完全なものであるが故にである。そして、たとえそれがどのようなものであろうとも、企てることはなにもなく、危険をおかすような「二重の関係」は存在しない。ある時は、唯一の可能性は不透明な敵意の前に忍従することであり、またある時は、神の、現存の、存在の透明に自失するだけなのである。しかしながら、真実の統一は、これらの矛盾する状態の交替という単純な事実によって犯されている……

内的単一性の経験――いくつかの特権的な契機において与えられる――は、わたしを他者と同時にわたし自身に結びつける現実の統一の不可能を償っているのであろうか。陶酔とともに万有の想像力に生きることは、二重の関係の挫折を回復するのに十分なのであろうか。分裂のなかに意識が体験する象徴的な統一はいかなる価値をもっているのだろうか。その場合に、象徴はそうした分裂を否定し、克服するほどに十分強力なものなのであろうか――それとも、とるにたらない幻想、つまらない慰めにすぎないのであろうか。「美しい魂」にたいするヘーゲルの厳しい態度はよく知られている。すなわち、美しい魂がその前に所有していると信じている対象は、なお魂そのものなのである。魂がすべてを考えているとしても、それは魂自体の透明、そして究極的には、それ自体の空白、不安定な空虚を考えているにすぎない。「意識としての魂は、自己と客体の対立に分割されており、客体は、魂にとっては本質なのであるが、こうした客体こそまさしく完全に透明なものであり、自分の自己であって、その意識とは自己知にすぎない。いっさいの生といっさいの精神の本質性はこうした自己に帰属する」*のである。美しい魂はある純粋な世界を創造するが、それは魂の言葉であり、ただちに魂によって知覚されるその反響なのである。しかしながら、「こうした透明な純粋性のなかで」、魂は「大気中に消えていく形のない水蒸気のように消失して」しまう。魂はいっさいの現実性を失い、それ自体のうちに消滅し、極端な抽象作用によって気化される。おそらくノヴァーリスを目標にし、さらにノヴァーリスを越えて『孤独なる散歩者の夢想』のルソーを目標にしていたと思われるヘーゲルにとっては、透明はある種の自己喪失であり、自我と自我の自己同一性の不毛の再確認なのである。

ヘルダーリンの詩的な解釈はそれとはまったく異なっている。『ライン』**讃歌の中心において現われているルソーは、「大地の息子」であり、ディオニソスのように神のような熱狂において語る半神である。かれは、いかなる努力もなしに万有を受け入れることができ、天と歓喜の重みをその双肩に担う選ばれた者のひとりである。さらにはっきり言うならば、ルソーについてのオード*のなかで、ヘルダーリンは、影のごとき存在となりながらも、やがて遠い太陽の光りのなかで立上ろうとする被迫害者の悲惨を描いている。ルソーは「孤独な言葉」であり、なおその言葉を理解する新しき人間たちを待っている。そしてまた、かれは「哀れな人間」であり、休息を見出すことなく沈黙のなかをさまよう、「埋葬を受けていない死者たち」にひとしい哀れな人間なのである。しかしながら、こうしたさまよえる逃亡のイメージの後に、祭りとディオニソス的な行列のイメージ、さらに「祖国の土壌から生まれる」樹のイメージが続くのである。この最後のイメージは、休息のない彷徨とは対照的な、深い安定性のイメージである。樹の有機的な隠喩は意味深いものであり、シェリングをここでは思わせるような「生命にあふれた」直観を表わしている。樹は発展であるが、それは「閉ざされた」発展であって、やがてふたたび衰えてしまい（その枝と梢はいたましく傾く）。樹はそれを取囲んでいる無限からは離れているが、その無限は内的なものとして木によって取戻され、果実の成熟に参加する。詩の第八節では次のように歌われているのだ。「ありあまる生命、樹のまわりに極光のごとくそそりたつ無限、樹はけっしてそれらをとらえない。だがしかし、それらは樹のうちに生き、熱烈で有効なものとしてあるのだ。果実が湧き現われ、こぼれ落ちる。」われわれが現実の世界の忘却とみなしていた不幸な分離にもかかわらず、全空間は有機的な内在性のうちに復原され、そこに集中され、さらに果実の形でそこから離れようとしている。樹は「ありあまる生命」をそのまわりにとらえておくことは不可能ではあっても、その内部に所有している。生命は樹を貫いて、それを離れ、果実、有効な言葉となり外界にふたたび戻るのである。

ヘーゲルの判断とヘルダーリンの詩のあいだは深いへだたりがある。こうしたへだたりは、絶対の哲学者と回帰の詩人によってとらえられた展望の相違、すなわちジャン＝ジャックの「自然の神秘」を正当化することを前者は拒否し、後者は受け容れている相違をたんに示しているだけではない。こうした二重の展望は両者の解釈に手がかりを与えているルソーの晩年のテキストのアンビヴァランスによって理解されなければならない。一方では、障害の拒否と「自己の喪失に到達する、世間における行動の拒否」*がある。ルソーはかれ自身の透明の確固たる確認によって自己を喪失しているのだ。しかし他方には、貧困と不幸のなかに名もなく限りのない幸福が存在している。『孤独なる散歩者の夢想』と『告白』は、こうした幸福は弁明できないものではあるが、また人間的な正義のいっさいの規範を越えて正当化されるものであることを物語っている。ビエンヌ湖の陶酔のなかで、「おろかな」そして「対象のない」夢想のなかでルソーは、（『第五の散歩』にしたがうならば）かれ自身の存在の直接性、すなわち、いかなるヴェールもかれを引き離すことのできないほどに原初的な、中心的なものをかれのうちに認知しているのである。水の流れのまにまに存在は弱まり、まったくありのままの現存となり、かれ自身の源泉のかすかな音とかれの眼が凝視している空虚な空のほかには、もはやなにも見えず、なにも聞えない極限状態にたちいたるのである。したがって、こうした自己における直接的な現存はまた普遍的な自然における現存でもあり、『告白』においてルソーが、『第五の散歩』において存在感情のものとしている同じ幸福な瞬間を汎神論的陶酔として描いているのは意味深い。ジャン＝ジャックは障害もなければ仲介もない宇宙的な力との接触を知るのである。

ときには、感動をこめてわたしは叫んだ。「おお、自然よ、おおわが母よ、わたしはいまここに、あなたひとりの保護のもとにいます。あなたとわたしのあいだに介在する狡猾で、悪辣な人間はいないのです。」（『告白』**）

もしこれら二つの文章が同じ陶酔を描いていることを認めるならば、「根源において」（存在感情において）とらえられた自我とその母なる全能性においてとらえられた自然が相互に混同され、これら二つの言葉のおのおのがたがいに混同されて用いられているように思われる。そして、ヘルダーリンが神の恵みによって「死すべき人間を」圧し潰し「恐れおののかせる」驚異として考えたのもまさにそのことであった*。しかしながら、ヘーゲルが異議を申立てているのもまさしく、こうした自我と神格化された自然の（両者はともに直接的に認知される）同一化なのである。ルソーは世間から身をひき、省察を避け、「絶対の相違にみずからをゆだねること」を拒否することによってこのような幸福を味わうのである。したがってルソー自身は、かれの「瞑想」が能動的な人生を乗り越え、克服する態度ではなくて、そこから遠ざかる脱出であることを知っている。そして、かれはそのことについて自己を弁明したい欲求を感じている。孤独においてかれに与えられる幸福は普遍的な範例として提示されえない。このような幸福は秩序にしたがって生きている人間には禁じられたものであり、ジャン＝ジャックは、かれが例外の状況に投げこまれたが故にこそ、そしてかれの運命が比類のない、異常なものであるが故にこそそれを享受する権利をもっている。この幸福は、人間がジャン＝ジャックにたえしのばせた不正（それ自体が弁明できない）によってのみ正当化されるが故に、人間的に弁明できないものである。その償いが——透明の陶酔——合法的なものとなるのは、すべてのものが人間の過ちによって混濁されたという理由によってのみなのである。

なるほど、事物の組織が今日のような時代にあっては、かれらが〔人間が〕あの甘美な陶酔を渇望するあまり、能動的な生活をいやがることは——能動的生活への、かれらのつねに新たに生まれる要求が、結局、かれらに義務を命ずることになるので——あるいは善いことでないかもしれない。しかしながら、人間の社会から削除された、ひとりの不幸な男ならば、もはやこの世では他人にたいしても自分にたいしても、有益なことも善いこともなすことのできなくなった男ならば、人間のあらゆる幸福にたいするいくつかの償いをこの状態のなかに見出してもよかろう。これくらいは、運命も人間もかれから剝奪することはできないであろうから。(『夢想』*)

あたかもヘーゲルの批判を予見していたかのように、ルソーはかれ自身の意向によって「能動的生活」から身をひいたのではなかったことを主張することによってかれ自身の弁護を提出している。かれは排斥されたのであり、削除されたのであり、行動することをゆるされなかったのであり、かれ自身からのあらゆる出口を禁止されたのであった。そこでかれは迂回と他人の媒介によって自己への道をたどろうとしたのであるが、たちまち追いまわされ、かれにのこされた唯一の譲り渡すことのできない隠居に逃れたのであった。それが、直接的享受、自己と自然における現存、かれが希求しながらも、はねつけられた現実の統一にかわる想像された統一なのである。ルソーは、かれの「甘美な陶酔」が本質的な喪失にたいする「償い」であることを知っている。ビエンヌ湖の岸辺でかれに現われたものは最良のものであるとヘルダーリンは述べている。だがしかし、ルソーはこのうえもない悪がかれに加えられたが故にこそ「最良のもの」に権利を与えているにすぎない。こうした幸福と分ちがたい、ひとつの過ち、虚偽の世界、「狡猾で悪辣な」人間たちにのしかかっている過ちがあるのだ。(ルソーはかれらの不在を楽しみ、母なる自然に向って飛躍しようとする瞬間においてさえも、かれらの存在を忘れることはできない。)したがって、統一の陶酔は現実の和解をふくまない。反対に、根本的なそして謎の不和が永久に続けられる。ルソーは、十分な倫理的正当性をもたない「直接的な生」が社会的人間に課せられる義務からみて有罪ではないかと怖れているかのようである。直接的な生とは、他者が全体として有罪である場合にのみ完全に無実なものであるにすぎないであろう。ルソーはかれが行動し、かれの自我から脱出することを妨げている人々に孤独な享受の有罪性を転嫁している。「美しい魂」は悪しき意識をもっているのではあるが、あらゆる悪を虚偽の世界の責任にする。したがって陶酔において普遍的なものと特異なものとの理想の一致を知ることはなにものをも償わない。まさに反対に、陶酔の「償い」が正当なものとなるためには、いっさいの具体的な統一への希望が決定的に失われなければならない。こうした「甘美な陶酔」は最良のものの欠如によってのみ、すなわち魂の結合、意識と意識が照り輝く光りのもとで結ばれるような祭りの欠如によってのみ、人間的な友情の欠如によってのみ最良のものであるにすぎないのではないだろうか。影はあらゆるその他の世界を塗りつぶし、美しい湖で小舟を漕ぐことしか残されていないのだ。事実、自然と存在感情の理想の普遍性にみずからをゆだねながら、ルソーはみずからが不当にも排除されていると感じている人間の世界を忘れることができない。もしジャン＝ジャックがかれの告発者たちに反抗する被告でないならば、このような「神のように」かれ自身に充足する孤独者ではないであろう。すでにジャン＝ジャックの自己革命を解釈したときに注目してきたことであるが、内的生活への沈潜は不正な社会の告発と結びついているのであり、そのことは、社会的な悪のイメージがよりいっそう架空の、妄想的なかたちをとっているルソーの晩年の著作にいたるまで真実なのである。したがって、ロマンティシズム型の「内的経験」への基本的な選択を正当に読みとることができるルソーの「神秘的な」テキストにいたるまで、そのなかに腐敗した社会に反対するひとつの拒否、抵抗、挑戦を同じように読みとらなければならない。したがって、ジャン＝ジャックの註解者たちおよび讃美者たちには二重の展望が与えられている。すなわち、十八世紀末にかれに捧げられることになる尊敬は、政治的な英雄と感傷的な英雄に渾然と向けられていたのであり、ある人々はかれのなかに純粋に内的な啓示の予言者を見ており、また一方では他の人々は新しい人間、古い制度に抑圧されない犠牲者、不屈のそして究極的には不当な不条理な秩序に打ち勝った敵対者に敬意を表することになるのである。

こうしたいかなる観点をも分離することはできない。ルソーはかれ自身の透明のなかにみずからを喪失する「美しい魂」ではあるが、その魂の嘆きと歌はこの世界における行動となるのであり、こうした行動の力は、ルソーがいっさいの力を断念しているように思われる文章におけるほど大きいものはない。迫害に直面し行動することを拒否されたがために、おそらくかれは百倍もの行動の能力を不思議なことにも与えられたのであろう。ヘーゲルにとっては、「美しい魂」は「大気中に消えていく形のない水蒸気のように」それ自体のなかで消滅する。しかしヘルダーリンは、ルソーを嵐に遭遇して飛翔する鷲になぞらえている。そして、その場合のもっとも公正なイメージはおそらく嵐の重い黒雲であり、革命であり、「来るべき神々」なのである。

そしてかれは飛翔するのだ、大胆な精神よ、
嵐に遭遇する鷲たちのように、
神々の到来を予言しながら*

「こうしてわたしは地上でただひとりになってしまった……」

なにはともあれ、『孤独なる散歩者の夢想』を書いている人間に最後の一瞥を与えなければならない。人間の世界の敵意の影と来るべき審判のあいだがかれの住んでいる場所であり、それは空白、無為、関係の完全に不在の場である。冷たさにかれは打ちひしがれている。その時、かれは書かなければならない、

かれ自身に向って語りかけなければならない。そうしなければ、かれの意識はその前にいかなる対象をももたないであろう。なぜならば、かれは完全に空白に場所を譲ることを甘受することはできず、無言の自己であることはできないのだ。もしかれが語るとすれば、かれの最後の自由は破壊されておらず、悪人たちは遠く隔っていることを確信しているのだ。この最後の自由はもはや行為やイニシァチブの源泉ではなく、内面の休息の、そしてどうあっても語ろうとする力の要求にすぎない。

なにごとも真実ではなく、なにごともかれの周囲においては現実ではない。すべてが迫害のきざしである。しかしながら、かれは存在の充足を証明しなければならない。そしてもし衰弱した現在がかれにいかなる手がかりをも与えないとすれば、休みなく、はるか彼方の、すなわち過去の、遠く離れた、あるいは死後の時代における存在を出現させなければならない。したがって、かれはみずからの過去のイメージによってみすてられないために、そしてかれを受け入れ、正当なものとするであろう審判を見失わないために書くことを続けなければならない。言葉は古い幸福の反映を保ち、まだ隠れてはいても、やがて出現するであろう証人としての神を存在させるのである……

内面の涸渇、オートマティズムに還元された生の不毛を嘆くために、涸渇することのない源泉の存在を証明し、かれが自由に駈け回る想像の空間を投影することができる言語をかれは見出すのだ。かれは無であるとはいえ、かれがみずからの空虚を語るメロディの充足にうったえている。かれはもはや無であるとはいえ、その無を表明することによって、それを透明なものにし、神の眼に示そうとしている。かれはもはや熱烈な情熱をもたないとはいえ、心情の冷却は、その恍惚と陶酔を物語るより古い自我に言葉を与える。かれは無為であるとはいえ、書くことによってその無為を説明し、ペンは紙を黒くうめるのである。

つきることのないかのごときこうした手段は、隠された力、虚無においてふたたび回復される無限の能力を証明している。しかしながらそれはまた、ルソーが悪と断罪の地平をみずからに与え、それと対決しながら自己の純潔を手に入れようとする偏執的な活動をも証明している。敵意ある世界の暗黒の存在もまた、より完全に透明を自己のものとするためにルソーが必要としている根拠なのである。

ルソーおよび聴衆もなしに、脅かされている存在を救おうとするかれの言説の賞讃すべき執拗さは、執拗に続くひとつの妄想の対立部である。『孤独なる散歩者の夢想』のなかには、妄想の確信の単調な反覆と破壊から魂を護ろうとする声の美しい歌が同時に見出される。そしてその声は錯乱しているとはいえ、それはまた錯乱に答えているのであり、その応答のなかには錯乱を貫き通すことができた内面の力が表わされている。(そしておそらく、それだけが理性と呼ばれる権利をもつであろう。)

世界は、ルソーが解明できない謎によってかれの周囲の意味を変えたのであるが、自我はみずからを汚れなきものと感じ、執拗にその恒久性を要求している。意味妄想がかれの周囲で出会うものは暗黒と仮面をつけた姿だけである。あらゆるものが、脅迫、監視、みだらな中傷の意味をもっており、そのことから、ジャン＝ジャックのあらゆる行為、あらゆる言葉は妥当でない、虚偽のものとなる。それらはすべて想像の脅威に答えているのだ。しかしながら、ルソーの錯誤がたとえどのように深いものであろうとも、かれが思っている究極の「応報」のイメージがたとえどのように素朴なものであろうとも、かれが自己の弁護のために対抗させている議論の構築がいかに脆弱なものであろうとも、その旋律のうちにはかれの錯誤を贖おうとする言葉が聞えている。ヴェール、交流の不可能性もまた狂熱的に無実を叫ぶ言葉そのもののなかに、規則正しい文字がぎっしりと並んでいる清書された原稿の行間に、毒をふくんだいくつかの単語の偏執的な反覆のなかに現われている。しかしながら、ヴェールを織りなしているこの同じ言葉がまた、透明をも言い表わしているのだ。そしてどこからそうした力をもつのかさだかではないが、その言葉は波のざわめき、透明な運動となり、ヴェールから解き放たれた存在がそこに透明に現われる。それもほんのつかの間の晴れまに——時間の外の。

註

四 * *Discours sur les Sciences et les Arts. Œuvres complètes.* (以下 *O. C.* と略す)『学問芸術論』全集第三巻。なおルソーの綴字は現代のものに改めてある。

** *Ibid.* (同上)

五 * Jean-Baptiste Rousseau, 《Ode à la Fortune》, *Odes*, II, 6, str. 12. (ジャン＝バチスト・ルソー『幸運へのオード』)

六 * *Confessions*, liv. VIII. *O. C.*, I, 352.

** *Discours sur les Sciences et les Arts. O. C.*, III, 14.

*** Horace, *De Arte Poetica*, vers 25. (ホラティウス『詩法』)

七 * *Discours sur les Sciences et les Arts O. C.*, III, 8–9.

八 * *Lettre à Christophe de Beaumont. O. C.*, IV, 966.『クリストフ・ド・ボーモンへの手紙』(以下『ボーモンへの手紙』と略す)

九 * *Phrases écrites sur des cartes à jouer*, appendice aux *Rêveries du Promeneur solitaire*, édition critique par Marcel Raymond (Genève, Droz, 1948), 167; *O. C.*, I, 1165. (『トランプに書かれた言葉』マルセル・レイモン編監修『孤独なる散歩者の夢想』(以下『夢想』と略す) における補遺、ジュネーヴ、ドローズ書店)

** *Confessions*, liv. 1er. *O. C.*, I, 5.

*** *Confessions*, première rédaction. *Annales Jean-Jacques Rousseau*, IV (Genève, 1908), 3; *O. C.*, I, 1149. (『告白草稿』。ルソー年報、第四巻)

一〇 * *Confessions*, liv. 1er. *O. C.*, I, 8.

** *Op. cit.*, 9. (『前掲書』)

*** *Op. cit.*, 8.

**** *Op. cit.*, 5.

一一 * *Confessions*, liv. 1er. *O. C.*, I, 20.

一二 * *Confessions*, liv. 1er. *O. C.*, I, 18–20.

** *Ibid.*

一三 * *Ibid.* ルソーにおける透明のテーマについては P. Burgelin, *La Philosophie de l'Existence de J-J. Rousseau* Paris, 1952, pp. 293–295 その他を参照。

** *Ibid.*

一五 * *Émile*, liv. III. *O. C.*, IV, 431.

** *Confessions*, liv. 1er. *O. C.*, I, 21.

*** *Lettres morales. O. C.*, IV, 1092.

**** ルソーの最初の経験についての資料を探すならば、『告白』にたよることは避けなければならないとおそらく言えるであろう。『告白』を支配している観念は中傷の罪の容疑に答えるということであり、不当な告発という主題はルソーの幼少時代に真に属しているものではなく、ひとりの被迫害者の強迫観念の回顧的な投影であると言えよう。しかしながら、かれについてわれわれがもっている最初のテキスト——二十歳以前に書かれたひとりの従兄弟に宛てた手紙——はまさしく弁明の行為なのである。「すべてのこうしたことから、君にわたしを非難させようとしているひとの呪わしい性格を君は知ることができるでしょう。……こうした肖像によって君はかれのやり方の卑劣さを認め、わたしにたいして君がおちいっている誤った偏見を捨ててください。」(*Corr. Gén.* I, 1)。手紙は、ルソーが犯された友情を回復するために戦おうとする隔りと誤解を確認することからはじめられている。かれは従兄弟にとって無縁の人間となったことを嘆き、「たとえ君がまるで見知らぬ人に書くようなやり方でわたしに書くとしても、わたしはともかくわたしたちのいつもの流儀で君に答えないわけにはいかない。そうした態度によってこそわたしは君が手紙のなかでわたしにしている非難を君にはらしたいのです……」と書いている。この奇妙な書き出しは、意識の分裂の経験とルソーがやがてかれのあらゆる同時代人たちに向けて訴えることになる誤解の苦しみをかれの出発点に位置づけさせるのである。

一七 * *Discours sur les Sciences et les Arts*, O. C., III, 22.

** *op. cit.*, 8.

一八 * *Discours sur l'Origine de l'Inégalité*. O. C., III, 133.(『人間不平等起源論』以下『不平等論』と略す)

** *Ibid.*

一九 * *Préface de Narcisse*. O. C., II, 971–972.(『ナルシス序文』)

** *Dialogues*, II. O. C., I, 829.

二〇 * Friedrich Hölderlin,《Rousseau.》*Sämtliche Werke* (Stuttgart, Kohlhammer, 1953), II, 12–13.(フリードリッヒ・ヘルダーリン『ルソー』)

二一 * *Discours sur l'Origine de l'Inégalité*, préface. O. C., III, 122. Cf. Platon, *République*, X, 611.(『不平等論』、プラトン『共和国』を参照)

二二 * *Op. cit.*, 123.

** ルソーの政治的な保守主義の、一見して驚くべき、いくつかの側面は、ある国家の構造における変化はほとんどつねに、ある堕落に等しいとすることによって表わされている。すなわち、「フランスの君主制を構成している莫大な大衆を煽動する危険を考えてみるがよい。いったいだれがひき起される激動をとりおさえたり、それによって生じるいっさいの結果を予見することができるだろうか……たとえ現在の政府が依然として過去のそれと同じものであろうとも、あるいは多くの世紀にわたって自然にいつとはなしにそれが変化していようとも、それに修正を加えようとすることはいずれにしても無謀なことである。もしそれが同じものであるとすれば、それを尊重しなければならず、それが退化しているとすれば、それは時と事物の力によってそうなのであり、人間の叡知はなにもなすことができない」のである。(*Jugement sur la Polysynodie*. O. C., III, 638.『多元会議制批判』)ルソ一の思想は、この点についてはモンテスキューに近い。両者のあいだには、同じような慎重さ、原始的な制度の保持とその退化という二者択一、進歩の名による行動への移行にたいするためらい……などが見られる。

二五　＊　*La Nouvelle Héloïse*, partie V, lettre III. *O. C.*, II, 564.

＊＊　*La Nouvelle Héloïse*, partie III, lettre XVI. *O. C.*, II, 336.

＊＊＊　*Confessions*, liv. Ier. *O. C.*, I, 30–31.

＊＊＊＊　*Rêveries*, sixième Promenade. *O. C.*, I, 1055.

二六　＊　*Op. cit.*, 1054.

＊＊　*Rêveries.*, première Promenade. 996.

二七　＊　*La Nouvelle Héloïse*, partie III, lettre XXII. *O. C.*, II, 389.

二八　＊　*Dialogues*, III. *O. C.*, I, 936.

＊＊　Cf. H. Gouhier, 《Nature et histoire chez Rousseau》, *Annales J.-J. Rousseau*, XXXIII, 1953–1955.

三〇　＊　*Discours sur l'Origine de l'Inégalité. O. C.*, III, 132–133.

＊＊　Ernst Cassirer, 《Das Problem Jean-Jacques Rousseau, *Arch. für Geschichte der Philosophie*, 1932.

三一　＊　*Lettre à Christophe de Beaumont. O. C.*, IV, 967.

三二　＊　*Préface de Narcisse. O. C.*, II, 969.

三七　＊　*Lettre à Christophe de Beaumont. O. C.*, IV 966–967. (『ボーモンへの手紙』

三八　＊　*Préface de Narcisse. O. C.*, II, 968.

四〇　＊　*Contrat Social*, liv. Ier, chap. II. *O. C.*, III, 353.

四一　＊　*Discours sur l'Origine de l'Inégalité. O. C.*, III, 143–144.

四二　＊　*Émile*, liv. II. *O. C.*, IV, 370.『エミール』と『不平等論』の未開人の類似は George Poulet, *Études sur le Temps humain*（ジョルジュ・プーレ『人間的時間の研究』）において示唆されている。

＊＊　Condillac, *Essai sur l'Origine des Connaissances humaines*, I, I, II, § 11.

＊＊＊　ルソーはつねに「感覚の真実」を公言しているわけではない。かれが「プラトン的傾向を示す」ときにおいては、感覚を誤謬の力としてすなわち「われわれの魂が光りを欲する五つの窓のようなものであり、その窓は小さく、ガラスは曇り、壁は厚く、家屋はきわめて日当りが悪いのです。」（*Lettres morales O. C.*, IV, 1092.）

四三　＊　*Discours sur l'Origine de l'Inégalité. O. C.*, III, 164–165.

＊＊　*Op. cit.*, 165.

四四　＊　*Op. cit.*, 165–166.

＊＊　*Op. cit.*, 138.

四五　＊　*Op. cit.*, 169.

＊＊　*Op. cit.*, 174.

四六　＊　ルソーは「ストア派の完全な平静《アタラクシー》」と原始人の「休息と自由」を平行に並べている。（*op. cit.*, 192）

** *Op. cit.*, 174–175.

*** *Op. cit.*, 191.

四七 * Friedrich Engels, *Anti-Dühring* (Zürich, 1886), 131. (フリードリッヒ・エンゲルス『アンチ・デューリング論』)

** *Discours sur l'Origine de l'Inégalité.* O. C., III, 191.

四八 * 「最初に読んだときから、わたしは、これらの著作は、その内容の脈絡を追っていくためには、ある順序を見出さなければならず、その順序にしたがって進行していると感じていた。」(*Dialogues*, III. O. C., I, 933).

五〇 * Cf. *Émile*, liv. V. O. C., IV, 837. ルソーは、かれが既成の秩序を混乱させ、王政フランスの制度を転覆しようと望んだということを、たしかに真摯な態度で否認している。『山からの手紙』(第一部、第六の手紙)において、かれは、『社会契約論』が実在する社会にとって代るべき都市《シテ》のイメージを提出しているのではなく、混乱によって腐敗する以前のジュネーヴ共和国の姿を描くことに限定したものであることを主張している。そのかわり、『告白』においては、『社会契約論』は、ルソーがその「適用を求める」ことを望まなかった抽象的な省察の作品としてわれわれに提出されている。すなわち、かれは人間が、普遍的に所有している「考える権利」を十分に行使したにすぎなかったのである……ただ忘れてはならないことは、『告白』、『対話』、『夢想』などの作品は過去に純潔な色彩を与えようとして過去を再構成していることである。純潔なひとりのルソーは純潔な作品のみを書いたのである。こうした展望によるならば、政治的著作はすべてその効用を失い、ひとりの美しい魂の躍動の証言にほかならないことになる。政治的な志向でありえたはずのすべてが、「かれの体系はおそらく誤っているかもしれないが、それを展開することによって、かれはみずからを真実に描いたのであった。」(*Dialogues*, III. O. C., I, p. 934)と書いているように、もはや自我の表現としてのみ解釈されている。すべてが個人的告白の詩のなかに吸収されるのである。ルソーはもはや、かれの作品がなにか可能な行動を示すことを望まない。作品はその作者を示すだけであり、間接的な肖像であり、溢れでるような心の動きを描いてはいても、政治的領域においてなにか重要な意味をもつものとして判断すべきではない。

五一 * 一七八六年の *Muthmasslicher Anfang der Menschengeschichte*, (『人間の歴史の始まりについての推測』) *Gesammelte Schriften* (Berlin, Reimer, 1912), VIII, 107 et sq.

** E. Cassirer, *op. cit.*, 498. (カッシラー『前掲書』)

*** エリック・ヴェーユは同じ考えを強調している。すなわち、「人間は自然の独立状態のなかで生きることができるとともに、法への完全な従属のもとに生きることができる。そのような法とは、自然人の従属が自然への直接的な従属であるのと同様に、理性の必然への直接的な従属であるが故に、自由なのである。」(*J.-J. Rousseau et sa politique*, in *Critique*, nº 56, janvier 1952, p. 9)

五二 * *Discours sur les Sciences et les Arts.* O. C., III, 30.

五八 ＊ *Dialogues*, III. *O. C.*, I, 936.

五九 ＊ *Discours sur les Sciences et les Arts. O. C.*, III, 19.

六〇 ＊ *Confessions*, liv. VIII. *O. C.*, I, 351.

六一 ＊ かれがジュネーヴの市民権を放棄する手紙を書いたそのすぐ後で、ルソーはデュ・ペイルーに自分を市民と呼ぶことを求めている。

六二 ＊ *Confessions*, liv. VIII. *O. C.*, I, 362.

六三 ＊ *Op. cit.*, 364–365.

六四 ＊ とくに『告白』第九巻において、ドゥドト夫人にたいする愛を弁明した「ソフィスム」にたいするルソーの批判を参照するがよい。

＊＊ ジゥベールの次のような指摘に注目したい。「たとえばジャン＝ジャック・ルソーの著作においては、魂はつねに肉体と混同されていて、けっして肉体から離れない。」(*Carnets*, éd. A. Beaunier, vol. II, 496)。しかしながら、また嘲笑のニュアンスをこめて「ルソーは言葉に血肉の情愛をこめている」ともかれは書いている。(*Ibid.*, 729)

＊＊＊ 理性に与えられる役割については Robert Derathé, *Le rationalisme de J.-J. Rousseau.* (Paris, 1948) 参照。

六五 ＊ *Correspondance générale*, vol. XVI, 239.

＊＊ *Rêveries*, troisième Promenade., *O. C.*, I, 1015.

＊＊＊ *Ibid.*

六六 ＊ *Confessions*, liv. IX. *O. C.*, I, 455.

六七 ＊ 感覚的直接性と理性的直接性の区別については Jean Wahl, *Traité de Métaphysique* (Paris, Payot, 1953), 498 et sq. 参照。

＊＊ *Rêveries*, troisième Promenade. *O. C.*, I, 1015.

六九 ＊ *Rêveries*, huitième Promenade. *O. C.*, I, 1083.

＊＊ Troisième lettre à Monsieur de Malesherbes. *O. C.*, I, 1139–1140.（『マルゼルブへの第三の手紙』）

＊＊＊ *Confessions*, liv. VIII. *O. C.*, I, 388.

七〇 ＊ Kierkegaard, *Journal* (1849), trad. Ferlov et Gateau, vol. III (Paris, Gallimard, 1955), 15.（キェルケゴール『日記』）

七一 ＊ ひとが俗世を放棄したときに、公にそれを発表するという逆説は、それが死んでいく者の言葉である場合には考慮の余地がある。したがってルソーは自分が死に瀕していると信じているのであり、かれの言葉は死によって短い執行猶予をあたえられた人間の言葉である。「わたしは自分を死んだ人間として眺めたとき、はじめて生きることをはじめたのだ。」(*Confessions*, liv. VI, *O. C.*, I, 228)。かれが筆をとる場合はいつでもそのたびごとに、かれはその憂鬱症によって最後の言葉を述べているような人間の状態にほんとうにおかれるのである。だからこそ、かれは語る権利をもつのであり、白鳥の歌は社会的な虚栄の行為ではない。かれの最後の言葉 ultima verba に注意するならば……それはたんに悲壮な誘いの行為ではなくて、自己自身にたいする弁明である。そして死の切迫が世俗との決裂を決定的なものとしている。

＊＊ A. M. de Saint-Germain, 26 février 1770. *Correspond-*

ance générale, XIX, 261.（サン・ジェルマン氏宛の手紙，『書簡集』）

七三　＊　キェルケゴール『前掲書』。

七四　＊　Rêveries, troisième Promenade. O. C., I, 1016. ルソーは次のように付け加えている。「今後ともなにか発見したら，それを十分考えた後で，わたしの余生に資するものたらしめよう。」

七五　＊　この表現は『マルゼルブへの第二の手紙』に見られる。(O. C., I, 1136)

七七　＊　Annales J.-J. Rousseau,（『ルソー年報』IV (1908), 244; O. C., I, 1164.

七八　＊　Épictète, Manuel, XVII.（エピクテトス『提要』）

＊＊　Confessions, liv. VIII. O. C., I, 363.

七九　＊　Op. cit., 378.

＊＊　Op. cit., 351.

＊＊＊　Ibid.

＊＊＊＊　Op. cit., IX. O. C., I, 416.

八一　＊　Le Persifleur. O. C., I, 1108–1109.

八三　＊　Op. cit., 1109–1110.

八四　＊　Dialogues, II. O. C., I, 817–818.

＊＊　Op. cit., 865.

＊＊＊　こうした「大気の比喩」の重要性はマルセル・レイモンによって強調されている。(《J.-J. Rousseau. Deux aspects de sa vie intérieure》. Annales J.-J. Rousseau, XXIX, 1941–1942.

＊＊＊＊　Dialogues, II. O. C., I, 795.

八七　＊　Op. cit., 865.

九〇　＊　Confessions, liv. IX. O. C., I, 417.

九一　＊　Ibid. B. Munteano, 《La solitude de J.-J. Rousseau》, in Annales J.-J. Rousseau, XXXI, 1946–1949 参照。

九三　＊　Confessions, liv. IX. O. C., I, 416.

九五　＊　Marcel Raymond, Op. cit., 21.（マルセル・レイモン『前掲書』）

九六　＊　Op. cit., 22.

九七　＊　A Mme de Luxembourg, 17 juin 1762. Correspondance générale, VII, 304.（『リュクサンブール夫人宛の手紙』『書簡集』）

九八　＊　Confessions, liv. VIII. O. C., I, 351.

九九　＊　Annales J.-J. Rousseau,（『ルソー年報』) IV (1908), 244; O. C., I, 1164.

一〇〇　＊　Confessions, liv. VIII. O. C., I, 368–369.

一〇一　＊　Correspondance générale, III, 101.

一〇四　＊　Œuvres et Correspondance inédites de J.-J. Rousseau, G. Streckeisen-Moultou 編 (Paris, 1861), 171 et sq.; O. C., IV, 1044–1054.

一一一　＊　Émile, liv. IV. O. C., IV, 626.

一一三　＊　Ibid.

＊＊　Pierre Burgelin, La Philosophie de l'Existence de J.-J. Rousseau (Paris, P. U. F. 1952), 434.

＊＊＊　Émile, liv. IV. O. C., IV, 600. ルソーは草稿では躊躇

している。まずかれは内面の感情、ついで能動的かつ内面的な原理、そして最後に良心の直接的な原理と書いている。Cf. P. M. Masson, *La Profession de foi du vicaire savoyard*, Fribourg, 1914.

二三 * *Lettre à Christophe de Beaumont*. O. C., IV, 994. (『ボーモンへの手紙』)

** *Pygmalion*. O. C., II, 1224–1231. (『ピグマリオン』)

二五 * Gœthe, *Wahrheit und Dichtung*. *Werke* (Stuttgart, Cotta, 1863), IV, 180. (ゲーテ『詩と真実』)

二七 * *Dialogues*, III. O. C., I, 934.

** *Dialogues*, I. O. C., I, 688.

二八 * Schiller, *Über naive und sentimentalische Dichtung*. *Werke*, XII, 206 (Stuttgart, Cotta, 1838). (シラー『素朴な詩と感傷的な詩について』)

** *Émile*, liv. IV. O. C., IV, 560.

二九 * *Dialogues*, III. O. C., I, 971.

** *Correspondance générale*. XVIII, 295.

三〇 * *Émile*, liv. IV. O. C., IV, 525.

三一 * *Pygmalion*. O. C., II, 1230. (『ピグマリオン』)

三二 * *Discours sur les Sciences et les Arts*. O. C., III, 15.

** A M. de Franquières. *Correspondance générale*, XIX, 52; O. C., IV, 1137. (『フランキエール氏宛の手紙』『書簡集』)

三三 * *Rêveries*, troisième Promenade. O. C., I, 1023.

三四 * A M. de Franquières. *Correspondance générale*, XIX, 51; O. C., IV, 1136–1137.

三五 * Troisième lettre à M. de Malesherbes. O. C., I, 1141.

三七 * *Correspondance générale*, XI, 56–59.

** *Confessions*, liv. Ier. O. C., I, 21.

三八 * Première rédaction des *Confessions*. *Annales J.-J. Rousseau*, IV (1908), 2; O. C., I, 1149. (『告白草稿』ルソー年報第四巻)

** *Lettre à l'abbé Raynal*. O. C., III, 33. (『レナール師への手紙』)

*** *Émile*, liv. IV. O. C., IV, 604–605.

四一 * *La Nouvelle Héloïse*, Ire partie, lettre XXIII. O. C., II, 79.

** *Dialogues*, I. O. C., I, 668.

四二 * *La Nouvelle Héloïse*, Ire partie, lettre XXIII. O. C., II, 78.

四三 * A Mirabeau, 31 janvier 1767. *Correspondance générale*, XVI, 248. (『ミラボー宛の手紙』『書簡集』)

四四 * *La Nouvelle Héloïse*, Ire partie, lettre XXIII, 78.

** *Op. cit.*, Ire partie, lettre XXXVIII. O. C., II, 116.

四五 * A Mme de la Tour, 29 mai 1762. *Correspondance générale*, VII, 253. (『ラ・トゥール夫人宛の手紙』『書簡集』)

** *Confessions*, liv. IX. O. C., I, 431.

*** *La Nouvelle Héloïse*, Ire partie, lettre XLIX. O. C.,

II, 136.

**** *Op. cit.*, IVe partie, lettre XII. *O. C.*, II, 496.

***** *Op. cit.*, IVe partie, lettre XII. *O. C.*, II, 491.

一三六 * *Op. cit.*, Ve partie, lettre III. *O. C.*, II, 584.

** *Op. cit.*, Ire partie, lettre LIII. *O. C.*, II, 145.

*** *Op. cit.*, Ire partie, lettre LIV. *O. C.*, II, 146.

**** *Op. cit.*, IIIe partie, lettre I. *O. C.*, II, 309.

一三七 * *Op. cit.*, VIe partie, lettre VIII. *O. C.*, II, 689.

一三八 * *Ibid.*

一三九 * *Op. cit.*, seconde Préface. *O. C.*, II, 28.

** ルソーにおける影響の重要性については Pierre Burgelin, *La Philosophie de l'Existence de J.-J. Rousseau* (Paris, P. U. F., 1952), 162–168 を参照してみるならば、そこでは次のような文章が引用されている。「ある性格の魂はいうならば他の人々をかれらと同じように変えてしまうのです。そうした魂は、なにものによっても抵抗されないようなある活動能力をもっています。そしてかれらを模倣することなしにはかれらを知ることはできません。さらに、かれらは、その崇高な高貴さによって周囲にあるいっさいのものをかれらの方にひきつけるのです。」(*Nouvelle Héloïse*, IIe partie, lettre V. *O. C.*, II, 204). ビュルジュランはまさしくここにジュリーの「媒介者的性格」を見ている。付け加えるならば、ジュリーの媒介は直接的な交流の支配をつくりだすこと（あるいは復興すること）を目的としている。ジュリーの死に際して、彼女の死はヴォルマールに信仰を取りもどさせるとりなしとなるが、他方では、ジュリーは神との直接的な交流の幸福へ到達する。ルソーは媒介的な行為を、それが直接性の獲得をともなわないかぎり、受容することができないように思われる。

*** *Op. cit.*, VIe partie, lettre VIII. *O. C.*, II, 689.

一四〇 * *Op. cit.*, IIIe partie, lettre XVIII. *O. C.*, II, 344.

一四二 * *Op. cit.*, Ve partie, Lettre VII. *O. C.*, II, 609.

** *Dictionnaire de Musique*, Unisson. *O. C.* (Paris, Furne, 4 vol.), III, 851.（『音楽辞典』）

一四三 * *Op. cit.*, Romance. *O. C.* (Paris, Furne, 1835), III, 795.

** *Op. cit.*, Unité de mélodie. *O. C.* (Paris, Furne, 1835), III, 852.

*** *La Nouvelle Héloïse*, Ire partie, lettre XLVIII. *O. C.*, II, 132.

一四四 * *Op. cit.*, *O. C.*, II, 131.

** *Dictionnaire de Musique*. Mélodie. *O. C.* (Paris, Furne, 1835), III, 724.

*** ルソーの音楽についての著作は、他の著作の場合よりもはるかに強く魂と感官（感情と感覚）を対立させている。しかしながら、ルソーは感情と感覚の対立を解決させるひとつの総括的な観念を提出している。『社会契約論』が自然の人間と「人間の人間」を和解させ、かつまた『ヌーヴェル・エロイーズ』が情熱と徳を和解させているように、ルソーはメロディー＝感情とハーモニー＝感覚の和解を提案しているのであり、すなわちそのアンチテーゼはメロディーの統一性において止揚されるのであり、こ

うした観念についてかれは『音楽辞典』の一項をあてて、次のように書いている。「メロディーを本来、抑圧するはずのハーモニーがメロディーを活気づけ、強め、決定する。すなわち、メロディーのさまざまなパートが混同されることなく同じ効果のもとに一致しあい、そして、たとえそれぞれのパートが固有の歌唱をもっているように思われるにしても、それらのあらゆるパートからは唯一の、同じ歌唱しか聞えないのである。」それは階調的なジュリーを囲んでいる全員一致の社会になぞらえられる統一である。完全な融合が感官の快楽と感情の歓喜を和解させたのであり、メロディーの統一性は官能的なハーモニーと対位法的な人工とに、それら自体はもっていない、メロディーとの綜合によってしか獲得されない価値を与えている。

一四五　* *Dictionnaire de Musique. O. C.* (Paris, Furne, 1835), III, 744.

** *La Nouvelle Héloïse*, V^e^ partie, lettre VII. *O. C.*, II, 609.

*** Schiller, *Sämtliche Werke* (Stuttgart, Cotta, 1838), XII, 167: *Über naive und sentimentalische Dichtung.* (シラー、『素朴な詩と感傷的な詩について』)

一四七　* *La Nouvelle Héloïse*, V^e^ partie, lettre VII. *O. C.*, II, 609.

** *Op. cit.*, 604.

一五〇　* Cf. A. Aulard, *Les Orateurs de la Révolution.* Paris, Cornély, 1906–1907.

一五一　* *Lettre à d'Alembert.* (Paris, Garnier-Flammarion, 1967), 248. (『ダランベールへの手紙』)

一五二　* *Op. cit.*, 233–234.

一五三　* *Op. cit.*, 66.

** *Op. cit.*, 79–80.

一五四　* *Op. cit.*, 249.

一五五　* *Rêveries*, neuvième Promenade. *O. C.*, I, 1085.

一五六　* *Contrat social*, liv. Ier, chap. VI. *O. C.*, III, 361.

** *Le Devin du Village*, scène VIII. *O. C.*, II, 1113. (『村の占者』)

*** *La Nouvelle Héloïse*, V^e^ partie, lettre VII. *O. C.*, II, 607.

一五八　* *Op. cit.*, IVe partie, lettre X. *O. C.*, II, 458–459.

** *Op. cit.*, 468.

一五九　* *Op. cit.*, V^e^ partie, lettre VII. *O. C.*, II, 611.

一六〇　* *Considérations sur le gouvernement de Pologne*, chap. III. *O. C.*, III, 963.

一六一　* *La Nouvelle Héloïse*, V^e^ partie, lettre VII. *O. C.*, II, 608.

** *Ibid.*

*** ルソーはかれの『政治制度論』を構想するにあたっては、政治的な問題における感情の証言を警戒しようとしているように思われる。すなわち「市民がもっているかれらの幸福の感情によるのではなく、したがってかれらの幸福そのものによるのでもなく、国家の繁栄にたって判断しなければならない……」(*Œuvres et Correspondance inédites de J.-J. Rousseau*, G. Streckeisen-Moultou, 1861, p. 227; voir O. C., III, 513)

一六二 ＊ *La Nouvelle Héloïse*, IVe partie, lettre X. O. C., II, 453. エリック・ヴェーユは次のように解説している。「召使たちはかれらの主人のために、そして主人によってしか存在しない。かれらは理性ももたなければ、自由ももたない。かれらは自由に訓練されることもなく、アリストテレス流に言うならば、かれらは生まれながらの奴隷である。」(Éric Weil: 《*J.-J. Rousseau et sa politique*》, *Critique*, no 56, janvier 1952).

＊＊ *Émile*, liv. IV. O. C., IV, 509.

一六三 ＊ *La Nouvelle Héloïse*, Ve partie, lettre VII, O. C., II, 604.

＊＊ H. F. Amiel, *J.-J. Rousseau jugé par les Genevois d'aujourd'hui* (Genève, 1879), 37.

＊＊＊ ルソーの用語のなかで、排除する (exclusif) という語は、それが人間をある共同体の内部において分離しているものを示す場合にのみ、軽蔑的に用いられるのであり、反対に、それが世間の他の人々に向いあった社会的グループの性格を確立するものをあらわしている場合には、称讃をあらわす言葉となる。ルソーはポーランド人に（祭りの）芝居を提案しながら……「できるかぎり、貴族や富裕な人々が他を排除するようなもの」をまったく望んではいない。しかし、同じ著作において、かれは古代の立法者たちを「その本質によってつねに排他的、国民的であるような宗教的儀式」をつくりだしたとして称讃している。(*Considérations sur le gouvernement de Pologne*). なお『エミール』の冒頭にもおなじく、「あらゆる部分的な社会は、それがせまく、しっかりと結ばれている場合には、大きな社会から疎外されていく」とある。

一六四 ＊ Troisième lettre à Malesherbes. O. C., I, 1141.

一六五 ＊ *Lettre à d'Alembert* (Paris, Garnier-Flammarion, 1967), 238 sq.

＊＊ *Rêveries*, neuvième Promenade. O. C., I, 1091.

＊＊＊ *Op. cit.*, 1092.

一六六 ＊ *Op. cit.*, 1093.

一六七 ＊ *La Nouvelle Héloïse*, Ve partie, lettre VII. O. C., II, 608.

一六八 ＊ *op. cit.*, 603.

一六九 ＊ *La Nouvelle Héloïse*, Ve partie, lettre II. O. C., II, 548. 同じような、閉鎖的、自給自足の、まさしく農業的な経済の理想が『エミール』で次のように述べられている。「あなたがたいへん美味だと思っているあの黒パンは、あの農夫が刈り入れた小麦でつくられているのです。色が黒く精製されてはいないが、喉のかわきをとめてくれる、体にいいかれの葡萄酒は、かれの葡萄畑からできたものなのです。ナプキンはかれの麻からできたもの、冬、かれの妻、娘、女中がつむいだ糸でつくられたものなのです。かれの家族の人々の手のほかにはどんな人の手も、かれの食卓の準備にあずかっていない。かれにとってはすぐ近くにある粉ひき小屋と近所の市場が世界の限界なのです。」(*Émile*, livre III. O. C., IV, 464). 買うことは不道徳であり、ただ物々交換だけが適法なのである。

一七〇 ＊ *Confessions*, liv. Ier. O. C., I, 36–37.

一七一 * *Op. cit.*, 38.

一七三 * *La Nouvelle Héloïse*, Ve partie, lettre II. *O. C.*, II, 547–548.

一七四 * *Op. cit.*, IVe partie, lettre XI. *O. C.*, II, 470.

** *Confessions*, liv. VIII. *O. C.*, I, 363.

一七六 * *La Nouvelle Héloïse*, Ve partie, lettre II. *O. C.*, II, 550.

** *Op. cit.*, Ve partie, lettre VII. *O. C.*, II, 606.

*** *Op. cit.*, IVe partie, lettre XI. *O. C.*, II, 471.

一七九 * *La Nouvelle Héloïse*, IVe partie, lettre X. *O. C.*, II, 466–467.

一八〇 * Yvon Belaval, 《La Crise de la géométrisation de l'univers dans la philosophie des lumières》, in: *Revue internationale de philosophie*, 21, 1952, 3, p. 354.

一八一 * *Rêveries*, cinquième Promenade. *O. C.*, I, 1047. 神との比較については，Marcel Raymond 編の *Rêveries* (Genève, Droz, 1948) の序文 XXXIII–XXXVI.

一八二 * Denis de Rougemont, *L'Amour et l'Occident* (Paris, Plon, 1939), 205–209.

** *La Nouvelle Héloïse*, Ve partie, lettre IX. *O. C.*, II, 615.

一八三 * *Op. cit.*, VIe partie, lettre XII. *O. C.*, II, 743.

一八四 * Éric Weil, *op. cit.*, 11.

一八五 * *La Nouvelle Héloïse*, Ve partie, lettre V. *O. C.*, II, 592.

** *Op. cit.*, IVe partie, lettre XIV. *O. C.*, II, 509.

一八六 * *Op. cit.*, Ve partie, lettre V. *O. C.*, II, 594.

** *Op. cit.*, 592.

*** *Op. cit.*, 595.

一八七 * *Op. cit.*, 594.

** *Op. cit.*, VIe partie, lettre VIII. *O. C.*, II, 699.

*** *Op. cit.*, Ve partie, lettre V. *O. C.*, II, 590.

一八八 * 『同上』。しかし他方では，ジュリーは神秘主義を信用していない。「わたしは神秘主義者たちの陶酔を非難しました。そうした陶酔がわれわれを義務から引き離すとき，わたしはいまでもかれらを非難するのです。そしてまた，そうした陶酔が瞑想の魅力によってわれわれに能動的な生活を嫌悪させ，そしてそれが，あなたがたがわたしに非常に近いと信じている静寂主義にわれわれを導くとき，わたしは非難するのです。そして，わたしはあなたがたと同じようにそうした静寂主義とは遠いと信じています。」(VIe partie, lettre VIII. *O. C.*, II, 695)

一八九 * *La Nouvelle Héoïse*, VIe partie, lettre XI. *O. C.*, II, p. 728.

一九〇 * *Op, cit.*, VIe partie, lettre XIII. *O. C.*, II, 744.

一九一 * *Op. cit.*, Ve partie, lettre IX. *O. C.*, II, 616.

** Robert Osmont, 《Remarques sur la genèse et la composition de la Nouvelle Héloïse》, *Annales J.-J. Rousseau*, XXXIII (1953–1955), 126.

*** *La Nouvelle Héloïse*, Ve partie, lettre IX. *O. C.*, II, 618.

一九三 * *Op. cit.*, VIe partie, lettre XI. O. C., II, 737.

一九六 * *Confessions*, liv. II. O. C., I, 43.

一九七 * *Confessions*, liv. IX. O. C., I, 417.

** *Op. cit.*, liv. III. O. C., I, 115.

一九九 * *Ibid.*

** *Mon portrait*, *Annales J.-J. Rousseau*, IV (1908), 265; O. C., I, 1123.（『私の肖像』）

二〇〇 * *Ibid.*

** *Confessions*, liv. II. O. C., I, 48.

*** *Op. cit.*, liv. III. O. C., I, 116.

二〇一 * *Ibid.*

二〇二 * *La Nouvelle Héloïse*, VIe partie, lettre VIII. O. C., II, 693.

二〇四 * ファンションの夫の帰還《ルトゥール》は牧歌的な田園詩の調子と伝統によって描かれている。それは『村の占者』の主題そのものを構成していたコランの帰還の繰返しである。しかしながら、ルソーがもうひとつの別の帰還、すなわち、コンスタンティノープルの宮廷時計師として、長いあいだ妻と離れていた、かれの父、イサク・ルソーの帰還をおもっていたと考えられないことはない。「わたしはこの帰還の悲しい結実だった」とルソーは付け加えている。

** *Émile*, liv. V. O. C., IV, 859.

二〇五 * *Émile et Sophie*. O. C., IV, 887.（『エミールとソフィー』）

** *Op. cit.*, 912.

*** *Op. cit.*, 905. 自己にたち戻ることは回帰のナルシシックな形態である。

**** *Op. cit.*, 887.

二〇六 * *Quatrième lettre à Malesherbes*. O. C., I, 1146.

二〇七 * *Confessions*, liv. II. O. C., I, 49.

** *Confessions*, liv. III. O. C., I, 107.

二〇八 * *Op. cit.*, 103. ジャン＝ジャックの回帰とサン・プルーの回帰の類似については、数行後に、「わたしの小さな手荷物が定められた部屋へ運ばれるのを見たとき、あのサン＝プルーが、乗ってきた馬車がヴォルマール夫人の家にしまわれるのを見たときと、同じ心地だった」とある。

** *Confessions*, liv. V. O. C., I, 191.

*** *Rêveries*, dixième Promenade. O. C., I, 1098–1099.

**** *Confessions*, liv. III. O. C., I, 106.

二〇九 * *Rêveries*, dixième Promenade. O. C., I, 1098.

** *Confessions*, liv. III–IV. O. C., I, 130–132.

二一〇 * *Confessions*, liv. VI. O. C., I, 261.

二一一 * *Op. cit.*, 263.

二一二 * *Op. cit.*, 270.

二一三 * A Moultou, 25 avril 1762. *Correspondance générale*, VII, 191.（『ムゥルトゥ宛の手紙』『書簡集』）

** A Voltaire, 17 juin 1760. *Correspondance générale*, V, 135.（『ヴォルテール宛の手紙』『書簡集』）

*** *Confessions*, liv. IX. O. C., I, 406.

二一四 * *Confessions*, liv. 1er. O. C., I, 17.

** A Mme d'Épinay. *Correspondance générale*, III, 43. (『デピネー夫人宛の手紙』『書簡集』)

*** *Ibid.*, 45–46.

二五 * A Mme de Luxembourg, 5 juin 1764. *Correspondance générale*, XI, 112. (『リュクサンブール夫人宛の手紙』『書簡集』)

** Mme de Luxembourg à Rousseau, 10 juin 1764. *Correspondance générale*, XI, 123. (『リュクサンブール夫人からルソー宛の手紙』『書簡集』)

二六 * A Mme de Luxembourg, 17 juin 1764. *Correspondance générale*, XI, 141. (『リュクサンブール夫人宛の手紙』『書簡集』)

** A Mme d'Épinay. *Correspondance générale*, III, 32. (『デピネー夫人宛の手紙』『書簡集』)

*** A Hume, 10 juillet 1766. *Correspondance générale*, XV, 324. (『ヒューム宛の手紙』『書簡集』)

二七 * *Op. cit.*, 308.

** *La Nouvelle Héloïse*, IIe partie, lettre X. *O. C.*, II, 219.

二八 * *Dialogues*, III. *O. C.*, I, 973.

** A Mme d'Épinay. *Correspondance générale*, III, 45. (『デピネー夫人宛の手紙』『書簡集』)

二九 * 『孤独なる散歩者の夢想』第一の散歩の章を参照。「わたしはようやくこの陰謀事件を、その隅々まで予見するにいたって、自分の生存中に、公衆をわたしの方に引戻そうとする考えを永久に失ったのだ。それに、こうした回帰そのものがすでに相互的ではありえず、わたしにとってはもはやまったく無用のことになる。かれら人間がわたしのところに戻ってきたところで無駄であり、わたしをふたたび見出すことはないであろう。」(*O. C.*, I, 997–998)

三〇 * *Émile*, liv. II. *O. C.*, IV, 333–334.

** *La Nouvelle Héloïse*, IIe partie, lettre X. *O. C.*, II, 219.

三二 * *Confessions*, liv. XII. *O. C.*, I, 642.

** *Confessions*, liv. III. *O. C.*, I, 113.

三三 * Jean-Paul Sartre, *Esquisse d'une théorie des émotions* (Paris, Hermann, 1939), 41. (ジャン＝ポール・サルトル『情緒の理論についてのエスキス』)

** René Laforgue, 《Étude sur Jean-Jacques Rousseau》, in: *Revue française de Psychanalyse*, nov. 1927.

三四 * *La Nouvelle Héloïse*, IIIe partie, lettre XIII. *O. C.*, II, 330.

三五 * Malebranche, *Entretiens sur la Métaphysique*, III, 3.

三六 * *Émile*, liv. IV. *O. C.*, IV, 593.

** Locke, *Essai philosophique concernant l'entendement humain*, trad. Pierre Coste (Amsterdam, P. Mortier, 1742), 602. (ロック『人間悟性論』)

三七 * Streckeisen-Moultou, *Œuvres et Correspondance inédites de J.-J. Rousseau* (Paris, 1861), 299; *O. C.*, II,

1249.

二八 * *Rêveries*, première Promenade. *O. C.*, I, 1001.

** 「こうした書物の真の目的を判断するためには、あちらこちら切り離された脈絡のない文章を細かく調べようとはせずに、読む際にもそして読み終ってからも、自分自身に尋ねてみて……読書をしてわたしがどのような心の状態に置かれるか、どのような心の状態が残されるかを検討し、……作者がそれを書いていた時の心の状態や生み出そうとした効果を知ることが最良の手段であると判断した。」(*Dialogues*, III. *O. C.*, I, 930)

二九 * A Mme de Verdelin, 4 février 1760. *Correspondance générale*, V, 42–43. (『ヴェルドラン夫人宛の手紙』『書簡集』)

** A la même, 5 novembre 1760. *Correspondance générale*, V, 243. (『同夫人宛の手紙』『書簡集』)

三〇 * *Correspondance générale*, VII, 3.

** l'hymne *Der Rhein* において。*Sämtliche Werke* (Stuttgart Kohlhammer, 1953), t. II, 153.

三一 * *O. C.* (Paris, Furne, 1835), III, 448.

** 金についてのルソーの批判について同じことが言えよう。かれは金を同じように因襲的な記号と考えているのであり、表象される事物よりも記号により重要な意味があるのである。

*** *Projet concernant de nouveaux signes*. *O. C.* (Paris, Furne, 1835), III, 448. (『音楽のための新しい記譜法』)

三二 * *Dissertation sur la Musique moderne*, *O. C.* (Paris, Furne, 1835), III, 460. (『近代音楽論』)

** *Op. cit.*, 458.

*** *Op. cit.*, 459.

三三 * *Op. cit.*, 475.

** *Émiel*, liv. II. *O. C.*, IV, 321.

*** *Op. cit.*, 347.

三四 * *Émile*, liv. III. *O. C.*, II, 434.

** *Émile*, liv. IV. *O. C.*, II, 565.

三五 * *Discours sur l'Origine de l'Inégalité*. *O. C.*, III, 147.

** *Op. cit.*, 151.

*** *Essai sur l'Origine de Langues*, chap. II. *O. C.* (Paris, Furne, 1835), III, 498. (『言語起源論』)

三六 * Platon, *Œuvres complètes* (Bibliothèque de la Pléiade, Paris, Gallimard, 1950), I, 623 (Cratyle, 391 a).

** *Essai sur l'Origine des Langues*, chap. IV. *O. C.* (Paris, Furne, 1835), III, 499. (『言語起源論』)

*** *Ibid.*

**** *Ibid.* Cf. Pierre Burgelin, *op. cit.*, 246. エルンスト・カッシラーはルソーの言語理論とヴィコの言語理論を比較している。(*Philosophie der symbolischen Formen* (Oxford, Bruno Cassirer, 1954), I, 90–95).

***** *Essai sur l'Origine des Langues* (Paris, Furne, 1835), chap. V, 501.

三七 * *Op. cit.*, chap. IV, 498.

** *Discours sur l'Origine de l'Inégalité*. *O. C.*, III, 149.

推論的な言語は瞬間的な感動を表明することができず、それを分析的な言表の持続のなかで長々と表現する。こうした観念はディドロにおいても見出されるのであり、次のように述べている。「分ちがたいある瞬間の魂の状態が、言語の正確さが要求する多くの言葉で表わされていたのだが、そうした多くの言葉はある全体的な印象を部分的なものに分類したのです……」(*Lettre sur les Sourds et les Muets*, *Œuvres complètes*, Paris, 1818, t. I, 374).

*** *Essai sur l'Origine des Langues*, chap. v. *O. C.* (Paris, Furne, 1835), III, 501–502. (『言語起源論』) ルソーにおける句読法の重要性については、マルセル・レイモンの『孤独なる散歩者の夢想』(Genève, Droz, 1948, LVIII-LIX) の序文を参照のこと。

二三九 * Condillac, *Essai sur l'Origine des Connaissances humaines*, IIe partie, *Du Langage et de la Méthode*, chap. I, §1. (『人間認識起源論』第二部『言語と方法について』)

** *Dialogues*, II. *O. C.*, I, 825.

*** *Op. cit.*, 860–861.

二四一 * *Discours sur l'Origine de l'Inégalité*, note 13. *O. C.*, III, 218.

** Première rédaction des *Confessions*. *Annales J.-J. Rousseau*, IV (1908), 3; *O. C.*, I, 1149. (『告白草稿』)

二四三 * *Dialogues*, I. *O. C.*, I, 672.

二四四 * *Dialogues*, II. *O. C.*, I, 862.

** *La Nouvelle Héloïse*, Ve partie, lettre III. *O. C.*, II, 560.

*** *Op. cit.*, 558.

二四五 * *Op. cit.*, 559.

** *Sujets d'Estampes pour la Nouvelle Héloïse*, *O. C.*, II, 769. (『ヌーヴェル・エロイーズのための版画の主題』) なお真情吐露、感化については Pierre Burgelin, *op. cit.*, 149–190 を参照。

二四六 * Bernardin de Saint-Pierre, *La Vie et les œuvrages de J.-J. Rousseau*, éd. M. Souriau (Paris, 1907), 94.

** ベルナルダン・ド・サン＝ピエールにしたがえば、ジャン＝ジャックはバジール夫人のもとにひざまずこうとしたとき、ある闖入者によって妨げられる。『告白』によれば、かれは二分間ひざまずいてじっとしている。なおデテールに関する別の相違をあげれば、『告白』の決定版にしたがえば、ジャン＝ジャックはバジール夫人に触れようともしない。しかし、第一の草稿においては、より大胆な身振りが見えている。「……もし、わたしが手を彼女のひざにいく度か置くような大胆さがあったとすれば、それは、できるだけ静かに触れれば、彼女は感じないだろうと単純にわたしが信じていたからだった。」(*Annales J.-J. Rousseau*, IV (1908), 236–237.)

二四七 * ここでは肉体的反応（ふるえる）、「自然の徴候《シーニュ》」（叫び声）と身振り（飛んでいく）の同時性に注目したい。表現の過重——「表現過多性」——が言葉の排除によってできうるかぎりのやり方で表明されていることが認められる。

二四八 * *Confessions*, liv. II. *O. C.*, I, 75–76.

** *Op. cit.*, 76–77.

一四九 * Hölderlin, *Sämtliche Werke* (Stuttgart, Kohlhammer, 1953), t. II, 13.

一五一 * *Confessions*, liv. IX. *O. C.*, I, 422.

一五二 * *Confessions*, liv. Ier. *O. C.*, I, 42.

一五三 * *Confessions*, liv. III. *O. C.*, I, 115.

一五四 * *Confessions*, liv. VII. *O. C.*, I, 321–322.

一五六 * *Correspondance générale*, XV, 308.

** *Correspondance générale*, XVI, 56.

*** *Correspondance générale*, XVII, 341.

一五七 * *Correspondance générale*, XVIII, 292.

** *Confessions*, liv. X. *O. C.*, I, 505.

一五八 * *Confessions*, liv. XI. *O. C.*, I, 566. Cf. *Rêveries*, deuxième Promenade. 「わたしはつねづね暗黒がきらいだった。そのような暗黒はおのずとわたしに恐怖心を起させるのだが，それは，この長い年月，わたしを取り囲んできた暗黒によって減少したりすることはなかった。」(*O. C.*, I, 1007)

一五九 * コールリッジは「思索する蜘蛛の糸」とルソーについて言っている。(*The philosophical lectures of Samuel Taylor Coleridge*, éd. Kathleen Coburn. Londres, Routledge and Kegan Paul, 1949, p. 308.)

一六〇 * Phrases écrites sur des cartes à jouer. *Rêveries*, éd. Marcel Raymond (Genève, Droz, 1948), 173; *O. C.*, I, 1170. (『トランプに書かれた言葉』)

** Dr A. Hesnard, *L'Univers morbide de la faute* (Paris, P. U. F., 1949), 95–96.

一六一 * *Rêveries*, neuvième Promenade. *O. C.*, I, 1094.

一六二 * *Op. cit.*, 1095–1096.

** *Rêveries*, huitième Promenade. *O. C.*, I, 1077.

一六三 * *Dictionnaire de Musique*, Musique. *O. C.* (Paris, Furne, 1835), III, 744. 記憶および「記憶を喚起する徴候」については Georges Poulet, Les *Études sur le temps humain* (Paris, Plon, 1950) のルソーについての論文を参照。

一六四 * *Lettres élémentaires sur la botanique*. *O. C.*, IV, 1191. (『植物についての初歩的な書簡』)

** *Lettres sur la botanique*. *O. C.* (Paris, Furne, 1835), III, 395–396. (『植物についての手紙』)

一六五 * *Rêveries*, septième Promenade. *O. C.*, I, 1073.

一六六 * *Dialogues, histoire du précédent écrit*. *O. C.*, I, 983.

** *Op. cit.*, 984.

一六七 * *Dialogues*, II. *O. C.*, I, 818.

一六八 * *Confessions*, liv. VI. *O. C.*, I, 243.

一七一 * *Confessions*, liv. II. *O. C.*, I, 45.

一七二 * *Confessions*, liv. III. *O. C.*, I, 88.

** *Op. cit.*, 107.

一七三 * *Op. cit.*, 108.

** *Confessions*, liv. V. *O. C.*, I, 222.

一七四 * Cf. Maurice Merleau-Ponty, *Phénoménologie de la perception* (Paris, Gallimard, 1945), IIe partie, chap.

v:《Le corps comme être sexué》（モーリス・メルロー＝ポンティ『知覚の現象学』第二部五章『性的存在としての肉体』参照）

** *Confessions*, liv. Ier. *O. C.*, I, 7.

二七五 * 乳製品はルソーのエロティックな夢想の好む主題のひとつである。トリノへの道中において、かれは「樹々には甘美な果実、その木影では逸楽にふける恋人たち、そして山々には、乳とクリームの桶」を想像している。また、古い抒情詩風の『愛すべきサヴォア人』のなかでは、美しい農婦があまりにも図々しい若い領主にミルクの壺をあびせて、彼女の名誉をまもろうとする風変りな場面を忘れてはならない。その若い領主は、「ずぶ濡れになり、傷さえおいながら、かえって情をそそられる」。象徴を愛する者にとっては絶好の材料なのである。

二七六 * *Confessions*, liv. III. *O. C.*, I, 88.

二七七 * *Confessions*, liv. II. *O. C.*, I, 86.

二七八 * *Confessions*, liv. III. *O. C.*, I, 89.

** *Ibid.*

*** *Ibid.*

二八〇 * *Confessions*, liv. V. *O. C.*, I, 181.

二八三 * *Annales J.-J. Rousseau*, IV (1908), 228; *O. C.*, I, 1164.

** *Confessions*, liv. VIII. *O. C.*, I, 379.

*** *Dictionnaire de Musique. O. C.* (Paris, Furne, 1835), III, 810–811.

二八五 * *Op. cit.*

** *Émile*, liv. V. *O. C.*, IV, 867.

二八六 * *Les Amours de milord Édouard Bomston. O. C.*, II, 760.

二八八 * ルソーとソクラテスについては、Pierre Burgelin, *op. cit.*, 61–70 参照。ヘルダーリンは讃歌『ライン』のなかでルソーをディオニソスになぞらえている。

** *Confessions*, liv. VII. *O. C.*, I, 171.

*** *Confession*, liv. III. *O. C.*, I, 55. 精神分析にとっては、自己色情《オート・エロティシズム》は「対象との関係」の弱さを表わしている。ジャン＝ジャックの愛のエネルギーの真の対象は自我（きわめてしばしば仮装された）であり、正常な性欲が向けられる外的な対象を犠牲にしている。精神分析的な見方にしたがえば、ルソーの愛情生活のいっさいの構造とそれに由来するいっさいの有罪性をある「小児的な固定」――さらに肛門的および口腔的段階における「前生殖的」な固定――のせいにすることができる。こうした観点からすれば、泌尿器障碍、繰返されるゾンデ療法（鋭敏な尿道のエロティシズム）、アルメニア服（潜在的同性愛）、そしてさらに晩年の系統的な妄想などを除外することなく、ジャン＝ジャックの行動の多様な病理的側面をひとつの共通の起源に還元することは困難なことではないであろう。

とくに教訓的なことは、この場合に、二つの批評の方法、二つの解釈の型の可能な出会いが見られることである。すなわち、フロイト的用語を用いるならば、「対象の選択」が自我に固定されていると言えるし、ヘーゲル的な表現によれば、主観性が外的な活動に「自己を譲渡する」ことを拒否していると言えるであろう。

ナルシシズム、小児的な固定は、直接性への偏執に照応する精神分析的な表現である。

しかしながら、ジャン＝ジャックのナルシシズムに関して、早急に明確なものにすることなく語るわけにはいかない。すなわち、ナルシスはイメージを必要としている。その欲望は直接的に自我、あるいは他者に固定されるのではなく、想像の表象、反映、錯覚の独立性を与えられている幻影などに固定される。ジャン＝ジャックによって書かれたその喜劇においては、ヴァレールは、自己自身を認めることのできない女装の肖像に出会う瞬間においてしか真実にナルシスになれない。かれは、自分では意識していない知られない女性の姿を表わしている、まさしく自分自身のものであるイメージに恋するのである。そして、こうした自己の否認がナルシシックな情熱の生成を可能にする条件そのものである。「ヴァレールは、その繊細さからも、衣裳にたいする好みからも、男の服装に身を隠した女性であり、そして、同じような仮装をした肖像は、かれの姿を隠すというよりはむしろかれを自然の状態へつれ戻しているように見える。」(O. C., II, 977) ここでは、肖像の重要性が肝要な点である。なぜならば、肖像がまずヴァレールの隠された女性を表わし、この若い男の自己色情《オート・エロティシズム》が狂熱的に現実化され、むきだしにされるための策略であるにしても、肖像は究極的には、ナルシスがそのナルシシズムから解放され、ヴァレールにたち戻り、かれがかつて拒絶した優しい婚約者の方へ戻っていく（なお、回帰があるのだ）ための決定的な危機を誘発する。アンジェリックは最終的に肖像にうち勝つのであり、ナルシスはその「対象」を見出したのである。

『ヌーヴェル・エロイーズ』においては、イメージの真実暴露——ジュリーからパリの亡命の場所にいるサン＝プルーに送られる肖像——は肉体的な所有そのものと同じような強烈な情緒的な「妄想」をともなっている。「わたしは一枚一枚、紙をはがすたびに、心臓が高鳴るのを感じました。そしてそのうちにすっかり息苦しくなって、最後の紙をはがす一瞬にようやくほっとしないわけにはいきませんでした……ジュリー！……ああ、わたしのジュリー！……ヴェールははがれたのです……わたしはあなたを見たのです……あなたの神のごとき魅力を見たのです！」（IIe partie, lettre XXII)。ジュリーの肖像は記憶を喚起するものであり、はがされた一枚一枚の紙が時間の厚みを除去している。サン＝プルーは過去における所有の陶酔にふけっている。しかしながら、ジュリーは距離をへだてた、かつ過去における存在である対象なのであり、恋人の感動はまさに現在のものである。過ぎ去った、イメージによって反復される幸福の現在の透明、甘美にして苦い享受は愛する対象の形象化された現存だけを必要としている。事実、肖像はジュリーから解脱し、不在の恋人たちのあいだに魔術的な接触を可能にする全体的な徴候《シーニュ》として存在している。肖像は肉体の現実の現存を通過することなしに、現存の感情を純粋に回復する。「ああ　ジュリー。わたしの感覚の妄想と幻想をあなたの感覚に移すことが真実にできたならば！……だがしかし、なにが故にそれは不可能なのでしょうか。なにが故に、魂が活潑な活動によってもつさまざまな印象が、魂と同じように遠くへ到達しないのでしょうか。」

しかしながら、肖像はひとりの芸術家を必要としている。ジャン＝ジャックを平凡な神経症の病者と区別しているものは、それ自体では消滅しない幻影が、現実の仕事として展開されることを要求し、書く欲望を誘発し、公衆を誘惑しようとしていることである。直接性への偏執は文学作品となり、自己を表明することによって裏切られる。したがって、すべてが内在的な矛盾によって駆り立てられ、願わしい休息は運動となり、自己享受は不安の省察となる。ルソーはみずからに反しながら、手段の世界に投げ出され、こうした例外的な人間の場合にはすくなくとも本能の病理的な退行がひとつの思考の進歩と相容れないものではないことを認めないわけにはいかない。

二九〇　* *Confessions*, liv. Ier. *O. C.*, I, 5.

**　Première lettre à Malesherbes. *O. C.*, I, 1133.

二九一　* *Rêveries*, première Prommenade. *O. C.*, I, 995.

**　*Rêveries*, quatrième Promenade. *O. C.*, I, 1024.

二九二　* *Confessions*, liv. XII. *O. C.*, I, 622.

**　*Confessions*, liv. IX. *O. C.*, I, 446.

二九三　* Première lettre à Malesherbes. *O. C.*, I, 1133.

**　*Annales J.-J. Rousseau*, IV (1908), 263; *O. C.*, I, 1121.

二九四　* *Correspondance générale*, XX, 46.

**　*Confessions*, liv. IV. *O. C.*, I, 175.

二九六　* *Rêveries*, quatrième Promenade. *O. C.*, I, 1032.

二九七　* *Mon portrait*. *Annales J.-J. Rousseau*, IV (1908), 262–263; *O. C.*, I, 1120.（『私の肖像』）

二九八　* *Annales J.-J. Rousseau*, IV (1908), 4–5; *O. C.*, I, 1150.（『告白草稿』）

三〇〇　* *Op. cit.*, 1150–1151 (*O. C.*, I).

三〇一　* *Op. cit.*, 1149.

三〇二　* *Op. cit.*, 1149.

**　*Ibid.*

***　*Confessions*, liv. Ier. *O. C.*, I, 6.

三〇三　* *Annales J.-J. Rousseau*, IV (1908), 2; *O. C.*, I, 1148.

**　*Op. cit.*, 2; (*O. C.*, I, 1149.)

三〇四　* *Correspondance générale*, XIX, 310.

三〇五　* *Annales J.-J. Rousseau*, IV (1908), 9; *O. C.*, I, 1153.

三〇六　* *Op. cit.*, 10. (*O. C.*, I, 1153.)

**　*Confessions*, liv. IV. *O. C.*, I, 175.

三〇七　* *Annales J.-J. Rousseau*, IV (1908), 264–265; *O. C.*, I, 1122.

**　*Op. cit.*, 10. (*O. C.*, I, 1153.)

三〇八　* *Confessions*, liv. II. *O. C.*, I, 59–60.

**　*Confessions*, liv. VII. *O. C.*, I, 279.

三〇九　* *Annales J.-J. Rousseau*, IV (1908), 9–10; *O. C.*, I, 1153.

三一〇　* *Émile et Sophie*, lettre I. *O. C.*, IV, 905.（『エミールとソフィー』）

**　*Confessions*, liv. IV. *O. C.*, I, 162.

三一一　* *Op. cit.*, 174–175.

三一四 * *Annales J.-J. Rousseau*, IV (1908), 10–11; *O. C.*, I, 1154.

三一六 * Jean Hyppolite, *Genèse et structure de la Phénoménologie de l'esprit de Hegel* (Paris, Aubier, 1946), 494–495.（ジャン・イポリット『ヘーゲルの精神現象学の生成と構造』）

三一八 * *Confessions*, liv. VII. *O. C.*, I, 278.

** *Annales J.-J. Rousseau*, IV (1908), 229; *O. C.*, I, 1174.

*** *Confessions*, liv. IV. *O. C.*, I, 174.

三一九 * Seconde lettre à Malesherbes. *O. C.*, I, 1135.

三二〇 * A dom Deschamps, 12 septembre 1761. *Correspondance générale*, VI, 209.（『デシャン師宛の手紙』『書簡集』）

** 『夢想』の第四の散歩において、ルソーは仮構と虚偽を区別しようとしている。仮構は無実であり、なんびとにたいしても害をおよぼさない。それは純粋なこしらえごとなのである。

三二一 * 首尾一貫した理論を定立し、それをまもろうとするためのルソーの努力をもちろん過小評価してはならない。かれにとって重大なことは、かれの諸観念を決定することなのであって、そうした観念とは良心の命令によって証明されるべきものであるが、それはまた反対にルソーに感情の真理にみずからをゆだねることを許すものである。

三二六 * *Confessions*, liv. IX. *O. C.*, I, 427.

三三〇 * *Émile*, liv. V. *O. C.*, IV, 796.『ヌーヴェル・エロイーズ』の奇妙な文章（第六部、第六の手紙）のなかで、ジュリーがサン＝プルーにたいして、かれがクラランに落着くことによって冒すであろう危険を告げるためにこの言葉を使っている。わなにとらえられたという語はその場合には愛人の立場と犠牲者の立場を同時に特徴づけている曖昧な言葉である。すなわち、サン＝プルーは「かれのなかに容易には消えない情熱を目覚めさせるいっさいのものに自分をさらそうとしており、なににもまして恐れなければならないわなに捕えられようとしている」のである。

** *La Nouvelle Héloïse*, Ire partie, lettre II. *O. C.*, II, 35.

*** *Rêveries*, huitième Promenade. *O. C.*, I, 1077.

三三一 * *Émile*, IVe partie. *O. C.*, IV, 571.

三三二 * *Op. cit.*, 573.

** *Ibid.*

三三三 * *La Nouvelle Héloïse*, VIe partie, lettre VIII. *O. C.*, II, 698.

** 第四章『真実暴露の理論』を参照のこと。同様にデュ・パルクへのルソーの手紙（25 juin 1761, *Correspondance générale*, VI, 160）を想起しなければならない。「わたしが愛する真実は形而上的なものではなく道徳的なものなのです。」

三三四 * *Dialogues*, I. *O. C.*, I, 668–669.

三三五 * *Dialogues*, II. *O. C.*, I, 805.

** *Dialogues*, III. *O. C.*, I, 927.

*** *Dialogues*, II. *O. C.*, I, 861.

三三六 * *Op. cit.*, 824–825.

** *Rêveries*, septième Promenade. *O. C.*, I, 1061–1062.

*** *Correspondance générale*, XVII, 2–3.

三三八 * *Discours sur l'Origine de l'Inégalité*. *O. C.*, III, 155.

** *Dialogues*, II. *O. C.*, IV, 805.
*** *Dialogues*, Du sujet et de la forme de cet écrit. *O. C.*, I, 665.
三三九　* *Dialogues*, II. *O. C.*, I, 799.
三四一　* *Confessions*, liv. IX. *O. C.*, I, 409.
三四二　* 第三章「いまや自己の意見を定めよう」の項参照。
三四三　* *Confessions*, liv. IX. *O. C.*, I, 409.
** *Ibid.*
三四四　* *Ibid.*
三四七　* *Émile*, liv. II. *O. C.*, IV, 359.
三四八　* *Op. cit.*, 362–363.
三四九　* *Dialogues*, I. *O. C.*, I, 706.
** *Dialogues*, I. *O. C.*, I, 710. ビュルジュランによれば、「エミールの教育は人工手段に根拠を置いており、自然の人間は巧妙にしたてられた世界においてしか発展することはできないのであり、その徳はさまざまなかげの共謀によるものである。」(*op. cit.*, 300)
三五〇　* *Contrat social*, liv. Ier, chap. VI. *O. C.*, III, 360.
三五二　* *Dialogues*, I. *O. C.*, I, 669.
三五三　* 「どんな衝撃もわたしに烈しく短い動揺を与える。衝撃がなくなれば、動揺はやんで、そのいかなる影響もわたしのなかには残らない。」*Rêveries*, huitième Promenade. *O. C.*, I, 1084.
三五四　* *Dialogues*, II. *O. C.*, I, 857.
三五五　* *La Nouvelle Héloïse*, VIe partie, lettre VIII. *O. C.*, II, 693.
三五六　* *Rêveries*, sixième Promenade. *O. C.*, I, 1056.
三五七　* *Rêveries*, première Promenade. *O. C.*, I, 1000.
三五八　* *Rêveries*, sixième Promenade. *O. C.*, I, 1051.
三五九　* *Annales J.-J. Rousseau*, IV (1908), 12; *O. C.*, I, 1155.
** *Correspondance générale*, XIX, 292.
三六〇　* *Confessions*, liv. XII. *O. C.*, I, 656.
三六一　* *Dialogues*. Du sujet et de la forme de cet écrit. *O. C.*, I, 662.
** Jean Guéhenno, *Jean-Jacques. Grandeur et misère d'un esprit*. Paris, Gallimard, 1952.
*** *Dialogues*, I. *O. C.*, I, 734.
三六二　* *Dialoguees*, III. *O. C.*, I, 975.
三六五　* *Dialogues*. Histoire du précédent écrit. *O. C.*, I, 980.
三六六　* *Op. cit.*, 982.
** *Ibid.*
三六七　* *Op. cit.*, 984.
** *Confessions*, liv. VI. *O. C.*, I, 272.
*** *Confessions*, liv. Ier. *O. C.*, I, 5.
三六八　* 人間は「行動し、考えるために生まれたのであり、内省するためではない。」(*Préface de Narcisse*. *O. C.*, II, 970)
三六九　* *Émile*, liv. III. *O. C.*, IV, 460.
三七〇　* *Rêveries*, sixième Promenade. *O. C.*, I, 1051. こ

の少し後で次のように書いている。「あのように数多くの悲しい経験をした後で、わたしは自分の最初の継続した行動から生ずる結果を、ずっと前から予想することができるようになったのである。そして、わたしが行いたくもあり、また行うこともできる善行を、差控えたことも再三ではなかったのである。それも、もしうっかりしてそんなことをしたなら、後々も、それに縛られて服従しなければならぬことに恐れをなしたからである。」(1054)

三七一 * *Confessions*, liv. VII. *O. C.*, I, 331.

三七三 * A dom Deschamps, 12 septembre 1761. *Correspondance générale*, VI, 209.(『デシァン師宛の手紙』『書簡集』)

三七五 * *Dialogues*, II. *O. C.*, IV, 845.

三七六 * *Rêveries*, éd. Marcel Raymond (Genève, Droz, 1948), 191.(マルセル・レイモン編『夢想』)

** Gœthe, *Werke* (Stuttgart, Cotta, 1863), IV, 336.

三七七 * *Dialogues*, II. *O. C.*, I, 793–794.

三七八 * *Rêveries*, septième Promenade. *O. C.*, I, 1070.

** *Op. cit.*, 1068.

三八〇 * *Op. cit.*, 1066.

** *Confessions*, liv. XII. *O. C.*, I, 589.

三八一 * *Rêveries*, deuxième Promenade. *O. C.*, I, 1002.

三八四 * *Confessions*, liv. XII. *O. C.*, I, 646.

三八五 * *Op. cit.*, 647.

三八八 * *Confessions*, liv. VII. *O. C.*, I, 301.

** *Confessions*, liv. X. *O. C.*, I, 492.

*** *Correspondance générale*, XV, 171.

**** *Dialogues*, I. *O. C.*, I, 743. *seul* という語の繰返しは Basil Munteano によってかれの研究 *La Solitude de Rousseau* (*Annales J.-J. Rousseau*, XXXI, p. 132) のなかで指摘されている。『告白』の冒頭において、同じような文体の表現が見出されるが、それは精神衰弱的な不平とは正反対なものを表わすためである。すなわち、真情の吐露と充足の「活力にあふれた」感情を表わしている。「若くて、元気で、健康にみち、なんの心配もなく、自分にも他人にも信頼しきっていたわたしは、この短いけれども貴重な人生の一時期にいたのだ。あふれるような充実感がいわばあらゆる感覚によってわれわれの存在を拡張する……」(livre II. *O. C.*, I, 57–58)

三八九 * Phrases écrites sur des cartes à jouer. *Rêveries*, éd. Marcel Raymond, 173–174; *O. C.*, I, 1171.(『トランプに書かれた言葉』)

三九〇 * *Correspondance générale*, XVI, 77.

** *Rêveries*, seconde Promenade. *O. C.*, I, 1003.

*** *Rêveries*, première Promenade. *O. C.*, I, 997.

三九一 * Montaigne, *Essais*, liv. III, II.(モンテーニュ『随想録』)

** *Rêveries*, première Promenade. *O. C.*, I, 997, 999.

三九二 * *Op. cit.*, 995.

** *Op. cit.*, 999.

三九四 * *Confessions*, liv. Ier. *O. C.*, I, 7.

** *Confessions*, liv. II. *O. C.*, I, 63.

三九五 * *Dialogues*, II. *O. C.*, IV, 842.

** *Op. cit.*, 849.

三九六 * 「わたしの運命とは自分に反しながらもそこへはいっていくことであった。」*Confessions*, livre IX. *O. C.*, I, 488.

** *Confessions*, liv. VII. *O. C.*, I, 279.

*** *Confessions*, liv. IX. *O. C.*, I, 462.

**** *Confessions*, liv. Ier. *O. C.*, I, 39.

三九七 * *Confessions*, liv. VI. *O. C.*, I, 262.

** *Dialogues*, II. *O. C.*, IV, 847.

三九八 * *Dialogues*. Histoire du précédent écrit. *O. C.*, I, 985.『孤独なる散歩者の夢想』第八の散歩を参照すれば「かれら人間がわたしをどのように見ようと欲しても、かれらはわたしの存在を変えることはできないだろう。かれらの権力、かれらのあらゆる陰謀をもってしても、かれらがなにをなそうが、かれらにはおかまいなしで、わたしはありのままのわたしであることを続けるであろう。」*O. C.*, I, 1080.

四〇三 * 自己告発の役割については A. Hesnard, *L'Univers morbide de la faute* (Paris, P. U. F., 1949) を参照。さらに Jacques Lacan, *De la psychose paranoïaque dans ses rapports avec la personnalité* (Paris, Le François, 1932) を見よ。

四〇四 * *Correspondance générale*, III, 133.

四〇五 * *Confessions*, liv. Ier. *O. C.*, I, 5.

** ジゥベールの批判はまさしくこの点をついている。「ルソーはわれわれの義務の規則をわれわれの意識の素質のなかに位置させている。それは世界におけるいっそう様々な、いっそう不安定な、そしていっそう不平等なものを基準とみなすことである。」(*Les Carnets de Joseph Joubert*, éd. André Beaunier, I, 216)

四〇六 * このような状況はなおひそかに性的要素をふくんでいる。すなわちジャン＝ジャックは、かれがランベルシェ嬢の折檻を受け、かつまたヴァランス夫人の歓迎を期待したように二重の評決を受けるのである。

四一〇 * *Correspondance générale*, XIX, 258.

** *Correspondance générale*, XIX, 82.

*** *Dialogues*, II. *O. C.*, I, 860.

**** *Correspondance générale*, XIX, 237.

***** *Correspondance générale*, XX, 43–44.

四一二 * *Rêveries*, sixième Promenade, *O. C.*, I, 1057.

四一三 * Gaston Bachelard, *l'Eau et les Rêves* (Paris, Corti, 1942). (ガストン・バシュラール『水と夢』) とくに序文の *Imagination et matière* (『想像力と物質』) を見よ。

** Johann Joachim Becher (1635–1695) ドイツの物理学者で冒険家。*Physica subterranea* (1669) の著者で金属の変質を行うことができることを主張した。

*** *Annales J.-J. Rousseau*, XII (1918–1919), 16–17.

**** *Op. cit.*, 34.

四一五 * *Op. cit.*, 36.

** *Dialogues*, I. *O. C.*, I, 807. 水がジャン＝ジャックに与える魅力については以下を参照のこと。Marcel Raymond, introduction aux *Rêveries* (Genève, Droz, 1948).

四一六 * *Rêveries*, cinquième Promenade. *O. C.*, I, 1046–

1047.

** *Op. cit.*, 1046.

*** *Ibid.*

**** *Op. cit.*, 1045.

四一七 * *Les Carnets de Joseph Joubert*, éd. André Beaunier (Paris, Gallimard, 1938), I, 64.

** *Rêveries*, deuxième Promenade. *O. C.*, I, 1005.

四一九 * *Rêveries*, cinquième Promenade. *O. C.*, I, 1047.

** *Op. cit.*, 1047–1048.

四二〇 * *O. C.*, IV, 600, 1109.

** A Mme d'Houdetot, 15 janvier 1758. *Correspondance générale*, III, 266. (『ドゥドト夫人宛の手紙』『書簡集』)

四二一 * Hegel, *Phänomenologie des Geistes* (Philosophische Bibliothek, Leipzig, Meiner, 1911), 422–425. (ヘーゲル『精神現象学』) Cf. Jean Hyppolite, *Genèse et structure de la Phénoménologie de l'Esprit de Hegel*. (Paris, Aubier, 1946), 495–500.

** Friedrich Hölderlin, *Sämtliche Werke* (Stuttgart, Kohlhammer, 1953), t. II, 149–156.

四二三 * *Op. cit.*, 12–13.

四二四 * Hegel, *Op. cit.*

** *Confessions*, liv. XII. *O. C.*, I, 644.

四二五 * ヘルダーリン『ライン』讃歌。ヘルダーリンの歓喜の重みという表現は、ルソーが用いている圧し潰されたという言葉に正確に照応している。『マルゼルブへの第三の手紙』によれば「わたしはある種の官能的な喜びをもって、世界の重みに圧し潰されていると感じていました』のである。また『エミール』では、神に祈願を捧げながら「あなたの偉大さに圧し潰されていると感じることは、わたしの精神の恍惚であり、わたしの弱さの魅力なのだ。」(liv. IV. *O. C.*, IV, 594)

四二六 * *Rêveries*, cinquième Promenade. *O. C.*, I, 1047.

四二八 * Hölderlin, *Rousseau*, *Sämtliche Werke* (Stuttgart, Kohlhammer, 1953), t. II, 13.

あとがき

ここに訳出した書物は、Jean Starobinski, *Jean-Jacques Rousseau —— La transparence et l'obstacle*, Plon, 1957を原典としている。なお、この書物は、ジュネーヴ大学に提出された学位論文であり、著者にとっても本格的な最初の著書といってよいものであるが、その後絶版となり、一九七一年にGallimard社から、Bibliothèque des Idées叢書の一冊として、その他に七篇のルソーに関する論文をそえた新版が刊行されている。新旧両版のもっとも大きな相違として、ルソーの引用出典が、一九五九年から刊行され、予定された全五巻のうち、現在その第四巻までが完成しているGallimard社のBibliothèque de la Pléiadeの全集に変更されており、ほかに若干の語句の訂正、ならびに数行の増減はみうけられるものの、この両版のあいだの論旨の展開には、ほとんど異同はないものと思われるのであり、訳者にとっては忘れられない書物である旧版にあえてしたがうことにした。ただ、ルソーの引用出典は著者自身もその編集（校訂と註）に加わったプレイヤード版全集によった。

なお訳文について補足しておくべきこととして、原文の《……》は、「……」、イタリック体による強調および特別に大文字ではじまる語には、傍点を付し、著作題名などは、『……』、そして訳者の補足は〔……〕で示してある。さらに引用された原典の訳文については、読者の便宜なども考慮して、できるだけすでに訳されているもの——とくに岩波文庫版を中心として——に忠実にしたがおうとはしているが、著者の用語とそれにしたがった論旨の展開などに即さないと思われる場合には、訳者の判断にしたがって若干の変更を加えさせていただいた。

註については、巻末にまとめて著者の原註のみを付してある。訳註に関しては、やや冒険ではあったが、紙数の関係もあり割愛した。ということは、ルソーの生涯、思想など、さらにはルソー研究上の問題点にわたろうとするならば、かなり詳細なものにならざるをえず、百科事典的な項目については読者の知識にゆだねることにした。（なお『書簡集』とあるのは、T. Dufour の編のものである。）

十数年前、たまたま書店の棚でスタロバンスキーというみなれない名前をみつけ、『透明と障害』というきわめて象徴的な題にひかれながら、この書をひもといてみたときの強烈な印象はいまでもなお忘れがたい。そのころのわたしは、ルソーという巨大な人物とそのあまりにも多様な営みの錯雑した矛盾の網の目のなかに閉じこめられ、どこに出口を求めてよいのかわからない状態であった。とりわけ、ルソー自身が『告白』のなかで述べているような、双極性、すなわち『社会契約論』に代表される社会的、政治的なルソー、と「孤独なる夢想家」としてのルソーのあいだにあるへだたりと矛盾の解明にまったく苦しんでいたのであった。また他方では個々の領域において、ルソーの世界が、その思想が、専門的な科学の方法によって厳密に整合され秩序づけられていけばいくほど、人間として、ひとりの文学者としてのルソーの全体的な内面の世界から、われわれは遠ざかっているのではなかろうかと、かなり傲慢にも、思いつづけていたといえるであろう。

そんな時に、この書物はあまりにも鮮明に、あまりにも完璧といってよいほどにルソーの内的な世界とかれのさまざまな文学的、思想的営為との対応関係を提出してくれたのであった。それは、あくまでもテキストに依拠し、ルソーのエクリチュールを独自の方法で厳密に解明することによってであり、ルソー研究のぼう大な伝統的な遺産を忠実に継承することによってなのである。したがって、この書は、ルソー研究の上で新しい、より根源的な領域を開いた書であると同時に、それが外側からの基準、価値の適用を排除し、ひたすらエクリチュールの、いわゆる作家の内的構造を分析しようとしているという意味において、「新しい批評《ヌーヴェル・クリティク》」の代表的な批評作品のひとつといえよう。

事実、『序文』のなかで述べられているように、スタロバンスキーは、ルソーの客観的な伝記を書こうともしていなければ、かれの思想の体系的な記述を企ててもいない。むしろかれはそうした企図を徹底的に拒否しているといえよう。かれがひたすら追求しようとしているものはジャン＝ジャックに固有なものである内的な世界の構造なのである。かれはルソーによって生きられ、体験され、かれの一生を通してさまざまな時点に執拗によみがえってくる、内なるイメージ、欲求、観念をどこまでもエクリチュールの緻密な分析を通して明らかにしようとする。そのとき、ルソーの思想はジャン＝ジャックという個性と分離されたものではなくなり、その混沌とした、矛盾にみちた営為は、ある一貫した意図によって貫ぬかれた想像的な行為としての意味をあたえられるのである。言葉をかえていうならば、著者はルソーのぼう大なテキストのなかに自由自在にふみこみ、そのなかに散在している無数の事件と物語のなかにある、ふとした情景、想念にたちどまり、注目し、その意味を問いなおす。たとえば『徴候《シーニュ》の力』の章における見事な分析である。ルソーの言語論の「約束による言語《ランガージュ・コンヴァンシオネル》」の否定、より本源的な音声言語《パロール》への志向を説明するために、そこではまったく異ったテキストのなかから、多種多様な情景と観念の表出が選ばれる。『ヌーヴェル・エロイーズ』におけるジュリーの瀕死の夢からはじまり、『エミール』、『孤独なる散歩者の夢想』、『書簡集』、『音楽論』、『人間不平等起源論』、『言語起源論』、『対話』、『告白』、『植物についての手紙』などほとんど年代を異にする、さまざまなテキストが引用される。そして情景としても、『サヴォアの助任司祭の信仰告白』の厳粛な場面が喚起されるかと思えば、「イギリス風の午前」の親密な真情吐露、さらには、『告白』におけるバジール夫人との恋の冒険、等といったように、読者は思いもかけなかったような場面に立ち会わされる。こうしたテキストの選択とその分析は実に見事なのである。ジャン＝ジャックという人間の生々しい欲望と心のもだえが、未知の読者の共感を深く誘うように提出され、ルソーの存在の奥底にまでわれわれは著者とともにみちびかれるのである。

　スタロバンスキーは、この書の数年後に出版された評論集を、「もしわたしが生きた眼となることができたら……」というルソーの言葉から『生きた眼』*l'Œil vivant* と題している。かれはこの著作の冒頭において自己の批評のあり方について述べながら、批評家にとっての読解とは、一方では作品のもつ魅力に魅了され、どこまでも作品とイダンティフィエしようとする親密《アンティム》な読み方があるとともに、また一方では、作品からへだたりをたもち、それを俯瞰する《ルガール・シュル》眼《プロンバン》が必要であるとしている。したがって、完全な批評は、作品に限りなく接近し、作品と読者が一体化して、まさに批評の言葉それ自体が消失してしまうような方向と、作品がそこに置かれている世界との関係のなかに無限に拡大され、作品それ自体がその特権を失っていくような相反する二つの眼の動きの反復運動のうちに成立しなければならない。とはいうものの、スタロバンスキーはなお次のように付け加えないわけにはいかないのである。「しかしながら、また、批評がそれ自体の眼の働きをそこまで規定しようとすることは、誤りであろう。多くの場合、眼がみずからを忘れ、驚かされるほうがよいのだ。そうなればそのかわりに、わたしは、作品のなかにひとつの眼が生まれ、わたしの方に向けられるのを感じるであろう。そのような眼とはわたしの問いかけの反映ではない。それは、わたしを求め、見すえ、わたしに答えることを要求する、根源的に別な、見知らぬ意識なのである。このようにしてわたしに出会おうとする問いにみずからがさらされているのを感じる」と。おそらく、スタロバンスキーとルソーとの出会いもまた、こうした稀な、幸福な出会いではなかったのではなかろうか……

しかしながら、批評の言葉《ディスクール》が、こうしたある極限において成立するためには、厳密な、技術的ともいえる、方法的な操作が絶対に必要であるといえよう。（それが現代の批評の負わされている課題なのである。）そうした意味で、スタロバンスキーのルソー理解の鍵となっているものは、文体論的なアプローチと精神分析的な解読である。両者は、この書においては二つの異った方法として用いられているのではなく、むしろ相互に離れることのできない、いわば未分化の、それ故に、より鮮明にルソーの全体像を提出することができるような有効な方法として役だっているように思われる。すでに述べてきたように、スタロバンスキーは、ルソーのテキストを、すなわちかれの言語化された世界を離れようとはしない。このことはルソーの側から見ても、まったく正しいのである。ルソーは『告白』においてかれが書こうとしていることは、過去の事実の、事件の客観的な記述ではない。「事件のつながり」はかれの記憶からうすれ、消えさってはいても、かれには確固とした「感情のつながり」が存在しているのだ。「自分の感じたことをまちがうこともなければ、感情の命じた行為をまちがうこともない。……わたしの告白の本来の目的は、生涯のあらゆる境遇をつうじて、わたしの内部を正確に知ってもらうことである。」すなわちルソーはかれの内面の歴史を書くことを断言しているのであり、そのためには「ただ自我の内部にもどってゆけばそれでよい」のである。これはエクリチュールの、すなわち言語化された世界そのものを正確に解読することを、そしてそのことがなににもまして彼自身を知ることであることをルソー自身が求めているのである。ところが、そのようにして提出された総体的な真実、瞬間的に記憶によみがえってくる現在の感情は、あまりにも多様であり、あまりにも錯雑している。かれが言語化して提出する「人生のあらゆる状況」のなかから、統一された、単一のジャン＝ジャックのイメージを再構成することは、読者の側に、あるいは批評家の側に、すなわち証人たちの手にゆだねられているのだ。繰返していうならば、スタロバンスキーは、そのためにこそ、かれの文体論的アプローチと精神分析的な意味づけを縦横に駆使するのである。

このようにして見出されたルソーの一貫した、根源的な、内なる本性《ナチュール》の軌跡とはなんであろうか。ルソー自身が神の審判に、そしてあらゆる人々の審判にゆだねようとしている自己とは、そして自己の統一性とはいかなるものであろうか。いかなる迫害にもめげず、なにが故に、かれはそうした自己を書きつづけなければならなかったのだろうか。（文学者の宿命とは？）こうした根源的な問いかけにたいして、スタロバンスキーは、明晰に答える。自己と他者、自己と自己、自己と自然の直接的な一致、完全な交流《コミユニカシオン》、すなわち透明のなかに実現される直接的かつ完全な充足を願おうとする欲求こそ、あらゆるルソーの営為の根底にあって、それを動かしているものなのである。そして、そうした無媒介の完全な交流を妨げ、疎外しているすべてのものが障害なのである。ジャン＝ジャックの不安定な気質、病、迫害、そして社会の虚偽と不正、道具化された学問・芸術・言語、こうしたジャン＝ジャックの個的なものと、より一般的な歴史と文化に属するもののすべてが、ルソーを不幸ないやしがたい分裂へとみちびき、強制している。ボセーでの体験、人間と人間、人間と自然、いってみれば内なる自然と外なる自然が幸福にも完全に一体となっていた透明の世界が、一転して暗黒となったその時を起点として、ジャン＝ジャックの分裂、存在と外見の不一致の世界が展開される。そして、ルソーのすべての努力——その個人的な冒険も、栄光の、高揚した思想家、文学者としての活動も、孤独な夢想も——は、失われた原初の純潔、直接的な交流、透明の回復のために向けられる。したがって、スタロバンスキーの眼も、こうした根源的な欲求とそれを妨げようとする障害の錯雑した関係を解明することの一点につねに向けられている。その眼はルソーの思想や理論をけっしてそれ自体で独立した体系としてとらえようとはしない。それらはつねにジャン＝ジャックの個人の内的な欲求の表明として追求されている。スタロバンスキーはけっしてジャン＝ジャックから離れない。つねにジャン＝ジャックの内奥に下りていき、問いかけ、ある時は、反対にかれによって啓示を与えられ、道を開かれる。こうした批評家の眼と作品との幸福な出会いが、この書物全体にみずみずしい、律動感と高い格調をあたえているといえるのではないだろうか。

そして、この書を通じて描き出されたルソーは、徹底的に自己を他者と、そして社会に同化させることを拒否する人間である。かれは、因襲化された学問・芸術を拒否し、文明と進歩をもたらしたと同時に悪を導入し、人間を分裂と疎外におとしいれた社会を拒否し、直接的な原理にもとづいた別の社会を夢想し、自己が拒否した社会から遠ざかり、また遠ざけられようとする。かれは、そのために自己の正当性を主張し、承認を求めるために書かなければならない。書くためには、かれの否定する約束による言語、制度としての言語にたよらねばならない。したがって、約束による言語を破壊しながらも書かなければならない。かれはいずれにしてもこうした絶対的な拒否、自己を社会に同化する方向とはまったく対極にみずからを置くことによって、すなわち、自己を無とすることによって、みずからの存在と文学者としての営みをまもらなければならなかったのである。こうした自己の内なる根源的な自然への回帰と徹底的な社会への自己同化の否定といった強烈な精神の営み、苦悩といったものこそ、一言にしていうならば、ルソーがたえず、あらゆる時代を通して、とりわけ現代の状況において、深い関心をもって迎えられ、よみがえってくる、もっとも根本的な理由のように思われるのである。

ジャン・スタロバンスキーは、一九二〇年に生まれ、はじめ医学を学んだ後、文学に転じた。現在はジュネーヴ大学でフランス文学を講じている。かれの主要な著作は次に掲げるとおりであり、その関心はたんに文学だけではなく芸術の分野にも拡げられている。なお最近の著作からみれば、かれの主要な努力が、文体論的なアプローチと精神分析的な解釈をより専門的に掘りさげようとしていることが、明らかである。

Montesquieu par lui-même. Seuil, 1953.
L'Œil vivant. Gallimard, 1961.（大浜甫訳『活きた眼』理想社）
L'Invention de la liberté. Skira, 1964.
Portrait de l'artiste en saltimbanque. Skira, 1970.
L'Œil vivant II. La relation critique. Gallimard, 1970.（調佳智雄訳『活きた眼Ⅱ』理想社）
Les mots sous les mots——Les anagrammes de Ferdinand de Saussure. Gallimard, 1971.

参考文献

原著の巻末には百冊をこえる文献目録が付されているが、ここでは新しくルソーを読まれようとする方々のために若干の書物をあげておきたい。まず日本語で書かれたものとしては、岩波書店から刊行されている三冊、いずれも桑原武夫編および著になる『ルソー研究』、『ルソー論集』、『ルソー』（新書）がある。さらに平岡昇編・解説の『世界の名著・ルソー』（中央公論社）、小林善彦著『ルソーとその時代』（大修館書店）などがある。フランスその他の外国で出版されているものは、その数があまりにも多く、その分野があまりにも多岐にわたっており、そのリストをみただけでも絶望感に襲われるぐらいである。したがって、ここでは、ごく限られた、それによってルソーの全体像へのアプローチの可能となるように思われるものだけをあげておきたい。まず第一には、プレイヤード版の全集、*Œuvres Complètes*, Gallimard である。これはすでに述べたように予定された五巻のうち四巻までが刊行されているが、この各巻に収められた解説、ならびに註は、それを読めば現在のルソー研究、解釈のほぼ全貌がうかがい知れるほどの厳密な学問研究の成果の上に編纂されている。（作家の全集とはかくありたいものである。）伝記としては、作家のジャン・ゲーノ Jean Guéhenno の手になる *Jean-Jacques*, 1948–52 三巻がある。ルソーの思想などに関しては、スタロバンスキーのこの書物にもしばしば引用されている、P. Burgelin, *La philosophie de l'existence de J.-J. Rousseau*, 1952 さらに R. Derathé の *Le rationalisme de J.-J. Rousseau*, 1948 と *Rousseau et la science politique de son temps*, 1952 などがある。内面の生の問題をあつかっているものとしては，M. Raymond, *Jean-Jacques Rousseau. La quête de soi et la rêverie*, 1962 をあげておきたい。なお、最近のルソーへの強い関心を表わしたものとしては，J. Derrida, *De la grammatologie*, 1967（足立和浩訳『根源の彼方に』現代思潮社）があり、ルソーの言語論を通しての新しいエクリチュールへの可能性が求められている。そのほか、レヴィ＝ストロースはその著作を通してつねにルソーに深い関心を示し「人類学の創始者」としていることは周知のとおりである。

なお最後に、この書物を刊行するにあたって、さまざまな配慮をいただいた宇佐見英治氏と、みすず書房の小尾俊人氏、それから翻訳にあたって有益な御教示をいただいた岩永達郎氏をはじめとする多くの方々、面倒な校正の仕事にあたってくださった富永博子氏などに心から感謝の念を捧げたい。

一九七三年　　　　山路　昭

再版にあたって

久しく絶版になっていた、この書が装いを新にして復刊されることになり、喜びにたえない。原著は一九五七年に刊行されたものであり、思えばすでに半世紀に近い年月が過ぎ去っている。フランスにおける五十年代から六十年代といえば、レヴィ＝ストロース、ラカン、バルト、フーコー、デリダといった現代思想を担う人々が、つぎつぎとその主要な著作を準備し、発表しつづけた時代であった。新しい知のあり方をめぐって、民俗学、言語学、精神医学、哲学などの成果をとりいれ、文化を伝統的なロゴスの体系、あるいはマルクス主義的な経済の体系としてではなく、言語の体系としてその構造を重層的に解読しようとする様々な方法が論議され、現代のテクスト＝ディスクールの分析にとっての基本的な問題が提出された革新の時代だったのである。

スタロバンスキーもまたこうした時代を代表する著者のひとりであり、ルソーの多様な哲学、政治、文学にわたる矛盾にみちた仕事を、あくまでもテクストの内的な分析をとおして、その思想が成りたっている象徴と観念を見いだそうとする明確な方法意識によってこの書は書かれている。制度としての文化のなかで人間は分裂し、疎外されることをよぎなくされているのであり、隠され、抑圧された意識の深部におりていくとき、はじめて、失われた統一をもとめようとする一貫した意志にささえられた人間の多様な生の営みが、明確にうかびあがってくるのである。この書は依然としてルソー研究のうえで画期的な業跡であることは言うまでもないが、同時にまた新しい知を求めた若々しい時代の思潮を代表する著作のひとつなのである。

最近すでに故人となったフーコーやバルトの伝記が刊行され、クリステヴァの自伝的な小説が発表されたりし、現代思想の流れが歴史的なものとして再検討されようとしているときに、この書が復刊されることは、きわめて時宜にかなうものといえよう。

山路　昭

一九九三年十一月

本書は小社より、一九七三年に『透明と障害――ルソーの世界』として、その後、一九九三年に『ルソー　透明と障害』として刊行された。

著者略歴

(Jean Starobinski, 1920-2019)

1920年ジュネーヴに生れる．最初医学を学び，後に文学を専攻する．J.ホプキンズ大学，バール大学を経て，ジュネーヴ大学名誉教授．芸術，言語，精神分析などの広い領域にわたって多彩な活動を展開しており，ヌーヴェル・クリティクを代表するもっとも権威ある一人である．2019年歿．著書は本書とその姉妹篇『モンテーニュは動く』(1982, 1993) の他,『モンテスキュー』(1953)『生きた眼』(1961)『自由の創出』(1964)『道化のような芸術家の肖像』(1970)『ソシュールのアナグラム』(1971)『フランス革命と芸術——1789年 理性の標章』(1973)『病のうちなる治療薬』(1989)『絵画を見るディドロ』(1991)『作用と反作用』(1999)『オペラ，魅惑する女たち』(2005)．そのほとんどは邦訳されている．

訳者略歴

山路 昭〈やまじ・あきら〉 1928年神戸に生まれる．東京大学文学部仏文学科卒業．明治大学名誉教授．2009年歿．訳書 V.セルジュ『母なるロシアを求めて』(現代思潮社，1970) マルセル・ラヴァル『パリの歴史』(共訳，クセジュ文庫，白水社，1957) ルソー『学問芸術論』(ルソー全集4，白水社，1978) プーレ『プルースト的空間』(共訳，国文社，1985) ほか．

ジャン・スタロバンスキー
ルソー　透明と障害
山路昭訳

1993年12月20日　初　版第1刷発行
2024年9月17日　新装版第1刷発行

発行所 株式会社 みすず書房
〒113-0033 東京都文京区本郷2丁目20-7
電話 03-3814-0131(営業) 03-3815-9181(編集)
www.msz.co.jp

本文印刷所 精興社
扉・表紙・カバー印刷所 リヒトプランニング
製本所 松岳社

ISBN 978-4-622-09742-6
[ルソーとうめいとしょうがい]